嘉兴城南

从马家浜文化、南湖人民公社到
成为现代化城区

马学强　叶　舟　等著

中华书局

图书在版编目（CIP）数据

嘉兴城南：从马家浜文化、南湖人民公社到成为现代化城区/
马学强等著. —北京：中华书局，2024.9.—ISBN 978-7-101-
16719-1

Ⅰ.K295.53

中国国家版本馆 CIP 数据核字第 2024EX3381 号

书　　名	嘉兴城南：从马家浜文化、南湖人民公社到成为现代化城区	
著　　者	马学强　叶　舟　等	
责任编辑	阎海文	
装帧设计	毛　淳	
责任印制	管　斌	
出版发行	中华书局	
	（北京市丰台区太平桥西里 38 号　100073）	
	http://www.zhbc.com.cn	
	E-mail:zhbc@zhbc.com.cn	
印　　刷	天津裕同印刷有限公司	
版　　次	2024 年 9 月第 1 版	
	2024 年 9 月第 1 次印刷	
规　　格	开本/889×1194 毫米　1/16	
	印张 22　字数 502 千字	
印　　数	1-1500 册	
国际书号	ISBN 978-7-101-16719-1	
定　　价	398.00 元	

谨以此书

向中华人民共和国成立七十五周年献礼

嘉兴市城南街道

—— 主　编 ——

马学强　韩　峻　何　瑛

—— 编委会成员 ——

胡卫东　朱晓忠　王文捷　张强华　陈翔宇　曹　祎

王琰瑾　孙云飞　张　琦　潘梦洁　崔姜铭　叶　舟

贾雪飞　胡　端　李东鹏　盛　芳

—— 主要撰稿人 ——

马学强　叶　舟　何　瑛　胡　端　李东鹏　等

—— 摄　影 ——

鲍世望　等

CONTENTS 目录

导读

城南是令人回味的。北宋曾巩有一首《城南》："雨过横塘水满堤，乱山高下路东西。一番桃李花开尽，惟有青青草色齐。"❶颇有意境。而电影《城南旧事》的放映，更是勾起了人们对城南往事的追忆和怀恋。

清代嘉兴人朱彝尊在《鸳鸯湖棹歌一百首》中多次吟咏到嘉兴的城南："城北城南尽水乡，红薇径外是回塘。""姜家城南望虎墩，郎家城北白牛村。"❷彼时说城南、城北，那是泛指的地域。自明清以来，很长一段时期嘉兴的"城南"是模糊的概念，并没有固定的行政区域。在嘉兴历史文化演变的脉络中，位于城南的这一区域因其具有独特的空间格局、文化基因而备受各界关注。

嘉兴城南历史悠久，文脉绵长，底蕴丰厚。1959年，在其境内马家浜村发掘出大量兽骨和陶片，表明早在7000年前就有先民在此渔猎耕作，繁衍生息，因其遗址而被命名为"马家浜文化"。马家浜文化是长江下游、环太湖流域迄今为止发现最早的新石器时代文化，由此马家浜文化也被认为是江南文化主根，成为"江南文化之源"，在江南史前文化中具有独特地位。此后随着嘉兴社会经济的发展，城南一带毗邻府城，诸水环绕，周边地势开阔，加之民风淳朴，物产丰饶，风景优美。古村、古桥、古寺、古树，散落于各处，古迹亦多，历来被视为嘉兴的风水宝地，也是嘉兴名人望族的集聚地，造就了"文贤人物之盛，前后相望"❸的厚重积淀。

历史上的嘉兴城南一带，区划沿革、辖区变迁非常复杂。早年为真如乡及人和乡的一部分。1949年前后，为真东乡、真西乡，以及蚂桥乡、塘濮乡、国界乡的一部分。1956年，真东、真西合并为真如乡。1958年10月，辖区因紧靠中国共产党一大会址之

---

❶ 钱锺书选注：《宋诗选注》，人民文学出版社1958年版，第47页。
❷（清）朱彝尊：《鸳鸯湖棹歌一百首》，《曝书亭全集》卷九，"四部备要"，中华书局据原刻本影印。
❸ 胡朴安编著：《中华全国风俗志 上篇》卷三《浙江》，大达图书供应社1935年，第13页。

3

一的南湖，特设南湖人民公社，以资纪念。1983 年 11 月，南湖人民公社更名南湖乡。嘉兴南湖是中国共产党诞生地之一，在社会主义建设时期以"南湖公社""南湖乡"命名，赋予特殊而重要的意义。

如今的城南，已成为一个行政区域。2001 年 10 月，设立嘉兴城南街道。地处嘉兴市南，又驻于城南路上，故以"城南"命名。境内京杭大运河、南郊河、长水塘、沪杭高铁、320 国道、嘉桐大道、乍嘉苏高速、沪杭高速穿越其中，水陆交通发达，该街区现已成为嘉兴主城区的重要组成部分。

嘉兴城南的历史，值得深入探究。

第一节　地图中的变迁

嘉兴历史悠久，周敬王二十四年（前 496），越国在槜李战胜吴国，槜李因此而为史籍所记录，"成为嘉兴地区迄今有确切年代可考的最早的地名之一"❶。嘉兴县沿革如下：

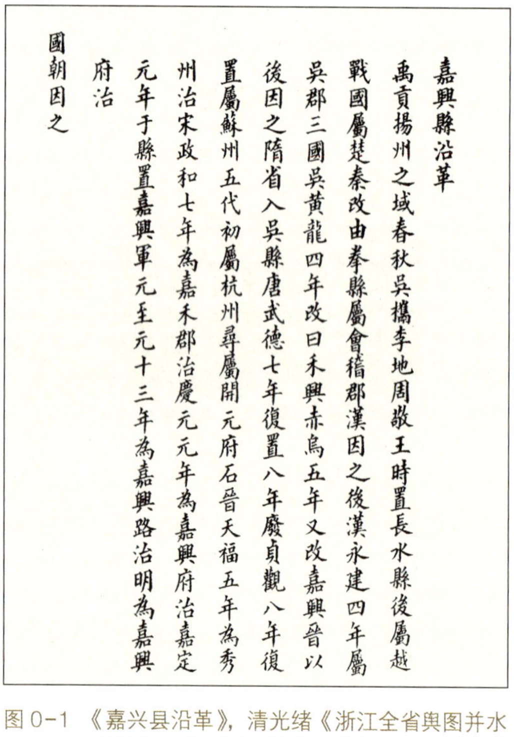

嘉興縣沿革

禹貢揚州之域春秋吳槜李地周敬王時置長水縣後屬越戰國屬楚秦改由拳縣屬會稽郡漢因之後漢永建四年改曰禾興赤烏五年又改嘉興晉以後因之隋省入吳縣唐武德七年復置八年廢貞觀八年復置屬蘇州五代初屬杭州尋屬開元府石晉天福五年為秀州治宋政和七年為嘉禾郡治慶元元年為嘉興府治嘉定元年于縣置嘉興軍元至元十三年為嘉興路治明為嘉興府治

國朝因之

图 0-1　《嘉兴县沿革》，清光绪《浙江全省舆图并水陆道里记》，浙江舆图总局编（上海社会科学院历史研究所图书资料室藏）

春秋吴槜李地。周敬王时置长水县。后属越。战国属楚。秦改由拳县，属会稽郡。汉因之。后汉永建四年，属吴郡。三国吴黄龙四年，改曰禾兴。赤乌五年，又改嘉兴。晋以后因之。隋省入吴县。唐武德七年复置。八年废。贞观八年复置，属苏州。五代初属杭州，寻属开元府。石晋天福五年为秀州治。宋政和七年为嘉禾郡治。庆元元年为嘉兴府治。嘉定元年于县置嘉兴军。元至元十三年为嘉兴路治。明为嘉兴府治。国（清）朝因之。❷

研究城南，必先研究嘉兴城。嘉兴很早就有城垣的修筑，今子城遗址即是。明万历《嘉兴府志》记载："本府城隍肇自三国吴，筑有子城。"❸唐末文德元年（888），阮结修筑嘉兴罗城城墙，由此嘉兴形成内有子城、外有罗城的重城制格局。当时的嘉兴城"周围一十二里，高二丈二尺，厚

---

❶ 葛剑雄"序"，嘉兴市图书馆编：《槜李诗文合集》，国家图书馆出版社 2020 年版。
❷ 《嘉兴县沿革》，《浙江全省舆图并水陆道里记》，浙江舆图总局编辑，清光绪二十年（1894）刊印。
❸ 万历《嘉兴府志》卷二"城池"，万历二十八年（1600）刻本。

一丈五尺。唐僖宗文德元年，吴越武肃王命制置使阮结筑"❶。此为嘉兴大城，而原先修筑之城，在城之中央，遂改称子城。五代吴越国时期，是嘉兴发展的重要阶段。后唐同光二年（924），在嘉兴置开元府，辖嘉兴、华亭（今上海）、海盐三县，此为嘉兴首次设州府级政权。❷后晋天福四年（939），吴越国王钱元瓘升嘉兴为秀州，旋拓扩罗城城墙，周长十二里，高一丈二尺，厚一丈五尺。子城仍为衙署所在，城墙与官府建筑皆为新建。罗城开有四座城门，每座城门旁兼设水门，门外各置吊桥，跨城河，以通往来。水旱门各四：

　　东曰青龙，后改春波。西曰永安，后改通越。南曰广济，后改澄海。北曰望京，后改望吴。上各有楼。❸

城南，原指广济门外一带，后广济门改为澄海门。嘉兴城市格局一直保持到元代。元至正十三年（1353），"悉隳郡城"，嘉兴城被毁，门楼均废。到了明代，嘉兴称府。明洪武时知府吕文燧、谢节开始动工兴筑，较之旧城，"缩旧三里，高倍于旧二尺，面阔一丈。增置四门，月城、门楼、吊桥悉备"❹。颇可留意的是，当时城下空隙之地，听任百姓置房，"岁课灰价"，为修缮城池之费。嘉兴府城明清时期屡经修葺。这里，需要提一笔，嘉靖三十四年（1555），为抵御倭寇，在城南海盐塘筑

敌楼，名"镇海"❺。

有了城墙，有了城门，即可确定四至方位，这一区域的形制、空间就可表达出来。

以往对一个区域的研究，主要依据文献资料，利用文字论述者居多。然而，要深入探讨该区域的形成与演变，其空间的延伸、文字的表述还是有其局限性。一个区域的形成与铺展，是有许多维度的，可以通过平面，也可以通过立体，其构图也较为复杂，只有通过对各种空间构图的解析，该区域的功能结构才能充分显示出来。要了解嘉兴城南一带的前世今生，可以有多种路径、多种表达。其中借助不同时期、不同类型的地图，结合一定区域内、较长时段的景观、空间演变，以此解析这一地区的演变，就是一种很好的研究路径。近年来，我们从各处陆续搜集到城南相关地图数十幅，这些地图绘制的时间跨度很大，类型也不同，有古旧地图，也有当代航拍图、卫星图等，体现了多种维度、多种视野，蕴含的信息丰富，且有不同的构图特点。通过对不同空间构图的解析，这一带的景观状况、形态形制、功能结构得以充分显示。

一、早期的图景

图0-2为《秦县境图》，图中有由拳、长水等名。

图0-3为《嘉兴府总治图》❻，图中的城南，标注"鸳湖""烟雨楼""真如寺"。

❶ 崇祯《嘉兴县志》卷二"城池"，《日本藏中国罕见地方志丛刊》，书目文献出版社1991年版。
❷ 万历《嘉兴府志》卷一"建置"。
❸ 万历《嘉兴府志》卷二"城池"。
❹ 万历《嘉兴府志》卷二"城池"。
❺ 崇祯《嘉兴县志》卷二"城池"，《日本藏中国罕见地方志丛刊》。
❻ 据《嘉兴府典故纂要》，清乾隆年间刊印。

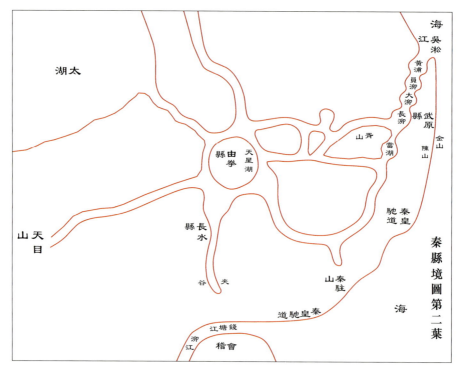

图 0-2 《秦县境图》，邹怡据明万历《嘉兴府志》重绘

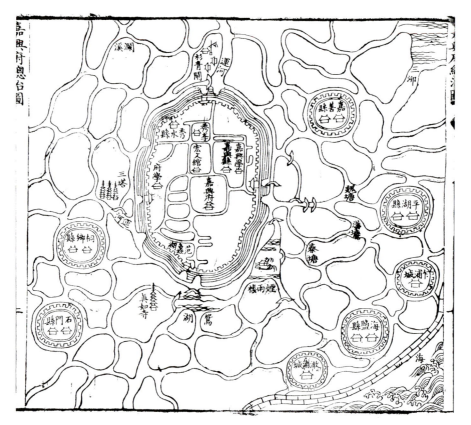

图 0-3 《嘉兴府总治图》，鲍世望据清乾隆年间刊印《嘉兴府典故纂要》拼接

　　图 0-4，为《光绪嘉兴府复原图》。❶ 此时嘉兴城有东门（春波）、北门望吴、西门（通越）、小西门、南门，南门即澄海门。历代地方志及相关文献经常把澄海门以南区域称之为"城南"或"县南"。所谓"城南"即嘉兴府城以南。

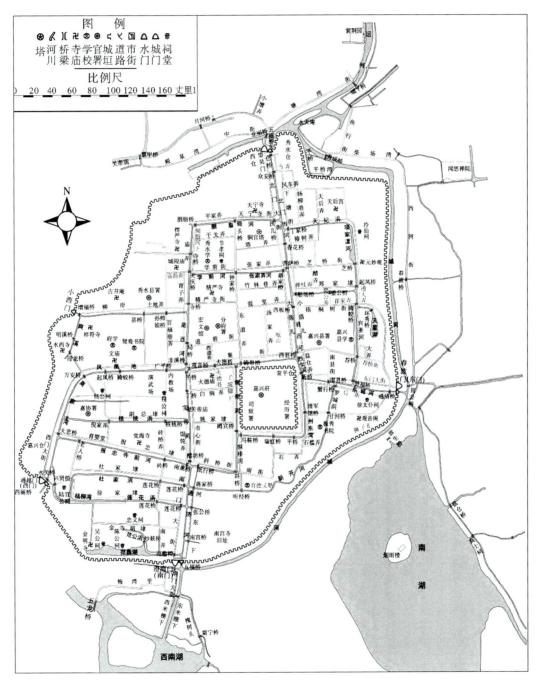

图 0-4 《光绪嘉兴府复原图》，引自来亚文《宋元与明清时期嘉兴城中的"坊"》，《中国历史地理论丛》
　　　　2015 年第 3 期

---

❶ 《光绪嘉兴府复原图》，引自来亚文：《宋元与明清时期嘉兴城中的"坊"》,《中国历史地理论丛》2015 年第 3 期。

二、光绪《浙江全省舆图并水陆道里记》中的地图与道里记

上海社会科学院历史研究所图书资料室藏有浙江舆图总局编辑的《浙江全省舆图并水陆道里记》（图0-5），为清光绪二十年（1894）石印本，内有舆图、道里，可谓集浙江全省水陆交通之大成。“舆图”部分包含浙江全省总图以及各府总图（二十里方图），还有厅州县舆图（五里方图）。另有省、府图，各有图说与方域记，县图有沿革与道里记。该书体现了我国旧制图方法向近代新式地图制图方法的转变，书中蕴含了大量地理、人文信息，对于浙江历史地理、社会经济具有重要的研究价值。与嘉兴城南有关的有《嘉兴府图说》《嘉兴县道里记》及多幅地图。

图0-6，为《嘉兴府图说》，内中提到运河、长水塘等，均与城南有关。图0-7，为《嘉兴府里二十里方图》（局部），绘制了城南一带水陆道路样态，有南湖、运河、长水塘，以及三塔湾等。

图0-8，为《嘉兴县五里方图》（局部），该图更加详细，清晰标注了嘉兴县南部、西南部一带的河流、地名，真如塔、福昌桥、三家桥、二四王桥、打钉桥、睦家桥等，沿着长水塘，有长水桥、秀水桥等，还有小石桥、开禧桥，周边有兴隆桥、长寿桥，以及姚家荡、桃花庙、万卉桥等。图0-9，为《嘉兴县水路道里记》（节选），记述了与城南一带有关的运河、长水塘等道里情况。

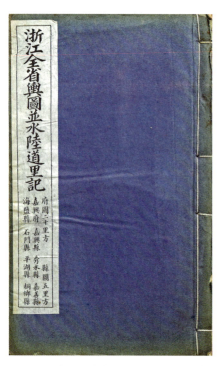

图0-5 清光绪《浙江全省舆图并水陆道里记》，浙江舆图总局编（上海社会科学院历史研究所图书资料室藏）

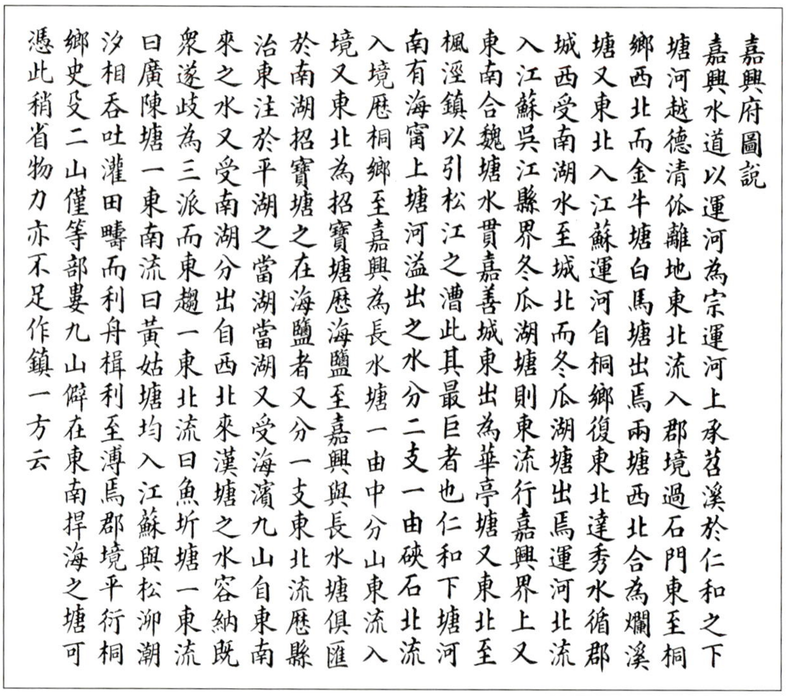

嘉興府圖說

嘉興水道以運河為宗運河上承苕溪於仁和之下塘河越德清俙離地東北流入郡境過石門東至桐鄉西北而金牛塘白馬塘出焉兩塘西北合為爛溪塘又東北入江蘇運河自桐鄉復東北達秀水循郡城西受南湖水至城北而冬瓜湖塘出焉運河北流入江蘇吳江縣界冬瓜湖塘則東流行嘉興界上又東南合魏塘水貫嘉善城東出為華亭塘又東北至楓涇鎮以引松江之漕此其最巨者也仁和下塘河南有海甯上塘河溢出之水分二支一由硤石北流入境歷桐鄉至嘉興為長水塘一由中分山東流入境又東北為招寶塘歷海鹽至嘉興與長水塘俱匯於南湖招寶塘之在海鹽者又分一支東北流歷縣治東注於平湖之當湖當湖又受海濱九山自東南來之水又受南湖分出自西北來漢塘之水容納既衆遂歧為三派而東趨一東北流曰魚圻塘一東流曰廣陳塘一東南流曰黃姑塘均入江蘇與松泖潮汐相吞吐灌田疇而利舟楫利至溥焉郡境平衍桐鄉史㞫二山僅等部婁九山僻在東南捍海之塘可憑此稍省物力亦不足作鎮一方云

图0-6 《嘉兴府图说》，清光绪《浙江全省舆图并水陆道里记》，浙江舆图总局编（上海社会科学院历史研究所图书资料室藏）

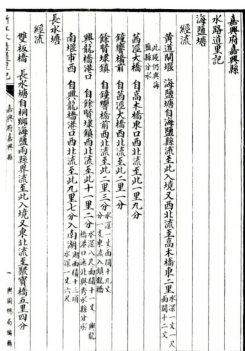

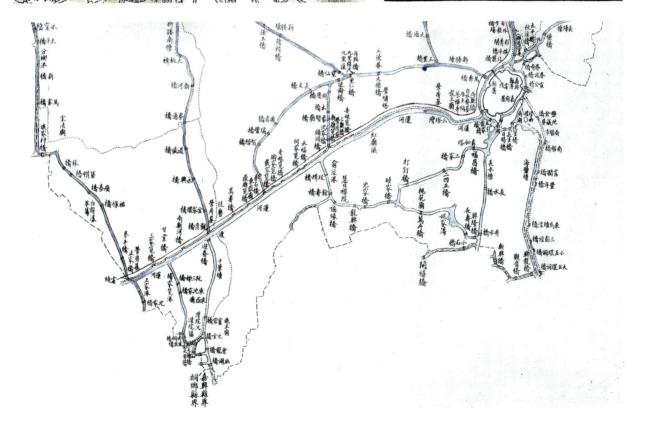

图0-7 《嘉兴府里二十里方图》（局部），选自清光绪年间编《浙江全省舆图并水陆道里记》

图0-8 《嘉兴县五里方图》（局部），选自清光绪年间编《浙江全省舆图并水陆道里记》

图0-9 《嘉兴县水路道里记》（节选），清光绪《浙江全省舆图并水陆道里记》，浙江舆图总局编（上海社会科学院历史研究所图书资料室藏）

三、清末民国时期的地图变化

随着近代嘉兴城市的发展，城南一带逐渐发生变化，修筑道路，兴建铁路，开设工厂，景观有所变化，格局亦异。

图 0-10，为清宣统二年（1910）版《嘉兴府图》（局部）。❶ 该图涉及城南部分地名，与《嘉兴县五里方图》（局部）所标示基本相同。但发生变化的是，长水塘的东侧有了铁路，沪杭铁路于 1909 年正式通车。

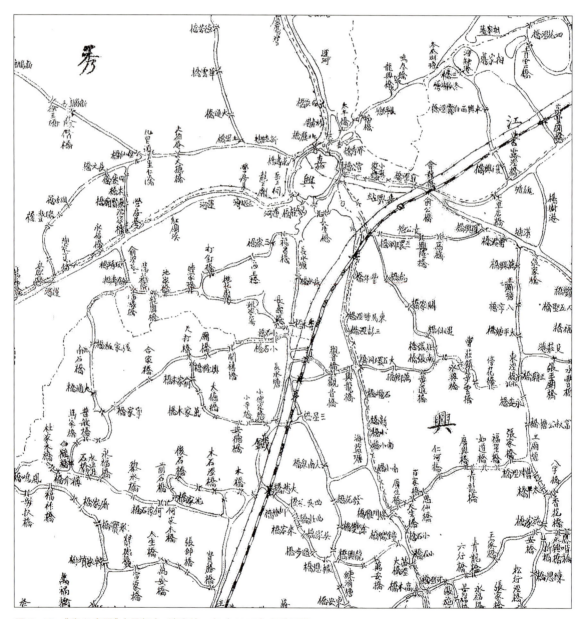

图 0-10 《嘉兴府图》（局部），清宣统二年（1910）九月石印

---

❶ 《嘉兴府图》，清宣统二年（1910）九月石印。

此前我们比较关注水路，民国《修订浙江全省舆图并水陆道里记》，内有《嘉兴县道里记》，其中涉及陆路，记载南门："又名澄海门，无干路。"❶ 可见城南一带仍以水运为主。

1928 年绘制的《嘉兴县全图》❷，图中标注"沪杭甬铁路线""运河"等（本书第三章收入该图）。

图 0-12，《嘉兴县简明乡镇分图》，1930 年代。图中标注"真如乡"等。

图 0-13，《浙江省第十区各县一览图》，1940 年代绘制。在大运河、长水塘、沪杭（甬）铁路之间，标注河流、桥梁及部分市镇。

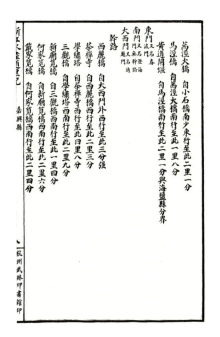

图 0-11 《嘉兴县道里记》（节选），民国《修订浙江全省舆图并水陆道里记》

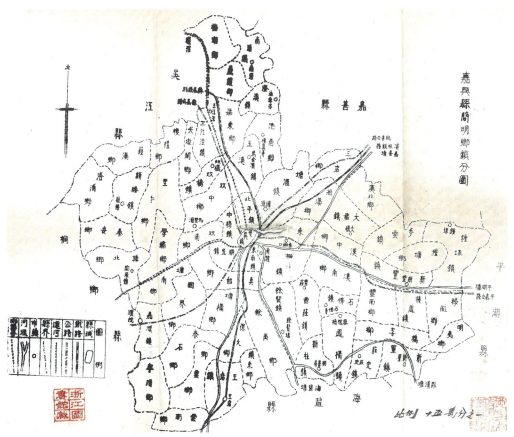

图 0-12 《嘉兴县简明乡镇分图》，1930 年代

---

❶ 《嘉兴县道里记》，《修订浙江全省舆图并水陆道里记》，民国四年（1915）杭州武林印书馆刊印。
❷ 《嘉兴县全图》，据 1928 年编《嘉兴新志》（上编）。

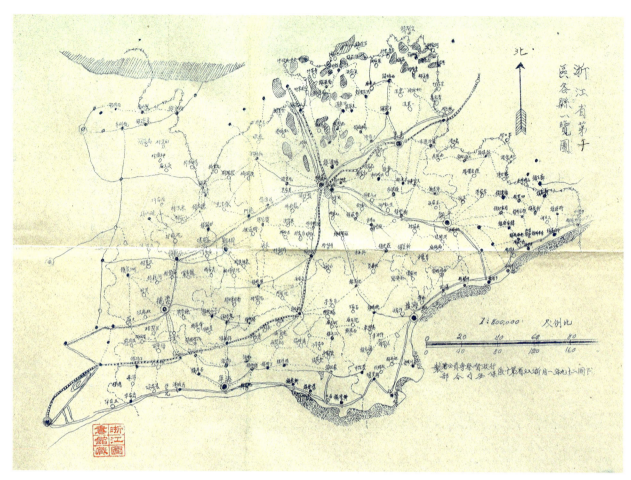

图 0-13 《浙江省第十区各县一览图》，1940 年代

四、中华人民共和国成立以来的变化

1949 年 5 月 7 日，嘉兴解放。10 月，中华人民共和国成立。此前，城南一带为真东乡、真西乡，还包括蚂桥乡和塘濮乡、国界乡一部分。1956 年，真东乡、真西乡合并为真如乡。实行土地改革后，走集体化道路，1958 年 10 月合并真如乡、蚂桥乡、洪合乡成立南湖人民公社。辖区紧靠南湖，南湖是中国共产党的诞生地之一，以此命名人民公社，极富象征意义。从此，南湖公社闻名于世。1961 年 4 月，又析分为南湖、洪合、蚂桥 3 个公社。"（一九）五八年大公社时建造，（一九）六一年分成三个公社，即现在的南湖、洪合、马桥三个乡。"[1] 值得关注的是，在南湖人民公社时期，一些村落的老地名被新的大队名称所取代，如民主、红卫、胜利、五一、七一等。到了 1981 年，各大队又出现改名热潮，此前各大队的名称过于政治化，且多有重复，如红卫大队、胜利大队等名字在很多公社使用，于是又纷纷改回老地名。关于这一现象在第五章中有详细解读。图 0-14 为 1982 年刊印的《嘉兴市（县级）城区图》。原来的名称

---

[1] 南湖乡人民政府：《关于要求迁移办公地点的报告》，1985 年 8 月 28 日。嘉兴市城南街道档案室藏。

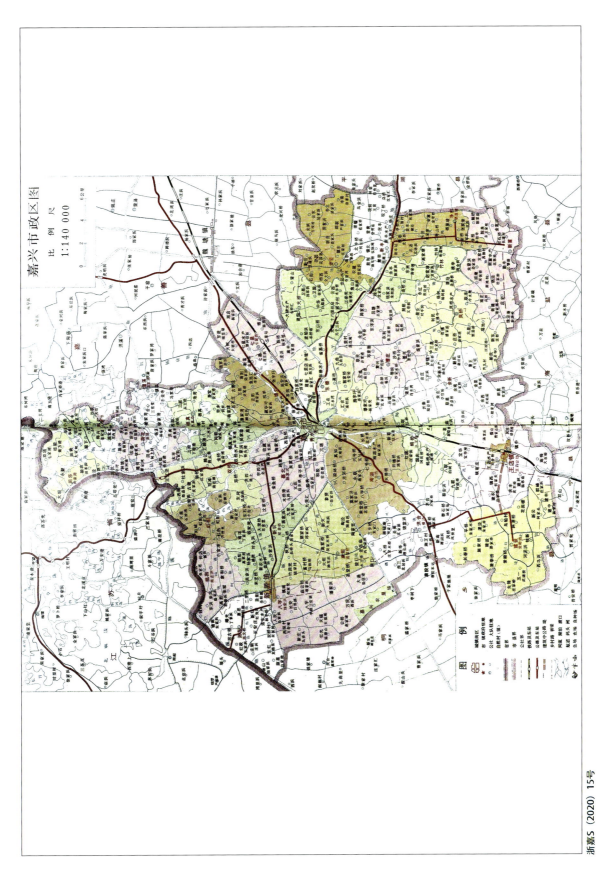

浙嘉S（2020）15号

图0-14　1982年《嘉兴市政区图》，选自嘉兴市南湖区志编纂委员会编《嘉兴市南湖区志》。嘉兴城南街道提供

不再使用，地图中已采用新的地名，如珠庵、真如、天带桥、开禧桥、月河桥、莫家泾、三乡桥、乘堂桥、梁林桥、七号桥。南湖公社办公地设在八号桥。

从南湖公社到南湖乡，再到城南街道的设立，这一带的行政隶属关系经历了较为复杂的变动，一些机构与单位名称亦屡有变化。

1983 年 10 月，嘉兴市市区设立城区人民政府，南湖公社归属城区管辖。❶1983 年 11 月，南湖公社更名南湖乡。图 0-15，为 1987 年《嘉兴市城区行政区划图》，标注"南湖乡"范围，还有一些村名、桥名等。

图 0-16，为 1989 年绘制的《嘉兴市城郊图》（南湖乡一带）。此时南湖乡政府已迁移到四号桥，1985 年"南湖乡人民政府驻地由原来的八号桥迁至四号桥西堍"❷。图中标注"京杭大运河""杭申公路""沪杭铁路""长水塘"等，交通便利。图中还标出一些企业名，如嘉兴第六毛纺厂、市石油溶剂厂等。至 1990 年，南湖乡有隆兴、珠庵、南湖、西南湖、长桥、真如、六号桥、七号桥、天带桥、红旗、新联、开禧桥、永联、月河桥、莫家泾、三乡桥、八字桥、乘堂桥、梁林桥、南湖水产 20 个行政村、214 个自然村、247 个村民小组，

6 404 户，总人口 23 321 人。❸

1993 年 12 月，浙江人民政府发文《关于嘉兴市城区更名为嘉兴市秀城区的通知》，南湖乡归属秀城区。❹1996 年 3 月，中共嘉兴市委、嘉兴市人民政府、中共秀城区委、秀城区人民政府《关于秀城区四个乡分别委托两个开发区管理的决定》，其中南湖乡委托南湖综合开发区管理。❺图 0-17，为 1998 年《嘉兴市秀城区行政区划图》，标注"南湖乡"，此时为秀城区管辖。

2000 年 5 月，浙江省人民政府发文《关于嘉兴市调整本级行政区划的批复》，嘉兴市调整本级行政区划后，秀城区辖建设街道等 5 个街道和南湖乡等 9 个乡（镇）。❻2001 年 10 月，撤乡建街道，因城市发展和区域调整，辖区地处嘉兴市南，又驻于城南路上，因而以"城南"命名，故更名为城南街道。2002 年 7 月，城南街道委托嘉兴经济开发区管理，行政区划上仍属秀城区管辖。2005 年 5 月，浙江省人民政府发文《浙江省人民政府关于嘉兴市秀城区更名为南湖区的通知》。❼图 0-18，为《嘉兴市中心城区图》（2006 年印制），标注"城南街道"，此时这一带城市化加快，城区面貌日新月异，出现了大量楼宇，新机构不断涌现，村落变为社区，辖区范围也不断调整。

❶《关于嘉兴市城区、郊区管辖范围问题的通知》，1983 年 10 月 14 日，嘉兴市南湖区志编纂委员会编：《嘉兴市南湖区志》（下册），方志出版社 2020 年版，第 1767 页。
❷ 嘉兴市民政局文件：《关于同意城区南湖乡人民政府驻地迁至四号桥西堍的批复》，嘉政民（85）39 号，1985 年 9 月 18 日。嘉兴市城南街道档案室藏。
❸ 嘉兴市南湖区志编纂委员会编：《嘉兴市南湖区志》（上册），第 516 页。
❹《关于嘉兴市城区更名为嘉兴市秀城区的通知》，1993 年 12 月 9 日，嘉兴市南湖区志编纂委员会编：《嘉兴市南湖区志》（下册），第 1767 页。
❺ 中共嘉兴市委、嘉兴市人民政府、中共秀城区委、秀城区人民政府《关于秀城区四个乡分别委托两个开发区管理的决定》，1993 年 3 月 6 日，嘉兴市南湖区志编纂委员会编：《嘉兴市南湖区志》（下册），第 1769—1771 页。
❻《关于嘉兴市调整本级行政区划的批复》，2000 年 5 月 25 日，嘉兴市南湖区志编纂委员会编：《嘉兴市南湖区志》（下册），第 1771—1772 页。
❼《浙江省人民政府关于嘉兴市秀城区更名为南湖区的通知》，2005 年 5 月 20 日，嘉兴市南湖区志编纂委员会编：《嘉兴市南湖区志》（下册），第 1771—1772 页。

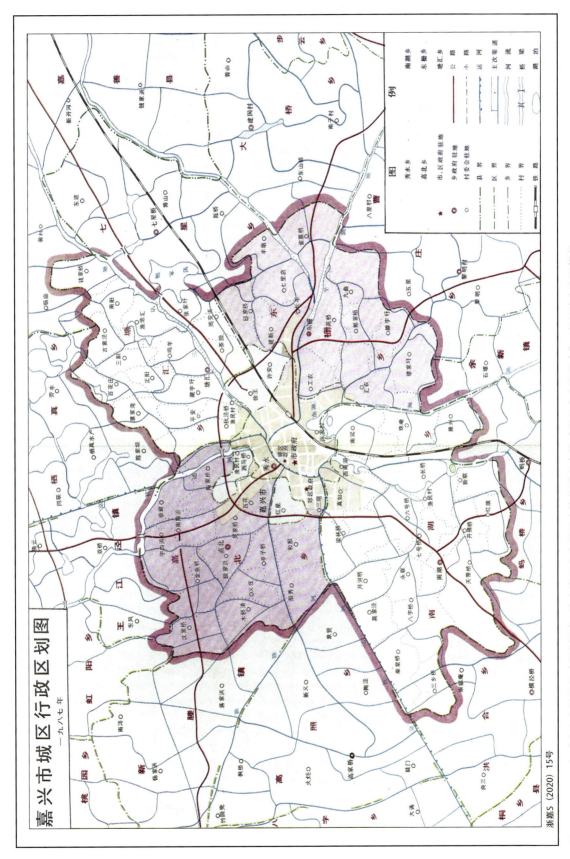

嘉兴市城区行政区划图
一九八七年

图 0-15　1987年《嘉兴市城区行政区划图》，选自嘉兴市南湖区志编纂委员会编《嘉兴市南湖区志》。嘉兴城南街道提供

浙嘉S（2020）15号

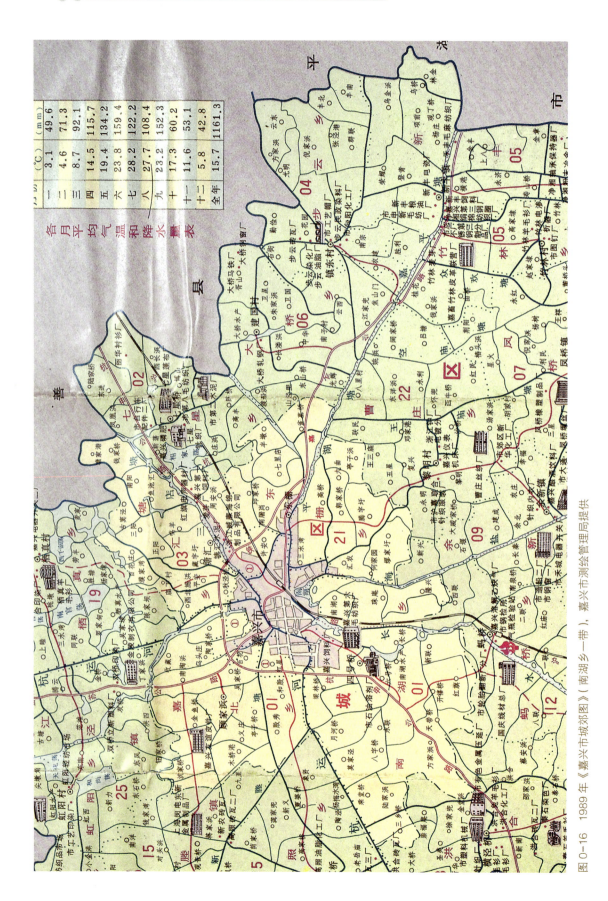

各月平均气温和降水量表

月份	一	二	三	四	五	六	七	八	九	十	十一	十二	全年
气温（℃）	3.1	4.6	8.7	14.5	19.4	23.8	28.2	27.7	23.2	17.3	11.6	5.8	15.7
降水量（mm）	49.6	71.3	92.1	115.7	134.2	159.4	122.2	108.4	152.3	60.2	53.1	42.8	1161.3

图 0-16　1989 年《嘉兴市城郊图》（南湖乡一带），嘉兴市测绘管理局提供

16

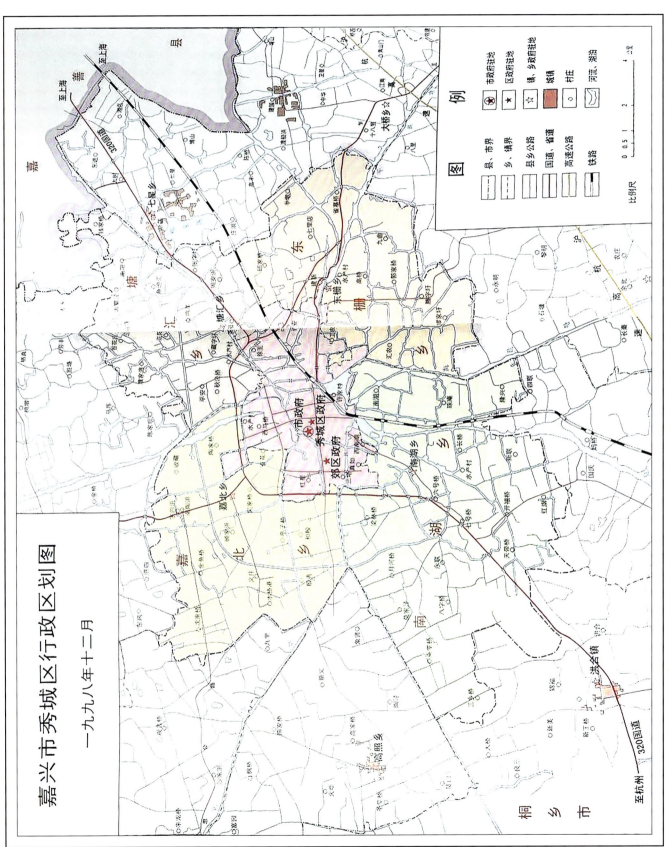

图 0-17　1998 年《嘉兴市秀城区行政区划图》，标注"南湖乡"。嘉兴城南街道提供

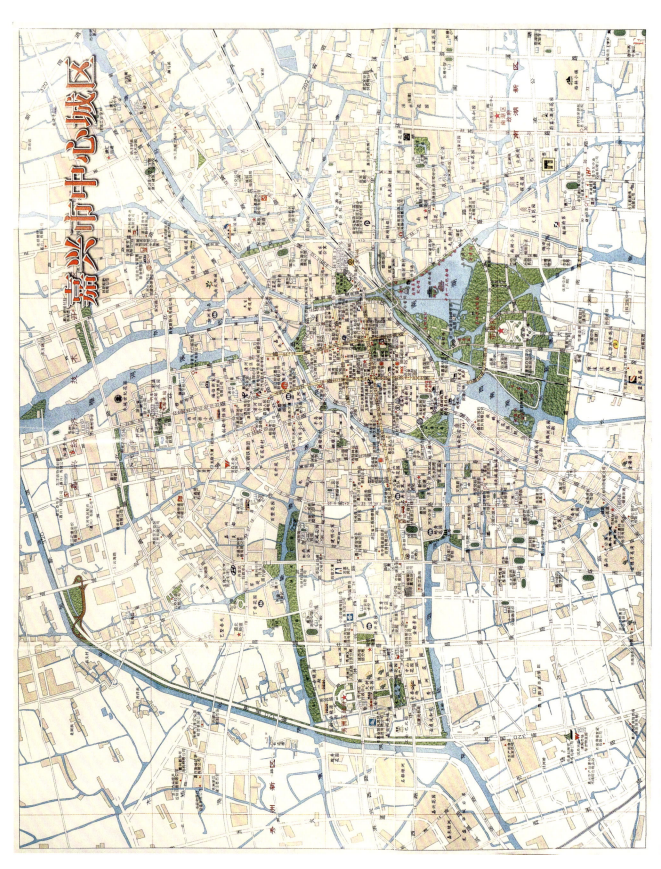

图 0-18 《嘉兴市中心城区图》，标注"城南街道"。选自《嘉兴概览》，嘉兴市人民政府新闻办公室 2006 年刊印

2005 年，城南街道有府南、百妙、良秀、金穗、禾源 5 个社区，南湖、长新、真如、马家浜、八字桥、月河桥和梁林桥 7 个行政村。2010 年 6 月，南湖村、府南社区划归长水街道。❶

　　图 0-19，为 2009 年《嘉兴市区南湖区行政区划图》；图 0-20 是《嘉兴经济开发区地图》；图 0-21，为 2019 年《嘉兴市经济技术开发区规划示意图》。这 3 幅图中，均标注"城南街道"，但侧重点各异，蕴含的信息也不同。

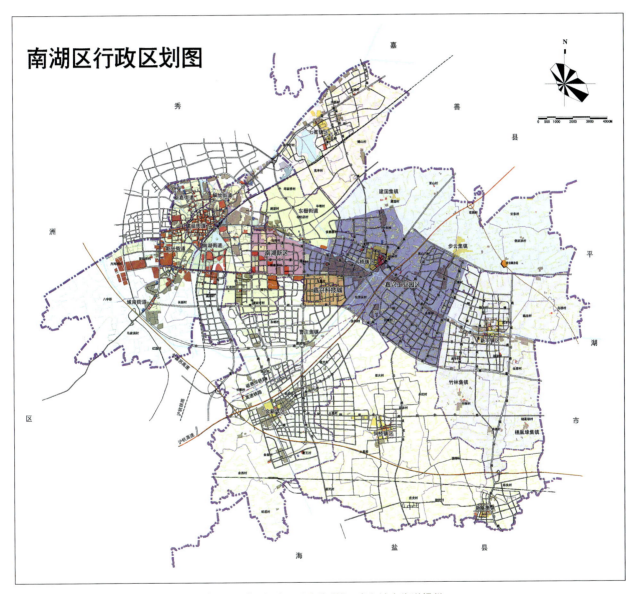

图 0-19　2009 年《嘉兴市区南湖区行政区划图》，标注"城南街道"。嘉兴城南街道提供

---

❶ 嘉兴市南湖区志编纂委员会编：《嘉兴市南湖区志》（上册），第 516 页。

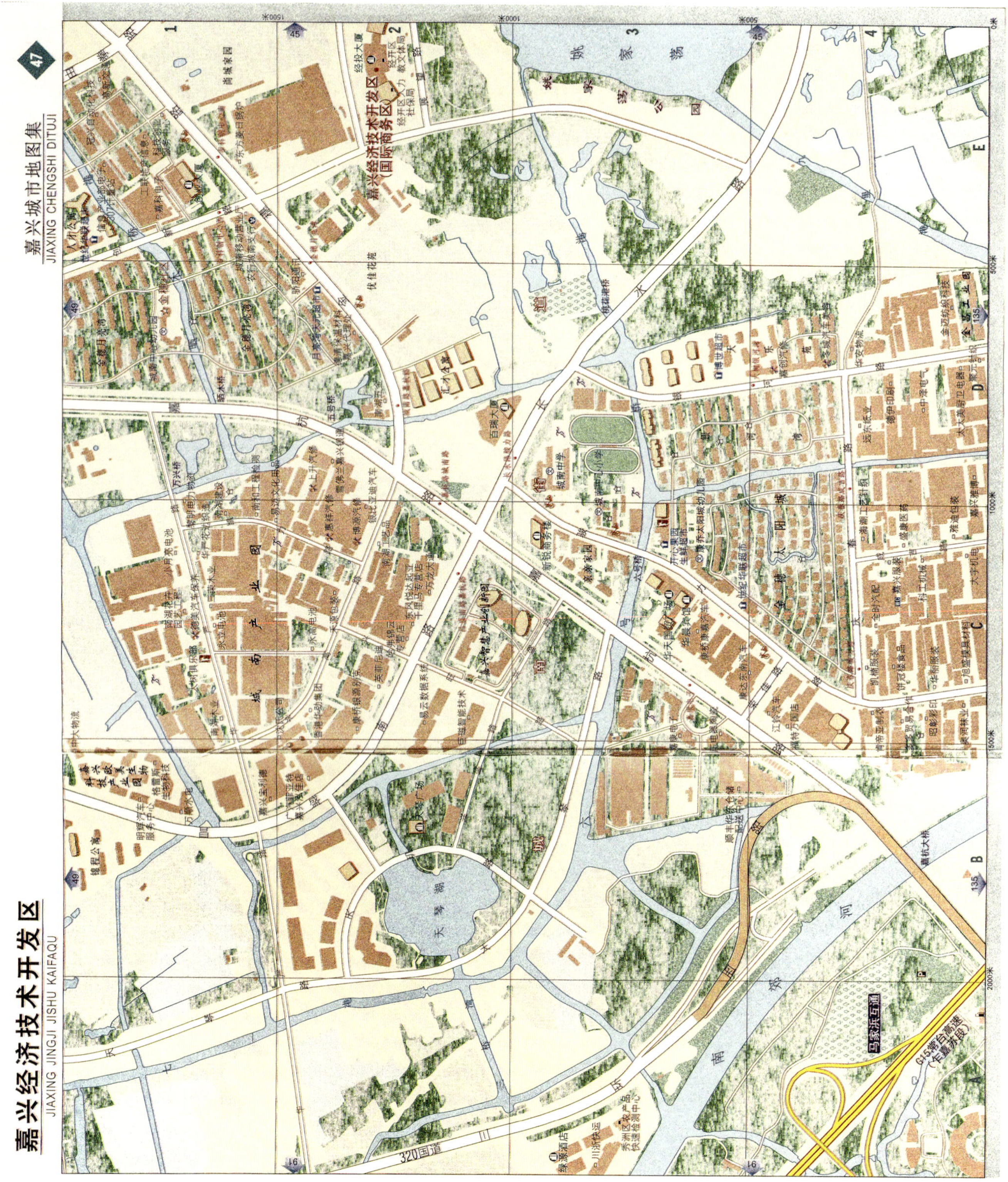
嘉兴经济技术开发区
JIAXING JINGJI JISHU KAIFAQU
嘉兴城市地图集
JIAXING CHENGSHI DITUJI
47
嘉兴经济技术开发区(国际商务区)
南湖
天鹅湖
320国道
马家浜互通

图 0-20 《嘉兴经济开发区地图》，选自《嘉兴城市地图集》（中国地图出版社、中华地图学社 2017 年版）

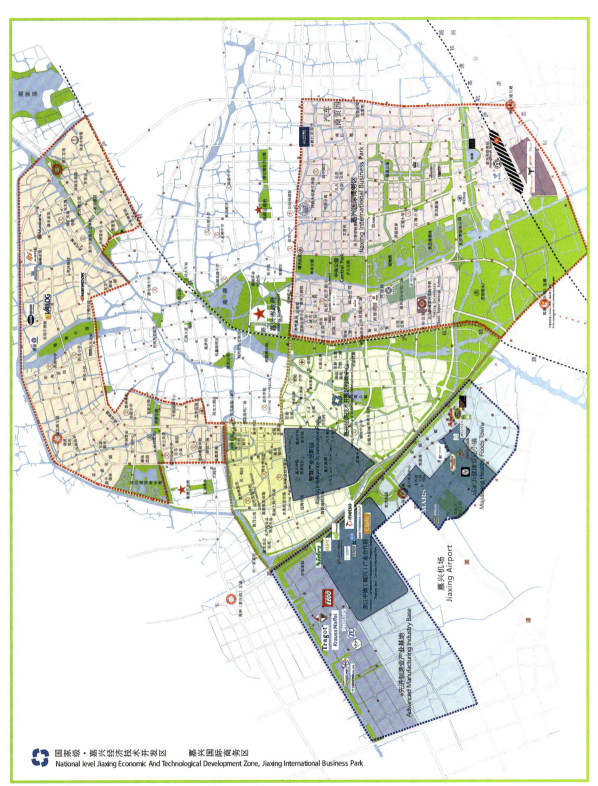

图 0-21 2019年《嘉兴市经济技术开发区规划示意图》。嘉兴城南街道提供

2018 年 3 月，文博社区成立，并调整良秀、金穗社区区域范围。图 0-22，为城南街道提供的《城南街道社区示意图》，图中详细绘制百妙、良秀、文博、金穗、禾源、长新、天佑 7 个社区，以及社区面积、办公地点。

图 0-22 《城南街道社区示意图》，约 2019 年。嘉兴城南街道提供

2020 年 7 月，新成立姚家荡、银河、新月 3 个社区，街道增至 10 个社区。图 0-23，为 2023 年《城南街道辖区范围及社区划分图》。

如今的城南街道，辖区面积 40.62 平方千米，下辖 10 个社区，常住人口 15.6 万人，户籍人口 4.02 万人。❶ 自城南街道成立以来，开启了现代化城市建设的序幕，整个区域面貌、形态、结构均发生显著变化，从一个传统的农业区逐步成长为宜居宜业的现代城区。

不同时期的地图，类型不一，或从整体，或从细部，蕴含着不同的内容与信息，从独特的视角反映城南一带在历史时空中的沧桑变迁。

---

❶ 《2023 年城南街道概况》，2023 年 12 月数据，嘉兴城南街道提供。

城南街道辖区范围及社区划分图

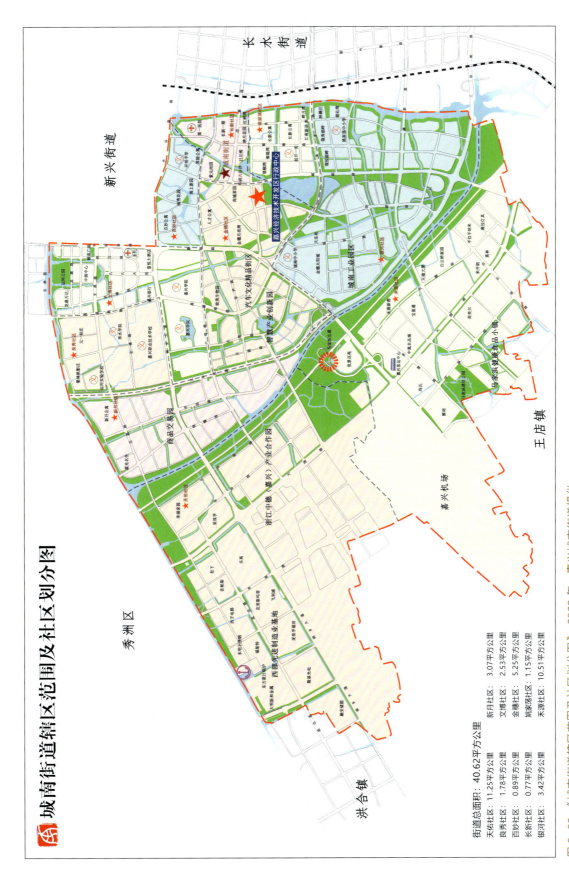

街道总面积：40.62平方公里

天佑社区：11.25平方公里	新月社区：3.07平方公里		
良秀社区：1.78平方公里	文博社区：2.53平方公里		
百妙社区：0.89平方公里	金穗社区：5.25平方公里		
长新社区：0.77平方公里	姚家浜社区：1.15平方公里		
银河社区：3.42平方公里	禾源社区：10.51平方公里		

长水街道

新兴街道

秀洲区

洪合镇

王店镇

嘉兴经济技术开发区行政中心

嘉兴机场

图0-23　《城南街道辖区范围及社区划分图》，2023年。嘉兴城南街道提供

23

第二节　嘉兴城南：作为一个样本的研究

从马家浜文化走来，随着嘉兴城市的发展，有了城墙，有了"城南"；从南湖人民公社、南湖乡，直到如今的城南街道，悠悠数千载，经历了农耕文明到工业化、城市化的过程，这一带的景观、形态，乃至社会经济结构都发生了深刻变化。位处城南，典型的江南水乡，其民种植水稻、纺纱织布，有"最江南"的呈现；到工业化的开启、城市化的推进，这一区域在快速发展，在长三角城市群中脱颖而出。就区域变迁、城市演变视角而言，"嘉兴城南"具有样本研究的价值与意义。

嘉兴城南有马家浜文化遗址，后该遗址被命名为"马家浜文化"，距今有7 000多年历史，是长江下游、太湖流域新石器时代早期文化的代表，成为"江南文化之源"（详见第一章论述）。先民们在这里从事稻作农业、渔猎活动，创造了内涵丰富的史前文化。拥有7 000余年深厚文化底蕴的积淀，城南是引以为荣的。

这里地处杭嘉湖平原，气候湿润，雨量充沛，四季分明，拥有发展农业的优越条件，成为蚕桑渔稻文化的代表，"襟沪杭而濒海隅。平原沃野，物产丰饶，域袤人稠"❶。位处嘉兴城南，地势开阔，湖塘密布，诸水潆洄。韩国人金九在《白凡逸志》中谈到自己在嘉兴避难的经过，有一段写到在南门外看到的景象：

来嘉兴后，几乎每天都驾一叶扁舟，游览南湖。还从村里买来活鸡，在船上烹煮，边赏景边吃鸡，真是其味无穷。

嘉兴南门外，沿运河而下，走十余里，有个村子叫严家浜，陈桐荪君在那里有田产，跟村里的农民孙用宝相交甚厚。我去那儿，就住在孙用宝家。那时我完全成了一个乡下老头儿。他们家全家都下地干活时，家里只留下个吃奶的婴儿。孩子一哭，我就抱着他去地里找他的妈妈。那时他妈就十分惶恐不安，感到难以为情。

五、六月是蚕桑季节，家家都养蚕。我参观了那里的妇女们缫丝。

六十多岁的老太婆也不闲着，在纺车边安上一口锅，左手烧火煮茧，右手缠丝纺线。纺车下部悬有一踏板，右脚一蹬踏板，纺车就转动起来。我幼小时曾看到过我国妇女纺纱织布，和这里相比，真有天壤之别。

我问老太：

"老太今年高寿？"

"过了六十了。"

"什么时候起就开始纺纱啦？"

"从七岁起。"

"六十年前用的就是这种纺车吗？"

"是啊，就是这种纺车。"

我也亲眼见到七八岁的孩童抽丝纺纱，所以对她的话并不感到奇怪。

我既然住在农家，也就注意看了看他们使

用的农具，虽然是旧式的，但比我国先进。我也参观了他们引水灌溉，他们用的是木制水车，男女多人踩动水车，就能把湖水抽引上来灌溉田地，十分方便。插秧都事先算好日子，早稻八十天，中稻一百天，晚稻一百二十天。我国只以为成行插秧是日本人的发明，其实中国从古代起就是成行插秧，看了他们的锄草机就可知道这一点。❶

作为韩国人的金九，从一个"他者"的视角把江南人习以为常的生活场景记录了下来，非常详细。或许，金九那段描写是杭嘉湖地区农家农事的一个缩影，但嘉兴城南的确可以作为江南农耕文化的典型。而且关于农业发展，到了集体化时代仍在不断书写自己的传奇。

中华人民共和国成立后，地处嘉兴城南的真如乡等地区迅速投入到"土地改革"运动中去。此后，这一带在促进农业生产发展，调整生产关系，推动农民走上集体化道路的过程中，涌现了一批模范集体与个人，其中当时真西八字桥村姚家石桥的姚岩宝，组织的"姚岩宝互助组"是当时嘉兴地区第一批互助组，起到带头示范作用。1958年南湖人民公社成立，当地政府依靠广大群众，在发展农业、壮大集体经济方面不懈努力，取得了很大的成就。从农业合作社到人民公社，南湖儿女借助集体的力量，开展集中生产，兴办水利，修建基础设施，创办集体企业，积极提高文化教育水平和医疗

卫生条件，在一定程度上促进了生产的发展和生活水平的提高，由此使南湖人民公社成为嘉兴乃至浙江省农业生产发展的模范地区，在全国也享有很高的知名度。翻阅当时的《人民日报》《光明日报》《浙江日报》等，经常可以读到来自"南湖人民公社"的消息。这个公社的一些做法与经验也得到广泛介绍与推广。"南湖人民公社"在集体化时代具有特殊的象征意义。

1978年国家实行改革开放，虽然实行了家庭承包责任制，南湖公社也改为了南湖乡，但很长一段时期南湖乡仍然是杭嘉湖地区农业生产发展的"典范"。至1990年，南湖乡粮食总产量达27 162吨，其中水稻23 702吨，粮地亩产865千克；交售粮食15 570吨，人均提供677千克，"为全区（嘉兴城区，后改秀城区）人均售粮首位"❷。油菜籽总产1 173吨、蚕茧591吨，饲养猪43 710头、羊13 672头，淡水鱼总产达263.7吨。这些数据至今看来，是南湖乡农业发展的一个高峰。杭嘉湖作为当时国家重要的水稻主产区，南湖乡还实施了"粮食亩产吨粮田工程建设"，1992年南湖乡被区政府评为"吨粮田工程建设达标镇"❸。

也就在这一时期，这一带的传统农业经济开始转型，体现在大力发展副业，如南湖乡天带桥村建成了嘉兴市区蔬菜基地，拥有菜地610.67亩，蔬菜总产1 529.33吨。❹南湖乡的草莓、桃、李等也形成规模经营。真如、南湖、西南湖3村所产的南湖菱、南湖蟹，作为嘉兴特产，享誉一时。南湖

❶ ［韩］金九著，宣德五、张明惠译：《白凡逸志：金九自叙传》，民主与建设出版社1994年版，第229—230页。
❷ 嘉兴市南湖区志编纂委员会编：《嘉兴市南湖区志》（上册），第517页。
❸ 嘉兴市南湖区志编纂委员会编：《嘉兴市南湖区志》（中册），第800页。
❹ 嘉兴市南湖区志编纂委员会编：《嘉兴市南湖区志》（上册），第517页。

乡一度提出建立南湖湖羊生产基地。更重要的是，从20世纪70年代末南湖公社的社队企业起步，到80年代初乡镇企业作为一种独立的企业形态异军突起，再到1993年以后，伴随着乡镇企业开始向股份合作制转变，南湖乡的乡镇企业成功转型，并以其强劲的活力推动了本地社会经济的发展。这一时期，南湖乡镇工业的快速发展，部分源于"自发性"的内部推动，这些企业从无到有，由小而大，实力不断增强，为本地工业化、城镇化提供了坚实的基础。但从开阔的视野考察，南湖乡的工业发展，更多的是利用靠近嘉兴城南的优势，抓着嘉兴城区向南、向西扩展的机遇，壮大自己。2001年10月开启的"撤乡设街道"，设立嘉兴城南街道，更加速了这一带的工业化、城市化进程。

城南一带，从位于嘉兴城市的南缘、江南的乡村原野，到20世纪80年代随着乡镇企业的发展，工业化的开启，城市化的推进，努力建设现代化新城区，如今成为嘉兴主城区的重要组成部分。在这一过程中，从形态到格局，从功能到结构，城南的演进脉络清晰，呈现出多样性、完整性的特点。在从"乡土城南"到"现代城区"的演变中，这一地域的形象复杂多变，其内涵、功能亦因时而异，其背后凸显的是对现代化的诉求。

本书以"嘉兴城南"为题，通过对城南区域的长时段、多视角考察，可以丰富、拓展嘉兴城市史研究的内容。从整个长三角区域审视，可以为江南"城南现象""城南发展类型"提供样本。就更深层的意义而言，结合中国式现代化地方实践的研究，在中国共产党诞生地之一的南湖之畔，无论是集体经济时代的南湖人民公社，还是融合现代城区的城南街道，关于社会主义建设路径的探讨，从发展集体农业经济到追寻工业化、城市化，其中的一些做法、经验值得总结，可以为一些地方的现代化建设提供有益借鉴，由此也凸显了本书所具有的现实意义与社会价值。

如今，伴随着现代城市的发展，长三角一体化的推进，"嘉兴城南"利用自身独特的地缘优势，在长三角城市群中发挥着一定的作用。这一区域的空间格局，从产业结构到功能定位，都在不断地进行调整与塑造。嘉兴城南将拥有更美好的未来。

第一章

马家浜文化·「江南文化之源」

沧海桑田，历史上杭嘉湖地区由海变陆，经历了复杂的地质变迁。据已有的研究表明，随着地质史上第四纪的最后一次海侵（即卷转虫海侵）的发展，南边的宁绍平原日渐缩小，生态环境严重恶化，原始居民或退或迁，其中一部分越过杭州湾，北上西去，迁移到浙北和苏南丘陵，创造了著名的马家浜文化等。❶

马家浜文化是长江下游、环太湖流域迄今为止发现的最早的新石器时代文化，距今7000—6000年，因浙江省嘉兴南湖公社天带桥大队马家浜遗址而得名。马家浜文化主要分布在太湖地区，南达浙江的钱塘江沿岸，西北到江苏常州一带。1959年，浙江省文物管理委员会、杭州大学等在嘉兴马家浜开展第一次挖掘工作，出土物以兽骨为主，

图 1-1　全国重点文物保护单位：马家浜遗址

❶ 陈桥驿编写：《浙江地理简志》，浙江人民出版社 1985 年版，第 327、328 页。

还有骨、陶、玉、石器，以及墓葬、房屋遗迹等。该考古发现不同于黄河流域的史前文化形态，引起了国内外考古学界的重视。马家浜遗址后被中华人民共和国国务院公布为"全国重点文物保护单位"。

马家浜村，即位于今嘉兴城南街道辖区内，由此把嘉兴城南的历史追溯到久远的史前时代。大量的考古成果可以反映嘉兴城南一带史前文明遗迹的丰富多彩。马家浜文化、崧泽文化、良渚文化，这三种文化形态在时间先后上是一个完整的序列，这在考古研究中已有详细论证，同时这三者在先后连接上又有交叉重合，因此也有更为复杂丰富的文化载体出现。

嘉兴城南，其历史古老而年轻。说她古老，因为她拥有悠久的马家浜文化；作为新兴发展的城区（或街区），她又是年轻的，嘉兴城南街道始设立于 2001 年。

第一节　马家浜遗址的挖掘

1959 年初春，嘉兴县南湖公社天带桥大队马家浜自然村农民在田间沤肥挖坑中，发现了大量兽骨和古代遗物。1959 年 3 月间，浙江省文物管理委员会（简称"省文管委"）主持进行了抢救性发掘，这也是马

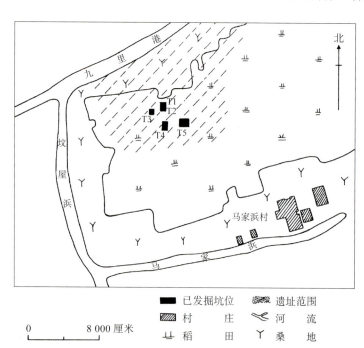

图 1-2　马家浜遗址地形图，《浙江嘉兴马家滨（浜）新石器时代遗址的发掘》，《考古》1961 年第 7 期

家浜遗址的第一次发掘。参加发掘的包括浙江省博物馆、杭州大学历史系、杭州师范学院历史系等 6 家单位的考古队，省文管委当时还请了一些学生参与，以配合大专院校学生的教育、劳动、科研工作。❶

马家浜遗址第一次考古发掘，历时两个月，面积 213 平方米，挖掘探方 5 个，计213 平方米。表土层下文化层分上、下两层：上文化层以灰黑色黏土为主，有红烧土层和淤泥层，厚 12—80 厘米，发掘出兽骨、石锛、砺石、骨镞和各种陶片等；下文化层15—75 厘米，为黑色黏土，兽骨比上文化层更多，有骨镞、骨锥、骨针、骨凿以及石斧、砺石等。在两层之间的淤泥中，还出土

---

❶ 在《嘉兴马家浜遗址发掘报告》中，有关于野外图纸绘图人的署名记录，可以获悉参加当时发掘工作的有朱伯谦、汪济英、姚仲源、梅福根、冯信敫、何云新、肖贤锦、蒋贤斌、张松年、刘允忠、管银福、桑法泉等。朱伯谦、汪济英为考古领队。

了二三十具人骨架,并有部分随葬品,包括生产工具、装饰品。在发掘过程中还发现了房屋遗址,南北7米,东西3米,残存的木柱等。在下文化层中发现了碳化的无角菱。

1959年5月13日《文汇报》刊发题为《发现新石器时代早期遗址》的报道,对在浙江嘉兴马家浜等地发现新石器时代早期遗址进行介绍,指出这一遗址是浙江省近期在群众性土壤普查运动中发现的,其中有嘉兴的马家浜、海宁彭城两处,并称这是"以狩猎为经济基础的新石器时代遗址"。此后,省文管委和杭州大学等6家单位组成考古队,对两处遗址进行了科学发掘,共挖出人骨架30具,骨器、玉器、石器、陶器等物品60多件。报道详细描述了马家浜遗址的情况:

> 总面积有一万五千多平方公尺,灰土的平均厚度约一公尺(包括先后形成的两层堆积)。在下面的灰土层,即文化层,分布着许多不同形式和不同大小的窖穴,有的很浅,周围树立小木柱;有的较深,里面填着龟甲等物。这是遗址居民的住宅或堆积东西的地方。除这些遗迹外,还发现了不太多的夹砂陶炊器,一颗炭化了的双角菱,零星鱼骨,以及异常丰富的兽骨和劳动工具。兽骨的数量大约在五十平方公尺的范围内就有一吨以上,据初步鉴别,最多是鹿和牛,牛头是整个地被丢掉的,这与当时砍劈工具的拙劣可能有关;其次是猪、狗、獐;还有少数动物遗骸暂时还不能定名。遗址居民所使用的劳动工具,有狩猎用的箭头,切割或钻孔用的凿、锥,缝缀兽皮的骨针等,这些都是利用兽类的骨、角、牙制成的。此外,还发现有经过加工的兽牙和骨管装饰品,但加工得并不精致。骨箭头是人们猎获兽类的重要武器,遗址中发现了很多骨箭头,结束了当时大规模使用弓箭获取生活资料的(不仅是肉食,也包括用以御寒的兽皮和制造劳动工具的原料)狩猎业的经济面貌。❶

图1-3 《发现新石器时代早期遗址》,《文汇报》1959年5月13日第3版

---

❶《发现新石器时代早期遗址》(浙江嘉兴马家浜等地),《文汇报》1959年5月13日第3版。

浙江嘉兴马家滨新石器时代遗址的发掘

浙江省文物管理委员会

1959年3月间，浙江杭嘉湖地区发现了几处新石器时代遗址，对于其中较重要的嘉兴马家滨遗址，由我会与杭州大学历史系、杭州师范学院历史系等六个单位组成的考古队进行了发掘。

一、地理环境

马家滨遗址位于嘉兴县城南偏西7.5公里。北及东北临九里港，西有坟屋滨，南为马家滨，是一个三河交叉的平原。遗址面积东西长约150，南北宽约100米。发掘坑位就在遗址的中部，計开探坑5条，依次编号为 T 1—5（图一），发掘面积共213平方米。

二、地 层

一般可分表土层和上、下文化层，说明如下（图二）：

1.表土层系黄灰色农耕土，厚约0.15—0.85米。在T1、2、4的东部有乱沟一条打破了上、下文化层。乱沟宽1，深1.1米。这一层的包涵物，除近代砖瓦外，还有从文化层中翻上来的残石斧与少量夹砂陶片。

2.上文化层以灰黑色粘土为主，并有红

烧土层和淤土层。厚达12—80厘米。T1及T4的葬地及T5的建筑遗迹也属这一层。以T1、T2为例：上文化层厚达0.4—0.6米。红烧土的北端上接表土层，下接淤土层，向南引伸到灰黑土中。在红烧土中出土有少量泥质红陶片，厚10—20厘米。淤土层分布在灰黑土之下，为上下二文化层的交接处，但也有夹杂在灰黑土之间的。葬地則分布在上、下二文化层交接处的淤土层之上。这一层的包涵物以兽骨最多，其次有石磷、碥石、骨镞和各种骨质的陶片。在其它诸坑中出土的还有骨锥和骨凿等。

图一 马家滨遗址发掘坑位图

图二 马家滨遗址T1—2西壁地层剖面图

第7期　　　　　　　　　　　　　　　　·345·

图1-4 《浙江嘉兴马家滨（浜）新石器时代遗址的发掘》，《考古》1961年第7期

在这个遗址的上文化层有成批的墓葬，"尸体埋得很密集，单在五十平方公尺的发掘坑内就清理出廿多具骨架，葬式分仰身伸直、附身伸直和屈肢葬等数种，头向一律朝北。随葬品放在腰部的是石斧，放在头部的多为玉环、玉玦等。这批墓葬是目前研究浙江新石器时代葬俗的唯一依据，在这之前浙江地区的古代墓葬中都没有发现过完整的人骨架"[1]。马家浜遗址的发现具有重要意义，表明"浙江早在农业经济发展以前已有比较发达的文化"[2]。

1961年，《考古》第7期发表了由省文管委署名的《浙江嘉兴马家滨（浜）新石器时代遗址的发掘》，执笔者是姚仲源、梅福根。该文从地理环境、地层、遗迹和葬地等几个方面详细介绍此次发掘情况，文中还刊发了大量从马家浜遗址出土的遗物图照。此次对马家浜遗址的试掘，初步揭示该遗址的文化堆积情况。在出土的遗迹中有房子、灰坑和墓葬，而遗物中多骨器，又发现大量的兽骨，"这一特点是目前江南遗址中不多见的"。从挖掘出土的房子遗迹来看，"平面作狭长方形，柱子洞内垫有木板，反映了这一地区的建筑特点。居址与葬地分开、埋葬密集、层叠而无墓坑，这与南京北阴阳营的葬习相同；而随葬品不多，甚至大部分骨架旁不见随葬品，方向多南北，葬式以俯身为多，这又是不同的地方"。在出土陶器中，以罐类为主，鼎形器极少，"说明当时在这里居住的人们，炊煮食物主要是用罐类陶器。形制虽因残碎复原得很少，但多牛鼻式的横耳是这一群陶器的特征"。从出土的大量兽骨来看，"当时的生活可能以狩猎经济为主，而遗存骨器的丰富，是不无原因的。出土龟甲和鱼骨等，正说明了采集与捕捞也为当时的经济活动之一"[3]。该考古报告对马家浜遗址发掘做了初步的总结与评估。

[1] 《发现新石器时代早期遗址》（浙江嘉兴马家浜等地），《文汇报》1959年5月13日第3版。
[2] 《发现新石器时代早期遗址》（浙江嘉兴马家浜等地），《文汇报》1959年5月13日第3版。
[3] 浙江文物管理委员会（执笔者姚仲源、梅福根）：《浙江嘉兴马家滨（浜）新石器时代遗址的发掘》，《考古》1961年第7期。

　　马家浜遗址首次发掘的完整器和复原器，目前分别收藏在中国国家博物馆、浙江省博物馆和嘉兴博物馆等。

图 1-5　嘉兴马家浜新石器时代遗址出土的穿孔石斧。嘉兴博物馆提供

图 1-6　嘉兴马家浜新石器时代遗址出土的陶罐。嘉兴博物馆提供

图 1-7　嘉兴马家浜新石器时代遗址出土的麋鹿头骨。嘉兴博物馆提供

第二节 "马家浜文化"的命名

自 1959 年马家浜遗址发掘以后，在今嘉兴市境及同属太湖流域的其他区域内也多次发现同类型文化遗存。

1975 年，嘉兴籍学者吴汝祚在《考古》第 5 期上发表《从钱山漾等原始文化遗址看社会分工和私有制的产生》一文，考古界已开始提出"马家浜文化"这一概念。1977 年，著名考古学家夏鼐在《考古》杂志第 4 期上发表文章，正式提出"马家浜文化"：

图 1-8 《马家浜文化遗址分布图》。嘉兴城南街道提供

……从前多将这种文化和大汶口文化合称为“青莲岗文化”，或分称为“江南类型”和“江北类型”的青莲岗文化。实则二者虽也有相同点，但就整个文化面貌而论，是两种不同的文化。我以为还是以分别定名较为妥当。为了避免混淆，“青莲岗文化”这一名辞，似可避免不用。我建议把二者分别叫做“大汶口文化”（包括刘林、花厅村、大汶口、青莲岗等）和“马家浜文化”（包括马家浜和崧泽，但南京北阴阳营下层墓葬，似乎代表另一种文化）。这个马家浜文化，来源于较早的“河姆渡（下层）文化”。其年代约为公元前4750—3700年，相当于中原的仰韶文化。……长江下游承继马家浜文化的是良渚文化。❶

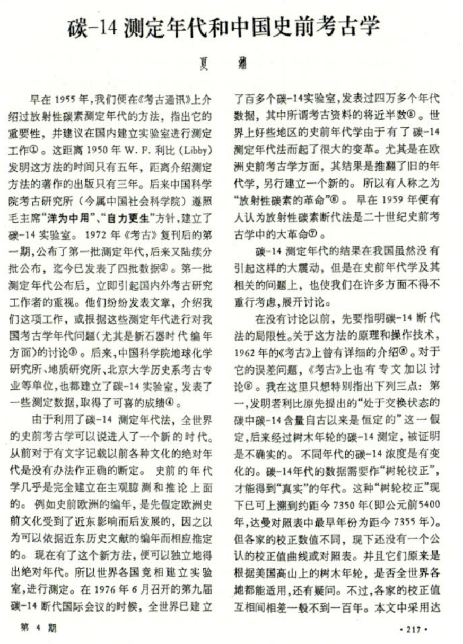

颇有意思的是，夏鼐撰写的文章中有一个注释：马家浜的‘浜’字从兵，读如邦；有误写作“濱”或它的简笔字“滨”，应改正。❷

1977年10月，由南京博物院、文物出版社联合发起的“长江下游新石器时代文化学术讨论会”在南京召开。在此次会议上，牟永抗、魏正瑾对“马家浜文化”作了较为系统的阐述，他们提交了《马家浜文化和良渚文化》一文，首先提出不能把太湖流域地区的遗址都归纳在单一的“青莲岗文化”概念之下，赞同夏鼐的“马家浜文化”的命名。同时，将太湖流域地区新石器时代发展划分为马家浜阶段、崧泽阶段和良渚阶段三个阶段，并归纳了其文化特征。❸

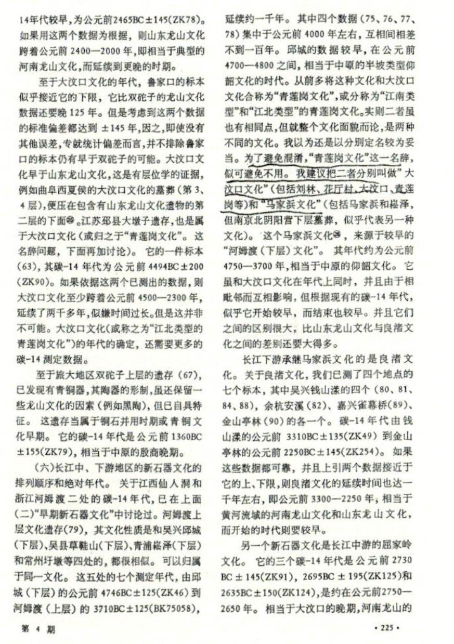

马家浜文化的出现，代表着又一种新的文化类型呈现于世人眼前。

已发掘的重要遗址主要有浙江嘉兴马家浜遗址、吴家浜遗址、谭家湾遗址，桐乡罗家角遗址，海宁坟桥港遗址，平湖大

图1-9　夏鼐在《碳—14测定年代和中国史前考古学》中正式提出“马家浜文化”，《考古》1977年第4期

---

❶ 夏鼐：《碳—14测定年代和中国史前考古学》，《考古》1977年第4期。
❷ 夏鼐：《碳—14测定年代和中国史前考古学》注释（26），《考古》1977年第4期。
❸ 牟永抗、魏正瑾：《马家浜文化和良渚文化——太湖流域原始文化的分期问题》，《文物集刊》第一辑，文物出版社1980年版。

坟塘遗址，嘉善小横港遗址，吴兴邱城遗址，苏州越城遗址，吴县草鞋山遗址，常州圩墩遗址，上海青浦崧泽遗址等，大致遍及杭嘉湖平原及环太湖流域地区。丰富的考古发掘，使其"从作为一支独立考古学文化的确立，到细致的分期与分区，马家浜文化成为环太湖流域史前社会文化演变进程研究中的一个重要环节" ❶ 。

关于马家浜文化的考古报告、研究论著等目前已有大量发表和出版，在此，列举部分（不完全）：

浙江文物管理委员会（执笔者姚仲源、梅福根）：《浙江嘉兴马家滨（浜）新石器时代遗址的发掘》，《考古》1961 年第 7 期。

夏鼐：《碳—14 测定年代和中国史前考古学》，《考古》1977 年第 4 期。

牟永抗、魏正瑾：《马家浜文化和良渚文化——太湖流域原始文化的分期问题》，《文物集刊》第一辑，文物出版社 1980 年版。

姚仲源：《二论马家浜文化》，《中国考古学会第二次年会论文集 1980》，文物出版社 1982 年版。

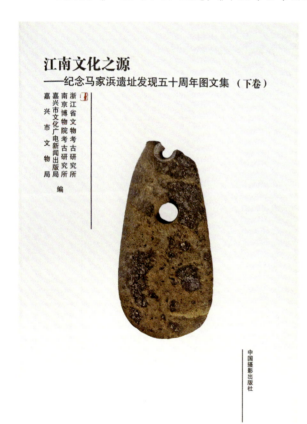

图 1-10 《江南文化之源：纪念马家浜遗址发现五十周年图文集》（下卷），中国摄影出版社 2011 年版

陈晶：《马家浜文化两个类型的分析》，《中国考古学会第三次年会论文集 1981》，文物出版社 1984 年版。

耿曙生：《试论马家浜文化的分布和分期》，《苏州大学学报（哲学社会科学版）》1985 年第 2 期。

吴汝祚：《马家浜文化的社会生产问题的探讨》，《农业考古》1999 年第 3 期。

张照根：《关于马家浜文化的类型问题》，《农业考古》1999 年第 3 期。

姚仲源：《回忆·认识和建议——在纪念马家浜遗址发掘四十周年座谈会上的即席发言》，《农业考古》1999 年第 3 期。

陆耀华：《浅谈嘉兴地区史前文化——纪念马家浜遗址发掘四十周年》，《农业考古》1999 年第 3 期。

陈治国：《马家浜文化研究》，吉林大学硕士

---

❶ 郑建明、陈淳：《马家浜文化研究的回顾与展望——纪念马家浜遗址发现 45 周年》，《东南文化》2005 年第 4 期。

学位论文（论文起止年月：2001年3月至2002年4月）。

嘉兴市文化局编：《马家浜文化》，浙江摄影出版社2004年版。

郑建明、陈淳：《马家浜文化研究的回顾与展望——纪念马家浜遗址发现45周年》，《东南文化》2005年第4期。

浙江省文物考古研究所等编：《江南文化之源：纪念马家浜遗址发现五十周年图文集》，中国摄影出版社2011年版。

围绕"马家浜文化"，专家学者从不同视角、不同层面做了较为深入的解读，内容主要包括以下几个方面：

第一，确立马家浜文化类型的年代及命名。据放射性碳素断代并经校正，年代始于公元前5000年，到前4000年左右发展为崧泽文化。在命名上，起初学界根据考古现场出土文物遗迹的判别，认为这属于青莲岗文化。后来，又有人进一步定为青莲岗文化江南类型的马家浜期。自20世纪70年代起，将其与青莲岗文化相区分，提出了"马家浜文化"的命名，现已被绝大部分学者所接受。

第二，关于马家浜文化的分期问题。学界根据遗址地层堆积，不同遗址之间的地层比较，以及陶器演变资料，将马家浜文化分为三期。早期是马家浜下层和罗家角第四层，陶器以灰黑陶和灰红陶为主，绳纹较多见，器型以釜为主；中期是马家浜上层，罗家角第一、二、三层，圩墩下层和草鞋山第十层，陶器以夹砂（包括夹蚌）红褐陶为主，仍有一定数量的灰黑陶和灰红陶，以素面的为多，绳纹基本消失，器型仍以釜为主，出现少量的鼎和较多的豆，还有牛鼻形耳的罐；晚期是圩墩中层和草鞋山第八、九层，陶器以夹砂红陶和泥质红衣陶为主，主要器型是釜、鼎、豆。❶ 这是目前考古学界较为认同的分期方式。

第三，在对大量出土器物进行综合比较的基础上，一些学者认为不同遗址中挖掘的典型器物群之间存在关联，

图 1-11　嘉兴马家浜新石器时代遗址出土的陶豆。嘉兴博物馆提供

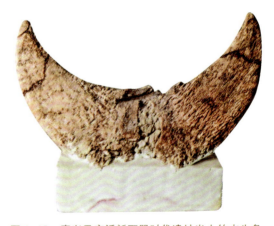

图 1-12　嘉兴马家浜新石器时代遗址出土的水牛角。嘉兴博物馆提供

---

❶ 转引自嘉兴市文化局编：《马家浜文化》，第16页；原载于《中国大百科全书·考古学》，中国大百科全书出版社1986年版。

并总结归纳了马家浜文化的器物类型，如："（陶器器物群）有宽腰沿的圜底或平底的釜、喇叭形高圈足的豆、牛鼻形耳的罐、带侧把平底或三扁足的盉、两袋足一宽扁形足的异形鬶、大敞口的平底盆和敛口钵等组成，马家浜文化晚期炊器中出现越来越多的鼎，以双目圆锥足、柱形足等为特点，带流的炊器改为带管状嘴，宽腰沿向捏边成脊退化的趋势等等。陶质以夹砂红褐陶为主，泥质陶相对要少得多，素面为主，器表常施红衣，用镂孔、刻画、附加堆纹等装饰。石器以厚重的石锛、石凿为主，常留有较多的打琢痕；穿孔石斧磨制较精。骨、角器数量在工具中占很大比例，其中靴形器极有特点。墓葬中随葬玉玦、玉璜虽然不很普遍，但每个马家浜文化的墓地中都有一定数量的精美玉玦出土，总数相对可观，在太平洋西岸玉玦的分布、传播路线等研究中占有重要地位。" ❶

第四，关于马家浜文化的分布范围。马家浜文化主要分布在太湖地区，南达钱塘江，北濒长江，范围较广，可以说散布在整个长三角地区。各地之间的共同特征明显，但是由于分布的地域广阔，内部生态环境也存在一些差异，因此，有学者就提出可以将马家浜文化内部区细分为多个文化区。如有学者根据对各遗址典型陶器的分析，结合生产工具、房址和葬俗等因素，认为马家浜文化各遗址存在殊异，据此将马

图 1-13　嘉兴马家浜新石器时代遗址出土的骨矛。嘉兴博物馆提供

家浜文化暂分成三个不同的类型：苏南沿江地区的东山村类型、浙北地区的罗家角类型、太湖流域腹地的草鞋山类型。❷另如有学者从江南江北两地区文化面貌的差异、古民族分布的地域及地理环境等不同角度❸，以此解释马家浜文化内部的分区。总的说来，在不同的生态面貌、古人类族群生存的因素的影响下，造成了马家浜文化内部的多样性。丰富、多元的样态，不同考古形态的存在，某种程度上也决定了马家浜文化孕育着潜在的生命力，可以不断的更新、再生，持续扩大其文化的影响力，从而才有了后期崧泽文化及良渚文化的强势发展，使江南地区的史前文化发展程度达到空前水平。马家浜文化及其后续的崧泽文化、良渚文化的发现与确立，表明太湖地区的新石器文化

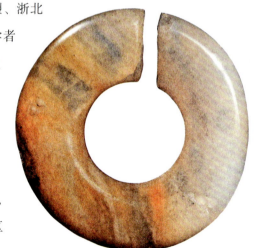

图 1-14　嘉兴马家浜新石器时代遗址出土的玉玦。嘉兴博物馆提供

❶ 王明达：《重读马家浜》，嘉兴市文化局编：《马家浜文化》"序"，浙江摄影出版社 2004 年版，第 10 页。
❷ 张照根：《关于马家浜文化的类型问题》，《农业考古》1999 年第 3 期。
❸ 耿曙生：《试论马家浜文化的分布和分期》，《苏州大学学报（哲学社会科学版）》1985 年第 2 期。

源远流长、自成系统，且具有鲜明的地域特色。

在具体考察分析过程中，已有研究成果对马家浜文化的全貌做了系统梳理，涉及器物、居住形态、墓葬方式、宗教信仰等多方面内容，其主要特点表现为：1. 盛行俯身葬。2. 陶器以红陶和表红胎黑的泥质陶为特色。器表多素面，外表常有红色陶衣。器型以腰沿釜（或称宽沿釜）、喇叭形圈足的豆、牛鼻形器耳的罐、圆锥形足的鼎等具有代表性。3. 使用玉玦、玉璜等装饰品。4. 有孔石斧（钺）出现。5. 经济以农业为主。6. 手工业生产包括石器、木器、骨器、漆器、丝织等。7. 葬俗以俯身葬为主，随葬品少而简单。8. 人神合一的巫术活动。❶

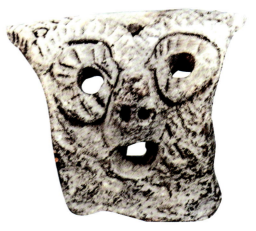

图1-15　嘉兴马家浜新石器时代遗址出土的人面形器。嘉兴博物馆提供

通过马家浜遗址的考古挖掘，可以勾勒出多幅场景：先民们主要从事稻作农业。在多处遗址中出土了稻谷、米粒、稻草实物等。使用的农具，包括穿孔斧、骨耜、木铲、陶杵等。已饲养狗、猪、水牛等家畜。还从事渔猎活动。在遗址中发掘出骨镞、石镞、骨鱼镖、陶网坠等渔猎工具，以及部分陆生、水生动物的遗骸。

依循马家浜文化—崧泽文化—良渚文化演变脉络，构成长三角地区史前文化发展的重要部分。然而，从时间序列上来说，这些文化在样态上并不是单纯的先后顺序，也存在于某种时间上的重叠。在嘉兴城南发现了多处地层堆积，就其器物、文化特征来看，一方面是地域差异可能会影响器物上的多样性，另一方面吸取不同的文化因素，使这一文化序列不仅表现在共同文化特质上的更新，还有对不同文化内涵的吸收与融合，因此会发现很多异质文化元素的存在，其中还存在着很多至今未得到解释的模糊概念，每个过渡时期的文化特性表现出异常的复杂。这也为后人留下大量想象的空间。

第三节　马家浜文化遗址公园的建设

自1977年学术界正式确认以马家浜遗址来命名此种类型文化为马家浜文化后，学界陆续有一些关于马家浜文化探讨的研究成果发表。然而在考古挖掘方面，由于种种原因，没有对马家浜遗址开展进一步的挖掘。

---

❶ 综合参考郑建明、陈淳：《马家浜文化研究的回顾与展望——纪念马家浜遗址发现45周年》，第17页。据以下两篇文章所得，牟永抗：《试论河姆渡文化》，《中国考古学会第一次年会论文集　1979》，文物出版社1980年版；吴汝祚：《马家浜文化的社会生产问题的探讨》，《农业考古》1999年第3期。

作为这一区域迄今发现最早的史前文明，马家浜文化具有丰富的文化内涵和显著的特征，在杭嘉湖平原乃至整个太湖流域构筑成一个稳定的社会形态，后期又与相邻地区的古文化相互交流，发展成崧泽文化、良渚文化，形成了一个连续的文化形态。这是文化自身的拓展与更新，孕育出了独特的地域文化。马家浜文化遗址的独特地位由此显现。

有关部门一直重视该遗址的保护。2000年，在嘉兴市转发的《〈关于在开展农村土地整理中做好文物保护的通知〉的通知》中，就涉及南湖乡天带桥马家浜村遗址。❶ 2001年，马家浜遗址被中华人民共和国国务院公布为"全国重点文物保护单位"。是年9月，南湖乡人民政府提交了一份报告《关于马家浜文化遗址有关基础设施建设的报告》。❷ 2003年11月，有关部门组织的"寻访江南文化之源"启动仪式在嘉兴马家浜遗址举行，由著名作家金庸题写"江南文化之源"石碑揭幕。❸

嘉兴市根据国家文物局批复的马家浜遗址保护规划，积极筹建马家浜遗址公园（含马家浜文化博物

图1-16 马家浜遗址。摄于2023年12月9日

---

❶ 2000年，在嘉兴市转发的《〈关于在开展农村土地整理中做好文物保护的通知〉的通知》中，涉及南湖乡天带桥马家浜村遗址。嘉兴市城南街道档案室藏。
❷ 嘉兴市秀城区南湖乡人民政府文件：《关于马家浜文化遗址有关基础设施建设的报告》，2001年9月。嘉兴市南湖区档案馆藏，档号：012-01A-00560-020。
❸ 嘉兴市文化局编：《马家浜文化》，第232页。

图 1-17　马家浜考古遗址公园。摄于 2021 年 10 月 31 日

图 1-18　嘉兴马家浜文化遗址，金庸题写"江南文化之源"。摄于 2021 年 10 月 31 日

馆）。2006 年 7 月，嘉兴市政府常务会议通过马家浜文化遗址公园设计规划第一稿，此后又屡经修改。筹建中的马家浜文化遗址公园，"以原马家浜自然村为中心，规划面积 22.72 公顷，分遗址保护展示区、博物馆文化展示区和休闲互动区三大功能区"❶。该遗址公园位置，详见图 0-23，2023 年《城南街道辖区范围及社区划分图》。

遗址保护展示区，再现骨器、陶器以及玉器、石器等的出土情景。马家浜文化博物馆，位于遗址公园东部，占地面积近 8 000 平方米，系统展示长三角区域内已发掘的马家浜文化成果，同时，也是集展示、收藏、研究马家浜文化为一体的重要载体。休闲互动区，建设与马家浜文化相关的信息沟通、交流中心和青少年教育基地。此外，马家浜文化遗址周边地区，还建有马家浜农业休闲园等。马家浜文化遗址公园的建造，是一个综合性工程，是推进大遗址保护工程的生动实践，是实现古文化遗址从单纯保护到保护、利用与展示相结合的有效途径。

2009 年 4 月 9 日，嘉兴市政府邀请马家浜文化分布地区的江浙沪文物专家学者对马家浜遗址公园方

图 1-19 马家浜文化博物馆。摄于 2023 年 12 月 9 日

❶ 嘉兴市南湖区志编纂委员会编：《嘉兴市南湖区志》（中册），第 1047 页。

图 1-20 马家浜文化博物馆内部展陈

图 1-21 马家浜文化博物馆（内部场景）

案进行论证。❶ 是年，为纪念马家浜遗址发现 50 周年，进一步加强对马家浜遗址的保护，促进对马家浜文化的研究，中国社会科学院考古研究所、浙江省文物局、嘉兴市人民政府共同在嘉兴举办"马家浜文化国际学术研讨会""马家浜文化出土文物联展"，并为马家浜遗址公园（含马家浜文化博物馆）奠基。❷ 值得关注的是，此次在嘉兴博物馆举行的"马家浜文化出土文物联展"，共展出包括马家浜遗址、吴家浜遗址、邱城遗址、罗家角遗址、吴家埠遗址、江家山遗址、祁头山遗址、西溪遗址、骆驼墩遗址等已发掘的 18 个马家浜文化遗址的近 200 件出土文物。"一件件尘封了六七千年，造型各异、用途不一的石器、陶器、玉器、骨器，从不同角度反映了这一时期人类的生产、生活、习俗等方面的面貌，展示了环太湖地区这一历史时期的文化共性，也体现了马家浜文化在不同地区和不同阶段的特性。"❸

2009 年，对马家浜遗址进行再次发掘，距初次发掘已过去整整 50 年。通过再次发掘，可以为更加深入了解马家浜文化提供更多的实证，进而从更开阔的视野、更广泛的领域来研究生活在这一区域先民们的生存环境、生活状态，探究马家浜文化的范围、影响，等等。

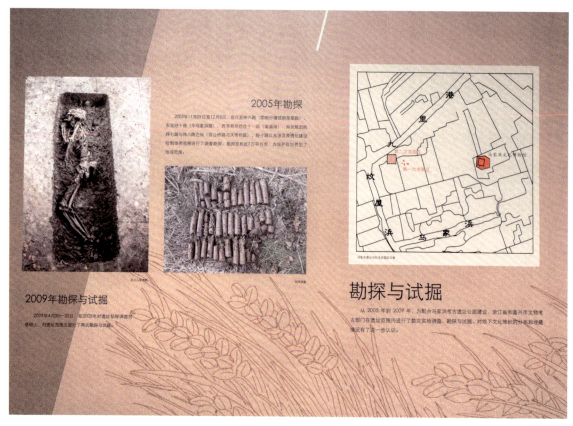

图 1-22　反映马家浜遗址近期挖掘的场景（马家浜文化博物馆）

---

❶ 嘉兴市南湖区志编纂委员会编：《嘉兴市南湖区志》（中册），第 1047 页。
❷ 参见浙江省文物考古研究所等编：《江南文化之源：纪念马家浜遗址发现五十周年图文集》（下卷）"后记"。
❸ 参见浙江省文物考古研究所等编：《江南文化之源：纪念马家浜遗址发现五十周年图文集》（下卷）"后记"。

如今，位于嘉兴城南的马家浜文化遗址公园已经建成。来到城南，走进马家浜文化遗址公园，可以直观感受江南先民刀耕火种的艰辛，探寻悠久的江南史前文明。

图 1-23　马家浜路。摄于 2023 年 12 月 9 日

图 1-24　马家浜遗址。摄于 2023 年 12 月 9 日

第二章

明清时期的城南往事

嘉兴气候温润，雨量充沛，日照充足，土壤肥沃，十分适合于农业生产。经过先民历代的开垦开发，到唐宋以后已成为江南的富庶之区，农耕经济发达，物产丰饶，被誉为"鱼米之乡"。尤其是城南一带，地势平坦，大大小小的河流湖荡，彼此交织，宛如水网。河岸边，树木茂密，景色宜人。集市、村落、古桥、寺庙，散落于各处。每到仲春三月，桃红柳绿，春意盎然。入秋，登高而望，百里平川，四周景物尽在一览之中，田连阡陌，篱落村墟，村庄相望。农耕时代的城南，古桥、古寺、古塔，柳树桃林，典型的江南水乡，有着独特的魅力与活力。"千里不同风，百里不同俗"，虽说传统江南区域内都有相近的时序节令，但一方有一方之风土人情，一方有一方的岁时习俗。在长期的社会生活中，城南一带也逐渐形成了一套丰富的岁时礼仪。种种习俗，礼节规矩，占验谚谣，样态丰富，散发着浓郁的乡土气息。

明清时期的嘉兴人文繁盛，经济发达，市场繁荣，物产丰富，城南依傍鸳鸯湖，风景优美，文人辈出，演绎了一段段令人回味无穷的城南往事，书写着城南的传奇。

第一节　嘉兴城的变迁与城之南

说到城南，首先要考察嘉兴的城市变迁。

曾经有人说，在嘉兴的"四门"中，南门最贴近乡下并多市集，故历来有"乡脚"之称。❶ 所以城南就是城与乡之交，既有"城"的繁荣，又有"乡"的风景。在介绍明清时期的城南往事之前，回顾嘉兴城及其城南的地理环境、历史变迁，颇有必要。

---

❶ 陆明：《乡脚南门》，《嘉兴记忆》，上海辞书出版社 2002 年版，第 17 页。

一、河道与嘉兴古城的变迁

嘉兴古城是随着境内河道的演变逐渐发展起来的，大致可将其分为不同的历史阶段。

嘉兴境内的运河开凿可以追溯到春秋时期。当时吴、越两国先后崛起，国土不断扩张。两国利用东南水网发达的优势改造、建设了大量河道，用于航运和灌溉，如胥浦、邗沟、胥溪、吴塘、泰伯渎等，其中嘉兴境内包括百尺渎和越水道两条。百尺渎又名百尺浦，这条古运河是从苏州向南，通过吴江、平望、嘉兴、崇德，南下直达钱塘江边，据考证，开凿于越王允常与吴王阖闾在位期间或更早时期，可视为运河嘉兴段的前身。《越绝书·吴地传》载："百尺渎，奏江，吴以达粮。""吴古故从由拳辟塞，度会夷，奏山阴。辟塞者，吴备候塞也。"❶ 咸淳《临安志》记载："百尺浦，在县（盐官）西四十里，《舆地志》云：越王起百尺楼于浦上，望海，因以为名。"❷ 此外，越水道（今崇长港）于周敬王三十八年（前482）由越王句践开挖，亦名长安塘河。

此时嘉兴处于吴越边境，吴、越两国经常兵戎相见，"辟塞者，吴备候塞也"。故嘉兴古城最初可能为春秋战国时军事要塞。近年在嘉兴子城遗址发现战国晚期的文化层，并出土大量砖瓦、陶器等残片，证实

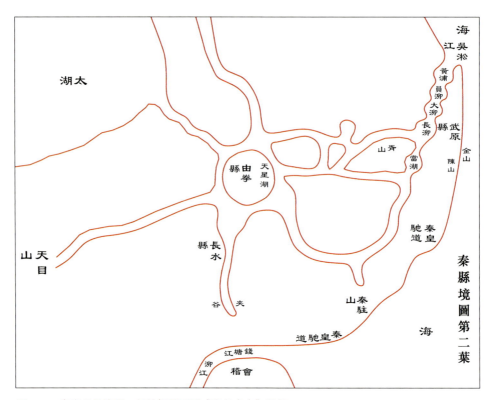

图 2-1　秦嘉兴县境图，邹怡据明万历《嘉兴府志》重绘

---

❶《越绝书·外传记·吴地传第三》，《越绝书校释》，中华书局 2013 年版，第 32—33 页。

❷（宋）潜说友：咸淳《临安志》卷三六，《宋元方志丛刊》，中华书局 1990 年版。

至迟在战国晚期子城区域内的建筑已有一定规模。只是由于缺乏更详细的文献记载及考古资料，城墙的具体范围尚无法确定。不过此后嘉兴城应在此基础上修筑，推断与现今的子城遗址范围相当，有夯筑的土城墙及城门，城内为屯兵之所。

秦始皇统一六国以后，为了加强对东南地区政治、经济的控制，公元前 210 年前后开凿了一系列的人工运河，其中就包括陵水道。陵水道连通了嘉兴与杭州，奠定了之后江南运河在嘉兴境内的大致走向，所以可视为运河嘉兴段形制走向确定的早期雏形。在陵水道开凿之后 100 多年，西汉武帝为了便于征调闽越贡赋，于太湖东缘的沼泽地带开挖了苏嘉之间长百余里的河道，至此江南运河已初具轮廓。

秦汉时期，嘉兴逐渐发展为有一定人口的聚居区。公元前 222 年，秦设会稽郡（郡治在今苏州），其中长水、海盐两县即在今嘉兴境内，是为嘉兴建置之始（嘉兴属长水县）。公元前 210 年，将长水县改称"由拳县"。长水县治原在今上海青浦一带，后因地陷为谷，县治移于今海宁硖石附近。汉朝嘉兴仍属由拳县，并逐渐发展为一人口众多的大聚落。

东吴孙氏割据江东，对运河加大整治。吴黄龙三年（231）"由拳野稻自生"[1]，吴帝孙权视为国家祥瑞，把"由拳县"改为"禾兴县"，第二年改年号为"嘉禾"。赤乌五年（242）因立太子和，为避讳，改"禾兴县"为"嘉兴县"，"嘉兴"得名于此。现存文献均记载三国吴黄龙年间修筑嘉兴子城，即为当时新建的嘉兴县城。万历《嘉兴府志》

言："本府城隍肇自三国，吴筑有子城。"[2] 康熙《嘉兴府志》言："子城，三国吴黄龙时筑，正门一楼曰丽谯，周回二里十步，高一丈二尺，厚一丈二尺。"当时各地普遍兴修城墙，史载吴令郡县"修城郭，起谯楼，掘深池大堑"[3]。这标志着由拳县治由硖石迁徙到现在的嘉兴子城。东晋时，嘉兴海盐人干宝《搜神记》中记载的许多嘉兴街里名称大都在子城四周，一些地名沿用至今。

这一时期，大量北方人口南迁客观上促进了嘉兴经济的繁荣和规模的扩大。西晋建武元年（304），有高使君（佚其名）为嘉兴监屯田校尉，领兵 3 000 屯田于嘉兴，其开发范围大致在今嘉兴市区北部和嘉善北部。方志称"镇静不扰，岁遇丰稔，公储有余，民受其惠"[4]。六朝时形成了沈约《宋书》中所称"地广野丰，民勤本业，一岁或稔，则数郡忘饥"[5] 的繁荣景况。由于经济的发展，六朝时，城内建有东塔寺、灵光寺（精严寺）等规模宏大、建筑雄伟的大寺院。这些佛寺广泛分布于城内外人口聚集的区域，可知嘉兴的繁华达到相当程度。

隋开皇九年（589），并嘉兴入吴县。大业六年（610）开凿江南运河，完成南北大运河的沟通。江南运河自京口（今镇江）绕太湖之东，直至余杭（杭州），在嘉兴境内长约 100 千米，并连接旧时百尺渎、越水道等，大运河嘉兴段格局基本形成。嘉兴由此获得灌溉舟楫之利，经济进入了一个大发展时期。

❶ 崇祯《嘉兴县志》卷一六，《日本藏中国罕见地方志丛刊》，北京图书馆出版社 2002 年版。
❷ 万历《嘉兴府志》卷二，万历二十八年（1600）刻本。
❸ 康熙《嘉兴府志》卷二，康熙六十年（1721）刻本。
❹ 万历《嘉兴府志》卷一二。
❺ （梁）沈约：《宋书》卷五四《传论》，中华书局 1974 年版，第 1540 页。

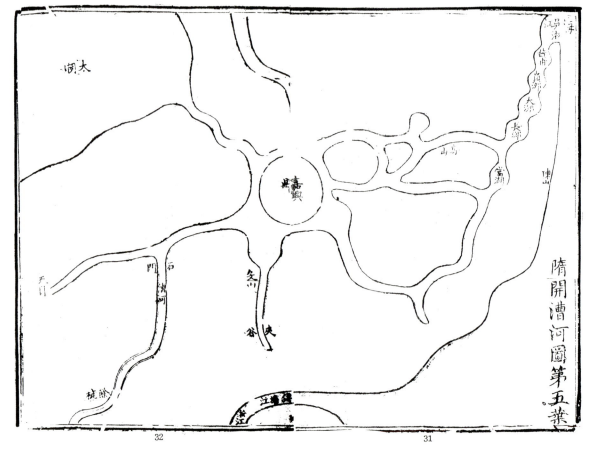

图 2-2 《隋开漕河图》，选自明万历《嘉兴府志》，成文出版社影印版

唐贞观八年（634）恢复嘉兴县，嘉兴城为县治所在地。玄宗天宝十载（751），析嘉兴县东境及海盐、昆山等县部分辖地置华亭县。当时，以嘉兴城为中心的运河骨干水系基本形成，对促进唐代杭嘉湖平原的农业发展，起到了至关重要的作用。唐代还继续加强对运河水系的治理，同时进行大规模的水土开发，嘉兴打破了长期偏居江南一隅的状态，成为中国南北交通干线的一个重要节点。此时嘉兴已经成为全国知名的农业区，属于三等望县。城南真如寺成为嘉兴最早的寺庙之一。

五代时，嘉兴属吴越，吴越国建立后，十分重视嘉兴的地位，于后唐同光二年（924），在嘉兴设开元府，辖嘉兴、华亭（今上海）、海盐3县，是为嘉兴首次设州府级政权。后晋天福五年（940），因吴越国主钱元瓘奏请，在嘉禾地区设秀州，辖嘉兴、华亭、海盐、崇德4县，为吴越国13州之一。

嘉兴城的格局也在此时有了大规模扩展。唐末文德元年（888），阮结修筑嘉兴罗城城墙。至此，嘉兴形成内有子城、外有罗城的重城制格局。五代时吴越国王钱元瓘升嘉兴为秀州，并扩大罗城城墙（今环城路），周长12里，高1丈2尺，厚1丈5尺。罗城开有四座城门，每座城门旁兼设水门；子城仍为衙署所在，城墙与官府建筑全部新建。这种城市格局一直保持到元朝初年。城市的繁华还体现在名胜古迹的修建上，烟雨楼、放鹤洲等景观皆形成于此时期。

北宋时，秀州（嘉兴）为上等州，徽宗赐名"嘉禾"。是时，嘉兴城市十分繁荣，人烟稠密，灯火万家，已是一个布局有序的美丽水城。宋室南渡，大量北方人口沿运河移居嘉兴，嘉兴成为畿辅之地。建炎元年（1127），宋孝宗赵昚生于嘉兴城北杉青闸官舍，一说生于集街县衙内，由此嘉兴的地位开始逐步提高。庆元元年（1195），秀州因为"毓圣之地"，宋孝宗之孙理宗升嘉兴州为嘉兴府，续辖嘉兴、华亭、海盐、崇德4县。嘉定元年（1208）又升为嘉兴府军节度。元至元十四年（1277），嘉兴府改为嘉兴路，辖嘉兴、华亭、海盐、崇德4县。后华亭县升为松江府，于1290年脱离嘉兴路管辖，华亭县分置上海县。

两宋对江南的持续开发，使嘉兴成为太湖东南运河水网体系的一个枢纽，由此带动了宋元时期城市经济的繁荣。宋祝穆《方舆胜览》称嘉兴"百工众技与苏杭等"。城内外有70余街坊，近80座桥梁。城区街道布局日益扩展。这些城区街道大都沿市河延伸分布，桥梁众多，沿街两侧店铺和作坊遍布，买卖兴隆，充分反映出嘉兴的平原水网地区城市的独特风貌。罗城虽然没有扩张，但是市场的规模早已冲出四座城门的范围，广泛分布在城市内外，成为布局有序、街市繁荣的水城。运河及各条重要水道中南来北往的船只络绎不绝，港口商舶云集，贸易十分兴盛。四座城门内外皆为船舶停靠的贸易区。北宋政和三年（1113）的古砖铭文上称"人丰翕集，市井骈阗"。

13世纪后期，元朝为解决大都粮食储备不足，调整大运河线路以保证漕运。1293年，自北京至杭州，全长1794千米的大运河全线贯通。元末江南运河经历了一次改道。至正十九年（1359），张士诚发动军民开挖从塘栖至杭州的新河，新河开成后，使江南运河南端改道，不再经长安闸和上塘河，经崇福折西过大麻后入余杭界，从塘栖、武林港、北关河到杭州，形成了由桐乡、崇德经余杭、塘栖至杭州的走向，这一走向也基本保留至今。

明初，嘉兴府隶属应天府（今南京），洪武九年（1376）改属浙江承宣布政司。从此，嘉兴府及所辖县纳入浙江管辖范围。宣德五年（1430），嘉兴府所辖3县划为7县，嘉兴县分置秀水、嘉兴两县，海盐县分置平湖，崇德县分置桐乡，沿至清末。此时嘉兴城区人口已达4万人，繁华如日中天。城内百业杂陈，市肆繁盛，列肆者通江淮巨贾；城内外多名胜古迹，七塔八寺，游人如织。清代嘉兴丝绸鼎盛，市镇贸易发达，城乡繁荣。乾隆六下江南，均至嘉兴，对此地赞赏有加。

明清时期嘉兴城的布局有所改变。罗城城墙由于战乱在元朝被毁，明初完成重建，西南角缩短3里，周长9里13步；子城城墙在明代改建为围墙，稍向南扩张。罗城城门除了延续4座水陆城门外，另在西北部开辟一座"小西门"，作为水门。环城河里数，根据张谦研究，为城墙周长加四分之一❶，面阔22丈，深1丈2尺。嘉兴罗城城墙保留到民国时期，1923年至1932年被逐渐拆除，改建为环城马路，即为今环城路前身。

经明清期间的继续发展，嘉兴的城市规模和经济力量都得到扩大与增强，在清代被称为"江东一大都会"。明清皇朝对漕运依赖严重，客观上推

---

❶ 张谦：《明清时期嘉兴城的形态与格局：以清晚期为例》，《东方博物》第70辑，中国书店2019年版。

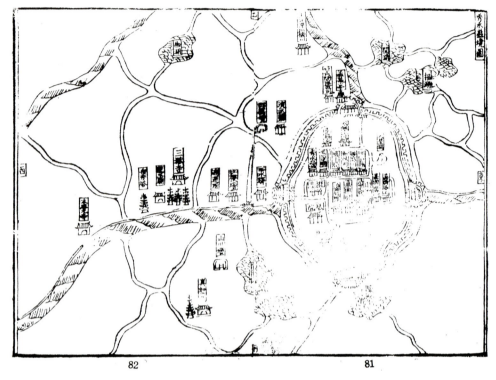

图 2-3 《秀水县境图》，选自明嘉靖《嘉兴府图记》

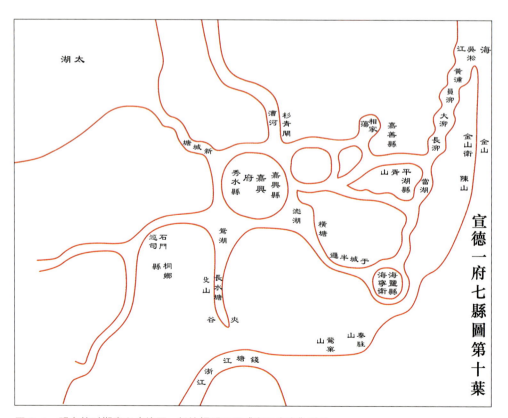

图 2-4 明宣德时期嘉兴府境图，邹怡据明万历《嘉兴府志》重绘

动了运河沿线市镇的经济繁荣。嘉兴城内的人口自明代至少已有 4 万多，城外南门至东门百业杂陈，市肆繁盛。

众多的城市水流促成水乡城市独有的水景之美，滔滔运河水穿城而过，也自然引来一路胜景以及后世无尽的咏叹。在历史上，接踵而至的文人雅士，诗文大家，面对良辰美景，感慨抒怀，曾题有"嘉禾八景""嘉禾十景"，元代画家吴镇所作的《嘉禾八景图》有空翠风烟、龙潭暮云、鸳湖春晓、春波烟雨、月波秋霁、三闸奔湍、胥山松涛、武水幽澜。而清末知府许瑶光重题"嘉禾八景"则为南湖烟雨、东塔朝墩、茶禅夕照、杉闸风帆、汉塘春桑、禾墩秋稼、瓶山积雪、韭溪明月，成为今人仍可游览或追寻嘉禾风光的诗意图标。

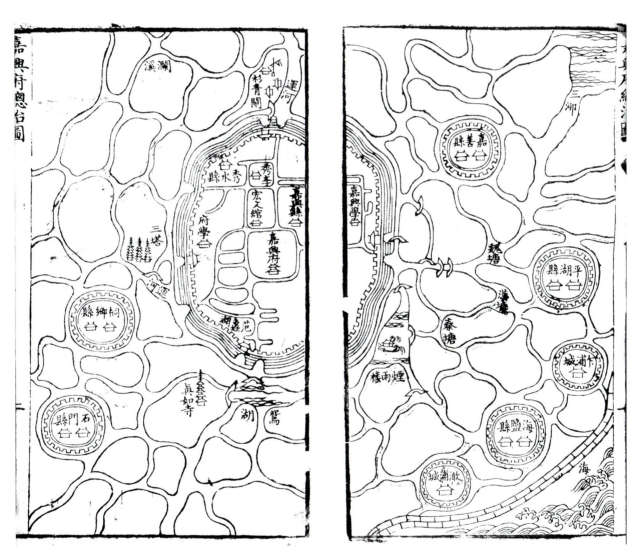

图 2-5　《嘉兴府总治图》，选自清乾隆年间刊印《嘉兴府典故纂要》

二、明清时期嘉兴古城格局

明代时，明人李贞开赞颂嘉兴城，"城郭森罗，市廛错列，高门纳驷，甲第连云，红粟流衍"❶。朝鲜人崔溥到达嘉兴城时记道："城中有府治及秀水、嘉兴两县之治。河抱城，自东南而南而西而北，其屋宇宏壮，景物繁华，亦与宁波府同。"❷由此大致可见当年嘉兴古城之繁华。

明清嘉兴城墙与今天市环城路（一环）大致相当，面积约 2 平方千米。城内原有河道大都已被填平改建为道路，环城路外则被大运河所围。老城内保留有众多历史古迹，街道、地点等多沿用古时名称。根据万历《嘉兴府志》和光绪《嘉兴府志》对嘉兴城池的记载，可知明朝初年重筑嘉兴城墙，且缩短了 3 里，自此格局基本延续至今不变，明清两朝只是不断进行修缮，方志中对嘉兴城内官署寺庙、重要桥梁街道的记载也基本一致。

根据文献记载，明清时期嘉兴城只有罗城城墙，子城城墙已改为府衙围墙。罗城城墙五代时期长 12 里，至明朝修缮时缩短 3 里，周长为 9 里，面阔 1 丈，高 1 丈 4 尺，筑有双瞭望口的垛墙，城墙间隔筑有敌台（马面）。城墙共开 5 门，其中澄海门（南门）、春波门（东门）、望吴门（北门）、通越门（西门）为水旱两路城门，筑瓮城，设有门楼、吊桥。小西门为后期开通的水门。城外环城河环绕。

由于嘉兴地处泽国，河流密布，无法像北方平原城市那样营造方形的城壕，故嘉兴城的城墙随河流走向，大致呈椭圆形。但原有子城，其布局呈回字形，衙署占据城市最重要位置，建筑坐北朝南，等级森严，街道整齐，前朝后市等，这些仍属于中国古代城市的礼制传统。

嘉兴城内外各个水系将城市分割为大小不等的单元。明清方志中没有关于街道的系统记录，只夹杂在方志中间或提到。大致而言，嘉兴城内的街道分布较为方正，且水陆并行，重要的街道有府衙以北的集街（今中山路）、南门大街（今禾兴南路）和北门市河（今建国南路）一带，这三条大街基本贯穿整个嘉兴城，作为城市主干道一直沿用至今。

嘉兴城由嘉兴县和秀水县分管，分界线约由天星湖至小西门。城内主要公署有 3 座，即嘉兴府衙、嘉兴县衙和秀水县衙。嘉兴府衙在子城内，是本地最高行政机构，也是嘉兴城内占地面积最大的建筑群。其正门为原来子城城门，门前有宽阔的广场和题字木枋，府衙内建筑鳞次栉比，气势宏伟。值得注意的是，嘉兴子城遗址经过两年的考古勘探，已探明其城墙的位置与文献记载相差无几，且遗址保存情况较好。嘉兴、秀水两县县衙分别在城内东西两侧。另外城内还有嘉兴府学、嘉兴县学、秀水县学等官方教育机构。其中府学位于小西门附近，自北宋崇宁元年（1102）沿用至清末，嘉兴县学和秀水县学则在各自县衙附近。

虽然嘉兴的外城不甚规整，但是与大多数中国古代城市一样，仍以府衙为中心构成了嘉兴城内的轴线。自东门向小西门一线依次为嘉兴县衙、嘉兴

❶ （明）李贞开：《烟雨楼赋》，光绪《嘉兴府志》卷三四《风俗》，《中国地方志集成·浙江府县志辑》第 12 册，浙江古籍出版社 1990 年版。

❷ ［朝鲜］崔溥：《漂海录》，社会科学文献出版社 1992 年版，第 104 页。

县学、嘉兴府衙、集街、内教场、嘉兴府学、秀水县衙，自南门至北门依次为南门大街、府衙、大落北和北门大街，这两条轴线上坐落着官署、学校、商业街市，是嘉兴城内的繁华所在。

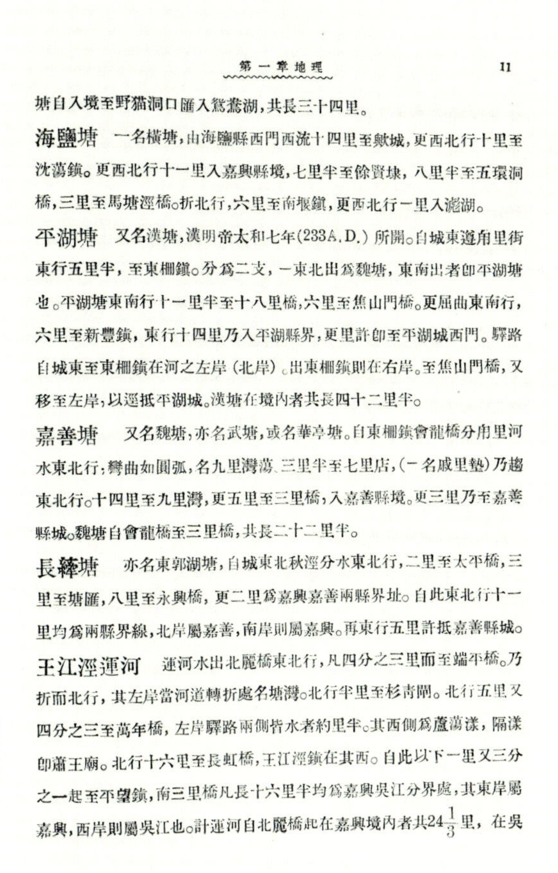
第一章地理　11

塘自入境至野猫洞口匯入鴛鴦湖，共長三十四里。

海鹽塘　一名橫塘，由海鹽縣西門西流十四里至歟城，更西北行十里至沈蕩鎮。更西北行十一里入嘉興縣境，七里半至徐賢埭，八里半至五環洞橋，三里至馬塘涇橋。折北行，六里至南堰鎮，更西北行一里入滮湖。

平湖塘　又名漢塘，漢明帝太和七年(233A.D.)所開。自城東遵甪里街東行五里半，至東柵鎮。分爲二支，一東北出爲魏塘，東南出者卽平湖塘也。平湖塘東南行十一里半至十八里橋，六里至焦山門橋。更屈曲東南行，六里至新豐鎮，東行十四里乃入平湖縣界，更里許卽至平湖城西門。驛路自城東至東柵鎮在河之左岸（北岸）。出東柵鎮則在右岸。至焦山門橋，又移至左岸，以逕抵平湖城。漢塘在境內者共長四十二里半。

嘉善塘　又名魏塘，亦名武塘，或名華亭塘。自東柵鎮會龍橋分甪里河水東北行；彎曲如圓弧，名九里灣蕩、三里半至七里店，(一名戚里墊)乃趨東北行。十四里至九里灣，更五里至三里橋，入嘉善縣境。更三里乃至嘉善縣城。魏塘自會龍橋至三里橋，共長二十二里半。

長纤塘　亦名東郭湖塘，自城東北秋涇分水東北行，二里至太平橋，三里至塘匯，八里至永興橋，更二里爲嘉興嘉善兩縣界址。自此東北行十一里均爲兩縣界線，北岸屬嘉善，南岸則屬嘉興。再東行五里許抵嘉善縣城。

王江涇運河　運河水出北麗橋東北行，凡四分之三里而至端平橋。乃折而北行，其左岸當河道轉折處名塘灣。北行半里至杉青閘。北行五里又四分之三至萬年橋，左岸驛路兩側皆水者約里半。其西側爲蘆蕩漾，隔漾卽蕭王廟。北行十六里至長虹橋，王江涇鎮在其西。自此以下一里又三分之一起至平望鎮，南三里橋凡長十六里半均爲嘉興吳江分界處，其東岸屬嘉興，西岸則屬吳江也。計運河自北麗橋起在嘉興境內者共$24\frac{1}{3}$里，在吳

图 2-6 《嘉兴新志》所载的“海盐塘”等

嘉兴城分布最广泛的是诸多寺庙、祠堂、庵观，它们散布于大街小巷，是居民日常生活中的重要组成部分。嘉兴有“七塔八寺”之说，其中城内比较重要的有精严寺、天宁寺、金明寺、觉海寺、铜官塔等。

嘉兴城内的居民区多以坊巷命名，如光绪《嘉兴府志》卷四《城池》中记载了城内外的坊巷街道，其中如“春波坊”等名称至今仍在使用。居民较为集中的区域即为城内的繁华所在，如南门大街、集街等，其他区域则多有隙地。得益于运河的便利交通，南门、东门及北门外都会聚集大量商贾车船，如南门外的梅湾、东门外的角里街、北门外的月河一带，其繁荣景象一度超过城内。特别随着东门外一带水道航运条件得到进一步改善，城区逐渐向东扩展，今角里街（昔亦称六里街）邻近南湖，多巨家大宅。南湖烟雨楼前画舫歌鼓日夜不绝，张岱《陶庵梦忆》言：画舫如“有所需，则逸出宣公桥、角里街，果蓏蔬鲜、法膳琼苏，咄嗟立办”[1]。所以明嘉靖《嘉兴府图记》载：“六里街人烟物货坌集，倍于城中。”[2]最后取代原来市内的集街，成为嘉兴全市的商业贸易中心，并有“百货所萃，莫盛于郡城东隅”[3]之说。

三、城南旧迹：长水乡与二十都

如前所述，明清时期嘉兴城共有5门，其中南门为澄海门，今天的城南街道就位于澄海门以南，地方志及相关文献中往往将澄海门以南区域称为“城南”“县南”，所谓“城南”即嘉兴城以南，所谓“县南”同样指嘉兴县城以南。但是并非所有“城南”或“县南”均为今天的城南街道范围，要明确城南街道在当时所处区域，仍要从方志及其他文献中寻找线索。

[1]（明）张岱：《陶庵梦忆》，浙江古籍出版社2018年版，第80页。
[2] 光绪《嘉兴县志》卷三，《中国地方志集成·浙江府县志辑》第15册，浙江古籍出版社1990年版。
[3] 崇祯《嘉兴县志》卷一二。

目前存世最早的嘉兴地区地方志是至元《嘉禾志》，撰修于元至元年间。元代各城市实施录事司制度，由录事司管辖城市，因此嘉兴城及其内部区域可以据此明确。据至元《嘉禾志》卷三《乡里》载，城中设五福、嘉禾、由拳、劝善、时清5乡，而整个嘉兴县设有22乡，即德化、象贤、感化、移风、履仁、新丰、永丰、白苎、大彭、长水、胥山、嘉会、灵宿、云泉、复礼、柿林、永乐、思贤、迁善、麟瑞、永安、奉贤。其中位于县南的包括以下4乡：白苎、大彭、长水、嘉会。方志记录如下：

> 白苎乡，在县南一里。管里四：六里、磨塘、南界代、北界代。（赵志"六里"作"鹿里"，"界代"作"埭"。）
>
> 大彭乡，在县南一十里。管里四：朱塔、习林、陈浦、梅会。
>
> 长水乡，在县南三里。管里三：桃花、梨会、落塘。
>
> 嘉会乡，在县南一十二里。管里四：鲁奥、梅会、朱巷、张满。

唐天宝间，嘉兴曾建有50乡，后随着行政区划的不断变化，至五代时还余32乡，宋代时剩27乡，至明代共25乡，其中嘉兴县12乡，秀水县13乡，并至清朝一直延续。而自唐至明清，白苎、大彭、长水、嘉会4乡一直均有存在。不过城南范围广阔，今天的城南街道在当时究竟属于哪一个乡呢？

首先，县南1里的白苎乡管里4，包括六里、磨塘、南界代、北界代，其中的六里又作鹿里，其实即今天的角里。白苎乡又以白苎堰，即南堰而得名，可知白苎乡的"县南"应该是在嘉兴县东南方，并不属于今天的城南街道范围。大彭乡、嘉会乡均辖同一里，即梅会。梅会，即今天的王店。光绪《嘉兴县志》卷三云：王店镇"一名梅会里"。康熙《嘉兴府志》卷一六《外纪》引《乐郊私语》言："王店镇，有工部尚书王逵者，世居大彭都官滩里，自逵构屋于梅溪，聚货贸易，因名王店。"此处"大彭都"当为"大彭乡"之误。《梅里志》亦言："梅里在嘉兴县南三十六里，大彭、嘉会二都之间，市曰王店。"可见，王店是由嘉会乡和大彭会同时管辖。在"县南三十六里"附近范围的嘉会乡、大彭会同样不属于今天的城南街道范围。由此，今天的城南街道应该属于长水乡。虽然当时地方志的编撰者并没有对各乡进行准确的描绘，但可以推测，白苎乡和长水乡应该分别是在近城的东南方和西南方，二者以海盐塘为界。长水乡西部则以运河（即方志中所言"漕渠"）为界。同样，再往南则分别归属于东南方的大彭乡和西南方的嘉会乡。

是否长水乡全境均属于城南街道，也需进一步讨论。弘治《嘉兴府志》言：长水乡在县南3里，旧志管里3，曰桃花里、梨会里、落塘里，今定为都2，计里35，二十都管里8，二十一都东南区管里8，西南区管里6，东北区管里8，西北区管里5。❶ 嘉兴当时的基层结构是县、乡、都、区、里的层级管理系统，长水乡包括二十都和二十一都，二十都下辖8里，二十一都则分东南、东北、西北

---

❶ 弘治《嘉兴府志》卷八，《四库全书存目丛书》史部第179册，齐鲁书社1997年版。

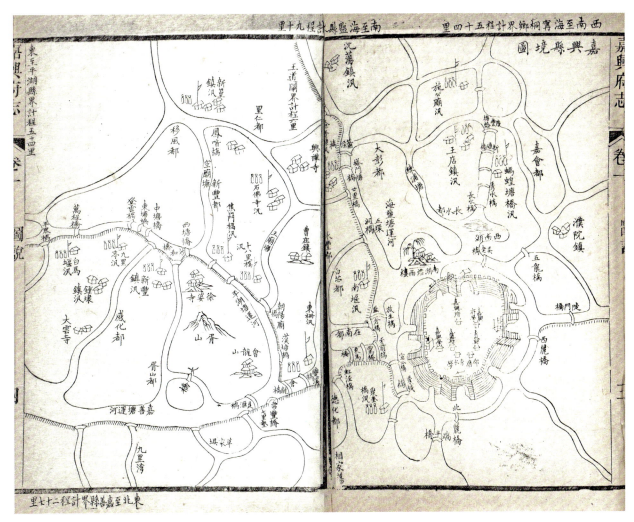

图 2-7　《嘉兴县境图》，选自清光绪四年修《嘉兴府志》

3 区，下辖 27 里，则二十一都推测面积可能要远大于二十都。不过由于地方志未能详细描绘各都、区、里的情况，同样也只能根据文献进行推测。

　　光绪《嘉兴县志》卷三曾列出长水乡所在的桥梁名称，虽然大部分桥梁今已不存，但仍有一些桥梁名称延续到了今天。如天打桥，"在长水塘东南。世传有孝妇梦神告之曰：'天欲诛汝。'来朝，果雷雨。妇恐惊其姑，走至桥受诛。天感其孝，仅击碎石，因名"。按，天打桥，又称天带桥，即位于今城南街道境内。又如六万军桥，相传为方腊所部攻秀州溃败，遗骨埋于此处，同样在城南街道境内。但也有不在城南街道境内的。如国界桥，"在草荡，即古吴越战场"。相传是吴越两国交界处。有清缪绥武诗："萧疏两岸荻花齐，荒草凄迷日影西。行过野桥分国界，朔风犹听马酸嘶。" [1] 而国界桥在今洪合镇。由此可见，长水乡应该只有一部分在城南街道境内。但究竟是哪一部分呢？

---

[1] 光绪《嘉兴县志》卷三。

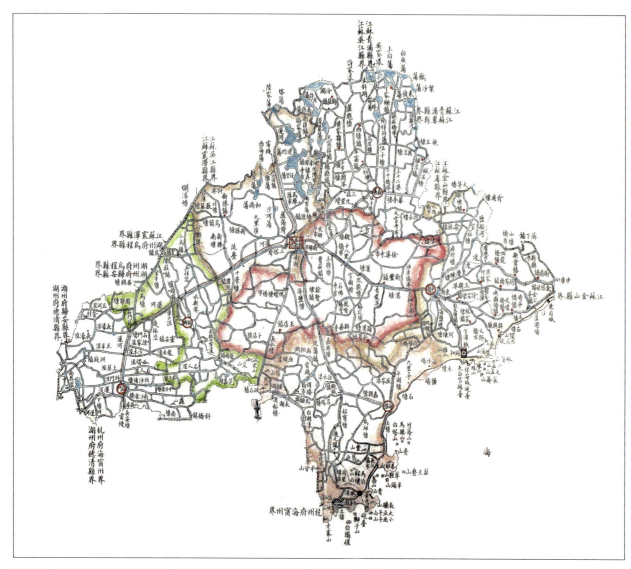

图 2-8 《嘉兴府里二十里方图》，选自清光绪年间编《浙江全省舆图并水陆道里记》

　　光绪《嘉兴府志》卷一七言："赠少保朱儒墓，在长二十都戾二圩之俸禄港。"朱儒，即朱国祚父亲，当时的名医。俸禄港，为长水塘之支流，在今城南街道境内，则二十都应该在城南街道境内。又崇祯《嘉兴县志》言："智觉教寺，在县南长水二十一都冬字圩，旧为营田都务。" ❶ 康熙《嘉兴府志》又言："智觉教寺，县南二十六里，旧为营田都务。" ❷ 离县南 26 里的智觉教寺当已不在城南街道境内。又据《嘉禾岳氏宗谱》中《超隐公传》言：岳茂之"徙居郡治之金陀里，元末兵乱，公又徙居长水乡。乡在梅花泾之南，距郡治一舍有奇"。岳和声撰《复姓疏》亦言：超隐公"以乐姓入籍嘉兴县象贤县，已徙桐乡，已徙长水

❶ 崇祯《嘉兴县志》卷四。
❷ 康熙《嘉兴府志》卷七，康熙六十年（1721）刻本。

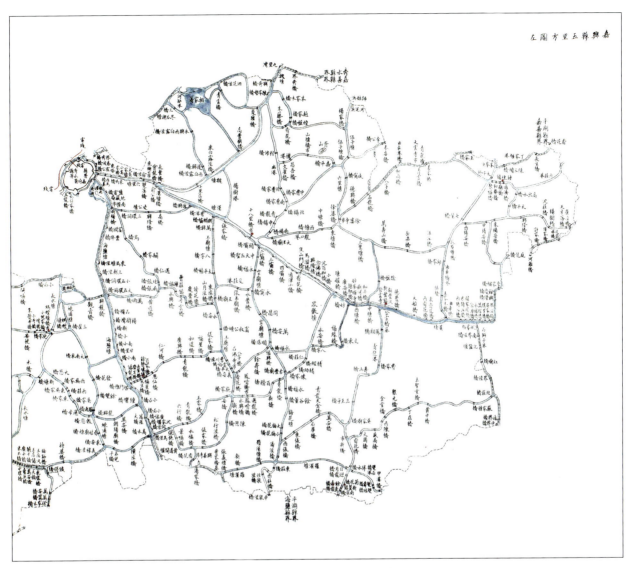

图 2-9　《嘉兴县五里方图》，选自清光绪年间编《浙江全省舆图并水陆道里记》

二十一都"。❶ 这里提及的"梅花泾"在濮院镇。宣德五年（1430），设秀水县和桐乡县后，濮院镇分辖于桐乡、嘉兴、秀水 3 县，其中东南为嘉兴县长水乡，即属于长水二十一都。崇祯《嘉兴县志》亦言："嘉之长水乡，在郡之西南，巨区也。乡之南为濮院，东邻硖石，西据陡门。"❷ 可见长水应该南抵濮院，其二十一都南界应该直至嘉兴县与桐乡县交界处。虽然文献欠缺，无法确定长水二十都与二十一都明确的分界线，但综合上述资料可以推测，二十都应该是嘉兴城墙以南，距离府城较近的区域，相当于近郊区域，虽然面积相对较小，只辖 8 里，但由于离城近，必须要单独设立基层行政建制，以便管理。二十一都为远郊区域，离城最远达 30 里以上，面积相对较大，范围较广，故分设 3 区，共 27 里。今天的城南街道应该属于二十都。

---

❶ 《嘉禾岳氏宗谱》卷三，道光二十七年（1847）刻本。
❷ 崇祯《嘉兴县志》卷二七。

第二节　水域、水利与水运

人们一来到素有"泽国水乡"之称的嘉兴，进入眼帘的便是河网密布、碧水环城的景观。大运河自北向南穿城而过，拐了个大弯，形成了近似90度的直角。挟海宁水流的长水塘同样也与在南湖会合的平湖塘形成近似的直角，和大运河的直角相切，并与由新塍塘和三店塘、海盐塘与嘉善塘形成的另两个直角相切，使整个河网交错为两个相互连接的扇形，8条河全聚焦到一点，构成旋转的风轮，向四面八方辐射，连接密如蛛网的大小河港，使整座城市犹如棋盘。

一、河流与湖泊

嘉兴极为独特的水域景观系统是在历史上逐渐形成的。光绪《嘉兴府志》卷一二《山川篇》称："嘉

图2-10　"运河水"（杭州、嘉兴），选自《行水金鉴》卷一百五十四

兴水多山少，实为泽国……惟他郡以山源水，嘉郡以山障水，异矣。汇为河，停为湖，为荡，为漾；分为泾，为港；澄，为潭，为池，而所以防其泛滥。"也就说，嘉兴境内诸山实际上只不过起到了天然坝堰的功能，核心是水体，并经地形变化，形成了形态各异的景观。民国《嘉兴新志》称："嘉兴阖境，水道纵横，干河之旁，则有支河，支河之旁，后有横港及小浜，略计每方里有水道一里，全县约有水道三千二百里。"

明人赵文华《嘉兴府图记》称："府境之水，其大者，曰漕渠（俗呼运河），曰长水塘，曰海盐塘，而漕渠最大。"❶ 长水塘、海盐塘和漕渠（即大运河，又称运河塘）也是城南街道区域内最重要的3条河流，其中大运河经其西，海盐塘经其东，长水塘则从中间贯穿全境，南湖、西南湖在其东北部。如前文所云，自唐以降，在传统社会的嘉兴基层行政管理体系中，城南街道均隶属于长水乡，而长水乡又因长水塘而得名，而建国后，城南街道区域一度为南湖乡所管辖，现在也属于南湖区，由此也可见水域、河道与城南街道密切相关。

---

❶ 光绪《嘉兴府志》卷一三。

嘉兴是名副其实的“运河大市”。如前所述，浙江省内最早开凿的运河就在嘉兴，而且在浙江省，大运河在嘉兴市域的河段最长，总长 81.22 千米，占大运河浙江段总长度 130 千米的 62.48%。光绪《嘉兴府志》卷一三言：“隋大业庚午，炀帝发众凿渠，拟通龙舟，起余杭，尽京口，广十余丈，胜千斛之舟。唐白居易诗‘平河七百里，沃壤两三州’，即是渠也。本朝用为孔道转运，通驿入府境，历崇德、桐乡、秀水三县，凡一百二十七里，以故给饷津候为烦。”大致而言，是“西南自湖之德清县金鹅乡界二十五里，至崇德，穿县壕北出，又二十里，受塘左之泾十有八……受塘右之泾十有三……至石门湾折而东，弯环如带，曰玉湾。入桐乡境一十八里，受塘南之泾五……受塘北之泾六……由皂林东二十五里，入秀水境，又东三十里，绕府城中，经槜李亭、学绣、白龙潭，南折而北，经西丽桥，绕府城，经河内亭，北转为月河，抱城湾曲如月，亦名月壕，经北丽桥，与桥东秀水合，出杉青闸，受穆溪水，为北漕渠，俗呼为北运河”。

大运河之水来源于天目山麓、杭州诸山和东苕溪。清道光年间王凤生《嘉兴府水道总说》言：“漕渠源自武林下塘河，受西湖、西溪、余杭塘河诸水，汇注于北新关，又东合苕水支流，出会安桥而来。”[1] 地处长江三角洲南缘水网地带的嘉兴，为太湖边的浅碟形洼地，地势低洼，河湖密布。上古时期，地势低洼的嘉兴市域海浸甚烈，大多是潦水横溢的沼泽地带。先民们在这低洼平原上挖河道，修沟渠，排涝水，开通了许多人工河道，才使这片卑湿低下之地，逐渐成为河流纵横、阡陌相连的殷阜之区。这些人工开挖的河道便成为后来大运河的雏形。隋代开通江南运河，多是利用或遵循旧时的河流加以开凿、掘深、拓宽、截直的。

至隋代大运河开通以后，以嘉兴城为中心的运河水网体系逐渐形成：南湖由运

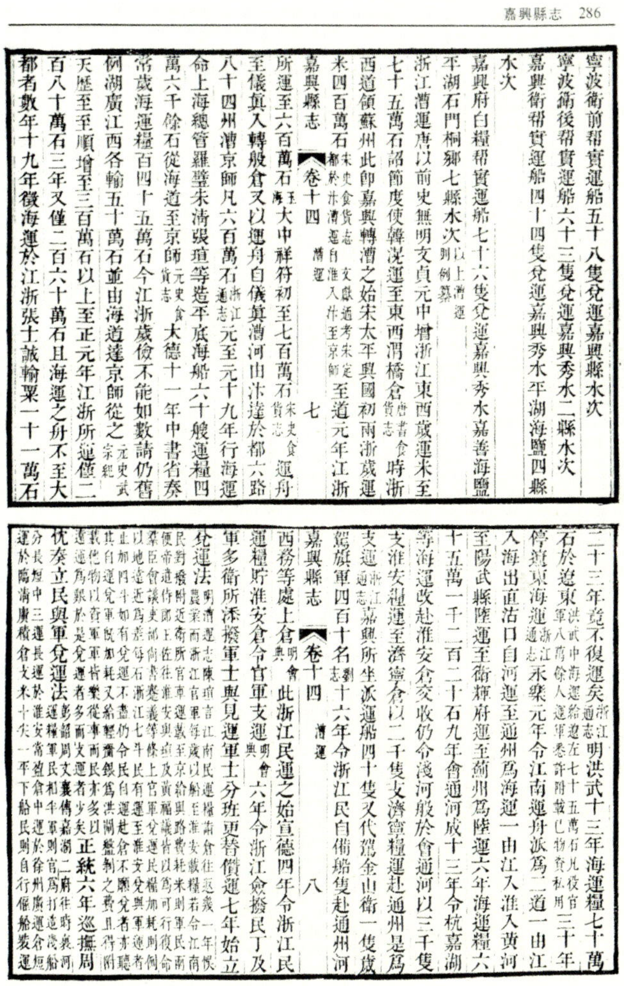
嘉興縣志 286

寧波衛前幫實運船五十八隻兌運嘉興縣水次
寧波衛後幫實運船六十三隻兌運嘉興秀水二縣水次
嘉興衛幫實運船四十四隻兌運嘉興秀水平湖海鹽四縣
水次
嘉興府白糧幫實運船七十六隻兌運嘉興秀水嘉善海鹽
平湖石門桐鄉七縣水次以上漕運則例纂
浙江漕運唐以前史無明文貞元中增浙江東西歲運米至
七十五萬石詔節度使韓滉運至東西渭橋倉唐書食貨志 時浙
西道領蘇州此卽嘉興轉漕之始宋太平興國初兩浙歲運
米四百萬石宋史食貨志 文獻通考宋定都於汴漕運自淮入汴至京師 至道元年江浙
嘉興縣志 卷十四 漕運 七
所運至六百萬石玉海 大中祥符初至七百萬石宋史食貨志 運舟
至儀真入轉般倉又以運舟自儀真漕河由汴達於都六路
八十四州漕京師凡六百萬石浙江通志 元至元十九年行海運
命上海總管羅璧朱淸張瑄等造平底海船六十艘運糧四
萬六千餘石從海道至京師元史食貨志 大德十一年中書省奏
常歲海運糧百四十五萬石今江浙歲儉不能如數請仍舊
例湖廣江西各輸五十萬石並由海道達京師從之元史武宗紀
天歷至至順增至三百萬石以上至正元年江浙所運僅二
百八十萬石三年又僅二百六十萬石且海運之舟不至大
都者數年十九年徵海運於江浙張士誠輸粟一十一萬石

二十三年竟不復運矣浙江通志 明洪武十三年海運糧七十萬
石於遼東洪武中海運給遼左七十五萬石凡役官軍八萬餘人運軍悉許附載己物貿私用 三十年
停遼東海運浙江通志 永樂元年令江南運舟派爲二道一由江
入海出直沽口白河運至通州爲海運一由江入淮入黃河
至陽武縣陸運至衛輝府運至薊州爲陸運六年海運糧六
十五萬一千二百二十石九年會通河成十三年令杭嘉湖
等海運改赴淮安倉交收仍令淺河般於會通河以三千隻
支淮安糧運至濟寧倉以二千隻支濟寧糧運赴通州是爲
支運浙江通志 嘉興所坐派運船四十隻又代鎮金山衛一隻歲
駕旗軍四百十名劉志 十六年令浙江民自備船隻赴通州河
嘉興縣志 卷十四 漕運 八
西務等處上倉明會典 此浙江民運之始宣德四年令浙江民
運糧貯淮安倉令官軍支運明會典 六年令浙江僉撥民丁及
軍多衛所添撥軍士與見運軍士分班更替償運七年始立
兌運法明漕運志陳瑄言江南民運糧諸倉往返幾一年悞農業而浙江官軍每歲以船至淮安載糧若令江南民對撥附近衛所官軍運載至京給與路費耗米則軍民兩便帝遣侍郎王佐往淮安與瑄及黃福議皆以爲可行復命羣臣會議吏部尚書蹇義等條上官軍兌運民糧加耗則例以地遠近爲差每石浙江七斗民有運至淮安兌與軍運者止加四斗如有兌運不盡仍令民自運赴倉不願兌者亦聽其自運軍旣加耗又給輕齎銀爲洪閘盤剝之費且得附載他物以資軍軍皆樂從事而民亦多以遠運爲艱於是兌運者多而支運者少矣 正統六年巡撫周
忱奏立民與軍兌運法彭韶周文襄傳嘉湖二府往時裏河運糧軍民相半軍則官爲打造淺船分長短中三運長運於淮安常盈倉中運於徐州廣運倉短運於臨淸廣積倉支米十失一平下船民則自行僱船裝運

图 2-11 清嘉庆《嘉兴县志》卷十四《漕运》，故宫博物院珍本丛刊

[1] （清）王凤生：《浙西水利备考》，光绪四年（1878）刻本。

河各渠汇流而成，上承长水塘和海盐塘，下泄于平湖塘和长纤塘；嘉兴环城河由运河、秀水、濠河以及与其相连的西南湖等部分构成，西北段（即分水墩—西丽桥段）长2.6千米，历史上兼作大运河主航道。杭州塘、苏州塘、长水塘、冬瓜湖塘（又名长纤塘）、海盐塘、平湖塘、嘉善塘、新塍塘8条人工运河呈放射状从四周汇聚嘉兴，连通运河环城嘉兴段，形成"运河抱城，八水汇聚"的独特运河水系城市景观。正是大运河的贯通，联通了嘉兴的各条水系，其"居调节汇合中心，得舟楫交通之利"的区位优势凸显。从隋唐起，嘉兴便借南北通畅的大运河，通达各地，并逐渐形成日臻完善的水网结构。

所谓"塘"，明人徐光启《农政全书》卷一七称："陂塘，《说文》曰：陂，野池也。塘，犹堰也。陂必有塘，故曰陂塘。"又云："水塘，即洿池。因地形坳下，用之潴蓄水潦，或修筑圳堰，以备灌溉田亩……大凡陆地平田，别无溪涧、井泉以溉田者，救旱之法，非塘不可。夫江淮之间，在在有之。"❶很显然，在此书之中，"塘"一字有"围堰"与"水塘"两种含义。但是在嘉兴地区，"塘"既不指围堰，也不指水塘，而是指河道。有人曾说，"塘"有堤岸、堤防的意思，而运河的纤道大都位于堤岸上，所以嘉兴人又称为"塘路"。塘路与河道紧密联系，就把有纤道的大河称为"塘"。因此大运河（嘉兴段）中，嘉兴城西南段称为杭州塘，嘉兴城向北的河段称为苏州塘。此外，还有长水塘、海盐塘、新塍塘、长纤塘、平湖塘、嘉善

塘。在这8条河段中，4条是来水，分别从杭州、海宁、海盐、乌镇方向流入嘉兴城；其余4条是去水，分别从嘉兴城流向苏州、嘉善、平湖与上海方向。这8条主要河段之间横塘纵浦、大港小泾，形成密如蛛网的运河水网，嘉兴也成为"八水绕城"的运河水网中心。在城南街道，长水塘和海盐塘是除了运河之外的两条最重要的河道，其中长水塘更是关系甚重。

关于长水，光绪《嘉兴县志》卷七言："长水，在县南六里，通硖石市。《吴录·地理》曰：吴王时此地本名长水，故嘉兴亦曰长水。""长水，自硖石北流二十里至王店镇，在王店南数里，已入县境，又北流十里，至新塘桥，稍迤东北，流十里至马王塘桥，分东西二支，其正支出大马王塘桥，东北流经秀水桥、长水桥，入鸳鸯湖。其旁支出小马王塘桥，西北流，会九里港西南来水，入秀水县界之姚家荡，计长水塘长六十里。西岸有㠌山、十字漾、俸禄港、零宿港诸水入之其东，岸上下流俱与练浦通。"《中国实业志（浙江省）》则言：长水塘，"在海宁境内称下塘河，为嘉兴与海宁交通之干河，在嘉兴境内长二十千米，宽四十公尺，沿岸经过蚂蝗、塘桥、王店等处，水流平坦"❷。

如前所述，嘉兴地区在秦代设长水县，这是本地最早的行政建制，长水县即以长水得名。秦始皇三十五年（前212），长水县改为由拳县。乐史《太平寰宇记》曾载一传说："长水县土人谣曰：'水市出天子。'始皇东游，从此过，见人乘舟水中交易，应其谣，遂改由拳县。"王象之《舆地纪胜》

❶（明）徐光启撰，石声汉校注：《农政全书校注》，上海古籍出版社1979年版，第419页。
❷ 实业部国际贸易局：《中国实业志（浙江省）》，1937年版，第64页。

的记载与此略有不同："由拳县，在嘉兴南五里。秦始皇见其山上出皇气，使诸囚合死者来凿此山，其囚倦并逃走，因号为囚倦山，因置囚拳县。后人语讹，便名为由拳山。"当时的长水县或者由拳县，在今上海青浦一带。此后，由拳县沉没于谷中。清陈芳绩《历代地理沿革表》称：秦始皇时，"长水忽大水至，沦没为谷，因目为谷水。长水即由拳也。今泖湖有由拳故城"❶。由此，长水在古代又称谷水。较为详细的记载可见《水经注》："《吴记》曰：一江东南行七十里，入小湖，为次溪，自湖东南出，谓之谷水。谷水出吴小湖，径由卷（拳）县故城下。《神异传》曰：由卷（拳）县，秦时长水县也。始皇时，县有童谣曰：城门当有血，城陷没为湖。有老妪闻之，忧惧，旦往窥城门，门侍欲缚之，妪言其故。妪去后，门侍杀犬，以血涂门。妪又往见血，走去不敢顾。忽有大水，长欲没县。主簿令干入白令，令见干，曰：何忽作鱼？干又曰：明府亦作鱼。遂乃沦陷为谷矣。因目长水城水曰谷水也。"又言："谷水又东南径嘉兴县城西。谷水又东南径盐官县故城南。"❷

按吴小湖，今已湮塞，大致在今上海青浦淀山湖地区（即古代所言"淀泖"）。北宋朱长文《吴郡图经续记》言："吴小湖东南出，谓之谷水，南接三泖。"根据上述《水经注》等文献的记载，长水应该流经今海盐、海宁、嘉兴、平湖、金山、松江、青浦7县，在古代大运河开凿之前，可能已经是较长的河流，这也是为什么长水得名为

"长"水的原因所在。只不过由于地势环境的变迁，只有硖石至嘉兴这一段，仍名"长水塘"。如青浦附近已经改名为淀泖，所以光绪《青浦县志》有"谷水即三泖"❸之说。不过各地仍有"长水"的遗迹在，如青浦有长水塔院，明平湖人沈懋孝称"长水先生"，其《长水先生文抄》署名"长水郡当湖沈懋孝劝真"，海盐同样有"长水乡"，这些都是长水历史的遗存。

海盐塘，又名横塘，光绪《嘉兴县志》卷七言："在县南五里，自南湖转路马塘庙而上南，至海盐县。"海盐塘虽然"古名横塘"，但其实并非东西走向，而是"南北相直长及百里，自海盐县北流约三十里至软城，又北约二十里至半逻，又北入县境，至荐泾。又北至廿里桥，桥在塘左，分水东流，又北为马塘泾，自半逻至此约五十里而近，自马塘泾而北约六七里入马场湖（按，即南湖）"。《中国实业志（浙江省）》言：（海盐塘）"由嘉兴之南湖通海盐"，"为嘉兴县城至南乡或海盐之干河，沿岸经过之重要地点为余贤埭，在嘉兴境内一段，长十六千米许，宽三十公尺"❹。

除了运河、长水塘和海盐塘，境内还有大量的小河水网。崇祯《嘉兴县志》卷一言长水都有大河1、支河15，包括俸禄港、张思港河、殳家港河、木场港河、利舍港河、方家港河、落塘港河、寺前港河、九里港河、郁湖港河、盛主管港河、何母泾河、白草港河、魏家港河、何家港河。光绪《嘉兴县志》卷七则载长水乡支河包括俸禄港、张思港、

❶（清）陈芳绩：《历代地理沿革表》，道光十三年（1833）刻本。
❷（北魏）郦道元著，陈桥驿校释：《水经注校释》，杭州大学出版社1999年版，第515页。
❸ 光绪《青浦县志》卷四，《中国地方志集成·上海府县志辑》第6册，上海古籍出版社1990年版。
❹ 实业部国际贸易局：《中国实业志（浙江省）》，1937年版，第65页。

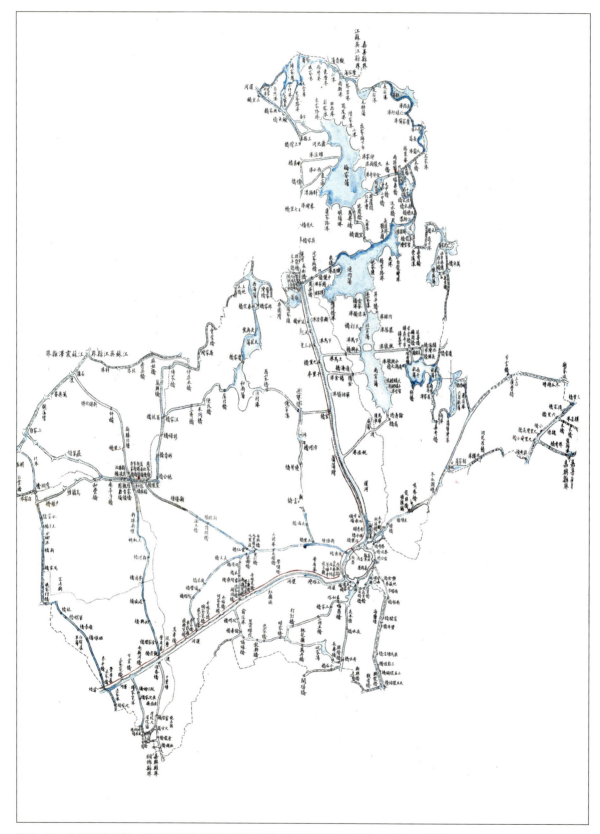

图 2-12　大运河嘉兴段，课题组据清光绪年间编《浙江全省舆图并水陆道里记》原图拼接

㲚家港、木场港、零宿港、方家港、落塘港、寺前港、九里港、郁湖港、盛主管港、何母泾、白草港、魏家港、何家港。这其中如前文所言，俸禄港、㲚家港、零宿港均为长水塘的支流。除此之外，地方志还记载了天打桥、六万军桥等 50 余座桥。万历《秀水县志》卷一称："邑水秀出委蛇，其官道据运河之冲，而肘腋又多支流，不便行旅，以故舆梁棋置，大者利舆马，小者利担轿，有司以时修水涧之令，好义者亦多创焉。"由此可见，桥梁在当地具有重要作用。这些支河和桥梁虽然并不全在今城南街道境内，但也证明了《嘉兴新志》所言"每方里有水道一里"绝非虚言。

嘉兴西北紧邻太湖，境内同样湖泊众多，有天星湖、幽湖等，"檇李（嘉兴之古称），泽国也，东南皆陂湖，而南湖尤大，计百有二十顷，而其利实潴水，以资土田灌溉"❶。对于农业生产而言，泽湖都是天然水库。从湖泊与河流的关系来看，

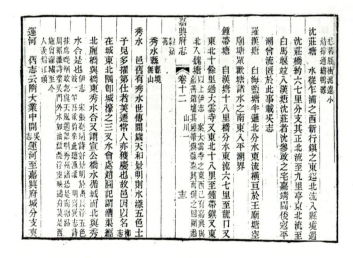

316

图 2-13　关于嘉兴运河的记载，光绪《嘉兴府志》，成文出版社"中国方志丛书"影印版

湖泊本身是相对静止的，流动性较差，要靠河流将其与别处水域沟通联结起来，与此同时，湖泊又对河流具有调节作用，二者相辅相成。而其中最著名的莫过于南湖和西南湖，即鸳鸯湖。

今天的南湖已经成为举世闻名的景观，但是"南湖"之名其实颇为复杂。民国时陶元镛《鸳鸯湖小志》云："附郭有陂泽曰鸳鸯湖，一名马场湖，位于郡治之东南，分东西二湖。东曰澂湖，西曰鸳湖。鸳鸯湖得名之由来，或云湖多鸳鸯，或云二湖相连若鸳鸯交颈，故名。今以鸳鸯湖为二湖之总称，而以东南湖、西南湖别之，俾位置瞭如，且与南湖通称亦不相悖。"弘治《嘉兴府志》卷十一称："鸳鸯湖或云东西两湖连，故谓之鸳鸯湖。今以其居于南方，又谓之南湖云。"可见，南湖包括东南湖和西南湖两个部分。按至元《嘉禾志》，当时阔 50 丈，深 1 丈。至民国时，称"全湖面积昔称百有二十顷，今清丈未竣，尚无

---

❶ 崇祯《嘉兴县志》卷五。

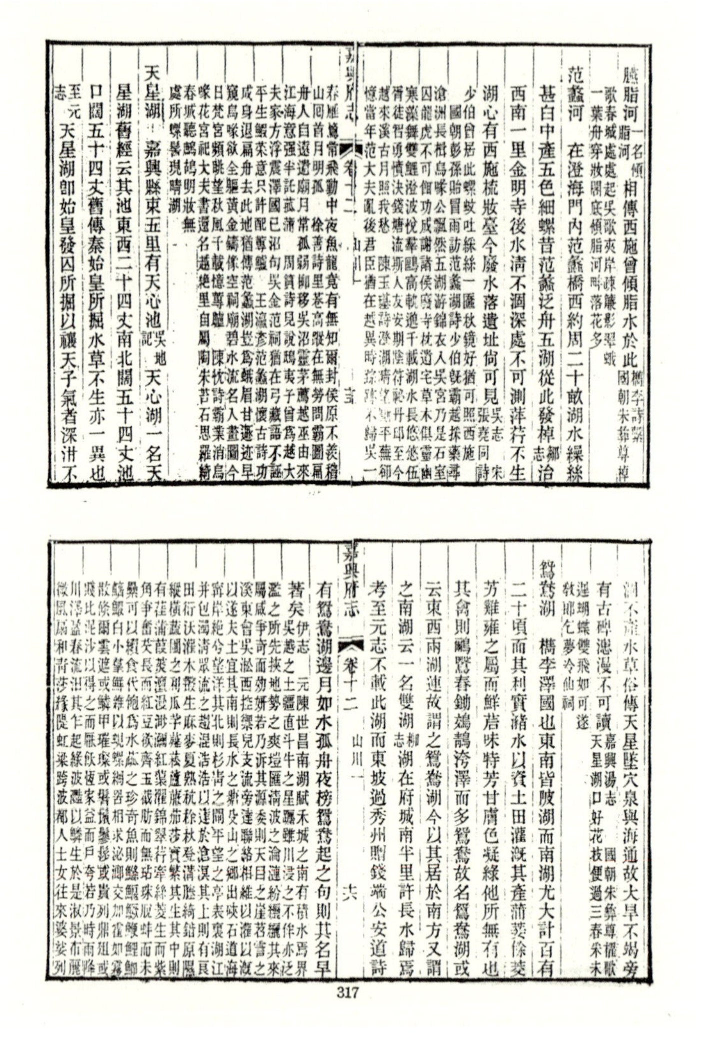

图 2-14　有关鸳鸯湖等记载，光绪《嘉兴府志》，成文出版社"中国方志丛书"影印版

确数。二湖形势，南北长、东西狭。东南湖东亘南堰市，西傍铁道，与城基仅隔一壕河。北接东门市场、车站，南连西南湖。中有岛屿二，一曰烟雨楼，二曰仓圣祠。西南湖比东南湖略小，铁道经其东，真如峙其西，南受长水，北枕南郭。中有一墩二埂，皆缺点缀。二湖之滨，鱼池棋布，湖心菱荡纵横，间有葭址芦滩"❶。可见，自宋代到民国，鸳鸯湖湖泊面积没有太大变化。

南湖在嘉兴水网中相当于一个大的"水柜"，由境内各水汇流而成，上承长水塘和海盐塘，下泄于平湖塘和长纤塘，南湖四周地势低平，河港纵横。它可以调控杭嘉湖平原、嘉兴城的水源，保证嘉兴城供水的稳定。同时，南湖也是嘉兴重要的风景游览胜地。五代时，吴越国王钱镠第四子广陵王钱元璙任中吴节度使时，在湖畔筑宾舍以为"登眺之所"，才逐渐成为游览之区。北宋以后，湖畔陆续兴建园林建筑，文人墨客在此流连忘返，南湖遂与

杭州西湖、绍兴东湖齐名。历史上，鸳鸯湖有过 3 次大的疏浚活动。嘉靖二十六年（1547），嘉兴知府赵瀛见鸳鸯湖 100 多年未曾疏浚，于是"创议开浚市河，大兴水泉舟楫之利。复令里出一舟运砂土，置南湖中培为楼址"。赵瀛将淤泥堆积湖中，垒成"厚积五十尺，广袤二百尺"❷的小岛，湖心岛建成。次年又在岛上建小楼，沿用昔年烟雨楼旧名。万历九年（1581），嘉兴知府龚勉开浚城河，始建钓鳌矶、大士阁、文昌祠、凝碧亭、栖凤轩等"瀛洲十二盛景"。康熙十六年（1677），知府卢崇兴开浚城河，增高鸳鸯湖内烟雨楼地基，并堆泥于南湖东北部，遂成小瀛洲，上建仓圣祠。此后知府吴永芳、许瑶光等人在鸳鸯湖畔修建了清晖堂、八咏亭等景。光绪中许瑶光首倡"南湖八景"，即南湖烟雨、东塔朝暾、茶禅夕照、杉闸

---

❶ 陶元铺：《鸳鸯湖小志》，浙江古籍出版社 2012 年版，第 4 页。
❷ 《嘉兴历代碑刻集》，群言出版社 2007 年版，第 245 页。

风帆、汉塘春桑、禾墩秋稼、韭溪明月、瓶山积雪。尤其是鸳鸯湖周边，以水显景色，其古迹名胜多有典故，如烟雨楼、清晖堂、御碑亭、八咏亭、放鹤洲等景点，皆是嘉禾当地盛景，景点内一山、一水、一楼、一船皆可入诗成画。加上自从朱彝尊以降，文人多次撰写《鸳鸯湖棹歌》，描绘鸳鸯湖的诗词流传一时，使得鸳鸯湖在文人墨客的宣扬下，名声大噪。只不过今天人们的眼光更集中于以烟雨楼为中心的东南湖，西南湖已不复往日荣光。

正如光绪《嘉兴府志》卷一三《山水引》所指出的："以上诸条乃众水之纲领。此外纵横其间者，则有罗汉塘、伍子塘诸水；停潴其间者，则有澉湖、相家湖诸水。凡脉络所关，又为诸小水之纲领也。"境内的水域，从干河到支河，从水塘到湖泊，纵横交织，结成了环环相扣、相互依存、密不可分的关系。

二、水利与圩田

今天的嘉兴所在的江南地区，气候温和，土地肥沃，降水丰富，水网密布，有人说这种优越的自然环境为江南的物质文明和精神文明的创造提供了得天独厚的理想条件。但事实上，江南今天优越的环境，既是大自然赋予的，更是江南人民艰辛改造的结果。包括嘉兴在内的江南沃土，可以说是江南人民在长期与水共生共荣中劳动与智慧的结晶，而江南的治水史便是江南历史发展进程的一个缩影。

太湖流域处在一个地质沉降带，特别是太湖周边地区，其沉降趋势是相当突出的。在这种沉降运动的作用下，太湖水域不断扩大，同时引发了沿海海域的海水回溯（即所谓"咸潮"）。没有系统的治理及水利工程的支撑，就不可能有开展农业生产的基本条件，更不用说取得较大成就了。明人赵文华

图2-15　清吴伟业《南湖春雨图》，上海博物馆藏

在《修运河塘记》中也指出："嘉兴为东南水陆之冲，运河经其城口，延袤百余里，贡赋、漕輓、辅使，皆出焉。南极语儿境，为土塘；北入闻川，为石塘，皆障水便陆。自闻川以南，处杭、嘉下流，其水特大时，水泛滥，辄奔驶攒决，伤沿河诸塘，而田者又依塘浚河，行水溉田，故塘益受伤，其势易败。"❶ 可见，江南的盛衰很大程度上取决于人们对水的控制和利用。所以清人王庭曾指出："嘉郡，古泽国，其源自天目，南承浙西诸水，北达吴淞，故郡西皆漕渠，水利为最急。"❷

先秦时期，嘉兴地区位于吴、越两国交界区域。所谓"泽国"，本意即指滩涂、沼泽及浅水区，故《禹贡》关于扬州有"厥土惟涂泥"之语。嘉兴地区原始农业生产条件并不优越，而且在先秦时期甚至成为吴、越两国之间的兵家相争之地。顾栋高《春秋大事表》称："禾郡地名，其见于《春秋》《国语》《越绝》诸书者，曰槜李，曰御儿，曰平原，三者而已，皆在嘉兴一府之地。盖自吴、越兵争，三江播荡，地荒而不治，民徙而失业，数百里之间，靡然榛莽。可见春秋当日嘉兴实为吴、越分界，所以战争多在夫椒、笠泽间。""盖不独两国兵争，荡为墟莽，其实杭、湖二府春秋时尚未开辟，自越之会稽至吴之槜李，三四百里，旷无人居，不在版图之内。"❸

嘉兴境内水环境的变化、水利的兴起以及农业的发展是相辅相成的过程，主要开始于隋唐以后，特别是唐宋时期，嘉兴地区在农田水利事业上取得了巨大成就，成为区域开发的第一个重大飞跃时期，为明清时期的发展奠定了基础。

"安史之乱"后，为尽快摆脱全国经济的凋敝局面，从广德元年（763）开始，唐朝在全国范围内开展大规模的屯田垦荒活动。"择封内闲田荒壤，人所不耕者为之屯。"唐人李翰《苏州嘉兴屯田纪绩颂》一文，即对大理评事朱自勉所领导的嘉兴地区的屯田活动进行了详细记述。此"嘉禾土田二十七屯，广轮曲折千有余里。公画为封疆属于海，浚其畎浍达于川"，范围几乎覆盖了嘉兴全境。其颂文如是描绘此次屯田形成的农田景观改变："嘉禾之田，际海茫茫，取彼榛荒，画为封疆。……我屯之稼，如云漠漠，夫伍棋布，沟封绮错……畎距于沟，沟达于川。故道既湮，变沟为田，朱公浚之，执用以先。浩浩其流，乃与湖连。上则有涂，中亦有船。旱则溉之，水则泄焉，曰雨曰霁，以沟为天。""嘉禾之田，际海茫茫"，嘉兴地区的农田毗邻大海，且受海潮影响十分严重。改造方式主要是"畎距于沟，沟达于川。故道既湮，变沟为田，朱公浚之，执用以先。浩浩其流，乃与湖连"。即排干积水，利用畎沟与太湖水系相连，构造稳定的河道及排泄系统。李翰更特别强调了嘉兴地区屯田的重大意义："浙西有三屯，嘉禾为大。乃以大理评事朱自勉主之。且扬州在九州之地最广，全吴在扬州之域最大，嘉禾在全吴之壤最腴。故嘉禾一穰，江淮为之康；嘉禾一歉，江淮为之俭。"❹ 其文虽然不免夸张，但确实说明了当时

---

❶ 崇祯《嘉兴县志》卷二二。
❷ 光绪《嘉兴府志》卷五。
❸ （清）顾栋高：《春秋大事表》卷六《春秋列国地形犬牙相错表》，中华书局1993年版，第659页。
❹ （清）董诰等：《全唐文》卷四百三十，中华书局1983年版，第4375—4376页。

嘉兴水利建设的重要性。

五代吴越时期，包括嘉兴在内的江南塘浦圩田体系得到了充分的发展。北宋范仲淹曾言："五代群雄争霸之时，本国岁饥则乞籴于邻国。故各兴农利，自至丰足。江南旧有圩田，每一圩方数十里，如大城。中有河渠，外有门闸。旱则开闸引江水之利，涝则闭闸拒江水之害，旱涝不及，为农美利。"❶ 可见用大圩御水治田，以军力导河筑堤，是吴越时期农田水利的关键。郑寰曾对吴越时期纵横有序、如棋盘一样的塘浦圩塘系统有详细的叙述："循古今［人］遗迹，或五里、七里为一纵浦，又七里或十里而为一横塘。""其塘浦阔者三十余丈，狭者不下二十余丈，深者二三丈，浅者不下一丈。……故三江常浚，而水田常熟。"❷ 由此嘉兴地区水网密布、河道纵横的水田景观特征规模初具。

圩田（又称围田）是中国南方水乡地区独特的土地利用方式，也是一种颇具地域特色的水域整治景观，很早就引起众多农业史学者的关注，研究论著十分丰富。塘浦圩田体系对于江南水利建设和农业发展至关重要。正如明人章潢指出："圩田四围皆泾港环绕，所以决田中之水，以泄诸湖塘，而达之海也。必使修治阔而可以容纳之地，则田之积水可蓄于沟港，沟港通流则可以散灌于塘浦，塘不遏则可以疾趋于江海，而水之患息矣。"❸ 学者指出，正是"有了横塘和湖漊的布置，就给围垦大片湖滩

创造了条件，也就是说，横塘与太湖间的沿湖滨沙芦丛之地，在横塘纵漊的水网系统下，才能逐步开发为湖坝良田，并逐步发展成为'湖漊圩田系统'。这是我国劳动人民因地制宜的独特创举"❹。

北宋时，为解决积水成涝的问题，"嘉祐三年，转运使王纯臣上言，诏县令民作田塍，位位相接，因此为县官殿最"❺，将县级官员的政绩考评与小圩建造挂靠在了一起。此后，大圩开始向小圩演变，水流也开始细分化。此外，随着运河水网的建设，组成了纵横交错的灌溉排水网络。❻ 明代地理学家王士性曾对嘉湖地区的水利与村居环境发展过程做如下总结："此本泽国，其初只漫水，稍有涨成沙洲处则聚居之，故曰'菰芦中人'。久之，居者或运泥土平基，或作圩岸沟渎种艺，或浚浦港行舟往来，日久非一时，人众非一力，故河道渐成，甃砌渐起，桥梁街市渐饰，即嘉、湖处，意必皆然。"❼ 由此，嘉兴地区开始逐渐繁盛，"杭、嘉、湖平原水乡，是为泽国之民……泽国之民，舟楫为居，百货所聚，闾阎易于富贵，俗尚奢侈，缙绅气势大而众庶小"❽。明宣德五年（1430），嘉兴府所辖由4县增至7县，著名历史地理学家、嘉兴籍学者谭其骧先生曾撰文指出："嘉属之平湖、嘉善、桐乡亦迟至明代始立县者，殆由于其地介湖、海之间，古代三江（太湖下流有松、娄、东三江）易塞，湖水辄弥漫无归，盐潮日至，滨海多斥卤之地，故生

---

❶ （宋）范仲淹：《上仁宗答诏条陈十事》，赵汝愚编：《宋朝诸臣奏议》卷一四七《总议三》，上海古籍出版社1999年版，第1672页。

❷ （宋）范成大：《吴郡水利志》卷一九《水利上》，江苏古籍出版社1999年版，第268—270页。

❸ （明）章潢：《图书编》卷三六《三吴水利篇》，《景印文渊阁四库全书》第969册，台湾商务印书馆1986年版。

❹ 缪启愉：《太湖塘浦圩田史研究》，农业出版社1985年版，第44—45页。

❺ 万历《嘉兴府志》卷八。

❻ 王建革等：《宋元时期江南运河对嘉湖平原圩田体系的影响》，《风景园林》2019年第12期。

❼ （明）王士性：《广志绎》卷四，中华书局1981年版，第71页。

❽ （明）王士性：《广志绎》卷四，第68页。

聚较难；唐、宋以来浙西水利日修，三江宣泄无阻，杭州湾北岸之海塘逐渐告成，斥卤化为良田，天然之患既除，生民乃得以滋息，更历数百年，新县遂因而析置焉。"❶

明清时期，嘉兴地区农业开发取得了空前的发展与巨大的成就，土地利用水平最高，田种稻，地种桑，山产茶，水荡养鱼放藕，无处不田，也无处不赋。有学者统计，当时嘉兴府课以赋税的土地有田、地、山、荡、滩、浜、港、泾、溇、埂、潭、河、池、水面、荡田、涂、埭等共18种。❷ 向非耕地要收益的努力也已经取得了不小的进展。

兴修水利、整治水道是当时各级地方官员的首要工作。如明人赵文华就十分精辟地指出："郡境川原平衍，厥土涂泥，膏腴硗瘠，一视诸水，故抚监以通渠定泽为上功，守令以沟洫田畴课殿最。"❸ 圩田仍然是嘉兴农业生产的主力。据统计，明代嘉靖间，全府水田（即圩田）面积合计为38 179.25顷，占

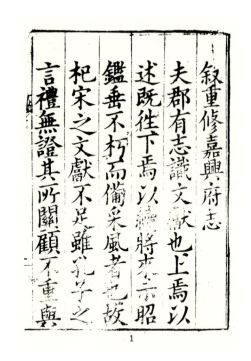

图2-16 明《嘉兴府图记》影印（部分）

全府田地面积总数的84.8%。❹ 而与唐宋时期相比，造成明清时期水域景观向精细化方向发展的最主要动力之一就是分圩的趋势。围田（圩田）兴建初期，每圩所占面积相当广大，动辄曰围田千顷，这种状况对于抵抗水旱及农田管理都是不利的。到了此时，分圩成了主流。如日本学者滨岛敦俊教授就在圩田研究中利用了万历《秀水县志》的资料，分析出万历《秀水县志》载其县有圩共576个，合计有584 786亩，平均每圩为1 015.25亩。❺

虽然今城南街道所在的长水乡当时文献资料相对缺乏，但和长水乡相近的白苎乡情况载于万历《秀水县志》卷一。秀水县各圩是以"千字文"来命名的，而从现有文献中所载长水乡部分圩田信息，如昃字圩、冬字圩等，当也是如此。因此，地理环境相近的白苎乡的情况可供参考。

白苎乡十六都，支河六，圩岸二十五，青龙港长一百四十丈，水从姚家荡来，下从海盐塘去，灌田二十一顷。石雪港，长三百丈，水从青龙港来，下从长主河去，灌田二十一顷。吴家泾，长二百五十丈，水从青龙港来，下从鸳鸯湖去，灌田二十五顷三十亩。日阳桥河，长三百三十丈，水从鸳鸯湖来，下从马场湖去，灌田一十九顷四十亩。望吴泾，长七百二十丈，水从鸳鸯湖来，下从

❶ 谭其骧：《浙江省历代行政区域》，《长水集》卷上，人民出版社1987年版，第414—416页。
❷ 王社教：《苏皖浙赣地区明代农业地理研究》，陕西师范大学出版社1999版，第76—77页。
❸ 嘉靖《嘉兴府图记》卷七，《四库全书存目丛书》史部第191册，齐鲁书社1997年版。
❹ 嘉靖《嘉兴府图记》卷八。
❺ 参见［日］滨岛敦俊：《关于江南"圩"的若干考察》，《历史地理》第7辑，上海人民出版社1990年版。

马场湖去，灌田一十八顷七亩。曲善泾，长九百丈，水从夏家港来，下从海盐塘去，灌田二十五顷三分。黄字圩，岸塍三千八百一十二丈，围田三顷七十二亩七分二厘。洪字圩，岸塍三千五百一十丈，围田三顷三十八亩一分。荒字圩，岸塍一千四百六十丈，围田五顷二十五亩五分。宇字圩，岸塍一千七百二十丈，围田五顷五十四亩。上月字圩，岸塍五千三百三十丈，围田一十一顷八十八亩四分。下月字圩，岸塍二千五百五十五丈，围田三顷五十五亩五分。辰字圩，岸塍一千五百五十五丈，围田二顷三十四亩二分。钳列字圩，岸塍八百三十丈，围田二顷五亩。宿字圩，岸塍一千五百丈，围田三顷七十六亩。秋字圩，岸塍一千七百五十丈，围田四顷四十五亩。北寒字圩，岸塍一千八百四十丈，围田四顷五十亩五分。外收字圩，岸塍二千三百丈，围田四顷九十亩。外冬字圩，岸塍三千二百丈，围田四顷四亩八分。列字圩，岸塍三千四百六十五丈，围田五顷三十亩八分。冬字圩，岸塍二千四百二十二丈，围田四顷八十亩五分。藏字圩，岸塍一千九百一十七丈，围田三顷五十六亩五分。外藏字圩，岸塍三千二百二丈，围田三顷四十五亩。外闰字圩，岸塍一千三百丈，围田三顷四十五亩。暑字圩，岸塍一千四百丈，围田三顷六十亩。天字圩，岸塍二千五百一丈，围田三顷四十一亩。地字圩，岸塍六百四十丈，围田二顷一十五亩。玄字圩，岸塍二千五百丈，围田三顷一十亩。盈字圩，岸塍四千三百丈，围田五顷七十七亩。宿字圩，岸塍二千一百丈，围田三顷二十二亩。收字圩，岸塍一千七百四十丈，围田四顷六亩。[1]

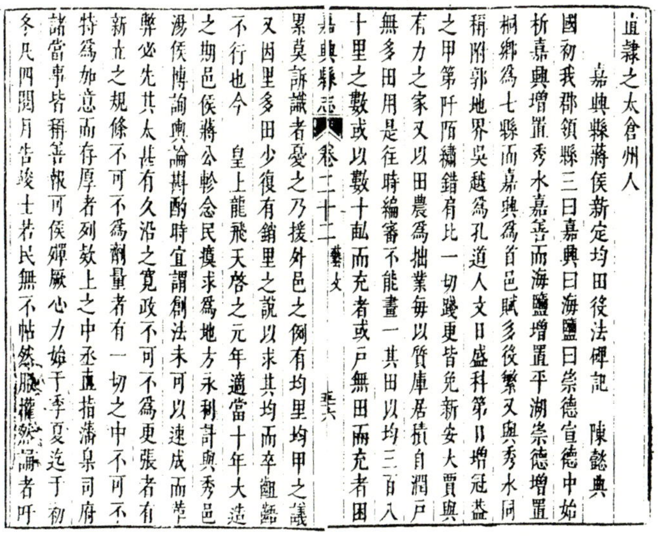
直隸之太倉州人
嘉興縣蔣侯新定均田役法碑記　陳懿典
國初我郡領縣三曰嘉興曰海鹽曰崇德宣德中始
析嘉興增置秀水嘉善而海鹽增置平湖崇德增置
桐鄉爲七縣而嘉興爲首邑賦多役繁又與秀水同
稱附郭地界吳越爲孔道人文日盛科第日增冠蓋
之甲第阡陌繡錯宥比一切踐更皆免新安大賈與
有力之家又以田農爲拙業每以質庫居積自潤戶
無多田用是往時編審不能盡一其田以均三百八
十里之數或以數十畝而充者或戶無田而充者困
嘉興縣志　卷二十二　藝文　卅六
累莫訴識者憂之乃援外邑之例有均里均甲之議
又因里多田少復有銷里之說以求其均而卒齟齬
不行也今　皇上龍飛天啓之元年適當十年大造
之期邑侯蔣公軫念民瘼求爲地方永利討與秀邑
湯侯博詢輿論斟酌時宜謂創法未可以速成而革
弊必先其太甚有久沿之寬政不可不爲更張者有
新立之規條不可不爲斟量者有一切之中不可不
特爲加意而存厚者列款上之中丞直指藩臬司府
諸當事皆稱善報可侯殫厥心力始于季夏迄于初
冬凡四閱月告竣士若民無不帖然服懽然誦者吁

图 2-17　《嘉兴县蒋侯新定均田役法碑记》，崇祯《嘉兴县志》

嘉兴地区的农业开发与经济发展，在很大程度上归功于水利工程建设的推动，如京杭大运河的疏通、难以数计的水道疏浚、大面积圩田建设以及大批桥梁的构建等，不仅全面地构建起这一地区水利体系，为当地的农业开发与经济发展提供了坚实保障，同时这种发展特征也在很大程度上构建出了这一地区的水域景观面貌。所以有学者认为，明清时代嘉兴地区的水域景观系统在某种意义上又可称为“水利景观（irrigation landscape）”[2] 体系。

---

[1] 万历《秀水县志》卷一，《中国地方志集成·浙江府县志辑》第 31 册，浙江古籍出版社 1990 年版。
[2] 安介生、周妮：《历史时期嘉兴地区水域景观体系的构成与变迁》，《江南景观史》，江西教育出版社 2020 年版，第 285 页。

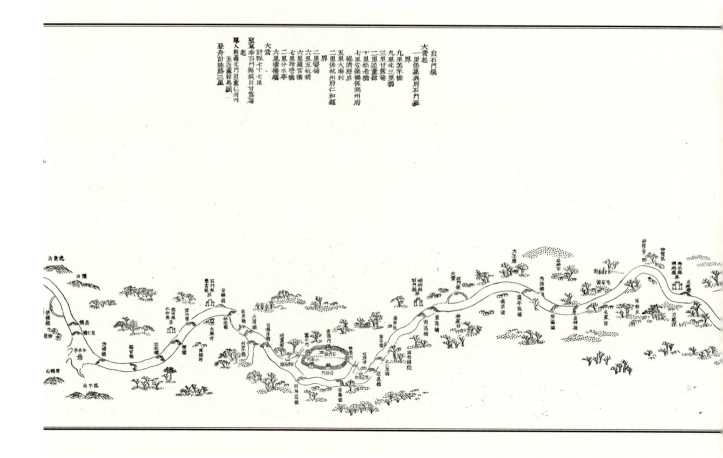

第三节　民生与风俗

隋唐以后，随着运河开通，嘉兴逐渐形成了水网密布、河湖纵横的格局，四通八达的水网让这里的贸易兴盛，经济得到了空前发展。诸多连绵曲折的小溪小河遍布嘉兴城乡，流淌到寻常百姓家门前，逐渐又出现众多的可供人们日常行走的桥、渡口和驿站，傍水而居，以船代步的生活画面和与水紧密相关的风情民俗也随之显现。

南宋时，著名词人朱敦儒一度隐居嘉兴城南西南湖的放鹤洲，他的词集《樵歌》中留下了诸多嘉兴隐居时的作品，这些词作并没有一般隐士文字所呈现出的那种清苦窘迫的气息，而是既有士大夫崇尚自然、悠然自得的生活态度，又有着浓郁的生活气息。如"随分盘筵供笑语，花间社酒新筥"（《临江仙》），"竹粉吹香杏子丹，试新纱帽纻衣宽。日长几案琴书静，地僻池塘鸥鹭闲"（《鹧鸪天》），"不管寒暄风雨，饱饭热煎茶"（《诉衷情》），"莼菜鲈鱼留我，住鸳鸯湖侧"（《好事近》），"蟹肥一个可称筋，酒美三杯真合道"（《西湖曲》），"日日深杯酒满，朝朝小圃花开。自歌自舞自开怀，且喜无拘无碍"（《西江月》），"饭饱

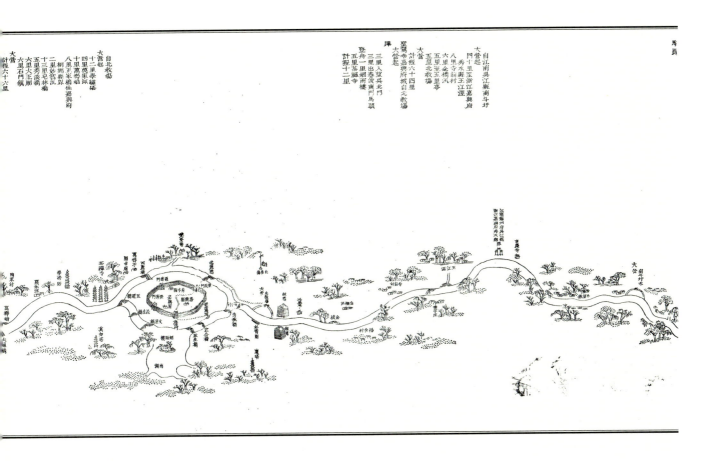

图 2-18　大运河嘉兴段沿岸，选自《南巡盛典》(故宫博物院藏本)

茶香，瞌睡之时便上床"(《减字木兰花》)，"先生馋病老难医，赤米厵晨炊。自种畦中白菜，腌成瓮里黄
齑。　肥葱细点，香油慢炒，汤饼如丝。早晚一杯无害，神仙九转休痴"(《朝中措》)，"鸳鸯湖上，波平
岸远，酒酽鱼肥"(《朝中措》)。❶ 既有肥美的蟹子、鲈鱼，又有新鲜的莼菜、白菜，还有热煎茶、香汤饼
加以调和点缀，日日美酒相伴、歌舞开怀。崇祯《嘉兴县志》卷一四引宋人周密《澄怀录》记载陆游口中
朱敦儒的嘉兴隐居生活时称："朱希真居嘉禾，尝有朋侪诣之。闻笛声从烟波间起，问之，曰：'此先生吹
笛声也。'顷之，棹小舟至，则与俱归。室内悬琴、筑、阮咸之类，平时所留意者，檐间蓄珍禽，皆目所
未睹。室中篮缶贮果实脯醢，客至，挑取奉客。""檐间蓄珍禽，皆目所未睹。室中篮缶贮果实脯醢"，这
都是当时嘉兴生活富足、商品琳琅满目的写照。

宋代只是嘉兴经济起步阶段，到了明清时期，嘉兴民生富裕、生活优裕的特色更加鲜明。这些我们可
以从朱彝尊以及其他众多作者留下的大量反映鸳鸯湖周边民生风俗的《鸳鸯湖棹歌》中得以略窥一二。

---

❶ 参见（南宋）朱敦儒：《樵歌》，文学古籍刊行社 1958 年版。

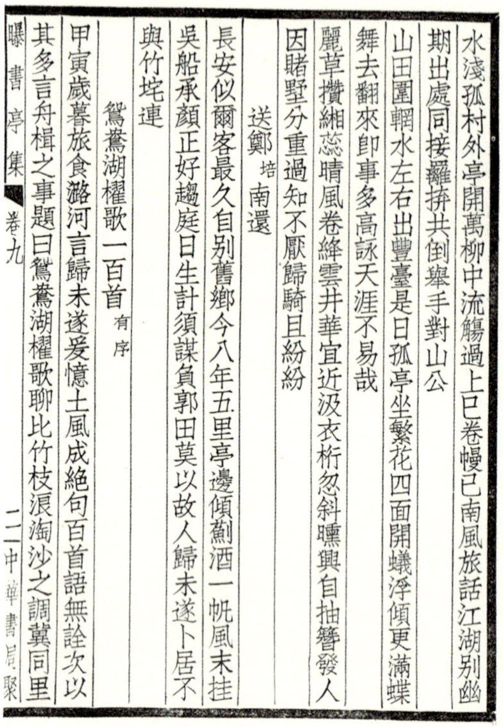

曝書亭集 卷九

鴛鴦湖櫂歌一百首 有序

其多言舟楫之事題曰鴛鴦湖櫂歌聊比竹枝浪淘沙之調冀同里

甲寅歲暮旅食潞河言歸未遂爰憶土風成絕句百首語無詮次以

送鄭培南還

長安似爾客最久自別舊鄉今八年五里亭邊傾劚酒一帆風未挂

吳船承顏正好趁庭日生計須貧郭田莫以故人歸未遂卜居不

因睹墅分重過知不厭歸騎且紛紛

麗草攬愁晴風卷絳雲井華宜近汲衣桁忽斜曛與自抽簪發人

舞去翻來即事多高詠天涯不易哉

山田圍輞水左右出豐臺是日孤亭坐繫花四面開蟻浮傾更滿蝶

水淺孤村外亭開萬柳中流觴過上巳卷慢已南風旅話江湖別

期出處同接籬拚共倒攜手對山公

與竹埒連

图 2-19 清朱彝尊《鸳鸯湖棹歌一百首》,《曝书亭全集》卷九,"四部备要",中华书局据原刻本影印

"东南一带稻鱼乡,男务田农女务桑。"(张燕昌《鸳鸯湖棹歌》其一)❶ 可见当时嘉兴是江南的鱼米之乡,水稻、蚕桑、渔业成为本地的支柱产业。

首先体现在粮食生产和贸易上。朱彝尊《鸳鸯湖棹歌》其九十五写道:"父老禾兴旧馆前,香秔熟后话丰年。楼头沽酒楼外泊,半是江淮贩米船。"❷ 通过描写父老闲话丰年,酒楼码头边泊满粮船,商贾如云,反映了唐宋以来嘉兴作为江南粮仓的经济地位和粮食交易的兴旺发达。

浙西嘉兴向为蚕桑重地,诸多城镇都是丝织业的巨镇。仅朱彝尊《鸳鸯湖棹歌》中就有如"村边处处围桑叶"(其十)、"红蚕四月已三眠"(其十八)、"村中桑斧响初停"(其十九)、"织成锦衾碧间红,缫以吴绵四五通"(其二十九)、"五月新丝满市廛,缫车鸣彻斗门边"(其五十八)等句,从侧面反映出嘉禾地区蚕桑纺织业兴盛的面貌。由于"桑地之利,每倍于田",故而浙西农民种桑养蚕的积极性远胜过种田,如张燕昌诗所言:"青丝笼带看蚕娘,两岸人家齐采桑。"❸ 勤劳的嘉兴女子们采桑纺纱:"深村四月闭蚕房,女伴盈盈出采桑。生小贞姑庙前住,沙头羞见野鸳鸯。"❹"屋上鸠鸣谷雨开,横塘游女荡船回。桃花落后蚕齐浴,竹笋抽时燕便来。"(其五十六)"蚕齐浴"即浴蚕,为蚕育种,即将蚕种浸于盐水,或以野菜花、韭花、白豆花等制成的液体中,汰弱留强,进行选种。《蚕书》记载:"蚕为龙精。月值大火(二月),则浴其种。"又如马寿谷《鸳湖竹枝词》:"朝采桑枝夜绩麻,纤纤十指是葱芽。"❺ 张燕昌诗云:"三月吴蚕已二眠,蚕房辛苦麦秋天。"❻ 都可见蚕事之辛苦。

随着嘉兴蚕桑业的发达,从桑叶、蚕种也形成了系列产业,促进了市场的繁荣。张燕昌诗"缫得新丝何处卖"❼"夜泛轻航买女桑"❽,即可见蚕桑贸易的兴盛。如朱麟应《鸳鸯湖棹歌》:"一叶轻舟双打桨,买蚕多自玉湾归。"自注:"石门湾,一名玉湾。禾中买蚕种多往西路。"❾描写的是嘉兴蚕农到石门镇买蚕

---

❶ (清)张燕昌:《鸳鸯湖棹歌》,《中华竹枝词全编》第4册,北京出版社2007年版,第674页。
❷ (清)朱彝尊:《鸳鸯湖棹歌一百首》,《曝书亭全集》卷九。
❸ (清)张燕昌:《鸳鸯湖棹歌》,《中华竹枝词全编》第4册,第675页。
❹ (清)朱麟应:《续鸳鸯湖棹歌》,《鸳鸯湖棹歌》,第189页。
❺ (清)马寿谷:《鸳湖竹枝词》,《中华竹枝词全编》第4册,第692页。
❻ (清)张燕昌:《鸳鸯湖棹歌》,《中华竹枝词全编》第4册,第675页。
❼ (清)张燕昌:《鸳鸯湖棹歌》,《中华竹枝词全编》第4册,第676页。
❽ (清)张燕昌:《鸳鸯湖棹歌》,《中华竹枝词全编》第4册,第679页。
❾ (清)谭吉璁:《鸳鸯湖棹歌》,《中华竹枝词全编》第4册,第668页。

种的情形；再如谭吉璁《鸳鸯湖棹歌》："楝子花疏过雨声，扎山看火树头鸣。邻船两桨买桑叶，南抵余城北渚城。"相传，扎山、看火俱鸟名，鸣则桑叶贵。楝子花开时，桑叶行情上涨，船只载着桑叶随着四通八达的水道到处贩卖，凸显出本地蚕桑经济的兴盛。织就的丝织品，尤其是濮院镇出产的绸更是精美异常，"濮绣光滑胜吴绵，花似嘉绫巧并传。小女湖边来濯锦，鸳鸯对对水中眠"❶，织成锦衾后更是"锦上鸳鸯三十六，双栖夜夜水纹中"（其二十九）。

城南水资源丰富，既有鸳鸯湖，又有长水塘、海盐塘和运河，以及各式各样塘、泾、河、湖等水体，水质优良，多产菱藕、鱼虾，为农渔业发展提供了天然条件。陆以诚《鸳鸯湖棹歌》："放鹤洲前买棹过，家家养鸭水汀多。""菱买南湖四角纤，瓜来东郭味还甜。""白苋紫茄盈担中，五更贩客聚城东。"❷据不完全统计，《鸳鸯湖棹歌》中提及的地方特色土产，水产有紫蟹、河豚、黄蚬（贝类）、蛤蜊（贝类）、江鱼、毛鲚、鲈鱼、银条鱼、乳鸭、白章鸡（水鸟）；植物瓜果有檇李、金鹅蛋、荻笋、马兰头、沙芋、双头橘、吴茱萸、南湖菱、茯苓、苜蓿花；酒类有三白酒、蒲酒、清若空（酒名）；饼类有鹅头胫（春饼）。可见物品之丰盛。

渔民经常在湖上捕鱼。"比翼鸳鸯举棹回，双飞蝴蝶通风开。生憎湖上鸬鹚鸟，百遍鱼梁晒翅来。"（其四十五）渔民不仅驯养鱼鹰，也筑堰捕鱼，大大提高了捕鱼技术。"怀家亭馆相家湖，雪艇风阑近已芜。犹有白蘋香十里，生来黄蚬蛤蜊粗。"（其二十四）鸳鸯湖上尤其盛产菜花鱼。吴苹恩《南湖竹枝词》诗曰："菜花鱼小菜生苔，菜花一开鱼始来。宵来打网菜泾上，不数松江有思腮。"❸高丁吉《鸳湖放棹歌》："芦花饭配菜花鱼，醉后高歌月上初。"❹说明菜花鱼已经成为嘉兴人民饮食习惯中的一部分。鸳鸯湖还多产黄蚬、蛤蜊。崇祯《嘉兴县志》卷一曾言："菱渔丛铺，尺水皆腴。"光绪《嘉兴县志》卷一六又引《紫桃轩杂缀》称：城南桃花里蚕时软壳虾极佳。

江南人爱吃蟹，肥美的螃蟹也是本地特产。朱彝尊《鸳鸯湖棹歌》其一："蟹舍渔村两岸平，菱花十里棹歌声。"《南湖竹枝词》也有关于南湖蟹的描述："艳说芙蓉蟹最香，鼎娥亲剥佐飞觞。不因子美新诗出，谁识花时黄四娘。"❺马汾《鸳湖竹枝词》："只待青州从事处，盘堆菱芡手持螯。"❻此处"螯"即南湖蟹的螯足。该诗描绘了一幅诗人对着餐桌上南湖名产菱和蟹大快朵颐的场景，体现了菱、蟹的鲜美诱人。河豚也是本地的名产，陆以诚有诗"网得河豚味最鲜"❼，朱彝尊"听说河豚新入市"（其十五），谭吉璁有诗"海口鲜船夜夜开，河豚已过石头催"❽。河豚虽然有毒，但是味道极其鲜美，俗语有"拼死吃河豚"之说，透过诗

---

❶（清）陆以诚：《鸳鸯湖棹歌》，《中华竹枝词全编》第4册，第687页。
❷（清）陆以诚：《鸳鸯湖棹歌》，《中华竹枝词全编》第4册，第682、683、687页。
❸（清）吴苹恩：《南湖竹枝词》，《中华竹枝词全编》第4册，第600页。
❹（清）高丁吉：《鸳湖放棹歌》，《中华竹枝词全编》第4册，第699页。
❺（清）吴苹恩：《南湖竹枝词》，《中华竹枝词全编》第4册，第600页。
❻（清）马汾：《鸳湖竹枝词》，《中华竹枝词全编》第4册，第698页。
❼（清）陆以诚：《鸳鸯湖棹歌》，《中华竹枝词全编》第4册，第688页。
❽（清）谭吉璁：《鸳鸯湖棹歌》，《中华竹枝词全编》第4册，第669页。

人们的诗作，可以看出嘉兴民众对河豚异常喜爱。

南湖菱是最能代表嘉禾物产的，"丹枫乌桕护柴门，仿佛江南黄叶村。门外南湖菱最美，胜它风味鸭馄饨"❶。朱麟应尤爱南湖菱，言"菱生别港角多尖，独爱南塘味最甜"❷。南湖菱为嘉兴地方特色植物，又称青菱，相传南湖多有种植，其菱无角，俗称"馄饨菱"，为菱中之珍奇，既可以当蔬菜，又可以当水果。范蠡湖上"杨池藕"也非常有名，"湖中种得杨池藕，得似西施臂也无"❸。湖上到处都是鸭子，"村边处处围桑叶，水上家家养鸭儿"（其十）反映了养鸭已成为南湖边百姓的重要副业之一。鸭馄饨更是本地物产。"鸭馄饨"俗称毛蛋，是嘉兴颇具特色的食品。清代嘉善人谢墉《食味杂咏·喜蛋》注云："喜蛋乃鸭卵未孵而殒，已有雏鸭在中……若'鸭馄饨'者，则又以'喜蛋'名不雅而文其名。"朱彝尊作诗盛赞其美味："物微爱憎殊，留宾姑舍是。二子下箸贪，谓足胜羊豕。"❹由此亦可见嘉兴人民对鸭馄饨的喜爱。"鸭馄饨小滴微盐，雪后垆头酒价廉。听说河豚新入市，蒌蒿荻笋急须拈。"（其十五）跃然纸上的是一幅嘉兴人品尝鸭馄饨、河豚、蒌蒿、荻笋的风情。

除了淡水鱼之外，还有海鲜。清代嘉兴所属的乍浦是重要海港，从沿海捕获的海鲜由此大量进入本地市场。张燕昌诗云："熟梅时节雨连绵，石首鱼腥正上筵。一路冰鲜齐入市，海滨新到赈鱼船。"诗后小注："石首鱼俗名黄鱼，禾中贩黄鱼者从宁波航海至乍浦，夜灯书'冰鲜'字，盖以冰实鱼腹，味乃不变。"❺嘉兴人还喜欢吃紫蟹，张燕昌有诗："怪底无肠是紫蟹，霜天切莫劝郎尝。"❻紫蟹，食用海蟹之一，大如银元，小似铜钱，味道极其鲜美，是嘉兴名产，盘中珍馐。

当时嘉兴从城市到乡镇，各处都有鱼行汇集的鱼行街，周围无不菜馆酒家林立，菜肴多以鱼虾水产为原料，以鱼虾命名的菜肴多达几十种。民国时，嘉兴以南湖游船为特色的禾帮菜名传遐迩。其中南湖船菜以八大碗八小碗为正宗，亦有八小碗六大碗或六大碗八小碗、四大碗四小碗等规格，用料以蟹粉、蟹黄、河虾、活鱼等湖水产时鲜为主，烹调考究，冷盘尤佳。

嘉兴还有发达的手工业，能工巧匠辈出。明代张鸣岐善制铜炉，能"三冬长暖牡丹鞋"（其二十六），名扬四方；银匠朱碧山所制银措杯乃稀世珍品，"碧山银碗劝郎醉，棹入南湖秋月斜"（其三十三）。此外，还有对胶十年制墨的沈珪，工于锭金法、锭银法的斜塘杨汇髹，善作绣线图的陆晃……有研究者统计，《鸳鸯湖棹歌》中提及的本地特色工艺品有鸭头船、水松牌、嘉绫、金花扇、锭金砚等。

嘉兴不仅物产丰富，而且依托运河这一黄金水道，以及四通八达的水网，促进了商业、贸易、运输、仓储等多方面的产业发展。嘉兴城南南门外有丝行街，是蚕丝交易的中心。《鸳鸯湖棹歌》中云：

❶（清）张燕昌：《鸳鸯湖棹歌》，《中华竹枝词全编》第4册，第676页。
❷（清）朱麟应：《续鸳鸯湖棹歌》，《鸳鸯湖棹歌》，第192页。
❸（清）谭吉璁：《鸳鸯湖棹歌》，《中华竹枝词全编》第4册，第668页。
❹（清）朱彝尊：《曝书亭集》卷二二《五言赋鸭馄饨》，《景印文渊阁四库全书》集部第1317册，台湾商务印书馆1986年版。
❺（清）张燕昌：《鸳鸯湖棹歌》，《中华竹枝词全编》第4册，第675页。
❻（清）张燕昌：《鸳鸯湖棹歌》，《中华竹枝词全编》第4册，第677页。

"五月新丝满市廛，缫车响彻斗门边。沿流直下羔羊堰，双橹迎来贩客船。"（其五十八）"金鱼院外即通津，转粟千艘压水滨"（其二十三）中的"金鱼院"在小西门附近，小西门离南门澄海门不远，濒临运河，是水路中转枢纽，这句诗写出了运送粮食的船只数量之多、水上贸易的繁荣。"漏泽寺西估客多，楼前官道后官河"（其五十七）中的"估客"是贩货的行商，可以窥见明清之际嘉兴商业的发达。寺前官道，桥畔官河，水陆交通十分便利。"石尤风急驻苏湾，逢着邻船贩橘还"（其九十四）写游船停泊与贩橘船相遇之事，水运便利、贸易兴盛、物产富饶的江南风味跃然纸上。

据清代项映薇《古禾杂识》记载："凌晨划小艇采菱，居湖滨者，四面招之。随采随卖，以故入市者甚少。"鸳鸯湖周边水网纵横，民众大多临水而居，乘船出行，由此发展出繁荣的湖畔水市。在岸边招手，即可进行商品的买卖。明代姚允《春波渔市》"澹涘暖生波，渔舟暮成市。纶收细霭间，网晒残阳里"❶，描绘了一幅夕阳西下，渔民打鱼归来，收纶晒网，聚舟于湖畔，出售打鱼成果的场景。清代张岱《陶庵梦忆》"果蓏蔬鲜，法膳琼苏，咄嗟立办"，不仅勾勒出船菜筵席的丰美，还反映出当时在船上承办筵席的频繁和熟练快捷，说明当时鸳鸯湖商品交易市场的活跃和繁盛，且在一定程度上已较为成熟。

水带动了城镇的繁华，人们的文化娱乐活动也因此趋于活跃。发达的水网使嘉禾的船也形成了自己的特色，其头如鸭，称鸭头船。"渔子经年弄小艖，浮家绝胜女娟操。抛将网下头如鸭，收得鱼来尾似刀。"❷明清时期嘉兴的文人乘着鸭头船前往江南各地，寻师访友，酬唱宴饮。李日华特意写了一篇《萍居记略》，记载他在水上的旅行生活。

> 我舟东不至海，东南不至钱塘，西不至震泽，西北不至扬子。周回六百余里，平波如镜，曲流如带，无不可涉入。是故有沿湖之乐，而无掀播之忧。吾蚤春探梅于杭之西溪、苏之光福；中春荐樱桃、尝燕笋于常之荆溪、润之北固。春夏之交，摘茗煮泉于锡之慧麓、苕之碧浪；秋则松陵之霜枫；冬则皋亭之雪巘。一境之胜，一候之奇，赴之如脱弦之矢。迨其既倦，掩篷扳舵，端坐而返乎敝庐。故我常有转移造物之权，而无匏系株守、不及物之叹。登我舟者，非天放高流，则泽居旷士。❸

至于普通百姓，乘着鸭头船，在月夜风平浪静的时候轻轻哼唱着船歌，也是一种享受。元朝大书法家赵孟頫到此就有"秀州人家知几多，郎君儿女唱山歌"❹句。乾隆下江南时，还特意让拉纤者放慢了脚步，要听那时隐时现的吴侬船歌："徐牵绵缆过嘉禾，隐隐时闻欸乃歌。"❺船歌发达，到明清时期更成为本地重要的娱乐产业。朱彝尊"春城处处起吴歌，夹岸疏帘影翠娥"（其三），描绘的是船歌演艺的发达。

---

❶ 崇祯《嘉兴县志》卷一四。
❷ （清）谭吉璁：《鸳鸯湖棹歌》，《中华竹枝词全编》第 4 册，第 668 页。
❸ （明）李日华：《味水轩日记》卷六，浙江人民美术出版社 2018 年版，第 433 页。
❹ 崇祯《嘉兴县志》卷一四。
❺ 光绪《嘉兴县志》卷一。

除了歌舞之外，还有说书唱戏。"酒市茶寮总看场，金风亭子入春凉。"（其三）金风亭子虽然春寒料峭，但去听说书的人依然兴致不减。其五十七写道："正值喧阗日中市，杨花小伎抱筝过。"时值日中，市场交易，喧闹繁华，吴船歌女，入市唱曲，数百年前嘉兴市区经济兴盛、文化繁荣的情景宛在眼前。"阿侬家住秦溪头，日长爱棹横湖舟。沾云寺东花已放，义妇堰南春可游"（其六十八），描写的是城镇市民春游赏花的场景。南湖还盛唱昆曲，最早可追溯到明万历二十八年（1600）重阳节，戏曲家屠隆在烟雨楼演出他创作的《彩毫记》。清项映薇《古禾杂识》卷一中提道："中秋，载酒南湖，好事者以锣鼓相竞，有《雨夹雪》《滚绣球》《划龙船》《花蝴蝶》《大歇拍》《小歇拍》等名，过夜半始散。""曲律昆山最后时，海盐高调教坊知。至今十棒元宵鼓，绝倒梨园弟子师"（其七十四），展现的是作为戏曲歌舞之乡的嘉兴元宵时的演出盛况。夏昌垣诗"曲仿齐梁乐部师，歌喉婉转细如丝。佛奴浪掷千金贾，果否风流似雪儿"❶，描写的是商贾一掷千金的豪举。这一切，构成了一幅生动的江南城镇繁华图。

嘉兴明清时酒坊、酒楼众多，素有"十家三酒店"之说。"江村复礼旧名乡，竹作笆篱石作塘。到处十家三酒店，春波系缆岸花香。"❷嘉兴特色酒有梅花三白酒："春来河蚬不论钱，竹扇茶炉载满船。沾得梅花三白酒，轻衫醉卧紫荷田。"❸月波名酒："瓶山古木郁苍苍，二月花开酒务香。载

得月波名酒去，醉来游遍燕春坊。"❹燕春坊乃酒库，是嘉兴七十坊之一，内有酒楼名熙春。嘉兴茶也非常有名。"雨近黄梅动浃旬，舟回顾渚斗茶新。问郎紫笋谁家焙，莫是前溪读曲人。"（其四十）梅雨时节，顾渚新茶已上市，其中经过精心烘焙的"紫笋茶"更是上品。饮酒喝茶，听书唱戏，坐着低小的乌篷船从桥下穿过，真是一幕悠闲的江南水乡美景。当时甚至有蟋蟀市场。郡城卖蟋蟀者都聚集在城南真如寺前。"蟋蟀声中白露寒，洲边鹤唳晓星阑。侬家只爱金笼听，不向裴公岛上看。"❺

明清时期，每值清明、荷诞、七夕、中秋，湖上便游人如织。烟雨楼前画船歌鼓日夜不绝，各种社团集会也选在南湖举行，湖边游船云集，贸易兴盛。

旧俗农历三月三日，要到鸳鸯湖等地踏青游玩。项映薇《古禾杂识》中写道："三月间春光醉人，百花妖艳，倾城士女皆争览胜地，茶禅寺看碧桃，碧光庵看菜花，烟雨楼看牡丹，处处游人蚁附。河中画船，萧鼓十番样景，衔尾不断。"农妇村姑踏青后，要到烟雨楼大士阁烧香，祈祷粮桑蚕茧丰收，故香火极盛。

农历六月廿四日是荷花生日，南湖湖面上漂着一盏盏精美的荷花灯，一条条游船挂灯结彩沿运河驶来，娉婷窈窕的船娘们唱着船歌，悠扬动人。据《古禾杂识》载：清乾隆年间，"荷花各处陂池有之，惟南湖庄曹圩（今七一广场附近）最盛。碧云连顷，游人携都篮茗具，舣舟断岸，晓露未晞，清

❶（清）夏昌垣：《鸳鸯湖棹歌》，《中华竹枝词全编》第 4 册，第 689 页。
❷（清）谭吉璁：《鸳鸯湖棹歌》，《中华竹枝词全编》第 4 册，第 668 页。
❸（清）谭吉璁：《鸳鸯湖棹歌》，《中华竹枝词全编》第 4 册，第 668 页。
❹（清）张燕昌：《鸳鸯湖棹歌》，《中华竹枝词全编》第 4 册，第 675 页。
❺（清）张燕昌：《鸳鸯湖棹歌》，《中华竹枝词全编》第 4 册，第 677 页。

香沁骨"。道光年间，南湖荷花最盛处从烟雨楼南的庄曹圩移至楼北的小曹王庙，观者不绝，为避暑消夏胜地。光绪年间，每逢荷诞日曲社在南湖"雅奏"昆曲，湖上常聚集数十艘画舫，丝竹齐奏，歌声悠扬。入夜，湖上放荷花灯，随流漂荡，景色迷离。

中秋夜游湖在清初盛行，游人乘船玩月，鸣曲奏乐，每"过夜半始散"。明代张道浚《南湖中秋旅怀》："箫鼓喧阗隘画舟，问人此日是中秋。豪门结客称佳赏，寒士携家亦快游。"❶可见，中秋佳节，富人寒士皆出门游玩，湖上箫鼓齐鸣，热闹非凡。清初陈维崧《贺新郎·鸳湖烟雨楼感旧》词曰："不闭春城因夜宴，望满湖、灯火金吾怕。十万盏，红球挂。"❷"金吾"指古代掌管治安的官员。"十万盏"在这里虽是虚指，却足以显示湖面上夜宴游览的船只数量之多，以致船上挂着的红灯笼也数不胜数。无数红灯高挂，满湖灯火闪烁，通宵夜宴的繁华场面令官员也不敢前来干涉，可见昔日南湖的繁荣兴盛。

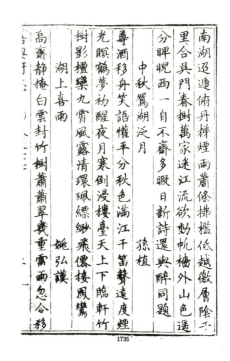

图 2-20 《中秋鸳湖泛月》诗，明万历《嘉兴府志》，成文出版社影印版

清代嘉兴的节日习俗中有一些与水有关的活动，如上巳日在水边行"被除"仪式："跐地垂杨絮未飘，兰舟上巳被除遥。射襄城北南风起，直到吴江第四桥。"端午节是当时的狂欢节。光绪《嘉兴府志》卷三四描述嘉兴端午习俗说："端午收药草，食角黍。谚云：'未吃端午粽，布袄不可送。'见陆游诗注。饮雄黄菖蒲酒，瓶插桃、榴、葵、艾以禳毒气。妇女剪黄白茧为花，裂五色缯肖人形，曰'健人'，佩之。幼者系彩索于臂，以雄黄抹其顶，曰能免灾疾。"清项映薇在《古禾杂识》中说："重午日，梁间贴朱砂辟邪符，胆瓶供葵花、艾叶，正午饮菖蒲雄黄酒。闺人作蟾蜍袋、蒜葫芦、金蜘蛛、绢老虎、钗梁缀、健人符；市上筛锣击鼓，跳黑面钟馗、红须天师；南湖观竞渡。"王寿增补说："家悬神符、钟进士像以辟邪……妇女剪蚕茧为花，儿童以雄黄涂面塞耳，或书王字于额。市上之戏，久不作矣。"

端午节南湖赛龙舟，则更是热闹非凡。明李日华《味水轩日记》云："观竞渡，士女填咽，所谓一国若狂者也。"《鸳鸯湖棹歌》云："熙春桥外水如天，五日争看竞渡船。蒲酒快斟人半醉，钗头艾虎一丝悬。"❸可以想见当时观者云集、喧响奋呼的场面。乾隆三十年（1765），乾隆帝第四次南巡，到嘉兴时正逢端午，在烟雨楼上观看竞渡，场面极为壮观。清代马学乾《烟雨楼观竞渡》诗曰："豪客竞投鹅与鸭，

❶ 崇祯《嘉兴县志》卷二一。
❷ （清）陈维崧：《湖海楼词集》卷二七。
❸ （清）朱麟应：《续鸳鸯湖棹歌》，《鸳鸯湖棹歌》，第189页。

分飞随势穿鱼滩。一呼奋臂争前擒，翻身入水胆尤拼。""豪客"即铺张浪费的人。该诗描绘了有钱人争先以龙船的先后为赌博，纷纷把鹅、鸭投入水中，任由划龙舟的人争抢的场景。鹅、鸭乱窜飞扑，从而引燃围观者的情绪。清代吴锡麟《五日南湖观竞渡》写道："大船峨峨破空米，小船金鼓喧春雷。前者未前后更集，马奔隼疾湖云开。溟蒙雨歇正重五，艾白蒲香媚远浦。……卷帘俯瞰龙舟出，绣旗珠旗光耀日。"诗中"艾白蒲香"中的"艾"指艾草，"蒲"指菖蒲。插艾草、饮菖蒲酒为端午习俗。"绣旗珠旗光耀日"则体现了龙船的精美。竞渡用的龙舟一般狭长、细窄，船首饰龙头，船艄饰龙尾，龙尾多用整木雕成，刻有鳞片。舟身有彩色绘饰，上置锣鼓、旗帜。❶ 上述两首诗均体现了清代南湖龙舟竞渡的浩大盛况。

第四节 文人笔下的城南景观

中国传统文人喜欢追求自然闲适的生活，喜欢遁世隐居，寄情山水，所以他们往往追求"隐"，但同时他们又向往功名和地位，所以也追求"显"。嘉兴城南既离城市不远，又风景秀美，恰恰符合了他们的所有追求，所以自唐宋以来，特别是明清时期，以鸳鸯湖为中心，城南一带往往为文人墨客聚合之地，这里的寺庙、园林、景观留下他们的身

影，也留下了他们的作品。虽然很多景观已湮没于时光之中，但我们仍然可以从他们的诗歌、文章、绘画中了解当年城南的美景及文人唱和的盛况。

一、放鹤洲

放鹤洲，在西南湖，今属城南街道。光绪《嘉兴县志》卷一云："在县南三里骆家圩。"关于放鹤洲的历史，有多种说法。如据光绪《嘉兴府志》卷一四记载："鹤渚，在县南二里，宣公旧宅放鹤之所。""宣公"，即陆贽。陆以诚《鸳鸯湖棹歌》有："曲曲城南一带湖，宣公遗宅久荒芜。当年放鹤曾名渚，犹有鹤归渚畔无？"下有小注："三十二世祖宣公旧宅在治南，有放鹤之所，名鹤渚。"❷ 但是弘治《嘉兴府志》卷八则否认了这种说法："鹤渚，在县南二里，宣公旧宅放鹤之所者，非。"

还有一种说法，更加流行，即唐宰相裴休放鹤之所。光绪《嘉兴县志》卷一称其为"唐宰相裴休放鹤之所，宛委萦纡，可玩可爱"。朱彝尊《同杜濬、俞汝言、屈大均三处士放鹤洲探梅分韵》有"为园传故相"句，并附有小注："唐相裴休别业。"❸ 吴伟业《题朱水葵鹤洲草堂》诗云："裴公旧宅松阴在，不数孤山夜放船。"❹ 所以当地人和游客往往称其为裴岛或者裴公岛。如朱彝尊《鸳鸯湖棹歌》其十三有"不住裴公岛上啼"句，其《春晚过放鹤洲》首句即为"问讯裴公岛，春来几度游"❺。谭吉璁《鸳鸯湖棹歌》也言"裴休岛上最萧疏"❻。

---

❶ 杨自强编著：《南湖诗词选》，浙江人民出版社 2010 年版，第 226—229 页。

❷ （清）陆以诚：《鸳鸯湖棹歌》，《中华竹枝词全编》第 4 册，第 683 页。

❸ （清）朱彝尊：《曝书亭集》卷四。

❹ 光绪《嘉兴府志》卷一五。

❺ （清）朱彝尊：《曝书亭集》卷二。

❻ （清）谭吉璁：《鸳鸯湖棹歌》，《中华竹枝词全编》第 4 册，第 671 页。

但是朱彝尊《静志居诗话》却指出："城南放鹤洲，相传为唐相裴休别业，名曰裴岛。然考新、旧《唐书》，俱不言休流寓吴下。至元《嘉禾志》，弘、正间仪贞柳琰《府志》，莱阳于凤喈补志，亦未之载。"**❶** 可见，裴休与放鹤洲的关系也值得商榷。

关于放鹤洲的历史，最没有争议的应该是南宋词人朱敦儒，所以朱彝尊《静志居诗话》言："或曰：南渡初，礼部郎中朱敦儒营之以为墅，洲名其所题也。"绍兴四年（1134），朱敦儒的姻亲赵子昼任秀州知府，他就侨居嘉兴一年。绍兴三十年，朱敦儒辞官后又归隐嘉兴。晚年为秦桧所迫，出任鸿胪少卿。秦桧死后，朱敦儒再次归隐嘉兴放鹤洲，直至去世。至元《嘉禾志》卷十三记载："（朱敦儒）以词章擅名，天资旷远，有神仙风致。高宗南渡寓此，尝为《樵歌》，有读书堂在天庆观之西。"朱彝尊的《静志居诗话》在提到放鹤洲时说："观《樵歌》一编，多在吾乡所作。此说近是。"**❷** 朱敦儒在嘉兴时人称"朱三十五"。谭吉璁《鸳鸯湖棹歌》言"传是朱三十五居"**❸**。朱敦儒晚年寓居放鹤洲时，文名甚盛，陆游就曾至放鹤洲拜访他。崇祯《嘉兴县志》卷一四引南宋周密的《澄怀录》，记载了两人见面的细节，已见前引。

朱敦儒大部分诗作今已散佚，但前文已及，其词作《樵歌》中的6首《好事近·渔父词》都是描绘他在鸳鸯湖丰富多彩的隐居生活，正好与《澄怀录》相印证。

朱敦儒之后，放鹤洲逐渐荒芜，重新焕发光彩则是与明末清初著名的秀水朱氏家族联系在一起之后的事情。

图 2-21　清朱彝尊《曝书亭全集》，"四部备要"，中华书局据原刻本影印

❶ （清）朱彝尊：《静志居诗话》卷一九，人民文学出版社1990年版，第599页。
❷ （清）朱彝尊：《静志居诗话》卷一九，第599页。
❸ （清）谭吉璁：《鸳鸯湖棹歌》，《中华竹枝词全编》第4册，第671页。

秀水朱氏"先世系出唐茶院公讳环之后，世居吴中"❶，为"吴中四姓之一"❷。至明景泰四年（1453），十世祖朱煜"自吴江盛泽之三家村，赘于秀水商河陈氏，遂家焉"❸。明代万历以后，秀水朱氏始盛，子孙甲科蝉联，特别是明代状元宰相朱国祚和清代文坛宗师朱彝尊二人名闻遐迩，家族历经数百年，代以文称，才俊彬彬，曾光芒耀眼、钟鸣鼎食，蔚为东南文献之宗。王士禛称："秀水文恪公，以名德著万历中，诸子姓彬彬继起，号能文章。四十年来，浙西言文献必首朱氏。"当时"海内世家多矣，然不徒以门阀相高而以学问文章继其家世者，秀水朱氏称为最焉"。厉鹗也称："海内称清门世德而有文者，必秀水朱氏。"朱氏家族 10 世中 30 余人见《嘉兴府志》，其家族有文名者共 9 世 54 人，其中有文集传世者约为 37 人。朱国祚 6 子大竞、大烈、大猷、大观、大治、大定等"大"字辈，以及孙辈茂晖、茂曙、茂晥、茂曜、茂旸、茂暻、茂时、茂昭、茂昉、茂暭等"茂"字辈，都是江南文苑俊彦，而朱国治"曾孙曰彝尊锡鬯，最晚出，文章之名播海内，一旦出诸父之右"❹。而其中与放鹤洲有联系的则是朱茂时与朱茂暭。

朱茂时（1595—1683），字子葵，朱大启长子。以荫补顺天通判，摄宛平县，历工部员外，提督张秋河道，出知贵阳府。❺朱茂时承其家学，喜刻书，明崇祯间刻有《重刊二十一史弹词》2 卷，清

顺治七年（1650）刻有《李杜诗通》61 卷和《杜诗通》40 卷。他在放鹤洲建成的鹤洲草堂，是当时嘉兴鸳鸯湖周边著名的私家园林。

朱彝尊《静志居诗话》云："世父拓地百亩，自湖之田，有堂、有亭、有桥、有船、有冈、有榭、有庖、有湢，杂树花果，瓜畴芋区菜圃，靡所不具。陈少詹懿典为作记，董尚书其昌为书扁，李少卿日华为写图，后先觞咏者，题壁淋漓。"❻朱彝尊《鸳鸯湖棹歌》其一："蟹舍渔村两岸平，菱花十里棹歌声。侬家放鹤洲前水，夜半真如塔火明。"自注云："宋朱希真避地嘉禾，放鹤洲其园亭遗址也。余伯贵阳守治别业于上，真如塔峙其西。"除了朱茂时的鹤洲草堂之外，朱茂暭的南园也在放鹤洲。朱茂暭，字子蓉，号东溪，是朱彝尊第十五叔，曾任宜春县令，著有《镜云亭集》《东溪草堂诗余》。南园又名城南别墅，园中植桂树。《鸳鸯湖棹歌》其六十一有"最好南园丛桂发"句，自注云："南园，余叔宜春令别业，有桂树四本，高俱五丈。"另外朱茂昭的闲敞轩也在离此不远的真如寺西。光绪《嘉兴县志》卷一五云："闲敞轩，都察院照磨朱茂昭小圃，在真如寺右板桥之西。"《静志居诗话》云："夹岸紫藤，万条寒玉，当春梅放，不减邓尉西溪，四方名彦，争过为文字之饮，去世父鹤洲不远，游者比之何家大小山。"❼

不过，南园和闲敞轩远不及鹤洲草堂闻名，

❶ （清）朱桂孙、朱稻孙：《皇清钦授征仕郎日讲起居注翰林院检讨祖考竹垞府君行述》，钱仲联编：《广清碑传集》卷五，苏州大学出版社 1999 年版，第 283 页。
❷ （清）朱彝尊：《曝书亭集》卷三五《刘介于诗集序》。
❸ （清）朱桂孙、朱稻孙：《皇清钦授征仕郎日讲起居注翰林院检讨祖考竹垞府君行述》。
❹ （清）朱桂孙、朱稻孙：《皇清钦授征仕郎日讲起居注翰林院检讨祖考竹垞府君行述》。
❺ 光绪《嘉兴府志》卷五二。
❻ （清）朱彝尊：《静志居诗话》卷一九，第 599 页。
❼ （清）朱彝尊：《静志居诗话》卷一九，第 600 页。

鹤洲草堂是江南首屈一指的名园。光绪《嘉兴府志》卷一五云："放鹤洲，在鸳鸯湖畔，贵阳知府朱茂时别业。初，茂时筑此园，以奉从祖文恪父尚书（即朱国治），岁时燕赏。逮归田后，乐志烟霞，教群从读书，结文社其间者四十年。"朱茂时《琐记》第六十九段云："自丙辰年得裴相故址，名放鹤洲。"❶第七十一段云："鹤洲无鹤，文恪公五十诞辰，人馈以鹤，因送鹤洲。"❷可见，朱茂时得放鹤洲是在丙辰（即万历四十四年，1616），确实如《嘉兴府志》所云，初筑此园，是为了让朱国治晚年游赏之用。但朱茂时真正用心营建，则在入清以后。

顺治二年（1645），清兵攻克嘉兴，朱茂时为躲避兵灾，远走乡下。八月中旬，仆人张益趁机先入城，将朱茂时"家中器用等物席卷而出"，又至放鹤洲，将细软甚至门窗等物运走，更加纵火将放鹤洲厅楼焚烧。十九日，朱茂时子赶到放鹤洲时，余焰未熄，朱茂时三十年缮造付之一炬。❸此后，从顺治三年到顺治四年，朱茂时一直赁屋居住，一度欲"拟于附郭筑室而居"，但交易未成，朱茂时只能下决心重构鹤洲书屋，至顺治五年四月工程告竣，闰四月初八日，正式迁居。❹

新建的放鹤草堂，出自当时的造园大师张南垣父子之手。张涟，字南垣，本籍华亭，后迁居浙江秀水，是明末江南一带最具名望的叠山、造园匠师。张南垣在江南各地造了大量的园林，吴伟业给他写

的传记中，称其"游于江南诸郡者五十余年。自华亭、秀州外，于白门、于金沙、于海虞、于娄东、于鹿城，所过必数月。其所为园，则李工部之横云、虞观察之预园、王奉常之乐郊、钱宗伯之拂水、吴吏部之竹亭为最著"❺。朱茂时《琐记》第六十六段称："修葺鹤洲草堂，时张叔祥犹假予宅，适其尊公南垣从娄东归，见庭中湖石尽足布置，遂于曲房中叠成石壁，峰峦耸秀，浑然天成。虽巧画者与叔祥昆季所设，迥然不侔，莫臻其妙。世传爱石者，莫如李赞皇，然平泉别墅虽饶奇石，点缀未必尽善。有南垣先生，恨予力薄，不能使裴溪一片地，抒其胸中磊落也。"❻另据光绪《嘉兴府志》卷一五，张南垣曾绘过《墨石图》，鹤洲草堂的假山当"出张手也"。这种《墨石图》，用今天的话来说，不是放鹤洲山石的设计图，就是放鹤洲山石的竣工图。今故宫博物院藏有清人画、卞久补图《朱茂时轩阁移石像》。此图无题记。画面中，朱茂时与一头戴蓝色风帽的老者站立于庭院中对语，老者左手指向书房前的湖山，朱茂时欣然回应。二者前方，有两名健壮的乡民正挑担抬着一块湖石，往老者指向的方向行走。后面，一乡民挂着锄头一边倾听老者所言，一边等候工友的到来。庭院内景色典雅，回廊曲折，书屋轩敞而幽静，正在布置的山石也初见规模。回廊内外，芭蕉、修竹清润可爱，各种树木已经凋零，却是疏密有致，各具姿态。从画面景物来看，时间应该是在秋季。这个戴蓝色风帽的老者，无疑就是

---

❶（清）朱茂时：《琐记》：赵青整理《黄媛贞黄媛介合集》附录一，浙江古籍出版社 2021 年版，第 197 页。

❷（清）朱茂时：《琐记》，第 198 页。

❸（清）朱茂时：《琐记》第六十一段，赵青整理《黄媛贞黄媛介合集》附录一，第 192—193 页。

❹（清）朱茂时：《琐记》第六十五段，第 195 页。

❺（清）吴伟业：《吴伟业全集》卷五二《张南垣传》，第 1060 页。

❻（清）朱茂时：《琐记》，第 195—196 页。

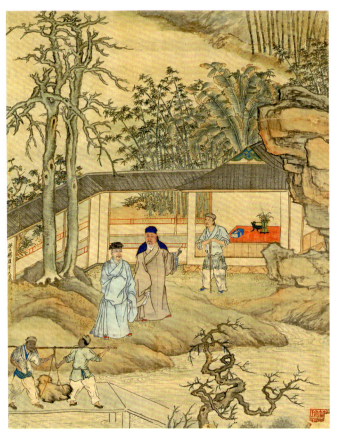

图 2-22 《朱茂时轩阁移石像》，故宫博物院藏

张南垣，张南垣肖像留存于世的应该只有硕果仅存的此幅，其在中国园林史和绘画史上的价值由此可知。顺治九年（1652）三月初三上巳日，吴伟业赴嘉兴，应朱氏兄弟朱茂时、朱茂昉、朱茂晭邀请，至鹤洲草堂雅集，在座的就有张南垣父子。吴伟业专门写下了《题朱子葵鹤洲草堂》诗：“别业堂成绿野边，养雏丹顶已千年。仙人收箭云归浦，道士开笼月满天。竹上缞衣三径石，雪中清唳五湖田。裴公旧宅松阴在，不数孤山夜放船。”根据其所著《楚云八首》，应该还有歌妓在座。诗前小序云：“楚云字庆娘，余以壬辰上巳，为朱子葵、子葆、子容兄弟招饮鹤洲，同集则道开师、沈孟阳、张南垣父子。妓有畹生者，与庆娘同小字，而楚云最明慧可喜，口占赠之。”❶

鹤洲草堂落成后，文人经常游玩，或是在此聚会欢饮。朱茂时《琐记》的第六十八—七十二段中，记载了他在放鹤洲的闲适生活，主题分别为耕植、睦邻、植菊、载鹤、载酒。其中《琐记》第六十九段记载：“自丙辰年得裴相故址，名放鹤洲，其中居□接近者，予与之亲睦。至鼎革后，邻之壮者已老，幼者已长，屈指四十年，未尝因纤细至已较锱铢，伤比闾之情。岁时鸡黍相饷，尽欢而罢。有外侮尝立护之，于是邻与予相敬相爱四十年如一日。古人惟邻是卜，良有以也。爰作《睦邻图》。”❷第七十三段则记载朱茂时与倪际卿、高文纲、沈甫受、沈又玄五人在放鹤草堂文宴集会的情景。❸今故宫博物院藏卞久、卞祖随合画《朱茂时像》第五幅和卞久画《朱葵石五老联吟图像》，就是描绘这一情景。

朱彝尊也有《同杜濬、俞汝言、屈大均三处士放鹤洲探梅分韵》诗。当时嘉兴文坛领袖曹溶与朱茂时的关系颇为密切，在鹤洲草堂唱和的作品也最多，如《中秋日同茹弯、兰生过朱葵石鹤洲草堂》四首和《同诸子鹤洲探梅记事》《葵石招饮鹤洲二首》《葵石招同迈人、楚玉、右吉看柴氏垂桂二首》《同岷雪、尹和看梅古迹，就追忆葵石郡守四首》等。❹另外，各地文人也竞相过访。顺治间无锡籍著名诗人秦松龄有

❶ （清）吴伟业：《梅村家藏稿》卷八《楚云八首》，《续修四库全书》集部第 1396 册，上海古籍出版社 1995 年版。
❷ （清）朱茂时：《琐记》，第 197 页。
❸ （清）朱茂时：《琐记》，第 198 页。
❹ 参见（清）曹溶：《静惕堂诗集》，《四库全书存目丛书》集部第 198 册，齐鲁书社 1997 年版。

《放鹤洲诗》："两度名园过，人传旧相家。步来多得水，坐久只看花。小阁凭湖直，荒亭碍石斜。青郊春事足，谁复惜韶华。"❶ 同时期山东莱阳籍的著名诗人宋琬也参加了放鹤洲雅集，有《放鹤洲分得尤、豪二韵二首》❷。长期寓居南京的福建诗人余怀也有《秋日集鹤洲诗》❸。海盐诗人张宗松的弟弟久留嘉兴未归，张宗松去信询问，发现弟弟在嘉兴四处游玩，流连忘返，故作《含厂弟留禾中未归，诗以讯之》，有"月波楼上横吹笛，放鹤洲前索钓船。知尔追陪多乐事，相羊未肯遽言旋"❹。加上南园也多雅集，徐贞木曾有《朱子蓉招坐南园赋赠》诗，放鹤洲周边的盛景在当时可谓一时无两。

鹤洲草堂今已不存，不过留下了很多诗文书画。朱彝尊就说有"陈少詹懿典为作记，董尚书其昌为书扁，李少卿日华为写图，后先觞咏，题壁淋漓"。这些作品很多留存至今，可以让我们想象一下鹤洲草堂的盛景。遂安方象瑛（1632—？）《游鸳鸯湖记》就曾对放鹤洲构造进行了细致描写：

> 乍对湖光，心目旷绝。湖中编竹为鱼栅，渔舟画舫，颇类杭西湖，而无烦嚣靡丽之饰。又居南偏，旗卒马蹄所不至，较清净可喜。时冬初木落，菱叶浮沉，余荷贴水。丹枫红柏，掩映陂岸间，与松桧相错。舟移岸转，红绿无定。湖尽为朱相国东园，亭榭池台，位置殊胜，顾岁久渐圮。园蓄三鹤：一鹤出竹间，亭亭独立；二鹤斗于池，颈翼纠结，强者负力，弱者血液被毛羽，几不能支。……遂缘疏篱，度小木桥，达西园。古木千章，修竹数百个，蔽亏天日。引湖水为池，芙蓉夹岸，悬藤倒影。俄闻东园鹤声，清越亢爽，近而若远。有亭曰招鹤。亭旁小轩数楹荫竹中，召僧居之。……大抵东园以整胜，微嫌太密。西园以疏旷胜，自为过之。然合东西园为一境，天工人力，固未可缺也。❺

根据《嘉兴府志》，除了李日华之外，写鹤洲图者，"又有徐宏泽、项圣谟、戴晋、卞久、王时敏、鲁得之，皆一时名笔"。其中留存至今，最为著名的是项圣谟的《鹤洲秋泛图》。此画至今仍保留在故宫博物院。款识云："此洲即唐时裴公美别业放鹤洲也，在吾禾鸳鸯湖畔，荒废久之。朱葵石复筑，以浚以树，将四十年，宛若深山盘涧。今癸巳九月，招余再泛，有诗别录，为补是图以纪其胜。林泉之乐，不过是矣。登高后五日，书于朗云堂。"《鹤洲秋泛图》描绘的是放鹤洲秋天的景色，笔法细腻，设色雅逸，布置平淡天真，画面上方是几椽茅屋和一簇树林，其后是烟雾缭绕中的一排排屋顶和一座拱桥。更远处的画面上方一角是蜿蜒的嘉兴城墙。右侧是西南湖和长水塘，点缀着几只帆船。对岸是似有似无的宝塔，点缀着民居。画面最下方是一派田园风光，水田、农屋、扛着锄头行走在田埂上的农夫和小孩。画面左下角有一座宝塔、

❶（清）秦松龄：《苍岘山人集》卷一，《四库未收书辑刊》第 5 辑第 28 册，北京出版社 1998 年版。
❷（清）宋琬：《安雅堂未刻稿》卷三，《四库全书存目丛书补编》第 2 册，齐鲁书社 2001 年版。
❸ 康熙《嘉兴府志》卷一八。
❹《两浙輶轩录补遗》卷四，《续修四库全书》集部第 1684 册，上海古籍出版社 1995 年版。
❺（清）沈粹芬辑：《国朝文汇》卷二三，《续修四库全书》集部第 1673 册，上海古籍出版社 1995 年版。

寺庙，还有一座拱桥，应该是真如寺和真如塔。全图既真实地描绘放鹤洲及其周边风景，又表达出文人追求自然雅致的诗意，公认是项圣谟的名作。❶

不过早在朱彝尊时，随着朱茂时的去世，鹤洲草堂已经渐渐残破，所谓"今则大树飘零，高台芜没，止存卧柳断桥而已"❷。和朱彝尊同时，且同居梅里的蒋薰在《过朱氏放鹤洲（在嘉兴郡城南）》诗中也言："城外园林忆旧游，三吴文会尽名流。竹亭零落鸳鸯渚，惆怅犹残放鹤洲。"

康熙三十三年（1694）四月，吴江人徐釚经过嘉兴，友人福州人许遇（字月溪）泛舟携酒馔，招同朱彝尊一起游鸳湖，循湖而南，登上放鹤洲。眼前鹤洲草堂虽然风光不再，但仍然可以窥见昔年盛景之一斑：

图2-23　明项圣谟《鹤洲秋泛图》，故宫博物院藏

竹树蓊郁，东西两园广衷百余亩。舣舟渡石桥，折而西，至鹤洲草堂。堂甚闲靓，古梅、修竹与乔松、寿藤相掩映。庭中垒石为山，堂后凿一涧，涧水从短垣流出，响淙淙不绝。旋至东园，略约已坏。园丁撑小艇渡客，纡回数十武，见一池，游鱼唼喋，荇藻闲垂，柳数株，摇曳弄影，傍多港汊，茅屋数椽，望之宛如村落，但无鸡犬声，荒凉幽寂，比西园较胜。

游玩过程中，许遇带着他们寻找父亲许友清（字有介）所题"放鹤"二字，"迹虽漫漶"，所幸匾额尚存。朱彝尊"怆然于园之日就倾颓也"。徐釚劝说他道：当年朱国治"以贤宰相立朝，著大节，称名臣"，朱茂时"以清门世胄，为贵阳良二千石，有载石遗风"，朱彝尊自己"又以布衣通籍，居词馆，为天子日讲记注官"，"诗词流传江湖垂四十年，典江南省试，文章衣被海内"，这才是最重要的，至于所谓平泉绿野，从古到今难道有"至今存者乎"？徐釚的这一番话显然让朱彝尊从沧海桑田的伤心感慨中解脱了出来，大家"乃各浮一大白以去"。❸但是包括秀水朱氏此后也不复往日荣光，鹤洲草堂的衰落已经不可避

❶ 赵颖之：《上下千古中人：解读项圣谟〈放鹤洲图轴〉》，《艺术史研究》第十四辑，2012年。
❷（清）朱彝尊：《静志居诗话》卷一九，第599页。
❸（清）徐釚：《南州草堂集》卷二三，《续修四库全书》集部第1415册，上海古籍出版社1995年版。

免。乾隆后期，诗人沈叔埏一路乘船，自裴岛至真如寺游玩，眼前的放鹤洲衰落景象让他心惊不已："一棹来寻放鹤洲，心惊坏壁与荒丘。"❶ 此后放鹤洲彻底变为湖中荒岛，名字也变成了无名圩。光绪三十一年（1905）七月，秋瑾来嘉兴，曾经在放鹤洲会晤褚辅成等，共商推翻清政府的革命大计。选择放鹤洲，就是因为此处人烟稀少，可以掩人耳目。放鹤洲命运的改变要到 2004 年，无名圩上重建放鹤洲，放鹤洲公园重新回到了人们的视野之中，而昔日文人唱和的盛景已成绝唱。

二、真如寺

前文提到放鹤洲时，曾引用朱彝尊《鸳鸯湖棹歌》其一："侬家放鹤洲前水，夜半真如塔火明。"根据朱彝尊的自注，放鹤洲边上就有"真如塔峙其西"。真如塔就在真如寺。项圣谟的《鹤洲秋泛图》清晰地描绘出了真如寺和真如塔。嘉兴过去有"七塔八寺"之说，所谓"七塔"指东塔、三塔（3 座）、孩儿塔、真如塔、壕股塔，"八寺"是指精严寺、楞严寺、东塔寺、真如寺、祥符寺、天宁寺、金明寺、觉海寺。其中真如寺、真如塔都在其中。真如寺在嘉兴的地位极高，光绪《嘉兴府志》称："秀水寺观皆先真如教寺，因城内诸寺观列于府治，且真如创建最古也。"只是到了光绪《嘉兴府志》编纂时，因为"觉海诸寺并系有敕赐"❷，才将其改列于首，而真如寺仍位列第二。民国时，在今城南街道区域设真如乡，即以真如寺而得名。

地方志最早记录真如寺，是在至元《嘉禾志》

卷十一，同样列第二，仅次于景德禅院：

> 唐至德二年（757）立。大中十年（856），裴相休舍宅为寺，改为至德院。无著大师住持，而雪峰和尚住庵，庵有雪峰井。宋大中祥符元年（1008）改今名，有蔡元长、周开祖、范德镇留题小石刻。建炎初，知州赵叔近龙图以王事殒于其中，因镌赠恤之词于僧房，乡人为立祠。宣和庚子（1120），兵火其寺，仅存遗址。后析为三：南则立为贤首教院。淳熙二年（1175），僧戒月又建华严阁于其西，阁下为十六观堂焉，高逸卿为之记。庆元三年（1197）十月，又建宝塔于其北，鲍义叔为之记。其余基址官立为寨，后废。丙子（1216）兵火，贤首教院亦同毁。

真如塔和放鹤洲一样，都和裴休联系在一起，真如八景中的清辉堂，据说就是裴休旧宅。无著禅师、雪峰和尚，都是佛教史中闻名的高僧。无著（820—900），名文喜，嘉兴人，俗姓朱。7 岁出家，曾至五台山朝礼文殊菩萨，又往洪州拜仰山为师。吴越王钱镠奏赐紫衣，署无著禅师。雪峰义存（822—907），福建泉州人，俗姓曾。12 岁拜莆田玉涧寺僧庆元为师，17 岁正式出家，参遍禅宗名宿，最后于福州雪峰山传法授徒，是唐末南方著名的禅师，并开启了云门和法眼两大禅宗宗派。雪峰曾结庵于真如寺，又凿井于内，名雪峰井，是著名的真如八景之一。宋张尧同《雪峰庵》诗云："一

---

❶（清）沈叔埏：《颐彩堂诗钞》卷十，《续修四库全书》集部第 1415 册，上海古籍出版社 1995 年版。
❷ 光绪《嘉兴府志》卷一八。

语合头悟，师承岂在身。戏言庐墓客，未是报恩人。"❶ 可见，在唐末，真如寺已经在佛教界颇具名气。

北宋宝元元年（1038），长水法师子璇在嘉兴精严寺示寂，不久迁座建塔于真如寺。子璇（965—1038），嘉兴人。初从天台宗的洪敏学《楞严》，既而参谒禅宗临济门下的慧觉，后来住在真如寺，专究《华严》，开讲《普贤行愿品疏钞》及《华严法界观》等。大中祥符六年（1013），翰林学士钱易奏赐紫方袍。天圣五年（1027），枢密副使夏竦请赐号楞严大师。因为所居在长水塘边，遂世称长水子璇。子璇是华严宗复兴的关键人物，被尊奉为华严十祖，真如寺遂成为华严宗圣地。子璇弟子净源（1011—1088），为华严十一祖，驻锡于杭州慧因寺。元祐元年（1086），高丽国王子佑世僧统义天（？—1101）"航海来朝，又请益于慧因之室"，成为长水子璇的"嗣法之孙"。他专门赴嘉兴，访寻真如寺灵塔，"虔伸礼谒"。然而他目睹了"享亭之圮陋"，不差钱的王子义天"慨然欲葺而新之"，"乃施白金六十星，委秀才门人安道干其事，请主客员外郎杨公杰题其额"，并由章衡撰《重修长水疏主楞严大师塔亭记》。❷ 真如寺遂成为中外佛教文化交流的重要见证。据说南北宋之交金兵曾至嘉兴，打开了长水法师塔，"见趺坐如生，爪发绕体"，"惊畏，急封之"❸，嘉兴人从此将长水塔视为神迹。

除了长水法师塔之外，真如寺还有彩云禅师墓，并有八景之一的彩云桥。《鸳鸯湖棹歌》云："彩云墓近散花场，仁杏萧疏带雨凉。枝叶原来同一本，果生叶上也无妨。"后有小注："彩云墓在真如寺旁。长水塔前有仁杏，叶上生果实。"❹ 崇祯《嘉兴县志》卷四云："彩云禅师尝作一偈云：'彩云影里仙人见，手把红罗扇遮面。止须睁眼看仙人，莫看仙人手中扇。'"这首偈语在佛教史中颇有名，然彩云禅师并未在相关文献中注录。《全宋诗》中此偈语曾出现过两次，一在释慧懃名下，据《嘉泰普灯录》卷二七；一在释月硐名下，据《月硐禅师语录》。佛鉴慧懃（1059—1117）乃北宋临济宗杨岐派禅僧，月硐文明（1231—？）则是宋末临济宗虎丘派禅僧，不过禅宗文献如《雪堂行和尚拾遗录》《禅宗颂古联珠通集》等，都记此诗作者是慧懃，慧懃的可能性更大。嘉兴地方志中并没有彩云禅师的详细记载，彩云禅师是否就是慧懃，或者是其他僧人，尚待考。

皇祐四年（1052），僧清辩惠宗重拓讲堂，他找来当时任馆阁校勘同知太常礼的司马光撰记。不信佛教的司马光最初内心是不情愿的，但是清辩一直坚持，他就问清辩为什么要修建讲堂。清辩回答，他希望找到"究明吾佛之书，为人讲解者"，所以他赴精严寺"迎沙门道欢而师之"，并告知寺僧"肇自今以及于后，相与协力同志，堂圮则扶之，师阙则补之，以至于金石可敝，山渊可平，而讲肄之声不可绝也"。司马光听了之后大为感叹，他承认自己不习佛书，但是认为真正学佛的人是

❶ 至元《嘉禾志》卷三一。
❷ 崇祯《嘉兴县志》卷四。
❸ 崇祯《嘉兴县志》卷八。
❹ （清）陆以诚：《鸳鸯湖棹歌》，《中华竹枝词全编》第 4 册，第 685 页。

“清俭而寡欲，慈惠而爱物。故衣敝补之衣，食蔬粝之食，岩居野处，出妻屏子，所以自奉甚约，而惮于烦人也”，和中国的“於陵仲子、焦先之徒近之矣”，都是“涓洁其身，不为物累”。清辩建讲堂，是为了“深思于本原，而勿放荡于末流”[1]，这一点和儒家思想有相通之处，因此他同意为讲堂撰记。除了司马光之外，传说同时代的另一位大学者苏东坡也曾经来到真如寺，煮雪饮茶，因此真如寺有煮茶亭，不过据说嘉兴东坡煮茶亭有 5 个，三塔茶禅寺、本觉寺三过堂、真如寺、壕股塔院、鸳湖湖心，至于哪个是真的，是要打个问号的。

嘉祐七年（1062），有僧号南法师募建“仁王护国般若宝塔”，塔顶专门烧造五色琉璃瓦，这就是最早的真如塔。不过到了北宋末年的宣和三年（1121），方腊起义波及嘉兴，真如塔被烈焰所焚，仅存故址。两年后，劫后重生的寺僧整葺遗址，在地窖中发现了银塔一座，共 7 层，高 5 尺，重千两。“相轮栏楯，无不周备。刻画佛像，极为精巧”，但却没有镌记。又过了整整 60 年，直到南宋淳熙十年（1183）正月三日夜，主持方丈智炬梦到有“一僧紫衣暖帽，宛若大圣之像”，指示塔基说：“此地久废，可为兴复。”醒来后，便发愿要重新修复真如塔，直至庆元三年（1197），历 15 岁而成，其规格完全与银塔一致。同时还将佛牙银佛藏于地窖。当时真如塔旁是宋宗室赵子恭的祖茔。阴阳家言：“此塔成就，其后子孙必昌。”[2]结果赵子恭果然日后被封为安定郡王。这个故事甚至被洪迈写进了传奇笔记《夷坚志》。另外王明清《挥麈三录》还讲了另外一个传奇故事：宋孝宗少年时偶至真如寺，登上真如塔。“先是僧徒以籧篨覆空处，上误履其上，遂并坠焉。旁观者失色，上屹然立席上，略无惊怖状。”所以谭吉璁《鸳鸯湖棹歌》云：“山门常乐枕潮流，象塔风铃语不休。谁识霜钟鸣九乳，当年犹有最高楼。”[3]

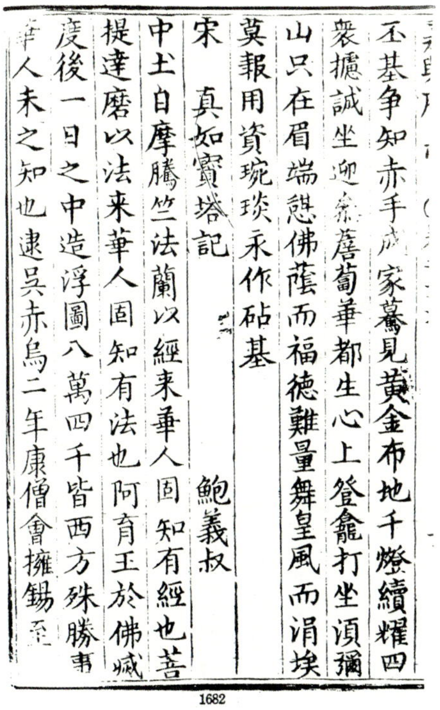
丕基爭知赤手成家驀見黃金布地千燈續耀四
衆擁誠坐迎[illegible]薝蔔華都生心上登龕打坐須彌
山只在眉端懇佛蔭而福德難量舞皇風而涓埃
莫報用資琬琰永作砧基
宋　真如寶塔記　鮑義叔
中土自摩騰竺法蘭以經來華人固知有經也菩
提達磨以法來華人固知有法也阿育王於佛滅
度後一日之中造浮圖八萬四千皆西方殊勝事
華人未之知也逮吳赤烏二年康僧會擁錫至
1682

图 2-24 《真如宝塔记》，明万历《嘉兴府志》，成文出版社影印版

差不多同时的淳熙二年（1175），僧戒月又在真如寺西建华严阁。当时高逸卿撰《真如教院华严阁记》云：“嘉兴之南门外数里所，有精舍曰真如，湖光塔影，映带荡播，绝无俗尘。”“含碧晃耀，位置森然，晨香夕灯，雾横星灿，信一方圣地。”不久，真如寺一分为三，寺南立为贤首教（即华严宗）院。

元末，整个真如寺被战争摧毁，唯有宝塔幸存。明代

[1] 至元《嘉禾志》卷二二。
[2] 崇祯《嘉兴县志》卷八。
[3]（清）谭吉璁：《鸳鸯湖棹歌》，《中华竹枝词全编》第 4 册，第 673 页。

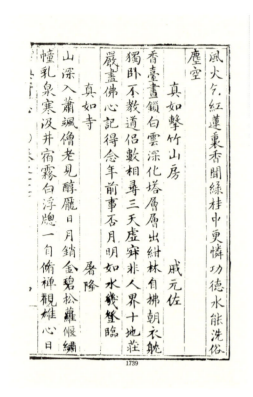

图2-25　关于真如寺等描写，明万历《嘉兴府志》，成文出版社影印版

洪武二十四年（1391）重建，定为真如教寺。正统七年（1442），僧道弘重修。万历十年（1582），知府龚勉命僧真谧辟长水墓道，著名诗人屠隆专门撰《拜长水法师墓》记此事。万历十四年，又建长水法堂。当时长水法师塔墓后原有僧舍，"为根穿石绕池，合而为一"，是真如八景之一。不过僻在僧房墙角，有碍观瞻，至此也移置于此。所谓真如八景，即雪峰井、长水塔、清辉堂、彩云桥、柏屏、石梅、龙槐、璎络松。修复墓道的知府龚勉在《真如杂咏》中，曾说他专门游览了真如八景中的五景，"所谓龙槐、石梅者，诚奇物也。至柏屏，虽稍损，然苍翠盈廷，自亦可爱。既而山僧供茗曰：'此雪峰井所烹也，味盖不下惠山泉云。'"❶贺灿然和冯伯礼也都有《真如八景诗》留存。到了万历二十五年，寺渐倾圮，僧海沧等重修。万历四十年，主持僧道耕理彩云墓。天启五年（1625），知府詹应鹏命僧道耕重建禅堂，命名为水云禅院，即纪念长水、彩云二法师之意。《真如寺重建禅堂文》由郡人岳和声撰记，董其昌书写。入清以后，顺治二年（1645）

真如塔一度在战争中被毁，顺治十六年僧明句重建。曹溶《静惕堂诗集》卷二十七有诗题为"顺治己亥八月廿四日，重建真如寺塔立柱覆顶，功将告成，喜古迹再兴，纪事三十韵"，即记载了重修真如塔立柱覆顶的盛况。

值得一提的是，朱茂时《琐记》第七十五段记载了他和文节、印白、文纲等僧人重修真如塔的过程："庚寅岁（顺治七年，1650），江陵印白师立愿重造真如塔，志虽坚锐，而不得要领，屡行屡辄止。至辛卯（顺治八年），得寺前三居士佐之，事渐准备，欲予迎文节师主持。予初难之，后见印白师坚决，且言文节师同焚香立愿，予遂邀三居士同文纲高师拜请文节师许诺，即飞锡真如。今初层工竣，劳如涌出矣。印白师虽他适，始事之功，亦不可泯矣。移建禅堂，文节师亦大费心力，予复不吝布施焉。"（按：文节师，即明句。）❷故宫博物院藏有卞久、卞祖随合画《朱茂时像》第3幅。画面中，朱茂时五十余岁年纪，须发已白，恬然坐于松树之下。画面背景远处云雾缭绕，真如塔耸立于云霄之上，十分突出，应该是有意放大了真如塔在画中的比例。塔下是真如寺禅院，院内丛树蓊郁。应该就是记载朱茂时参与真如塔重建的情景。近年来，有私人收藏家收藏到朱茂时捐钱铸造的塔砖两块，一块砖文为"信官朱茂时领助三千六百块"，另一款砖文为"信官朱茂时，乙未年造塔砖二千块，端祈孙男龙孙，福基永固，寿命绵长，标魁名于金

❶ 崇祯《嘉兴县志》卷八。
❷ （清）朱茂时：《琐记》，第199—200页。

榜，护法于山门者"，也证明了这一点。❶

康熙五年（1666），吕留良至嘉兴，专门登上了建成不久的真如塔，留下了《登真如塔》诗："难寻平地荡胸云，试上岧峣借夕曛。洞磴盘旋人不见，阑干笑语远偏闻。春从浦草青边长，水到湖楼绿处分。乍暖僧房梅气发，四方八面水沉薰。"真如塔火重新点燃，经久不熄，照亮了附近的风景，真如寺边的河湾就命名为塔火湾。

明末清初是嘉兴文人荟萃的时期，众多知名文人都曾光临真如寺，并留下了大量诗篇。如撰《拜长水法师墓》的屠隆就在万历十五年（1587）左右栖身于真如寺，并与邹迪光、冯梦桢等人相聚，留下了《邹彦吉使君邀同冯开之、马心易燕集真如寺》等诗。❷ 文集中还有与邹迪光的书信一封，就写于寄旅的真如寺。李日华《独游真如塔院》诗云："秋来风日好，散虑出林郊。僧院房房竹，沙村处处桥。清吟黄叶句，雅坐白云寮。妙悟仍相许，时烦远社招。"❸ 著名藏书家项元淇晚年寓居离真如寺不远的桃

图 2-26　卞久、卞祖随合画《朱茂时像》第 3 幅，故宫博物院藏

花里，与寺僧谧上人交好，经常出入于此。他曾作《雨雪同钱使君宿真如》《谧上人禅房》《真如禅居纳凉》等多首诗，其《雨雪同钱使君宿真如》言："余闲湖上移兰棹，率意城南造竹林。雪色僧窗三卯酒，雨声禅榻一寒衾。"❹ 叶燮也曾撰《真如寺古松歌》。❺ 而嘉兴明末著名文人支大纶先世就居住在真如寺东，"先世家扬之泰州，自元季避兵乱，居嘉兴南门真如寺东"❻。另外，前文已及，朱茂昭的闲敞轩就在真如寺西。

乾隆六十年（1795）华严经阁重建。晚清太平天国战争爆发，真如寺彻底被毁，真如八景也从此烟消云散，只有真如塔幸存。光绪末，真如塔一度重修。民国期间，金干山曾登上真如塔。他的记录弥足珍贵。当时真如塔"巍然矗立在荒野中，距城二里许，由幽静的城基马路向南行，至南门范蠡湖转入公路，继续一直线往南行即至"。"真如塔比三塔宽大，内可容人，低层进入时须匍匐而行，黑暗程度每致游者头

❶ 杨丽丽：《朱茂时画像及其〈琐记〉考》，《美术大观》2023 年第 6 期。
❷ （明）屠隆：《栖真馆集》卷八。
❸ 崇祯《嘉兴县志》卷一八。
❹ 崇祯《嘉兴县志》卷一九。
❺ 光绪《嘉兴府志》卷一四。
❻ （明）支大纶：《支华平先生集》三十五世系图说，《四库全书存目丛书》集部第 162 册，齐鲁书社 1997 年版。

碰石壁，塔壁厚尺半，每层间无石梯相联，登顶颇感困难，塔顶螺旋式如庙台，呼喝有回声，题词甚众，但大都粗俗不堪。"❶ 1959 年因塔垂危，将塔刹拆除，移置人民公园。1971 年真如塔被拆除，塔身现仅存真如塔塔刹。真如塔塔刹高 9 米，重 5 吨，铁铸，塔尖为铜铸。七层相轮，下有覆钵。此外，1960 年代发现原藏于塔内的明崇祯七年（1634）写经长卷。1999 年嘉兴旧城改造时在西丽桥堍发现大量真如塔塔砖，上刻有"真如塔砖""真如宝塔砖"等字样，现都保存在揽秀园。

三、桃花里

朱彝尊《鸳鸯湖棹歌》其十七言："西水驿前津鼓声，原田角角野鸡鸣。苔心菜甲桃花里，未到天明棹入城。"下有小注："西水驿在城西。桃花里人多种菜为业。"早在至元《嘉禾志》卷三中就有桃花里地名。县南 3 里的长水乡管 3，即桃花、梨会、落塘，桃花为 3 里之一。正德《嘉兴志补》卷四云："桃花庙桥，在澄海门外七里。""里人多种桃，名桃花里，桥亦由名。"光绪《嘉兴县志》卷一六又引《紫桃轩杂缀》称桃花里蚕时软壳虾极佳，可见桃花里是一个风景优美、桃花盛开、鱼虾鲜美、盛产蔬菜的城郊胜地。姚兖《桃花里对月》诗就描绘了当地水美、人美、景美的景象："墟里人重过，溪堂月正来。榆阴全覆槛，竹影欲浮杯。野坐星河逼，林栖乌鹊回。吾庐幸相近，归棹不须催。"❷

桃花里也出产名人，"吾庐幸相近"的姚兖应

该就住在这里。明代万历间的嘉兴诗人顾猷（字若昔），其诗集就叫《桃花里集》。根据地方志，嘉靖间，又有沈本深是桃花里人，其高祖沈履善，洪武中曾征入史馆，不就。沈本深沉毅任侠，嘉靖中上平倭策，倭寇侵扰桐乡，沈本深以兵截之，战殁于新塍镇之间松桥。❸ 可见他是一位抗倭英雄。而桃花里中产生过最著名的文人，则是来自项氏家族。

万历乙酉（十三年，1585）元旦，病危中的项笃寿曾口述遗训，并叙述其家世：

> 余家世居洛阳，自宋大理寺宏斋公讳晋随驾南迁，始居嘉兴。三传至学士默庵公讳相及弟汝用讳栋，兄弟笃于孝友。绍定三年（1230），筑堂于瓶山之右，西山真氏作为《孝友堂记》，载在郡志。七世传八一公讳宏度，是为新谱始祖。又五世传信人公讳永原，又三世传至大司马襄毅公讳忠、素臣公讳质、献臣公讳文，余之曾祖即素臣公也。其孝友堂为宗祠，缘曾伯祖襄毅公以韭溪老屋义让余曾祖独居，别构孝友堂之左右，结盖新居，而以孝友堂改为前厅，堂东另构祠宇，为合族奉祀蒸尝之所。后世子孙登斯堂也，念先人遗族，诵先人之鸿文，光昭志乘，垂示无穷，其世世守之，毋替先人先儒之志。❹

自南宋至元，项氏一直为嘉兴的望族，其祖项冠以商起家，富甲一方。光绪《嘉兴府志》卷五一

❶ 金干山：《鸳湖彩绘集》，《茶话》1947 年第 9 期。
❷ 崇祯《嘉兴县志》卷一九。
❸ 光绪《嘉兴县志》卷二一。
❹ 项乃斌：《嘉禾项氏清芬录》稿本。

称其“以富称，散财，助婚丧，蠲逋负，江浙称长者”。明代中叶，项衡“以子忠贵，赠尚书。衡生而倜傥，有大节。举三子，以忠、质、文名之。忠为国朝名臣，经、锡、锜、治元、元深、承芳、季松、利宾，皆其后；质后有纲、笃寿、德帧、鼎铉；文后有元濂。嘉禾街缨世胄，蔑以加矣，皆衡所贻也”[1]。可见，项氏家族从项忠始，在政治、经济、文化、艺术诸领域日趋辉煌。项氏科甲联第，盛于明末，登进士者 11 人，18 人中举人，其中好收藏与刻书者 10 余人，当时海内收藏家必推嘉禾项氏为第一，是典型的簪缨世家、收藏世家。其中项忠、经、元深、铨、笃寿、元淇、元汴、德桢、梦原、鼎铉、声囤等，皆以刻书或藏书及收藏书画而著名于世，明代秀水项氏为海内收藏鉴赏之冠。特别是在项笃寿、项元淇、项元汴三兄弟时期，嘉兴项氏更为海内首富家族之一：

> （严世蕃）尝与所厚屈指天下富家，居首等者凡十七家。虽溧阳史恭甫最有声，亦仅得二等之首。所谓十七家者，已与蜀王、黔公、太监黄忠、黄锦及成功、魏公、陆都督炳，又京师有张二锦衣者，太监永之侄也。山西三姓、徽州二姓，与土官贵州安宣慰。积资满五十万以上，方居首等。前是无锡有邹望者，将百万；安国者，过五十万；今吴与董尚书家，过百万；嘉兴项氏，将百万。项之金银古玩，实胜董，田宅典库资产，差不如耳。[2]

嘉兴项氏的祖坟就在桃花里。根据《嘉兴项氏族谱》，最早葬于桃花里的是第十一代项永原，“葬郡城南桃花里襄毅公墓水口”，襄毅公即项忠，项永原是其曾祖。此后项永原孙项衡（即项忠父）葬桃花里中地字圩施家兜。第十四代项忠（字荩臣）葬桃花里南地字圩，项质（字素臣）葬桃花里中地字圩河西施家兜，项文（字献臣）葬地字圩。项忠是由朝廷赐祭葬的，应该在此时，项氏祖坟开始成规模形成。第十五代项质子项纲同样葬于地字圩。第十六代项镛（字秉和）、项铳（字秉常）、项铨（字秉真，即项元淇、项笃寿、项元汴之父），仍然葬于地字圩。第十七代项元澄（字子源）、项笃寿（字子长）也葬于桃花里。第十八代项承芳也葬于桃花里地字圩，这也是家谱中记载葬于桃花里的最后一人。[3] 仅从族谱中可知，项氏家族即有至少 12 人葬于桃花里，其中项忠、项铨、项笃寿、项承芳均为进士，时间从

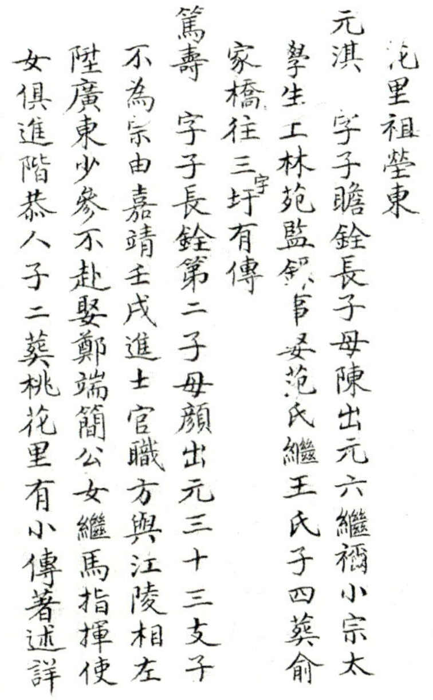
花里祖塋東
元淇　字子瞻銓長子母陳出元六繼禰小宗太
學生工林苑監錄事娶范氏繼王氏子四葬俞
家橋往三字圩有傳
篤壽　字子長銓第二子母顏出元三十三支子
不爲宗由嘉靖壬戌進士官職方與江陵相左
陞廣東少參不赴娶鄭端簡公女繼馬指揮使
女俱進階恭人子二葬桃花里有小傳著述詳

图 2-27 《嘉禾项氏宗谱》（节选），乾隆间抄本

---

❶ 万历《嘉兴府志》卷一七《貤封》。
❷（明）王世贞：《弇州史料后集》卷三六，《四库禁毁书丛刊》第 50 册，北京出版社 1998 年版。
❸《嘉禾项氏宗谱》，乾隆间抄本。

元末一直延续至明末。今城南街道有项坟头，曾有项家祠堂，附近一湖荡，亦名项家漾，当即为桃花里项氏祖坟所在。

正是因为项氏祖坟在桃花里，项氏子孙对于桃花里有着别样的感情。最终安葬于桃花里的项笃寿（1527—1586，字子长）是著名的藏书家，《天禄琳琅书目》著录的宋元善本中，有不少曾是他的藏品。他的藏书印甚多，其中就有"桃花村里人家"印。传为南宋人绘《明皇击球图》上有"桃花里"葫芦形朱文印，该画曾经项元汴与项笃寿收藏，这一"桃花里"印，应该也出自项笃寿。

与桃花里关系最密切的是大哥项元淇。项元淇（1500—1572，字子瞻），善鉴赏，工诗擅书。项笃寿为其所著《少岳诗集》作序时说："……伯兄名淇，字子瞻，别号少岳山人。弱负其表，长蜚令闻，艺综众长，学该群典。始以庭趋，习举子业，非其好也，久之不售，遂复弃去。学古文词，尤嗜为诗……中岁薄游京国，推毂皆当代贤豪，而拙宦不遭……既而宅忧来归，遂厌弃生产，日与朋侪旧好及我二三兄弟结社为欢，座客常满，尊俎不虚，载酒问奇者，夜以继日……殆乎晚年，脱落尘滓，鸿渐世纷，割弃亲爱，蝉蜕物外，逍遥于桃里之墟，窬寐于长水之曲。蓬门闭户，仅庇风雨，山僧钓叟，日与往还。时有竹深空庭，雪净禅室，境捐俗染，坐对天涯，酌浮酒，衔素杯，甘茗代醪，名香设供，写情摹景，必于斯文。"❶这里所说的

"逍遥于桃里之墟，窬寐于长水之曲"，就是指项元淇在桃花里筑室隐居之事。冯梦桢亦言："余忆从先居士谒项子瞻先生于桃花里之坟舍，盖其所从庐墓处也。"❷可见项元淇筑室桃花里，就在项氏坟舍。

项元淇最早是在桃花里养病，其《春日养疴桃花里答苑青山》云："身世两相违，茫然无与归。为农依石户，偃卧托荆扉。野爨苏陈秽，溪毛摘渐肥。愿言从仗履，取乐桑榆晖。"❸此后，他就开始在桃花里修治旧屋，筑室隐居。其《治长水故园，值春尽，诸友携觞命韵，得来字》诗云："言从长水涘，行翦故山莱。鸟有相求乐，人今不速来。夏阴先灌木，春色尚余杯。九里樵风便，轻舟薄晚回。"❹这里所说的长水故园，就是桃花里，可见项氏家族在桃花里祖坟边应该有"故园"留存。

不过，项元淇在桃花里并非与世隔绝，常有知己好友到桃花里看望，并且经常举行雅集。如张服采有《访少岳隐居桃花里》诗："欲觅柴桑处士家，城南十里碧溪斜。武陵不隔人间世，暮雨新流泛落花。"❺与他交往的名僧释方泽亦有《少岳筑室桃花里，赋此以寄》诗（《冬溪集》外集卷上）。其《雪简少岳》（《冬溪集》外集卷下）诗中有"京洛归来著绝交，桃花溪里市南僚"句。甚至知府龚勉也专程到桃花里看望他。项元淇《龚明府夏日过村居，兼携酒馔，简答二首》云："桃里本花对，湖波余润通。佩舟咸俊彦，深谷只愚公。"❻桃花里

❶（明）项笃寿：《序》，（明）项元淇《少岳诗集》，《四库全书存目丛书》集部第143册，齐鲁书社1997年版。
❷（明）冯梦桢：《快雪堂集》卷一三《上林录事少岳项长公墓志铭》。
❸（明）项元淇：《少岳诗集》卷三。
❹（明）项元淇：《少岳诗集》卷四。
❺崇祯《嘉兴县志》卷十九。
❻（明）项元淇：《少岳诗集》卷四。

在长水塘边，交通方便，项元淇自己也经常早出晚归，乘小舟赴各地会友唱和。他的《长水早往夜归，率以为常》诗就描绘了这一经历："长水肃宵征，中流击楫声。湖倾天若倚，舟驶月如行。杨柳知门处，桃花识里名。只因来往惯，村犬不相惊。"❶

明代大画家仇英曾经长期居住在大收藏家项元汴家，在项元汴家中饱览历代名画，画艺突飞猛进。现在很多学者认为，仇英最早就是与项元淇相识，之后才经项元淇引荐，与其弟项元汴相交。❷仇英曾经绘《桃村草堂图》，绢本设色，是其青绿山水代表作，1957年由收藏家徐石雪捐献给故宫博物院。题跋为"仇实父为少岳先生制"，所绘的应该就是项元淇在桃花里隐居的场景。画中绘崇山峻岭，白云氤氲，山坳中有一处草堂，一僮子在亭外桃花溪边洗砚。溪畔有一位白衣士人漫步其间，襟带飘然，风度高雅，他扭头看着捧卷过桥的僮子，意境极其清幽雅致。这个人应该就是项元淇。整幅画高山流水，小桥人家，苍松翠柏，桃花盛开，白云缭绕，草堂幽雅，凉亭洁静，宛如人间仙境。虽然当中多有写意成分，但也为我们留下了五百年前桃花里美丽的景象。

项元淇去世之后，桃村草堂渐渐破败萧条，已不复往日热闹。不过，位于长水塘边的桃花里仍然是众多文人墨客南北往返的交通要道，桃花里和城中杨柳湾相对，已经成为嘉兴著名的地名，流连于众多文人的笔下。清初诗人屈大均游嘉兴后，作《怀嘉兴周青士、缪天白》诗云："往日招寻处，春波与月波。桃花西子里，锦带大夫河。玉乳秋梨好，霜螯冻蟹多。花帆亭咫尺，清夜亦相过。"❸翁心存过嘉兴时写下《嘉兴道中》诗，其中就有"雉堞参差俯潆汀，桃花里接菜花泾。剧怜春

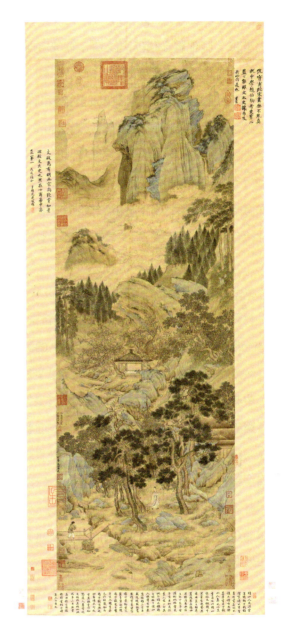

图 2-28　明仇英《桃村草堂图》，故宫博物院藏

❶（明）项元淇：《少岳诗集》卷三。

❷ 参见封治国：《与古同游：项元汴书画鉴藏研究》，中国美术学院出版社 2013 年版。

❸（清）屈大均：《屈翁山诗集》卷四。

涨三篙绿,不见烟岚一发青"❶句。只不过,当年项氏家族的繁华已经渐渐被人遗忘,只有文人凭吊项氏墓地时,发一些思古之幽情,桃花里与项氏的故事才重新被人忆起。谭吉璁《鸳鸯湖棹歌》云:"郭外轻船处处乘,桃花水满压鱼罾。板桥南畔更西去,一路青林络紫藤。"其下有小注:"城南西板桥至项襄毅公墓下,紫藤花最盛。"❷最终,在烽火连天的抗战中,桃花桥和桃花庙被焚毁,如今项坟头和桃花里已经踪迹难寻,唯有桃花水无语东流,诉说着悠悠往事。

---

❶（清）翁心存:《知止斋诗集》卷六。
❷（清）谭吉璁:《鸳鸯湖棹歌》,《中华竹枝词全编》第 4 册,第 672 页。

第 三 章

嘉兴城南的近代变迁

1840年，鸦片战争轰开了中国的大门，古老的中华帝国在内忧外患中被迫启动了近代化进程。嘉兴毗邻上海，城南亦以其独特的地理优势，在度过晚清民国的动荡，经受抗日战争的苦难后，也步履蹒跚地走向了近代。

作为嘉兴县城之南翼，城南地区经历了近代基层行政区划的革新与嘉兴拆城筑路之后，逐步成为城区附郭，确立了近代城市意义上的乡镇格局，加之以沪杭铁路、新

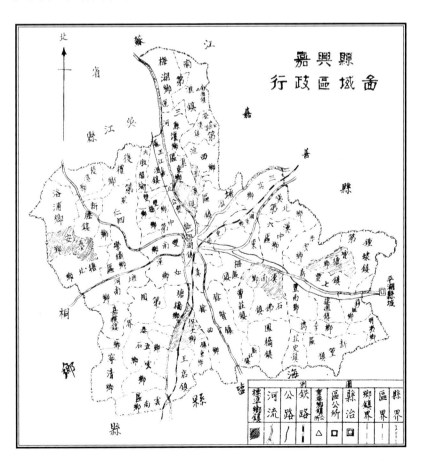

图 3-1 《嘉兴县行政区域图》(1936)，选自冯紫岗编：《嘉兴县农村调查》，国立浙江大学、嘉兴县政府印行

式公路、轮船为代表的新式交通先后导入境内，使其所属的真如乡、人和乡被赋予了崭新的区位功能与空间结构。但由于嘉兴县整体的城市化、工业化进程较缓，对四乡的经济辐射力亦较弱，城南地区的社会经济结构始终没有发生实质性的变化，依然延续着明清以来的乡村聚落形态，保存着以农桑为主的传统生产方式，呈现出的是一派恬静、古朴的江南水乡田园风貌。与这种传统农耕经济占主导地位相对应的是崇文慕儒、名人望族辈出的厚重人文积淀，成为官绅文人笔下颇具"隐逸文化"气质的风雅之地。在本书的"导读"中已提到，从明清到近代的很长一段时间，"城南"是模糊的概念，并没有固定的地域范围，所以我们谈近代嘉兴的"城南"，在范围上比如今的"城南街道"要广泛，借此了解更多的嘉兴城南旧事。

第一节　近代嘉兴基层区划变迁下的城南

古嘉兴县境辖区区划，从较早见诸记载的元代至元《嘉禾志》开始，即有城区以"坊"名之，城外以"乡""里"称之的区分。元代，嘉兴路总管府下辖录事司，掌管城中户民之事，录事司下设坊，至元《嘉禾志》记载当时嘉兴府（县）有70个坊。[1] 而城外设乡，乡下设里，自唐宋时代就已存在。其中，唐天宝十载（751）前嘉兴县有乡50个，北宋熙宁年间有乡27个。[2]

从相关乡名与舆图方位大致来看，嘉兴县城南一带所属的乡有白苎乡、长水乡、大彭乡、嘉会乡。白苎乡，"在（嘉兴县）县南一里。管里四：六里、磨塘、南界代、北界代"[3]。长水乡，"在县南三里。管里三：桃花、梨会、落塘"。大彭乡，"在县南一十里。管里四：朱塔、刁林、陈浦、梅会"。嘉会乡，"在县南一十二里。管里四：鲁奥、梅会、朱巷、张满"。其中，远离县南10—12里的大彭乡、嘉会乡，区境范围已包含今王店镇。历经明清两代的地理、人口变迁与市镇发展，嘉兴县"坊""镇""乡""里"的数量出现了较大变动，由明初城区28个坊，城外5个市镇、12个乡，发展到清光绪年间城区27个坊、57个巷[4]，城外15个市镇、12个乡[5]。这一时期，属于城南地域范围的，分为两部分。一是狭义上紧邻县城南门（澄海门）的五龙坊、西丽坊。二是广义上的县城南门外近郊地区，包括以下各乡：

白苎乡（治南一里），管十五都七里；大彭乡（治南十里），管十六都四里、十七都十里、十八都二十里；嘉会乡（治南二十里），管十九都十里、二十都九里；长水乡（治南三里），管二十都七里、二十一都东南区八里、西南区六里、东北区八里、西北区五里。[6]

[1] 嘉兴市南湖区志编纂委员会编：《嘉兴市南湖区志》（上），第60页。
[2] 嘉兴市南湖区志编纂委员会编：《嘉兴市南湖区志》（上），第61页。
[3] （元）徐硕：至元《嘉禾志》卷三《乡里》，清袁氏贞节堂钞本。
[4] 光绪《嘉兴县志》卷三《坊巷》，光绪三十四年（1908）刻本。
[5] 光绪《嘉兴县志》卷二《疆域》。
[6] 光绪《嘉兴县志》卷二《疆域》。

这种"坊乡制"一直延续到清宣统元年（1909）全国推行地方自治后，才有所改变。当时，以"自治区域"为单位，嘉兴县属划为 10 区，秀水县属划为 15 区，"复将旧有庄、圩，分隶于各区之下"❶。其中，属于城南地域范围的，大概对应于旧秀水县"城区"下的"裸三庄"、"裸四庄"，城外的东栅区（部分）、陶泾区（部分），以及旧嘉兴县属的王店区（部分）。

尽管嘉兴县"坊乡制"在清末民初明面上已被"自治区"单位所替代，但由于军阀混战，浙江一省的地方自治有名无实，"坊乡制"在民间仍然习称未废。时人有言："浙省自治，自民国元年至十六年殆无所谓自治，乡村制度仍用雍正七年所改庄制。"❷直到 1928 年南京国民政府成立，以法律形式将乡村自治确定为国家政治制度，屡次颁布法令，调整县级以下的基层行政区划，使其经历了一个由清末"城镇乡制"向民国初期的"市乡制"、1928年的"市乡街村制"、1929 年的"区镇乡闾邻制"、1934 年后的"区镇乡保甲制"转变的历史过程。❸ 在这一过程中，包括城南在内的嘉兴县城乡政区建置、名称、隶属关系多有变动。

图 3-2 《嘉兴新志》，民国十八年（1929）铅印本

1928 年 6 月，嘉兴县据浙江省政府令，实行"街村制"，即"市集区域为街（里），村落区域为村"后，全县初分为 255 个村、里，后增至 268 个村、里。其中，城区编定为 22 个里、5 个村。❹ 位于南门（澄海门）一带的原五龙坊、西丽坊，改为澄海里、梓潼里，而城外的白苎乡、长水乡，则保持建制不变。1929 年 6 月，国民政府又将 1928 年 9 月颁布的《县组织法》略加修改，重新颁布。新的《县组织法》又改村为乡，改里为镇，乡镇之上设区，乡镇之下设闾邻。嘉兴全县划成 7 个区，下辖共计 235 个乡镇。

从 1934 年起，国民政府内政部又重定各省县市地方自治改进办法大纲，嘉兴县地方即据此改进，调整为 6 个区，区下辖 27 个镇、37 个乡。6 个区即城区、凤桥区、新丰区、王江泾区、新塍区、王店区。当时，城南一带包括城区（第一区）下辖的真如乡，王店区（第五区）的塘桥乡（部分）、泰石乡（部分）、国界乡（部分）。各区设乡镇建设联合办事处，乡镇设乡镇公所；各乡镇的保甲组织重新进行了调整编制，全县共有 963 保、9 518 甲，加强了对基层组织的管辖。❺

❶ 闻幼甫修、陆志鸿等纂：《嘉兴新志》（上编），第 25 页。
❷ 干人俊编纂：《民国慈溪县新志稿》卷十一《自治》，1987 年，第 74 页。
❸ 张占斌、谢振东等主编：《城镇化与优化行政区划设置研究》，河北人民出版社 2013 年版，第 450 页。
❹ 闻幼甫修、陆志鸿等纂：《嘉兴新志》（上编），第 52 页。
❺ 冯紫岗编：《嘉兴县农村调查》，国立浙江大学、嘉兴县政府，1936 年印，第 4 页。王永祥：《抗战前夕嘉兴县政的一些改革》，载嘉兴市政协学习和文史资料工作委员会编：《嘉兴市文史资料通讯》第 2 期，1984 年 11 月；后收入《嘉兴文史汇编》第 1 册，当代中国出版社 2011 年版，第 58 页。

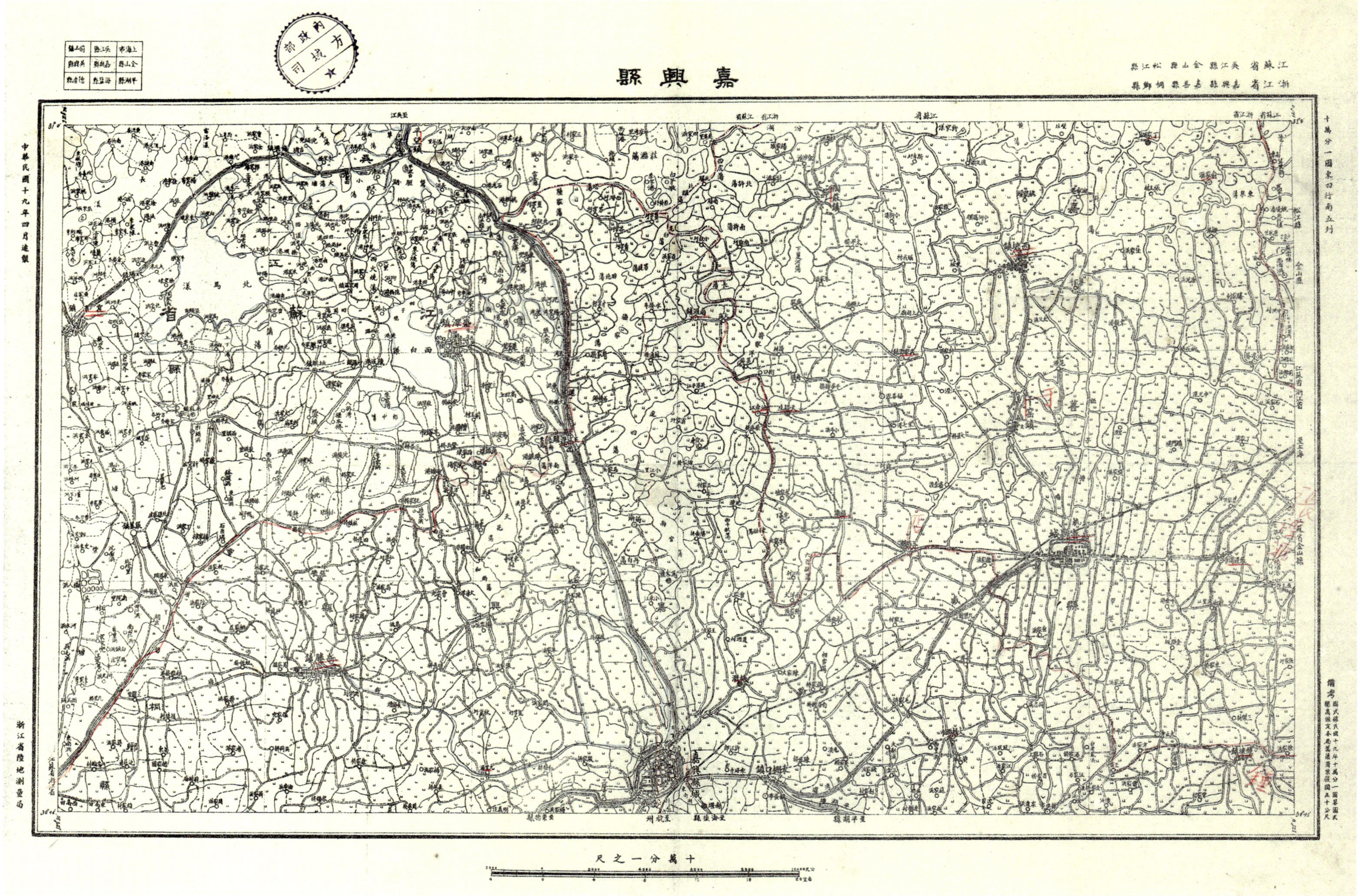

图 3-3 国民政府内政部方域司绘制的《嘉兴县地图》（1930）

可以发现，从嘉兴县级行政的层面来说，民国时期与以往相比，似乎多带有"民主化"的倾向，但实际上仍是国家对于地方社会控制的变换方式，那些繁复的党政机构，不过是国家对于民众进行垂直控制的一种新系统。❶

1945年抗日战争胜利之际，国民政府积极进行"沦陷区"的收复工作，嘉兴各乡镇的建设事业也提上日程。县以下仍然设区署，共设城区、凤桥、城东、新篁、新滕、王江泾、王店7个区署，辖28个镇、38个乡。并以所辖乡镇数为原则，划分区（署）等级，16个乡镇以上的为甲级，10—16个乡镇为乙级，10个乡镇以下为丙级。❷乡镇也分为甲、乙两级，辖10个保以上者为甲级，10个保以下者为乙级。其中，今城南街道一带所属的真如乡、泰石乡（部分）被划为"甲等"乡镇。❸此后一直延续到1949年5月嘉兴解放之前，城南地域属于王店区署下辖的真如乡、人和乡（部分）❹的区划格局得以稳定地维持下来。

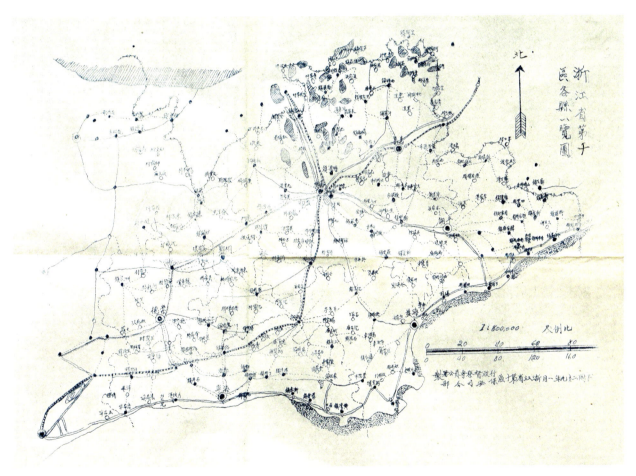

图3-4　《浙江省第十区各县一览图》（1940年代），涉及嘉兴县各乡、镇、村

---

❶ 陈明明主编：《比较视野中的现代国家建设》，上海人民出版社2013年版，第170—171页。

❷ 丰箫：《权力与制衡：浙江省嘉兴地区乡镇自治研究（1945—1949）》，商务印书馆2014年版，第94页。

❸ 丰箫：《权力与制衡：浙江省嘉兴地区乡镇自治研究（1945—1949）》，第94页。

❹ 嘉兴市南湖区志编纂委员会编：《嘉兴市南湖区志》（上），第63页。

从明清"城郭化"时代的"坊乡制",演变为近代城市意义上的乡镇格局,嘉兴城南一带不仅实现了行政区划上的"出旧入新",而且也间接改变了区位功能与空间结构,逐步成为城区附郭,而这又源于民国时期嘉兴县的拆城筑路。

嘉兴城自唐代始筑城垣后,以东西和南北市街为城市轴线,以子城为中心坐标,逐渐形成东、西、南、北 4 块,逐步发展。统治机构集中于子城左右,左后方横轴上为嘉兴县衙署,右后方横轴上为孔子庙,即州府学。城内东南部设州府仓储等附属机构;西南部为军事机构、大族园林等;西北部多佛寺;东北部分布民居、园邸;只在大市、官司街上有集市、商肆。城外西南部鸳鸯湖向东一线为风景游览区。❶整个城市以官署为中心,形成封闭式的布局,主要体现军政统治中心的特色。南宋以后,嘉兴成为浙西重镇,经济发达,居民增多,城市向城垣外发展。城外自南门外到东门一线形成新的商业区,以壕股塔为中心,东西有灯火万家之称。居民区也移向城外,鸳鸯湖、滮湖一带成为园林和住宅区。明代至清中期,城外继续发展,东门外角里街、南堰、盐仓桥、凌塘桥一带出现大片住宅区和园林,形成一批新的街坊,明后期嘉兴城划为 24 个坊,其中有 14 个坊在城垣外。游览区也自鸳鸯湖移至滮湖一带。商业区自城南扩展到东门外宣公桥、角里街一线,至清初又发展到西河街、鱼行街和北门附近几个街区。至太平天国战争前,城市经济文化精华之区已移向城的东部、东南部和东北部。❷

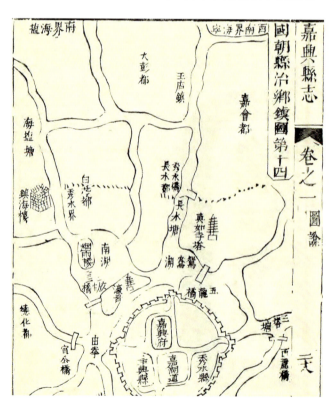

图 3-5 康熙《嘉兴县志》卷一《图说》"国朝县志乡镇图第十四",涉及城南鸳鸯湖、南湖、白苎乡、长水乡

在清咸丰、同治年间的太平军战火中,以东部和东南部角里街为重心的城市精华区付之一炬,市廛残破。"仅南堰、东栅稍集小市,余则尽荒烟蔓草,故址渺不可得。"❸此后,城外东北部塘湾街、中街、西河街、鱼行街一带工业、手工业和商业兴起,月河一带居民住宅增加。至民国期间,城中以北门大街、塘湾街、中街三处为最繁盛的商业区。而南门外的繁华市街,仅剩下东米栅下,"为米行聚居之初,共有六家之多"❹。但随着硖石米市异军突起,已有取而代

❶ 嘉兴市南湖区志编纂委员会编:《嘉兴市南湖区志》(上),第 241 页。
❷ 嘉兴市南湖区志编纂委员会编:《嘉兴市南湖区志》(上),第 241—242 页。
❸ 闾幼甫修,陆志鸿等纂:《嘉兴新志》(上编),第 48 页。
❹ 闾幼甫修,陆志鸿等纂:《嘉兴新志》(上编),第 49 页。

之之势。在旧城空间结构布局已然定型的情况下，欲谋市政之长远发展，拆城筑路，已势在必行。

中国近代城市化进程，在空间上表现为以衙门官署为中心，以城墙为界线的传统型，逐步向以工商业功能分区为核心、打破封闭城墙的近代型城市演变的过程。对嘉兴县而言亦是如此。自1923年拆除嘉兴东门月城，建成新东门、新北门后，邑人日益感受到"拆城之可以便利交通与刷新市政"。1927年2月，国民革命军到嘉兴，"地方民中益悟改造城市之不容缓"[1]。新嘉兴平民社首提拆城筑路主张，国民党嘉兴县党部将此事列入县政大纲。4月间，建立嘉兴县拆城筑路委员会。1928年1月2日，拆除嘉兴城墙举行开工典礼。1928年底一期工程中，城墙拆除。1929年底筑成新路，东起嘉禾第一桥，南至澄海桥，命名东南路。1930年12月开始，实施嘉兴拆城筑路的二期工程，自嘉禾第一桥，至北门荷花堤。1934年1月，开始嘉兴拆城筑

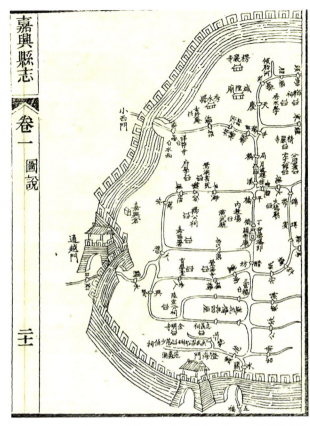

图3-6　光绪《嘉兴县志》卷三《图说》"嘉兴县附府城图"，标注城南"海澄门"

路的第三期工程，自荷花堤起至南门澄海桥。至当年年底，嘉兴历史上第一次旧城改造工程基本完竣。城墙全部拆除后，统以环城路相称，有东、西、南、北4条之分。至1930年代，嘉兴城内铺筑水泥混凝土道13条，泥结碎石路2条，约占嘉兴街巷总长度的10%。[2]

嘉兴拆城筑路之后，过去以行政设施为主的传统府城，被日益扩大的商业街区慢慢蚕食，商业区不再局限于外城沿河地段，而是趋向内城中心地带延伸。而对城南一地而言，却是有利有弊。利好之处在于，逐步成为城区附郭，邻近南门的米市可以突破"依河而兴"的地理局限，激活其作为商业区的地理禀赋。弊端之处在于，更加离散与弱化了南门外一些村市与县城的经济联系。如位于县城和濮院、王店三个最重要的商业中心所围成的三角地带中部，长期以来市场分布稀疏，仅有三个规模较小的基层市镇（陶家筼、泰石桥和虾蟥塘桥）。拆城筑路之后，县城和濮院、王店对这三处低级市场中心的某种"抑制作用"[3]更加明显，这或许是这一带在民国时期长期难以发育为"中间市场"的原因。

[1]　间幼甫修，陆志鸿等纂：《嘉兴新志》（上编），第55页。
[2]　毛文念：《传统经济城市的近代变迁——以嘉兴为个案的考察》，南京师范大学硕士学位论文，2007年，第52页。
[3]　黄敬斌：《近代嘉兴的城镇体系与市场层级——以1930年代为中心》，《复旦学报（社会科学版）》2014年第4期。

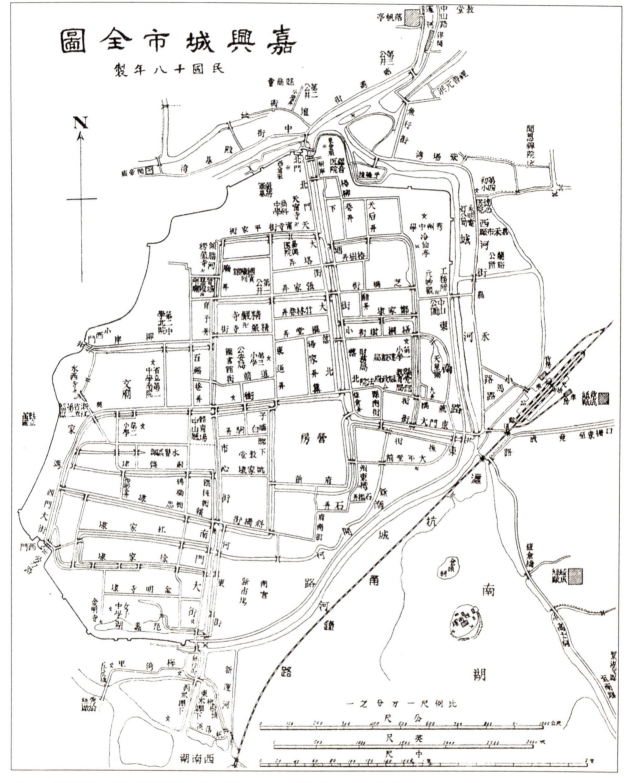

图3-7　拆城筑路之后的《嘉兴城市全图》（1929），选自《嘉兴新志》（上编），民国十八年（1929）铅印本

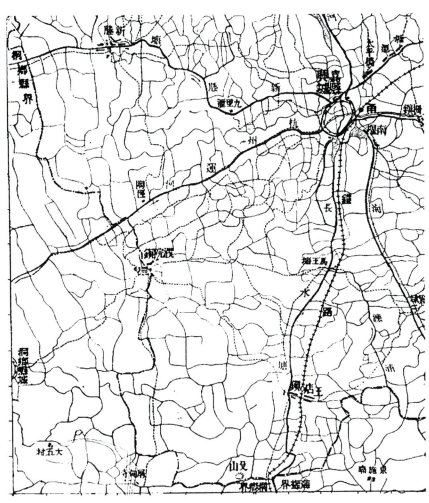

图 3-8 1928 年拆城筑路之后的《嘉兴县全图》城南、城西南部分，标注有"马王塘"（即蚂蝗塘桥市）、"王店镇"、"濮院镇"。选自《嘉兴新志》（上编），民国十八年（1929）铅印本

第二节 近代城南乡村的交通与生计

从相关方志、地图、社会调查等文献记载来看，近代嘉兴城南地区基本延续了明清以来的乡村聚落形态，河塘如织，溪环水绕，圩田纵横，桥梁密布，舟楫摇曳，保持一派恬静古朴的江南水乡泽国风光。以最具显性的地图来说，清光绪二十年（1894）浙江通省舆图局测绘印行的《浙江全省舆图并水陆道里记》中有一幅《嘉兴县五里方图》（参见图 2-9），以及宣统二年（1910）9 月石印本《嘉兴府图》（图 3-15）中，对城南一带的交通环境、地理生态、聚落景观有细部描绘，史料珍贵，直观可感。据这两幅时间相距不远的地图显示，晚清民国时期的城南一带，密集分布着以沪杭铁路、京杭运河、长水塘及其支河为线，以桥梁为点的水陆交通网，构成了地域辨识度极高的分界标志物。

沪杭铁路，由江浙两省商办铁路公司集资兴筑，是近代中国以民族资本独立建成的主要铁路干线，于 1909 年 8 月 13 日全线通车。经邮传部派员考核，全线共有 15 站，全长 331.2 华里（合 165.6 千米），桥梁

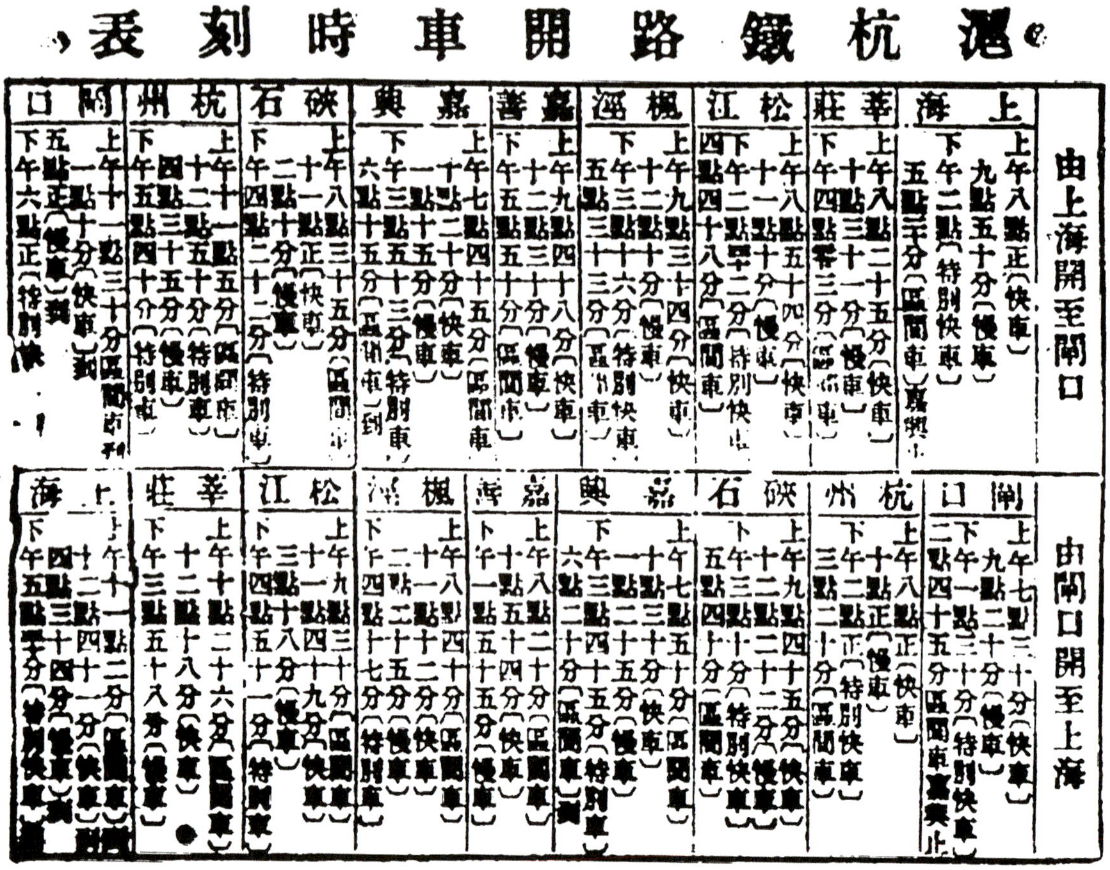

滬杭鐵路開車時刻表

由上海開至閘口	
上海	上午八點正（快車）；九點五十分（慢車）；下午二點（特別快車）；五點三十分（區間車）嘉興止
莘莊	上午八點二十五分（快車）；十點三十一分（慢車）；下午四點零三分（區間車）
松江	上午八點五十四分（快車）；十一點十分（慢車）；下午二點零二分（特別快車）；四點四十八分（區間車）
楓涇	上午九點三十四分（快車）；十二點十分（慢車）；下午三點十六分（特別快車）；五點三十三分（區間車）
嘉善	上午九點四十八分（快車）；十二點三十分（慢車）；下午五點五十分（區間車）
嘉興	上午七點四十五分（區間車）；十點二十分（快車）；一點五十分（慢車）；下午三點五十三分（特別快車）；六點十五分（區間車）到
硤石	上午八點三十五分（區間車）；十一點正（快車）；二點十分（慢車）；下午四點二十二分（特別快車）
杭州	上午十一點五分（區間車）；十二點五十分（特別車）；四點三十五分（慢車）；下午五點四十分（特別車）
閘口	上午十一點三十分區間車到；一點十分（快車）到；五點正（慢車）到；下午六點正（特別快[illegible]

由閘口開至上海	
閘口	上午七點三十分（快車）；九點二十分（慢車）；下午一點三十分（特別快車）；二點四十五分區間車嘉興止
杭州	上午八點正（快車）；十點正（慢車）；下午二點正（特別快車）；三點二十分（區間車）
硤石	上午九點四十五分（快車）；十二點二十二分（慢車）；下午三點十分（特別快車）；五點四十分（區間車）
嘉興	上午七點五十分（區間車）；十點三十分（快車）；一點二十五分（慢車）；下午三點四十五分（特別快車）；六點二十分（區間車）到
嘉善	上午八點二十分（區間車）；十一點五十四分（快車）；下午一點五十五分（慢車）
楓涇	上午八點四十分（區間車）；十一點十二分（快車）；二點二十五分（慢車）；下午四點十七分（特別快車）
松江	上午九點三十分（區間車）；十一點四十九分（快車）；三點十八分（慢車）；下午四點五十一分（特別快車）
莘莊	上午十點二十六分（區間車）；十二點十八分（快車）；下午三點五十八分（慢車）
上海	上午十一點二分（區間車）到；十二點四十一分（快車）到；四點三十四分（慢車）到；下午五點[illegible]分（特別快車）到

图 3-9　沪杭铁路开车时刻表，选自《生活日报》1914 年 4 月 20 日第 11 版

144 座，涵洞 14 处，水管 113 处，机车 43 台，工程造价低、质量优，为全国商办铁路之冠。[1] 沪杭铁路的通车运营，为长江三角洲增添了一条便捷的新式交通干道，而对嘉兴一地来说，尤其利好。因为“每天除了一辆货车来往于上海与杭州外，还有嘉兴到杭州、嘉兴至上海的区间火车”[2]。时人曾有记述：“1910 年秋行车次数，每日沪杭间客运列车 3 对，定期货车 1 对，杭嘉间客货混合区间车 1 对，江墅间客货混合列车 4 对。行车最高时速为 80 华里。嘉兴、杭州间快车行驶（包括停站）共为 2 个半小时（仅停硖、长、艮三站），各站都停的客车杭嘉间须行 3 个小时。”[3]

再细化到嘉兴城南一带来说，因其恰处于嘉兴站与王店站之间的位置，整条铁路呈“东北—西南”走向穿越城南辖境，赋予其铁路沿线的区位功能优势。《嘉兴新志》载：“铁路交通有沪杭甬铁路，自嘉善来，入嘉兴县境经三店区、汉塘区、东栅区、王店区，由王店区出境乃至海宁县之硖石镇。”[4] 铁路所经之

[1] 汪林茂编：《中国近代思想家文库・汤寿潜卷》，中国人民大学出版社 2015 年版，第 602—603 页。
[2] 陈梅龙、景消波译编：《近代浙江对外贸易及社会变迁：宁波、温州、杭州海关贸易报告译编》，宁波出版社 2003 年版，第 253 页。
[3] 陈亦卿：《沪杭甬铁路修筑与营运的追述》，全国政协文史资料委员会：《文史资料存稿选编・经济（下）》，中国文史出版社 2002 年版，第 758 页。
[4] 李文海主编：《民国时期社会调查丛编（二编） 乡村经济卷　中》，福建教育出版社 2014 年版，第 717 页。

处，兴旺发达之势，显而易见。如嘉兴站，就设在嘉兴东门"宣公桥向东一百米处"。该地于1860年曾遭遇太平军战火重创而长期衰败，但自设站之后，颓势得以改观，宣公桥的两边遂成为闹市，"旅馆、酒肆、茶坊、烟店等次第开设"❶。而城南地区，前接嘉兴站，后连王店站，彼此距离10千米以内，自然能兼收这两个商业枢纽所释放的经济能量，从而极大地便捷了城南与沪、杭两地的人员、货物、商贸往来，激活地缘禀赋。

尽管沪杭铁路的筑通为近代城南带来了新式的交通工具与快捷的出行方式，但就城南水乡内部乡镇、村落之间的交通而言，陆路不起主要作用，仅为水路之辅助。所谓陆道，大都是逼仄弯曲的泥路，一遇雨天，就泥泞难行，"苟不熟知路径者，又辄有迷途之憾"❷。再者，道路所经沟、渠、港、汊甚多，常为水所阻，必须借助造桥通行。但这种桥一般为有阶级面之石桥或狭隘之木桥，"仅能步行往来而不能行驶车辆"❸，因此，城外各村落之间的农产品输送，均依仗舟楫，陆道仅供肩挑贸易及邻村往来之用，且宽度

图 3-10 1914 年的嘉兴火车站

❶ 杨颖立：《沿着韭溪到宋代：江南人文手记》，上海书店出版社 2019 年版，第 225、229 页。
❷ 闻幼甫修，陆志鸿等纂：《嘉兴新志》（上编），第 42 页。
❸ 闻幼甫修，陆志鸿等纂：《嘉兴新志》（上编），第 42 页。

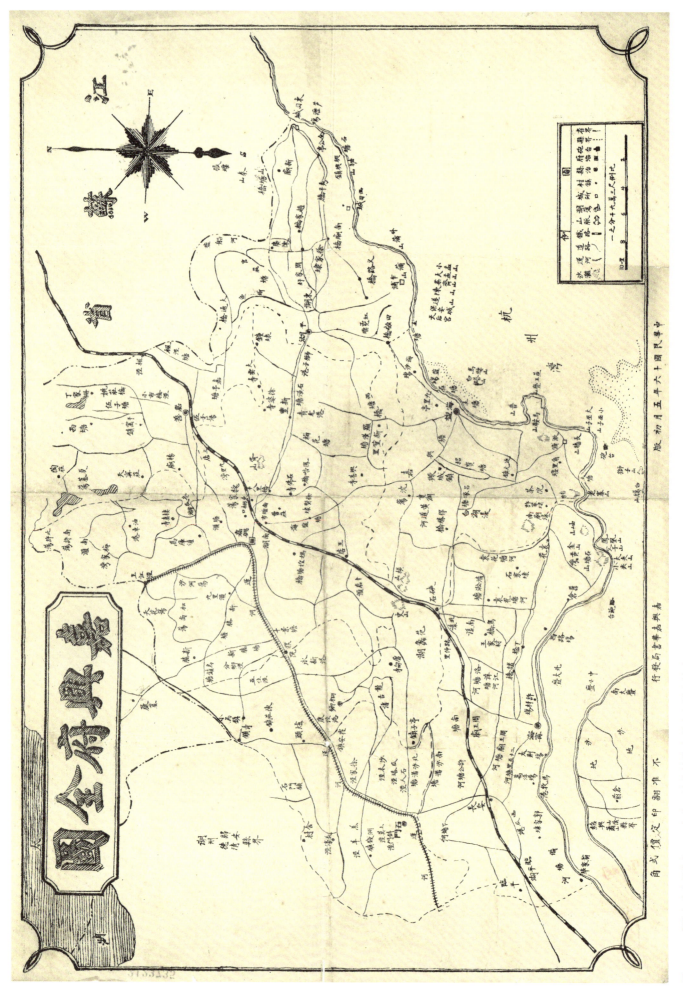

图 3-11 《嘉兴府全图》（1927）中，沪杭铁路穿越嘉兴坡南境内

"大率仅敷两人摩肩而过而已"❶。如当时城南境内主要有4条陆路：

> 马王塘桥余贤埭路，自马王塘桥东行，逾青龙桥、长兴桥至余贤埭镇，路长十一里。
>
> 濮院马王塘桥路，自濮院东行，逾黄金桥、张家桥（长七里，即濮院路之一部分），东行九里至马王塘桥，此路共长十六里。
>
> 马王塘桥王店路，自马王塘桥南行，逾乐嘉桥、赵家石桥、太平桥、宝胜桥，即入王店镇，路长十四里。
>
> 濮院王店路，自濮院东南行，逾北幽河桥，行担子桥、轻介桥、太石桥、何家桥，入王店镇，路长十九里。❷

这4条陆路，负责连接城南一带濮院镇、王店镇、余贤埭镇、蚂蝗塘市4个重要市镇，由于多被河塘切割阻断，全程基本上是以桥相连，"虽有桥梁可通，有时仍须过渡，曲折萦绕，计程数倍于水路"❸。

相较之下，水路仍是近代嘉兴最重要的交通方式与出行选择。清末民国时期，整个嘉兴四乡河道，可视为主干的有：（1）在东乡有冬瓜塘、三店镇（全线长 18 里），直通嘉善、松江及上海。又有平湖塘（水线 45 里）、乍浦塘（水线 90 里），与平

湖县与海盐县之水运接联。（2）在北乡有运河官塘（水线长 40 里）、通盛泽、平望、扒呎、梅堰、双林等处。（3）在西乡有新塍塘（水线 36 里），接严墓塘直达桐乡，接南浔塘直达南浔与菱湖，又杭州塘（或名三塔塘，水线 33 里），直通桐乡、崇德、杭州等处。（4）在南乡有长水塘，沿沪杭甬铁路并行（水道 36 里），又姚家塘（水线 33 里），通东南各乡。❹由于地势系属平原，西南稍高，东北略低，故境内河流均流向东北，北境多湖荡，与南部迥异。❺

就嘉兴城南乡而言，长水塘是最具标识度的干河之一。这条河道由海宁硖石镇而来，在海宁境内称下塘河，北流9里入嘉兴城南境内，"并沪杭铁路，而北流约二十四里，至蚂蝗塘桥市，水深一丈四尺，阔十八丈，分支东通练浦塘，再北流九里，过长水桥，入南湖"❻。从入嘉兴县境至汇入南湖，长水塘总长 34 里❼，其航线又称为嘉宁线，为嘉兴与海宁交通之干河，沿岸经过蚂蝗、塘桥、王店等市镇，"水流平坦，通行汽船、帆船等，运输货物，以粮食、砖瓦等较多"❽。

长水塘之外，城南境内还有一条标识度极高的杭嘉交通要道，就是位于西北部的著名的京杭运河。民国《嘉兴新志》中所描述的运河，"自杭州来，至濮院镇西北五里之万寿桥，始入县境"❾，之后朝东北方向，依次流经陶家笕、穆家笕、觉

❶ 闻幼甫修、陆志鸿等纂：《嘉兴新志》（上编），第 42 页。
❷ 闻幼甫修、陆志鸿等纂：《嘉兴新志》（上编），第 44 页。
❸ 李文海主编：《民国时期社会调查丛编（二编） 乡村经济卷 中》，第 717 页。
❹ 李文海主编：《民国时期社会调查丛编（二编） 乡村经济卷 中》，第 717 页。
❺ 冯紫岗编：《嘉兴县农村调查》，第 4 页。
❻ 浙江省通志馆编；浙江省地方志编纂委员会整理：《重修浙江通志稿 标点本》第 1 册，方志出版社 2010 年版，第 567 页。
❼ 闻幼甫修、陆志鸿等纂：《嘉兴新志》（上编），第 11 页。
❽ 实业部国际贸易局编纂：《中国实业志·浙江省》第 10 编交通，实业部国际贸易局 1933 年印行，第 65 页。
❾ 闻幼甫修、陆志鸿等纂：《嘉兴新志》（上编），第 10 页。

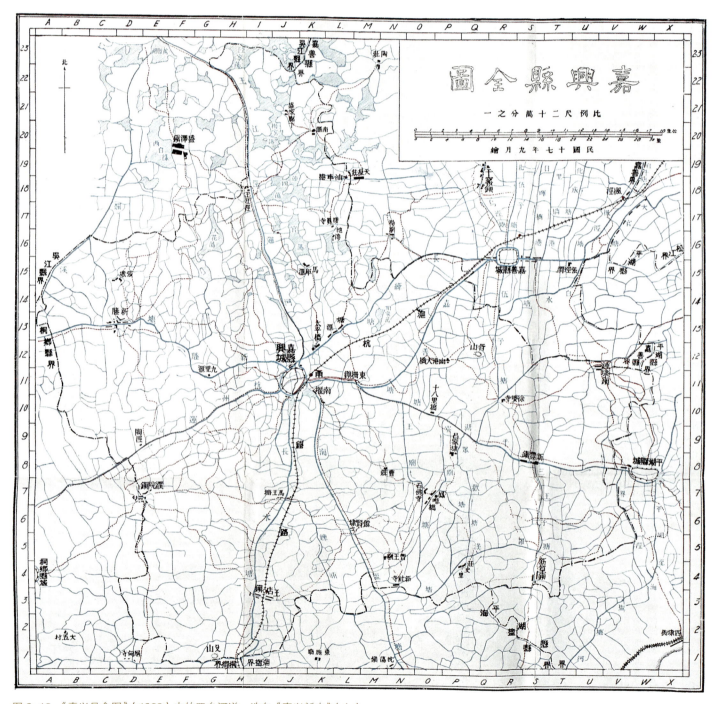

图 3-12 《嘉兴县全图》（1928）中的四乡河道，选自《嘉兴新志》（上）

庙、白龙潭、茶禅寺、西丽桥，直至嘉兴县城西。这一流动轨迹，基本是嘉兴县城西南乡与西乡的分界线。从功能上来说，流经城南境内的运河，"或为民船出入要道，或供农田灌溉之需"❶。清末民国时期，"帆船往来不绝，苏杭轮船亦行经此河"❷。这里我们还收录了 1929 年日本参谋本部收集的有关运河资料，图 3-14，即为"杭州东北部浙江段运河要图"（部分图纸），涉及嘉兴西南一段运河的详细情况。这里，需要指出，彼时日本人为了侵略中国做了大量准备工作，对一些重要的河流、战略要地很早就开始做了情报资料搜集。如在另一份资料中提到了如何从上海到杭州，就有关于嘉兴西南一段运河的详细介绍：

上海到杭州间的水路星罗密布，不仅有各种民船用的水路，在增水期还有多条用于汽船的航路。而且不受增水减水影响，汽船都可航行的水路是从上海沿黄浦江溯航，从松江（南）过来……经塘汇镇在嘉兴进入大运河，从石门湾—崇德（石门县），经塘栖镇到达拱宸桥的水路为其主要部分。另外也有从上海到苏州，大运河从嘉兴开始而后经由前记水路的航路。后者与上海—杭州间的唯一的道路间隔颇大，万不得已之时可以利用。上海到杭州间的作战要采用前者。❸

嘉兴西南一段运河具有重要的战略价值，联通着上海、杭州、苏州等江南的重要城市。

在西北运河与东南长水塘两条干河合围而成的三角地带，还星罗棋布地分布有众多支河。"支河之旁，后有横港及小浜，略计每方里有水道一里。"❹ 这些支河、港浜只在地图上见其形，但多半未注其名。1935 年 4 月 3

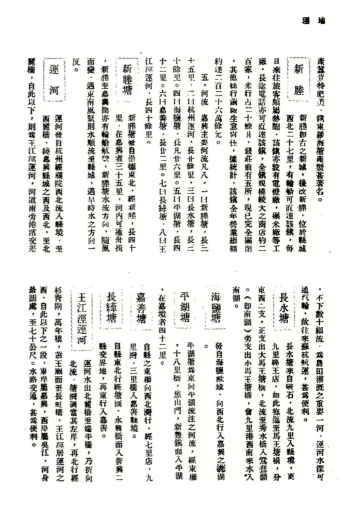

图 3-13 嘉兴城南境内的长水塘、运河介绍，选自嘉区民国日报编:《嘉区一瞥》民国二十五年（1936）元旦特刊

❶ 闻幼甫修，陆志鸿等纂:《嘉兴新志》（上编），第 10 页。
❷ 闻幼甫修，陆志鸿等纂:《嘉兴新志》（上编），第 10 页。
❸ 译自日文《1929 年 3 月"浙江省兵要地志"》，张智慧翻译（未刊稿）。
❹ 闻幼甫修，陆志鸿等纂:《嘉兴新志》（上编），第 17 页。

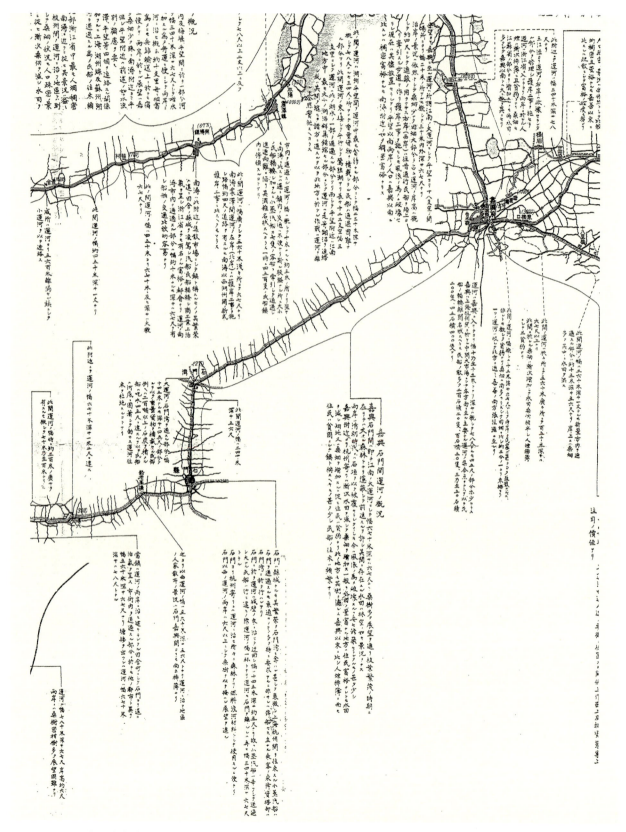

图 3-14　1929 年日本参谋本部收集的有关运河资料（杭州东北部浙江段运河要图，嘉兴西南一段）。张智慧提供

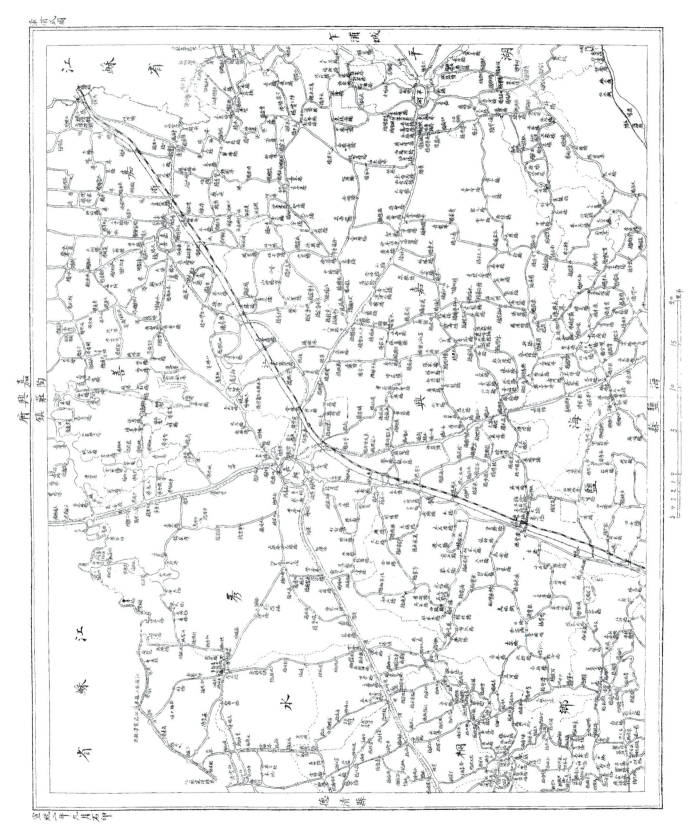

图 3-15 《嘉兴府图》，宣统二年（1910）石印本

日的《民报》在报道嘉兴县第一区南门外真如乡防旱疏河时，曾列举乡属狭窄河道有 4 处：金家泾港、俞泾港、北木桥港、曲善泾港。❶ 有水必有桥，泽国水乡，非桥不通，桥梁便是水乡的道路标志 ❷。从 1894 年印行的《浙江全省舆图并水陆道里记》"嘉兴县五里方图"中可以看出，在长水塘与港浜支河的交汇之处，从西到东连缀分布有安德桥、朱觉寺桥、小寺桥、坟桥、倪家桥、小倪家桥、蚂蝗塘桥、三星桥；而在 1910 年石印本的《嘉兴府图》中显示，长水塘与运河之间，共有 60 余座桥梁，木桥石桥，形制各异，与大小水路缠绕穿梭在一起。这种高密度的桥梁分布，既是城南乡村聚落地域空间规模扩张的间接反映，也从交通方式上增强了村落之间的农产品与人员频繁流通的机能。

在河浜湖荡纵横、水路圩田连为一体的城南乡村，舟船自然成为最为便利的交通方式。民国时期，城南一带所属的真如乡、塘桥乡、塘南乡、国界乡等，人们日常出行，均以船代步。农民外出耕作，全倚舟楫之力，"家家有小船一双至数双，日出载农具、肥料等去田间工作，日没返家，从来不把精力枉费在没

图 3-16 《嘉兴县农村调查》（1936）对水路交通与农用船只的介绍

图 3-17 《沪宁沪杭甬铁路旅行指南》（1922）记载，嘉兴与海盐、盛泽、乌镇、南浔、平望、平湖等处，俱通小轮船

---

❶ 《禾真如乡疏浚河道》，《民报》1935 年 4 月 3 日第 4 版。
❷ 安介生、周妮：《江南景观史》，第 292 页。

有代价的行路之上"❶。货物流通集散，更是时刻离不开水运。如各大小市场，载运米粮，多用船只运行，"即农民每日出街购物，亦多用'自该船只'"❷。至 1937 年抗战之前，除了农家自备小木船外，嘉兴县还成立有 8 家轮船公司，各公司行驶之轮船有 25 艘，"至于快船、航船，几乎到处都是"❸。各式船只多为茧丝、米粮商品贸易而设，尤其是嘉兴周边茧丝著名产地。如湖州、南浔、震泽、苏州、海宁、平湖等处，"皆 ·苇所可通，且水亦颇深，可行小汽船，往来尤捷"❹。

尽管近代嘉兴已出现铁路、轮船等新式交通工具，但就以城南乡村社会而言，并没有出现与新式交通效率相匹配的工业化、城市化趋势，民国时期的城南一带，仍然维持着明清以来以农桑为主的生计结构。以农作物产出而言，由于地势平衍，"无坡陀起伏之态，土质甚肥，极宜耕种"❺，故"农产物以谷、麦、豆、桑叶为大宗，菜蔬瓜果次之"❻。而城南靠近运河之地，土膏肥沃，皆宜种棉。"其与市街相连者，每亩经价约四五十元左右。"❼

谷米产量一项，以嘉兴本邑人口 40 余万计算，年岁丰稔，出米 200 余万石，民食有余。❽ 即遇歉收，"若不贩运出境，尚可自支"❾。而城南一带乡村的谷米产量，历来也是自给有余，甚至位列其他各乡之首。1947 年 12 月，正值解放战争，江南人丁锐减，生计凋敝之时，嘉兴县政府在检发缴租标准的布告中宣称，是年嘉兴县各乡村的早、晚稻平均产量，最高的是人和乡，每亩产糙米 1 石 4 斗；最低的是新北乡，每亩产糙米 9 斗 5 升 5 合。❿

次于谷米的农产品，为蚕豆、胡麻、蔬菜等类，亦常用之不尽。"上海、苏州及常熟等处，岁受供给者不少。"⓫ 而对城南一隅而言，除米粮与蔬菜外，"近海宁之处则种黄麻、黄豆等物"⓬。此外，城南地

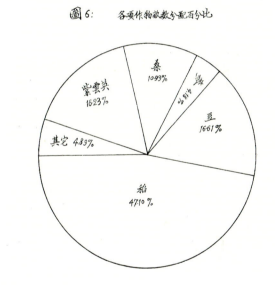

图 3-18　各种农作物种植面积比例表，选自《嘉兴县农村调查》(1936)

❶ 冯紫岗编：《嘉兴县农村调查》，第 8 页。
❷ 李文海主编：《民国时期社会调查丛编（二编）乡村经济卷　中》，第 717 页。
❸ 冯紫岗编：《嘉兴县农村调查》，第 8 页。
❹ ［日］胜部国臣著，霍颖西译：《清国商业地理》，广智书局 1907 年版，第 715—716 页。
❺ ［日］胜部国臣著，霍颖西译：《清国商业地理》，第 716 页。
❻ 魏颂唐编：《浙江经济纪略》第九篇《嘉兴县》，1929 年刊本，第 3 页。
❼ ［日］胜部国臣著，霍颖西译：《清国商业地理》，第 715 页。
❽ 魏颂唐编：《浙江经济纪略》第九篇《嘉兴县》，第 4 页。
❾ 魏颂唐编：《浙江经济纪略》第九篇《嘉兴县》，第 4 页。
❿ 嘉兴市粮食局粮食志编纂委员会编：《嘉兴粮食志》（第二稿），1991 年印行，第 82 页。
⓫ ［日］胜部国臣著，霍颖西译：《清国商业地理》，第 716 页。
⓬ 《嘉兴农村状况》，《经济统计月刊》1935 年第 2 卷第 3 期。

图 3-19　嘉兴城南农村的米谷种植、收割、贮藏，选自《嘉　图 3-20　嘉兴全年各月份蔬菜收获表，以及塘菱、葡萄等种
兴县农村调查》（1936）　　　　　　　　　　　　　　植画面。选自《嘉兴县农村调查》（1936）

区靠近西北运河之处，运河支流甚多，水利发达，"故沿岸之农家佃户，常区划其田之一半而种菱，每岁输出菱子，其数亦不鲜云"❶。

　　不过，尽管谷米、豆棉、蔬菜、瓜果等作物产量能够常年自足，但需要注意的是，嘉兴乡村农民，来自外地的客籍者甚多。据 1936 年浙江大学学生在嘉兴县所做的农村调查，在总户数 5 113 户中，非原籍村户有 751 户之多，占总户数的 14.69%。❷ 以地域而论，751 户之中，"客民原籍以绍兴之来禾者特多，隶属于河南者，亦不在少数，其次则为海宁、台州、萧山、温州等地"❸。这些人大体仅在当地种田，家眷远在原籍。每至冬季收获后，即离禾回乡，并将所收成的农产品运回原籍，"故嘉邑生产虽富，而农民实穷"❹。一般说来，客籍迁移来嘉兴者，多为贫穷之家，"或为本处人烟稠密，无插足之余地；或为突遭水

---

❶ ［日］胜部国臣著，霍颖西译：《清国商业地理》，第 716 页。
❷ 冯紫岗编：《嘉兴县农村调查》，第 173 页。
❸ 冯紫岗编：《嘉兴县农村调查》，第 173 页。
❹ 魏颂唐编：《浙江经济纪略》第九篇《嘉兴县》，第 4 页。

灾，无以为生；或为农村破产，已至无从糊口之境地"❶，故来嘉兴后，多为佃农、雇农，或从事于小贩苦力，不过正因如此，他们往往体强性俭，且勤于劳作，"数十年来，成家立业者有之，雇佣多数农村工人从事于大规模租佃经营者有之"❷。总之，从表面上看，这些客籍农民"居室虽不如当地农民砖墙瓦面，而事实上反较充裕"❸，经济能力常远超于本地农民之上❹。

嘉兴作为江南著名的鱼米之乡，除了盛产米粮之外，另一大宗商品就是丝茧。与邻近的产丝重镇湖州不同的是，"湖州茧、丝、绸三项并著名于国内，而嘉兴则以茧为主要产品"❺。自明清以来，这里曾形成"桑柘遍地，茧泊如山，蚕丝成市"❻的盛况，城乡"机轴之声不绝"，茧丝产量常居全国各府之冠。到

图 3-21　乡村农户籍贯与类别调查，选自《嘉兴县农村调查》
　　　　（1936）

图 3-22　蚕户育蚕场景及蚕户使用的蚕具，选自《嘉兴县农村调查》（1936）

---

❶ 冯紫岗编：《嘉兴县农村调查》，第 173 页。
❷ 冯紫岗编：《嘉兴县农村调查》，第 173 页。
❸ 《嘉兴农村状况》，《经济统计月刊》1935 年第 2 卷第 3 期。
❹ 冯紫岗编：《嘉兴县农村调查》，第 173 页。
❺ 《嘉兴农村状况》，《经济统计月刊》1935 年第 2 卷第 3 期。
❻ 刘文、凌冬梅：《嘉兴蚕桑史》，浙江工商大学出版社 2013 年版，第 185 页。

了清末民初，其出产仍"以丝茧为大宗，豆棉次之，绸业又次之"❶，其出境货物，也以丝茧、米豆、菜籽等为大宗❷。1930年，为嘉兴丝业最盛之时，上海、无锡、杭州各地丝厂纷纷派人赴嘉兴等处收茧，产茧数量达800万斤，约合5 000吨。按当时每百斤市价60元计算，是年产品应共值500万元。❸值此蚕丝全盛时代，种田几乎成为副业❹。

据1930年代的嘉兴农村调查显示，虽然整个嘉兴县农田与桑田之比例约为8∶2，"二十亩中，平均约十六亩为农田，而四亩则为桑田"❺。但具体到县城南、北二部，又颇有差异。"在南部，每一百家农民中，约有九十五家从事蚕桑，北部则仅有七八十家。又嘉北农民每家养蚕之数，亦不及嘉南为多，故嘉北养蚕总产额，仅合嘉南半数。"❻可见，不论是农户数量，还是养蚕总量，嘉兴城南一带都是桑重于农。当时，嘉兴县设有蚕业改良区，直接隶属于浙江省建设厅蚕丝统制会，下设蚕业指导总所，再分设南门、余贤、双桥、新滕、新丰、新篁、王店等巡回指导所❼，可以看出，以城南一带分布最为密集。指导所的主要工作为组织蚕业生产合作社，训练合作社社员，宣传蚕业改良，出定改良蚕种，指导蚕室蚕具之消毒，施行共同催青，分发改良蚕种，进行稚蚕共育。❽1936年，嘉兴地方建设协会曾派

人去真如乡长桥一带考察蚕桑指导所的工作，目睹了一个颇具专业化与现代化气象的蚕桑"新村"。

在血印寺前登岸，踏着番薯蔓，出入桑林，详细的察勘了合作公墓的地址一周，留有半小时，下船再行六七里，到真如乡的长桥，那里绿水一泓，清澈异常，小鱼成群来往，柳条垂及水面，风趣盎然。那里有合作推广委员会的办事处，蚕桑指导所的模范蚕室、长桥小学，新筑河埠宽舒整齐，新建蚕室教室，取西式的模型，场中有作息钟，室外有圆形的入口，真是一个合于新村条件的布置。招待的是办事处主任齐植璐，合作助理员周彬，乡长金禹浩诸氏。十间新屋的建筑，每间210元，所饲的晚秋种刚至二龄，早秋种正将上簇，有两位指导的小姐在料理。❾

相比巨大的产茧量带来的丰厚利润，资金密集型的缫丝织绸业反而不及前者合算。欧战以后，金融阻滞，嘉兴丝、绸两业大有一落千丈之势。❿同时，第二次工业革命期间，邻近的江苏盛泽镇已有电机织品出现，"电机出品美观而平滑，每匹价格虽稍高，但出品之速，远非木机所可企及"⓫。而

---

❶ 屈映光：《屈巡按使巡视两浙文告》卷五《日记类》，第2页。
❷ 魏颂唐编：《浙江经济纪略》第九篇《嘉兴县》，第5页。
❸ 《嘉兴农村状况》，《经济统计月刊》1935年第2卷第3期。
❹ 嘉区民国日报社编：《嘉兴地方建设协会县政建设考察团报告书及其附录》，民国二十五年（1936），无出版者信息，第8页。
❺ 《嘉兴农村状况》，《经济统计月刊》1935年第2卷第3期。
❻ 《嘉兴农村状况》，《经济统计月刊》1935年第2卷第3期。
❼ 冯紫岗编：《嘉兴县农村调查》，第72页。
❽ 冯紫岗编：《嘉兴县农村调查》，第72页。
❾ 王梓良：《序》，嘉区民国日报社编：《嘉兴地方建设协会县政建设考察团报告书及其附录》，第44页。
❿ 屈映光：《屈巡按使巡视两浙文告》卷五《日记类》，第2页。
⓫ 冯紫岗编：《嘉兴县农村调查》，第134页。

影 攝 員 人 作 工 體 全 期 春 區 良 改 業 蠶 縣 興 嘉

图 3-23（1）　1933 年嘉兴县蚕业改良区春期全体工作人员合影，选自《浙江省建设厅二十二年改良蚕桑事业汇报》，杭州新新
　　　　　　　印刷公司 1934 年印行

影 攝 員 人 作 工 體 全 期 秋 區 良 改 業 蠶 縣 興 嘉

图 3-23（2）　1933 年嘉兴县蚕业改良区秋期全体工作人员合影，选自《浙江省建设厅二十二年改良蚕桑事业汇报》，杭州新新
　　　　　　　印刷公司 1934 年印行

图 3-24　城南泰石乡织绸情形，选自《嘉兴县农村调查》（1936）

嘉兴农村缫织不尽得法，技术不求进步，品种趋于劣质，产量因之减少，丝绸价格狂跌，导致养蚕、织绸者均大幅减少，经济一蹶不振。其中，尤以城南一带的泰石乡、王店镇等处为甚。

第三节　风雅城南：近代的那些人与事

嘉兴自古为江南水乡蚕桑渔稻文化的代表，"襟沪杭而濒海隅，平原沃野，物产丰饶，域奥人稠"❶。优越之地理，淳秀之风俗，造就了"文贤人物之盛，前后相望"❷，"士人好文而崇学，衣冠文物焕然可观"❸的厚重积淀。可以说，嘉兴既是"饭稻羹鱼"之地，亦为"郁郁乎文哉"的锦绣之乡。这种"崇文好学，尤慕文儒"之乡风，书香世家辈出、风雅代不乏人的现象在嘉兴城南尤为显著。

❶ 郭任远：《序一》，冯紫岗编：《嘉兴县农村调查》，第 4 页。
❷ 胡朴安编著：《中华全国风俗志　上篇》卷三《浙江》，第 13 页。
❸ 胡朴安编著：《中华全国风俗志　上篇》卷三《浙江》，第 13 页。

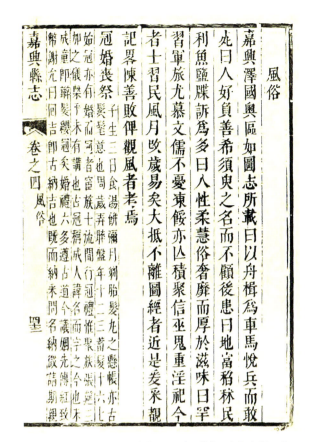

图 3-25　康熙《嘉兴县志》卷四《风俗》，选自康熙二十四年（1685）刻本

图 3-26　1914年，浙江巡按使屈映光接见嘉兴官绅与各校教职员并合影。选自屈映光《屈巡按使巡视两浙文告》卷五

　　若从历史渊源追溯，城南一带成为嘉兴人文渊薮的风雅之地，可以说从春秋时期越国大夫范蠡功成身退、隐居于此开始。等到越王勾践"十年生聚，十年教训"，一举灭吴之后，范蠡急流勇退，辞官为民，相传同西施泛游五湖四海，最终定居嘉兴南门。南宋嘉定十年（1217），抗金英雄岳飞之孙岳珂，嘉熙二年（1238）位居户部侍郎、淮东总领制置使，曾任嘉兴军府兼管内劝农使，也家居于城南金陀坊（今南门杨柳湾），是为岳氏嘉兴支始祖。岳珂为官正直，且是一位著述甚丰的学者，出版专著120余卷。嘉定七年（1214），还曾在嘉兴主修《嘉禾志》5卷（未成书，已失）。南宋灭亡后，岳氏一支迁居于嘉兴长水乡（今城南街道）。又如明嘉靖年间，沈

图 3-27　位于今嘉兴环城南路、禾兴路西侧的沈钧儒祖居，选自《嘉兴老照片（1896—1986）》

125

钧儒先祖沈文雄因避倭乱，从慈溪师桥迁居嘉兴县南之蒋庄，是历来以耕读为务的书香门第。清代，又迁居嘉兴县城南门的南帮岸，世称“南帮岸沈氏”。沈钧儒之叔沈卫，早年即擅文名，清光绪二十年（1894）进士，1900年曾任陕西学政，1945年病逝于上海，归葬于南湖乡沈家浜祖茔。

明清以降，不仅紧邻县城南门附近的名人望族日益汇聚，就连远离县城南门的乡村地带也不乏显官巨绅。1949年2月24日的《申报》，曾刊载了一则旧闻《禾开掘木乃伊》：

> 县属人和乡杨坟地方，乡民金福官父子连日深夜将杨坟挖掘，发现木乃伊一具（身长约六尺，颈颅肢体，完好如生，头上有一二分黄色头发，眼中瞳仁及牙齿、舌头、生殖器等，均存在未腐，手上留有六七分长之指甲）。因该乡民发现该尸时，浸入河中，旋因浮起，再埋泥中，因变成赭褐色。闻讯者前往一观者颇众，现该尸已运抵禾城，二十二日在警局公开展览，二十三日移置民教馆展览，并于日内移上海市博物馆保存。年老乡人，认该尸系清乾隆时曾任兵部尚书杨姓，后裔现供职台湾云云。距今已历两百余年，面目如生，可云奇矣。[1]

民国时期的人和乡，在今城南区境内，一个名不见经传的杨坟村，居然在清乾隆年间孕育出了兵部尚书，人杰地灵，可见一斑。又如晚明嘉兴名绅、文学家、书画家李日华，万历二十年（1592）进士，崇祯

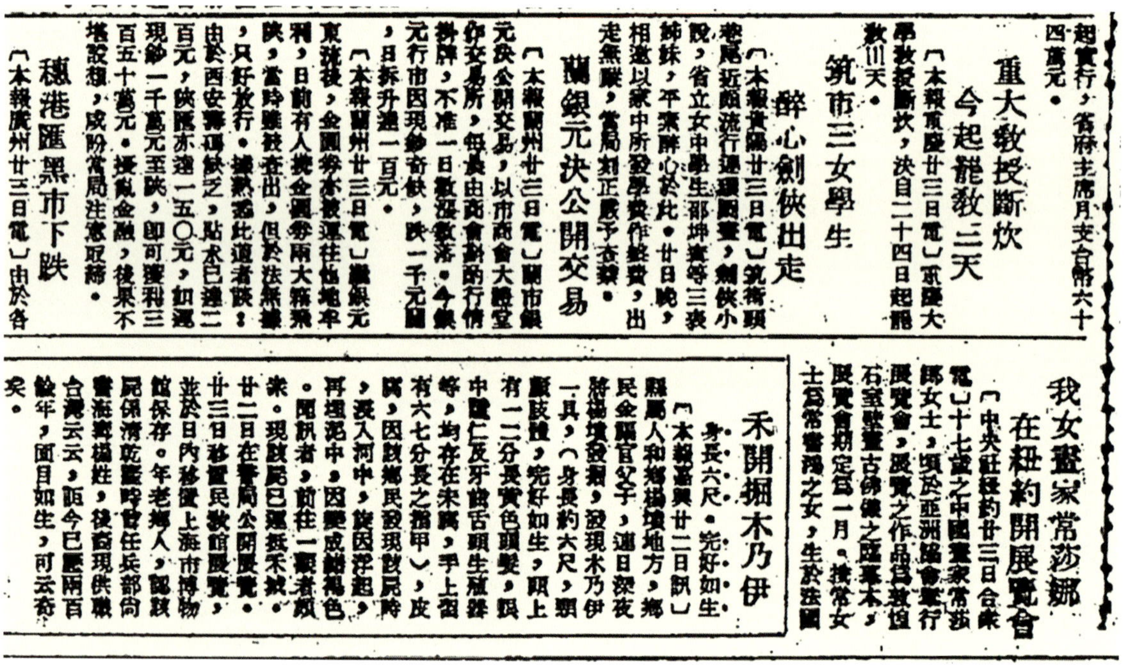
起實行，省府主席月支台幣六十四萬元。

重大教授斷炊 今起罷教三天

〔本報重慶廿三日電〕重慶大學教授斷炊，決自二十四日起罷教三天。

筑市三女學生 醉心劍俠出走

〔本報貴陽廿三日電〕筑街頭巷尾近頗流行連環圖畫，劍俠小說，省立女中學生邵坤實等三表姊妹，平素醉心於此，廿日晚，相邀以家中所發學費作盤費，出走無蹤，當局刻正嚴予查緝。

蘭銀元決公開交易

〔本報蘭州廿三日電〕蘭市銀元決公開交易，以市商會大禮堂作交易所，每晨由商會議訂行情掛牌，不准一日數漲數落。今銀元行市因現鈔奇缺，跌一千元關，日拆升達一百元。

〔本報蘭州廿三日電〕銀元東流後，金圓券本擬運往他地牟利，日前有人挾金圓券兩大箱乘陝，當時雖被查出，但於法無據，只好放行。據熟悉此道者談：由於西安籌碼缺乏，貼水已達二百元，陝匯亦達一五〇元，如運現鈔一千萬元至陝，即可獲利三百五十萬元。擾亂金融，後果不堪設想，應盼當局注意取締。

穗港匯黑市下跌

〔本報廣州廿三日電〕由於各

我女畫家常莎娜 在紐約開展覽會

〔中央社紐約廿三日合眾電〕十七歲之中國畫家常莎娜女士，頃於亞洲協會舉行展覽會，展覽之作品為敦煌石室壁畫古佛像之臨摹本，展覽會期定為一月。按常女士為常書鴻之女，生於法國

禾開掘木乃伊

身長六尺．完好如生．

〔本報嘉興廿二日訊〕縣屬人和鄉楊墳地方，鄉民金福官父子，連日深夜將楊墳發掘，發現木乃伊一具，（身長約六尺，頸顱肢體，完好如生，頭上有一二分長黃色頭髮，眼中瞳仁及牙齒舌頭生殖器等，均存在未腐，手上留有六七分長之指甲），皮膚，因該鄉民發現該屍時，浸入河中，旋因浮起，再埋泥中，因變成赭褐色。聞訊者，前往一觀者頗眾。現該屍已運抵禾城，廿二日在警局公開展覽，廿三日移置民教館展覽，並於日內移往上海市博物館保存。年老鄉人，認該屍係清乾隆時曾任兵部尚書楊姓，後裔現供職台灣云云，距今已歷兩百餘年，面目如生，可云奇矣。

图 3-28 《禾开掘木乃伊》，选自《申报》1949年2月24日第2版

[1] 郑嘉励：《考古四记：田野中的历史人生》，四川人民出版社2018年版，第150页。

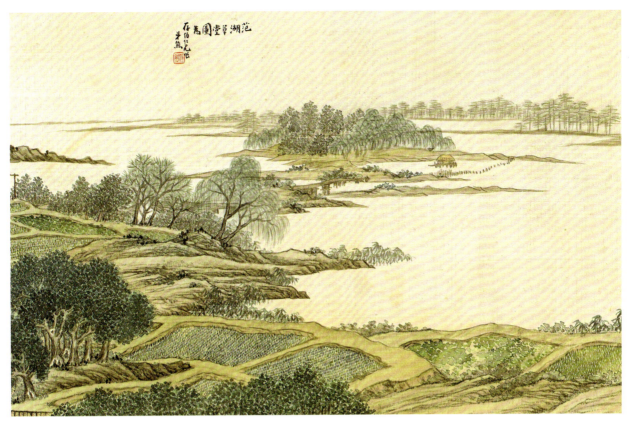

图 3-29 嘉禾胜地《范湖草堂图》

元年（1628）官至太仆寺少卿，著作宏富，好古博物，有《致堂集》《味水轩日记》等传世，与董其昌、王惟俭并称三大"博物君子"。他有一个表叔，名曰周履靖，字逸之，就隐居于嘉兴城南梅里附近的白苎村，人称"梅墟先生"，又称"梅墟""螺冠子"，皆其别署。《千片雪·梅颠道人传》云："梅颠，梅里之颠叟也。性嗜梅，种梅几百株，环墟皆梅也。"李日华早年就跟随表叔在白苎村读书。《闲云稿》卷一《村居》云："檇李城南五里余，萧萧水竹野人居。"卷二《君实侄读书白苎村》云："苎村五里暂诛茅……"卷四《山居杂咏八首》引云："余隐白苎，既无辙迹，亦罕邮题，日游数子之间，遂有终焉之意。"❶

再如距离人和乡不远、位于嘉兴县城南 20 里的余贤埭，一名渔闲里，为嘉兴米业中心之一。据志书载："该处地虽僻壤，而风雅则代有其人，如闻元晟、吴展成、郑湘等都是最著名之佼佼者。"❷ 闻元晟，别号茗崖，雍正癸卯（元年，1723）举人。由内阁学士吴家骐荐举，著有《竹洲诗钞》。❸ 吴展成，字庆咸，号螟巢，又号二瓢，晚号磨兜老人、元复子。他少有诗名，举贡生，无意仕进，一以苦吟为事，有词集《啖燕词》。其他类著作甚富，晚年手定全稿为《春在草堂集》。❹

---

❶ 徐朔方：《晚明曲家年谱·浙江卷》，浙江古籍出版社 1993 年版，第 294 页。
❷ 嘉区民国日报编：《嘉区一瞥画报》，民国二十五年（1936）元旦特刊。
❸ 李世愉、胡平：《中国科举制度通史 清代卷》，上海人民出版社 2015 年版，第 628 页。
❹ 谭新红：《清词话考述》，武汉大学出版社 2009 年版，第 284 页。

图3-30　位于嘉兴中山路、百福弄口（中山路拓宽改造时拆除）的钱载故居，选自《嘉兴老照片（1896—1986）》

图3-31　嘉兴一中旧址旧貌，原鸳湖书院旧址上创建的嘉兴府学堂内的大成殿。选自《嘉兴老照片（1896—1986）》

时至近代，随着南门一带临水傍河、地势开阔、毗邻县城、水陆交通发达的地域优势日益凸显，加之民风淳朴、古迹遍布，逐渐吸引一大批世家大族来此置产。如中国著名数学史家钱宝琮，即来自嘉兴望族钱氏，其子钱克仁在自传中回忆家世的时候，特别提到当时城南真如乡（今属城南街道）分布有其家族大量田产，房产则在嘉兴南门的槐树头：

> 我是浙江省嘉兴人。我曾祖父名叫钱笙巢，是个商人，有许多田产、房屋。我祖父是他的第六个儿子。分家时，我祖父分得许多田地、房产。我祖母说，在她结婚时，媒人说我的祖父分得号称有三百亩的，这些是在嘉兴南门外真如乡一带，房产在槐树头。❶

值得注意的是，近代一批仕途失意的士绅文人，或厌倦了政治沉浮而致仕的官宦之家，也多宅居于此，寄情田园，浸淫书法曲艺，以娱晚年，使这里一度成为具有"隐逸文化"气质的地方。如出生于嘉兴书香世家的盛沅（1845—1935），原名恺华，字子彬，更名沅，字萍旨，晚号剩叟。光绪十二年（1886）进士，授翰林院编修、刑部主事，后出任山西省夏县知事、江苏省候补道等职。因检举揭发贪官污吏受到倾轧而被免职，后回乡创办嘉兴府学堂（嘉兴一中前身），兴修水利，开通嘉兴至乍浦水道，引洪水入海，排除洪涝灾害。盛沅自幼勤练书法，擅长楷书，亦工行书，风格在赵、董之间。❷ 如庄一拂（1907—2001），名临，号南溪，别署古檇李人，晚号篛山。1927年获东亚研究院法学硕士学位。早年从易孺习声律，又从梁漱溟习佛学。曾在民国政府财务部门任职，抗战时期从事昆曲演唱活动。他家境丰裕，

---

❶《钱克仁自传》，钱永红主编：《名师严父　纪念钱克仁米寿》，内部印行，第6页。
❷ 杨刚、逄淑美：《清代嘉兴书法文化》，浙江工商大学出版社2021年版，第177页。

胜利后弃政归田，在嘉兴南门五龙桥外，经营“南园”，颇有山石园林之趣，内有“箨山”。

崇尚逍遥漫游与淡泊隐逸的文人“出世”情怀，与嘉兴城南“芰荷浦溆，杨柳汀洲”的幽雅气质不期而遇，两者相得益彰，书写了文学史上不太为人熟知的逸闻轶事，为近代嘉兴城南历史文脉平添了一抹别样的风情。

1923 年，巴金和三哥李尧林离开成都，来到上海，当年 6 月 3 日，兄弟俩第一次来嘉兴。他们为何会来嘉兴？因为他们的四伯祖李熙平就居住于县城南门西米棚下。据巴金曾祖父李璠所撰的《先府君行略》记载，李氏祖籍嘉兴，世居角里街。李璠之父李文熙于清嘉庆二十三年（1818）游宦入蜀，历任青提渡盐场大使、崇庆州同知等职，遂定居四川。李文熙之兄李寅熙晚年一直住在嘉兴，是一位风雅的诗人，著有《秋门草堂诗钞》四卷；寅熙无后，以文熙次子李玑为嗣，这一支在嘉兴繁衍。❶ 巴金 1904 年 11 月 25 日出生于成都（父亲李道河），已是李氏迁蜀后的第五代。

巴金弟兄俩是通过在上海新申报社做事的堂叔李道澄指点下找到四伯祖的。李熙平足不出里门，以教私塾为生，租居的房子位于西米棚下 15 号（1999 年春拆除），在吴大昌棺材行里面，一楼一底加厢房。巴金和三哥被安置在后楼的一间。❷ 住了两天后，兄弟俩在四伯祖的指点下，来到祠堂祭祖，看到祠堂破旧不堪，便写信给四川的二伯和二叔，告知祠堂现状，随后由二伯李青城出资 80 大洋，委托嘉兴族人修复祠堂。❸ 1924 年 1 月 13 日，巴金和三哥第二次来到塘汇李家祠堂，此时祠堂已修复。这一次，他们在四伯祖家住了 10 天，经常带堂妹德娴去附近的南门槐树头一带玩。❹ 1 月 23 日，返回上海，去南京。1924 年，巴金在南京写成《嘉兴杂忆》，分为《塘汇李家祠堂》、《夜雨中之火车站——火车中》（残稿）。

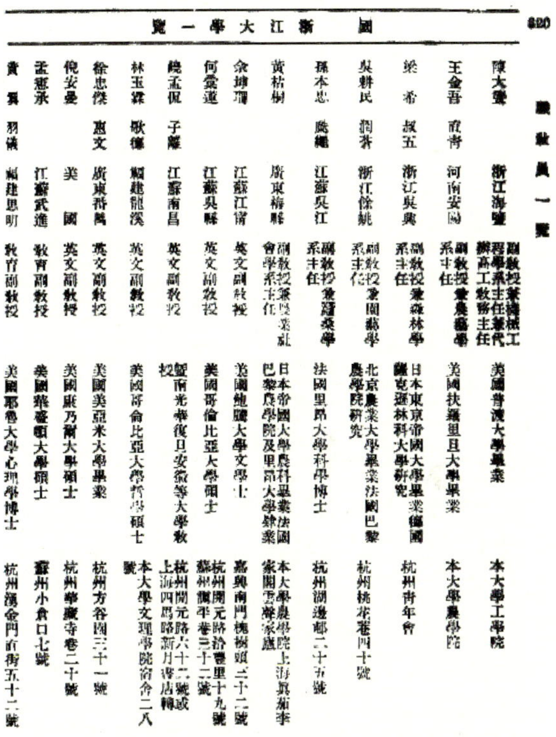
國立浙江大學一覽 620

職教員一覽

陳大燮		浙江海寧	副教授兼機械工程學系主任兼代辦高工教務主任	美國普渡大學畢業	本大學工學院
王金吾	葆青	河南安陽	副教授兼農藝學系主任	美國扶羅里且大學畢業	本大學農學院
梁希	叔五	浙江吳興	副教授兼森林學系主任	日本東京帝國大學畢業德國薩克遜林科大學研究	杭州青年會
吳耕民	潤蒼	浙江餘姚	副教授兼園藝學系主任	北京農業大學畢業法國巴黎農學院研究	杭州桃花巷四十號
孫本忠	麟繩	江蘇吳江	副教授兼蠶桑學系主任	法國里昂大學科學博士	杭州湖邊邨二十五號
黃枯桐		廣東梅縣	副教授兼農業社會學系主任	日本帝國大學農科畢業法國巴黎農學院及里昂大學肄業	本大學農學院上海眞茹李家閘雲寧家處
佘坤珊		江蘇江陰	英文副教授	美國哈佛大學文學士	嘉興南門槐樹頭三十二號
何棠達		江蘇吳縣	英文副教授	美國哥倫比亞大學碩士	杭州開元路拾豐里十九號蘇州儒平巷三十二號
饒孟侃	子離	江西南昌	英文副教授	暨南光華復旦安徽等大學教授	杭州開元路六十二號或上海四馬路新月書店轉
林玉霖	敬儒	福建龍溪	英文副教授	美國哥倫比亞大學哲學碩士	本大學文理學院宿舍二八號
徐忠傑	惠文	廣東番禺	英文副教授	美國美亞米大學畢業	杭州方谷園三十一號
倪安曼		美國	英文副教授	美國康乃爾大學碩士	杭州華藏寺巷二十號
孟憲承		江蘇武進	教育副教授	美國華盛頓大學碩士	蘇州小倉口七號
黃翼	羽儀	福建思明	教育副教授	美國耶魯大學心理學博士	杭州湧金門直街五十二號

图 3-32 《国立浙江大学一览》（1932），浙江大学有教职员来自嘉兴南门槐树头

另一位具有浓厚“江南水乡”情结的文人丰子恺，也与嘉兴城南有过交集。1930 年春，丰子恺一

❶ 刘国红等编著：《世纪巴金》，远方出版社 2005 年版，第 29 页。
❷ 刘国红等编著：《世纪巴金》，第 29 页。
❸ 子仪：《江南文人的眼：追寻嘉兴文化名人的足迹》，天津人民出版社 2019 年版，第 108 页。
❹ 子仪：《江南文人的眼：追寻嘉兴文化名人的足迹》，第 108 页。

图 3-33 　鲍慧和漫画《民间生活的素描》（1936 年寄自嘉兴），选自《漫画界》1936 年第 4 期

家迁至嘉兴南门杨柳湾金明寺弄 4 号租屋，在那里居住了两年。当时嘉兴的南门比较冷清，金明寺弄地点尤为偏僻，因此少有来客。❶ 寓居期间，丰子恺首次正式收了一名弟子，名叫鲍慧和，就是南门附近的杜家埭人。他因仰慕丰子恺的书画艺术已久，特托当地一位颇有名望的人介绍，加之自身诚恳忠厚、学识根基坚实，得以成功拜师。丰子恺还让鲍慧和做了几个孩子的家庭教师。1931 年秋，在丰子恺的鼓励下，鲍慧和进入上海美术专科学校西画系。丰子恺对鲍慧和十分钟爱，曾说："摹我画者，以前不乏其人，惟吾徒鲍慧和最得吾心。"❷

所谓诗乐不分离，词曲不分家。南门一带还曾是昆曲艺人与曲艺社的孕育之地。民国初年，高叔欺等高姓子弟创建"南熏曲社"，社址设在嘉兴南门，社员有高季乡、高警时、高志豪、高时杰以及老度曲家周振甫等。教师陈延甫，名宝珊，亦作宝山或宝三，嘉兴人。出自许鸿宾门下，幼习昆曲，本工副色，后专擅曲笛，兼长锣鼓。操"拍先"业，其拍曲、司笛恪守"兴宫"风范。❸

官绅文人的隐逸、望族名流的逸闻赋予城南风雅隐谧之气的同时，也使这一带成为他们笔下富有诗情画意的一处胜境。自明清以至近代，关于嘉兴南门与城南乡村的美景佳地，留下了不少令人赏心悦目、心向往之的诗句。

如长水塘，在鸳鸯湖上游，两岸鸡犬相闻，舟行其中，如入桃花源，宜晓行或月夜荡舟。明项元淇诗曰："长水肃宵征，中流击楫声。湖倾天若倚，舟驶月如行。杨柳知门处，桃花识里名。只因来往惯，村犬不相惊。"清代朱彝尊诗云："月暗千重树，风微一叶舟。残星高太白，重露滴牵牛。菱乳新浆熟，鱼标小市收。不知葭菼岸，吠蛤尔何求。"❹ 又如对城南一里外的白苎乡，明代周致尧有《苎村》诗云："凫雁

❶ 钟桂松、叶瑜荪编：《写意丰子恺》，浙江文艺出版社 1998 年版，第 258 页。
❷ 丰子恺著，丰陈宝、丰一吟编：《丰子恺文集 7　文学卷 3》，浙江文艺出版社、浙江教育出版社 1992 年版，第 98 页。
❸ 徐宏图：《浙江戏曲史》，杭州出版社 2010 年版，第 270 页。
❹ 闾幼甫修，陆志鸿等纂：《嘉兴新志》（上编），第 87 页。

人家春水多，淡烟疏雨暗渔蓑。分明记得南塘路，船尾吹来白苎歌。"[1] 再如清代陈唐在城南4里的真如寺塔附近泛舟时，也作有一首《城南泛舟归西园寓》："拂拂垂杨绿尚轻，溶溶新涨碧初平。雨从少伯祠前断，天在真如塔外晴。"[2] 民国时期，嘉兴名士沈曾植也曾游览至城南的国界桥[3]，作诗曰："水驿西南路乍分，病夫犹自惜余春。修多罗说家常话，冥漠君为化乐身。棹去波光回虎眼，水繁云气淰鱼鳞。桥塈庙令应怜我，长是东西南北人。"[4] 这些意境优美的田园诗，既是城南水乡在传统农耕文明时期旖旎风光的生动写照，也是士绅名流深受城南风雅之气洗礼而心境平和、宁静、朴素的映照。

至于嘉兴南门一带，它的美不仅在于景色，而且在于那里丰富的人文风景，朱生豪故居、汪胡桢故居、沈钧儒纪念馆、金九避难处等，都在那咫尺之间。汪胡桢的湖滨小筑掩映在绿树丛中，南来北往的列车能够在运河的南岸望见那幢朴实的建筑；沈钧儒纪念馆凸显在现代化的建筑物之中……我们无法清楚，何以朴实的南门竟孕育出这么多优秀儿女。出生于嘉兴南门、因翻译莎士比亚戏剧全集而声名显赫的翻译家朱生豪，在他1935年4月30日致夫人宋清如的信中深情地写道：

图 3-34 真如寺塔景旧影，摄于1950年代。选自《嘉兴老照片（1896—1986）》

　　我一生中最幸福的时间，便是在自己家内过的最初几个年头。我家在店门前的街道很不漂亮，那全然是乡下人的市集，补救这缺点的幸亏门前有一条小河，通向南湖和运河，常常可以望那些乡下人上城下乡的船只。当蚕桑季节，我们每喜成天在河边数着一天有多少只桑叶船摇过。也有渔船，是往南湖捕捉鱼虾蟹类去的，一只只黑羽的水老鸦齐整整的分列在船的两旁，有时有成群的鸭子游过。也有往南湖去的游船，船内有卖弄风情的船娘。进香时节，则很大的香客船有时也停在我们的河埠前。也有当当敲着小锣寄信载客的脚划船，每天早晨，便有人在街上喊叫"王店开船"。也有载着货色的

❶ 嘉兴市南湖区志编纂委员会编：《嘉兴市南湖区志》（下），第1897页。
❷ 丁成泉辑注：《城南泛舟归西园寓》，载《中国山水田园诗集成　第4卷　清》，湖北教育出版社2003年版，第4465页。
❸ 相传吴越两国以嘉兴"国界河"为界，国界河今名九里港、九曲港。国界河上有一座三孔石柱平板桥，名国界桥。桥南为越国，桥北为吴国。国界桥今属于秀洲区洪合镇洪合村的旗杆下自然村。
❹ 裴樟鑫、海嘉编：《农村地名诗歌》，浙江工商大学出版社2012年版，第122页。

汪家花園（朱德微　攝）

汪家花園，位于南門帆落浜，地頻駕水邊，爲我國著名水利工程學家、中國科學院學部委員汪胡楨所建造。20世紀20年代末，汪胡楨在帆落浜東購地4畝，造園築樓爲侍奉老母之用。

图 3-35　嘉兴南门帆落浜汪胡桢故居——"汪家花园"，选自《嘉兴老照片（1896—1986）》

大舢板船，载着大批的油、席子、炭等等的东西。一到朔望烧香或迎神赛会的节期，则门前挤得不堪，店堂内也挤满了人。乡下老婆婆和娘娘们都头上插着花打扮着出来，谈媳妇讲家常，有时也要到我家来喝杯茶。往年是常有瓜果之类从乡下送来的。❶

　　在嘉兴城南，也许被岁月尘封与过滤了的名人与旧事还有很多。虽然今天城市的繁华已经掩盖了当年的小桥流水，但人文余韵之风雅却仍然依稀可感。

❶ 嘉兴市教育局教研室编：《嘉兴市初中乡土教材（初二年级）》，浙江教育出版社 2002 年版，第 91—92 页。

第四章

南湖人民公社：集体化时代的「集体记忆」

中华人民共和国成立后，嘉兴的真如乡等地区迅速投入到"土地改革"运动中去，积极贯彻党中央部署的一系列重大事件或运动，在"抗美援朝""土地改革""抗击血吸虫"等运动中均有不凡的表现。该地区在促进农业生产发展，调整生产关系，推动农民走上集体化道路的过程中，涌现了一批模范集体与个人，其中姚岩宝组织的"姚岩宝互助组"是当时嘉兴地区第一批互助组 ❶，具有带头示范作用。1958 年南湖人民公社成立，此后依靠集体的力量，以组织化的形式发展生产，努力建设，克服种种困难，在集体经济时代不断书写自己的传奇，使得南湖公社成为闻名全国的模范人民公社，屡屡被《人民日报》《浙江日报》的报道。嘉兴南湖是中国共产党诞生地之一，在社会主义建设时期以"南湖人民公社"命名，具有特殊而重要的意义。

位于浙北杭嘉湖平原的南湖人民公社，在这一时期的发展农业生产，壮大农村集体经济方面取得了很大的成绩，积累了丰富的实践经验，一些做法值得探讨。这是一段集体化时代值得铭记的"集体记忆"。

图 4-1 《南湖儿女心向党》，刊登嘉兴县南湖人民公社南湖生产大队社员在南湖的照片，新华通讯社新闻照片稿《新闻照片》周三刊，1971 年 6 月 24 日

---

❶ 嘉兴市志编纂委员会编：《嘉兴市志》（上），中国书籍出版社 1997 年版，第 152 页。

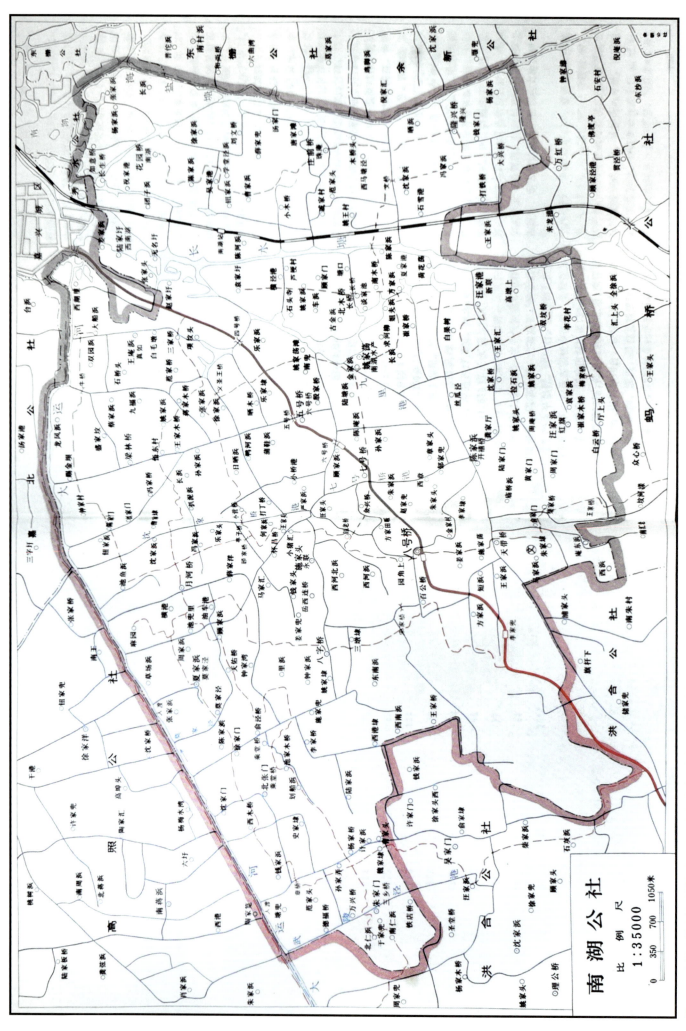

图 4-2 南湖人民公社时期行政区划图，选自《浙江省嘉兴市地名志》，内部资料，1982 年

第一节　中华人民共和国成立初期的土地改革

抗日战争胜利后，嘉兴地区党组织积极开展斗争。1948 年 4、5 月间，中共吴（兴）嘉（兴）工委成立后，在城区发展党员，筹建地方革命武装，开展统战、策反工作。1949 年 5 月 7 日，中国人民解放军第二十七军解放嘉兴县城。

一、政权更迭与农民协会的建立

在中共浙江省委领导下，嘉兴迅即建立党政机关，并逐步建立基层人民政权。5 月 17 日，中共嘉兴市委、中共嘉兴县委和嘉兴县人民政府成立。6 月 2 日，嘉兴市人民政府成立，均驻嘉兴城内（1950 年 5 月，曾合并为嘉兴县。1951 年 5 月，又分设为嘉兴县、嘉兴市）。今嘉兴市南湖区城南街道建置沿革经历了多次演变。嘉兴解放前，这一带属真如乡和人和乡一部分。1950 年 8 月，嘉兴县划区建乡，共分为 7 区、71 乡、2 镇，今天城南街道区域的建置为真东乡、真西乡，以及蚂桥乡、塘濮乡、国界乡的一部分。

在过去，嘉兴农村土地大多被地主阶级占有。为彻底废除过去的土地制度，全地区按照中央和省委部署，在组织农民协会、减租减息的基础上，由点到面开展土地制度改革。1949 年 10 月上旬，嘉兴县召开

图 4-3　嘉兴市第一届各界人民临时代表会议留影。1949 年 9 月 30 日。选自《嘉兴老照片（1896—1986）》

首届农民代表大会，有 3 000 名代表参加。会议通过了《告全县人民书》，制定减租条例和农民协会章程。10 月下旬，嘉兴县成立农民协会筹备委员会筹委会，由中共嘉兴县委书记和民运部长兼任正、副主任。1950 年，嘉兴县建立农民协会，有会员 154 290 人。农协的建立，为即将进行的土地制度改革做了组织准备。

1949 年 12 月，嘉兴县全面开展减租减息工作，县内各乡普遍召开有各界代表参加的"议租会"（其中地主代表占 15%），由农民与地主展开面对面说理。同时，人民政府宣布减租减息政策，规定解放前佃户欠地主的陈租一律免除，地租一律按解放前租额减少 30%，如遇灾害歉收或无收，减交或免交，议定后双方签约。实行减租减息后，在党和人民政府的领导下，真东乡、真西乡的农民群众进一步发动起来，参加农民协会，积极发展生产，为即将开展的土地运动做准备。

二、土地制度改革的开展

中国人民政治协商会议第一届全国委员会第二次会议提出的中华人民共和国土地改革法草案，业经中央人民政府委员会第八次会议讨论通过，自 1950 年 6 月 30 日起公布施行。《中华人民共和国土地改革法》第一条规定，废除地主阶级封建剥削的土地所有制，实行农民的土地所有制，借以解放农村生产力，发展农业生产，为新中国的工业化开辟道路。此外，其第二十八、二十九、三十条规定了农民进行土地改革的执行机关和执行方法。

第二十八条：为加强人民政府对土地改革工作的领导，在土地改革期间，县以上各级人民政府，经人民代表会议推选或上级人民政府委派适当数量的人员，组织土地改革委员会，负责指导和处理有关土地改革的各项事宜。

第二十九条：乡村农民大会，农民代表会及其选出的农民协会委员会，区、县、省各级农民代表大会及其选出的农民协会委员会，为改革土地制度的合法执行机关。

第三十条：土地改革完成后，由人民政府发给土地所有证，并承认一切土地所有者自由经营、买卖及出租其土地的权利。土地制度改革以前的土地契约，一律作废。❶

早在 1950 年 4 月，中共嘉兴地委召开第二次党代表会议，部署土地改革准备工作。1950 年 6 月，《中华人民共和国土地改革法》公布后，各县分别建立土地改革委员会，着手调查研究，建立组织，培训干部。8 月，嘉兴县高照乡、新塘乡确定为土改实验乡先走一步。通过总结经验，地委布置在一个乡进行土改，大体可分为宣传教育和发动群众、划分阶级成分、没收征收土地和分配胜利果实、总结复查四个阶段。10 月后，采用"推、带、跳"的方式，真东乡、真西乡也开始进行土地改革。

1950 年 10 月，嘉兴县土地改革委员会成立，随即举行农民代表大会，全面发动土地改革。各级农协是协助政府进行土地改革的执行机关，根据国家土地改革法，组织农民划阶级，定成分，没收、征收、分配土地和其他斗争果实。至 1951 年 2 月，土地改革运动基本结束，转入复查验收，由县人民政府向农民发放土地、房屋所有证。在土改全过程

---

❶ 中南军政委员会土地改革委员会编：《土地改革重要文献与经验汇编》，中南军政委员会土地改革委员会 1951 年编印，第 32—33 页。

中，始终贯彻执行"依靠贫雇农，团结中农，中立富农，有步骤有分别地消灭封建剥削制度"的总路线和总政策。嘉兴县有 98.7% 的雇农、83.7% 的贫农、60.7% 的中农分得了土地。❶

经过土地改革，广大农民在政治上当家作主，经济上彻底翻身。1951 年春，华东军政委员会发布《关于发展农业生产十大政策》后，农村形成"生产发家，劳动致富光荣"❷ 的风气。广大农民积极开展爱国增产竞赛运动，开垦荒芜土地，兴修小型水利，增积土杂肥料，采用先进技术，使农业迅速得到恢复和发展。土地改革完成后，真东乡、真西乡的农民普遍订立爱国公约，支援抗美援朝，开展爱国增产运动。

土地改革虽然调动了广大农民的生产积极性，但也暴露出新的矛盾：个体、分散的农民经济底子薄、生产资金短缺，无力进行较大规模的农田水利建设，无力购买先进农具，使农业生产发展受到很大限制；个体农民经济地位不稳定，一遇到天灾人祸等突然变故，容易重新陷入受剥削的困境，广大农民迫切要求组织起来发展生产。因此，政府因势利导，引导农民走互助合作的道路。

第二节　嘉兴地区最早成立的农业合作社

解放前，真如乡、人和乡地区主要种植粮食，种桑养蚕，饲养猪羊很少。每逢农事大忙季节，通过亲帮亲、邻帮邻、工还工，或者人工换牛力、工具的形式，解决生产中的困难。土改完成后，农民要求在原有的伴工互助基础上组织起来，建立季节性或常年性互助组。农业合作化经历了农业生产互助组、初级农业生产合作社和高级农业生产合作社三个阶段。

一、嘉兴地区农业生产互助组合作的开展

真如乡、人和乡地区一直作为地委、县的试点乡和重点扶植乡。1951 年上半年，顺利完成了土地改革工作，农民领到了人民政府颁发的土地所有证，生产积极性空前高涨。

1951 年 12 月，中共中央发布《关于农业生产互助合作的决议（草案）》，要求全党把农业互助合作当作一件大事去做。❸ 1952 年春，嘉兴地委按照决议要求推动农业生产互助组发展，在坚持自愿互利原则下，运用"典型引路"的方针，引导农民走上互助合作道路。在随后的夏收夏种中，地委书记、副书记分头深入农村检查互助合作运动，总结互动合作运动中的问题和经验，纠正干部的畏难问题。8 月，地委派出检查组到各地指导帮助，互助合作运动逐渐推向高潮。秋收秋种后，各地的互助合作运动进行了总结评比，宣传"互助合作"组织起来的优越性。各乡、村都将当地常年互助组、临时互助组和单干农民的产量进行了对比，由于互助组实行劳力、耕牛和农具的互助，一定程度上克服了部分农民单干时生产资料和劳动力不足的

---

❶ 嘉兴市志编纂委员会编：《嘉兴市志》（上），第 148 页。
❷ 嘉兴市志编纂委员会编：《嘉兴市志》（中），第 1171 页。
❸ 中共嘉兴市委党史研究室：《中国共产党嘉兴历史》第 2 卷（1949—1978），中共党史出版社 2013 年版，第 83 页。

图 4-4　嘉兴真如塔，摄于 1950 年代。选自《嘉兴老照片（1896—1986）》

困难。互助组增产的事实，吸引了越来越多的农民群众参加到互助合作组。至 1952 年底，全区互助组发展到近 3.46 万个，参加农户共 37.61 万户，占农业总户数的 56%。❶ 真如乡、人和乡的农户也纷纷参加到互助组中。

农业互助组的土地和生产资料归社员私有，各户独立经营，自负盈亏，只是在生产中进行劳动力、耕牛和农具的互助，定期结账找补。互助组有临时和常年两种形式。临时性互助组只在农忙时进行劳力、耕牛和农具等生产资料的互助，没有固定的组织和制度。常年互助组有较固定的组员，常年共同从事主要农活劳动，有大体的生产计划、评工记分、记账结账的制度。❷ 部分常年互助组会购置耕牛、农具等集体所有的生产资料，还成立农业生产技术研究组，开展试验田等，尝试用先进的耕作法以提高粮食产量。

1953 年，互助组进入大发展阶段，但在推进过程中，一些地区对农业社会主义改造的艰巨性、复杂性和长期性认识不足，出现了急躁冒进倾向，最明显的情况是没有做到群众自愿。为贯彻中央《关于春耕生产给各级党委的指示》，5 月 8 日，嘉兴地委发出《关于在春耕播种、夏收夏种中巩固发展互助合作运动的指示》，要求各地加强领导，培训互助骨干，纠正急躁冒进问题。7 月 23 日，地委又发出《关于 7、8、9 月份整顿巩固互助合作组织的指示》，要求各地有领导、有计划地整顿巩固已有互助合作组织，纠正急躁冒进倾向。整顿工作至 10 月份基本结束，急躁冒进倾向大多得以纠正。

在进行纠正的同时，嘉兴地区的农业合作化出现了"坚决收缩"的倾向，把一部分可转可不转的社转退了，由此也挫伤了一部分基层干部和积极分子的积极性。1955 年 7 月，中共中央召集省、市、自治区党委书记会议，毛泽东在《关于农业合作化问题》的报告中，严厉批评了"坚决收缩"。8 月，浙江省委召开全省农村工作会议，贯彻中央工作会议精神，对"坚决收缩"进行了严厉批判，给嘉兴地区的农业合作化运动带来了较为严重的后果，急躁冒进的现象重新滋长，促使嘉兴地区农业合作化提早完成，但在农村工作中遗留了不少问题。1955 年夏，参加初级社的农户，只占全区总农户的 20.9%。1956 年 7 月，全区 96% 的农户加入合作社，其中参加高级社的农户达 46%。10 月，参加高级社的农户有 795 527 户，占农户

---

❶　中共嘉兴市委党史研究室：《中国共产党嘉兴历史》第 2 卷（1949—1978），第 83 页。
❷　中共嘉兴市委党史研究室：《中国共产党嘉兴历史》第 2 卷（1949—1978），第 84 页。

总数的 96.5%。❶

　　在发展农业合作化运动的过程中，当时真西乡八字桥村的姚岩宝成立了嘉兴地区第一个农业互助组 ❷，具有带头示范效应。

二、"姚岩宝农业生产合作社"的成立

　　姚岩宝，1911 年 11 月 15 日生于城南街道八字桥村姚家石桥的一户贫农家庭。1951 年 2 月，地委首先在嘉兴县真西乡八字桥村办起嘉兴地区第一个互助组——姚岩宝互助组。在发展互助组的基础上，地委进行了初级农业生产合作社（以下简称"初级社"）的试点工作。1952 年 4 月，全区试办了"土地入股，统一经营"为特点的三个初级农业合作社，其中就有姚岩宝初级社，此为当时嘉兴地区第一批农业合作社。❸

图 4-5　嘉兴县南湖公社打谷场上，丰收的早稻一片金黄，老社员笑逐颜开。《人民日报》1959 年 8 月 26 日第 1 版

　　早在 1951 年土改结束后，姚岩宝就发现不少贫农必须依靠互助合作才能解决生产发展的问题。经汇报获上级支持后，1952 年春，在姚岩宝的带动下，姚家石桥、姚家埭、施家兜等自然村的 14 户农民自愿报名参加组织初级农业生产合作社，并命名为"姚岩宝农业生产合作社"。初级社实行土地入股，耕牛农具折价归公，集体劳动，统一经营，收益按土劳比例分配（土四劳六）的办法。办社第一年，合作社的农业获得丰收。实实在在的增益，吸引了更多农户加入到合作社中。1953 年发展到 16 户，1954 年为 32 户，到 1955 年春，全村共有 160 多户农民参加了姚岩宝农业生产合作社，占全村农户 90% 以上。

图 4-6　姚岩宝。嘉兴城南街道提供

　　嘉兴地区在农业合作化运动过程中采取"羊群带动"的办法。由于姚岩宝初级社取得的成功，1953 年 11 月，浙江省农委召开农业生产合作社会议，姚岩宝在会上介绍经验。1954 年，嘉兴县互助合作组织迅速发展，各级农协先后停止活动。

　　即使在"坚决收缩"时期，姚岩宝领导的互助合作组也能坚持不退社，只是把 1 个大社分成了 7 个小社。1956 年，在农业合作化高潮推动下，7 个小社又合并成了八字桥高级农业生产合作社，完全实行"按劳分配、多劳多得"的原则。1957 年又由八字桥、乘堂桥和三乡桥 3 个合作社组建成一个由 400 多农户、2 000 多人的全乡最大的联丰高级农业合作社，仍由姚岩宝任社长。

---

❶ 中共中央党史研究室编：《中共党史资料》第 84 辑，中共党史出版社 2002 年版，第 220 页。
❷ 中共嘉兴市委党史研究室：《中国共产党嘉兴历史》第 2 卷（1949—1978），第 83 页。
❸ 嘉兴市志编纂委员会编：《嘉兴市志》（上），第 152 页。

1958 年 10 月，真如、洪合、蚂桥三乡合并成立了南湖人民公社，姚岩宝任公社副社长（兼联丰耕作区党支部书记）。

与此同时，姚岩宝也获得了众多荣誉。1953 年，姚岩宝被评为浙江省劳动模范；当年 5 月，又当选为省二届人大代表。在后来的 20 多年间，他又 5 次出席了省人民代表大会。1966 年 6 月，在嘉兴县第六届人民代表大会上被选为县人民政府委员会委员。1954 年，他还参加了中国人民赴朝慰问团，到前线慰问志愿军战士。姚岩宝的合作社声名远扬，朝鲜、上海等地干部都曾到合作社考察过。1954 年初夏，朝鲜参观团回访姚岩宝农业社。1992 年，姚岩宝因病去世，享年 82 岁。

第三节　1958 年：南湖人民公社成立

1956 年以后，农村广大地区已经普遍兴办高级农业生产合作社，社一级规模变大，其所辖的行政区划也从村扩大到乡一级，原先的区划建置明显不适应变化了的社会现实，需要做出调整，以便更好地实现组织关系和生产力关系的协调。1956 年春，嘉兴县撤区并乡，真东、真西合并为真如乡。

一、人民公社化运动与南湖人民公社成立

伴随着社会主义改造的初步完成，国内的生产关系发生变化。在 1958 年 3 月的成都会议上，毛泽东提出了小社并大社的问题，认为农业生产合作社如果规模小，在生产的组织和发展上势必发生许多不便，妨碍社会生产力的提高。经 4 月 8 日的中共中央政治局会议批准，中共中央发出《关于把小型的农业合作社适当地合并为大社的意见》，规定："小社合并为大社，应具备以下条件：一、在发展生产上有需要；二、绝大多数社员确实赞成；三、地理条件适合大社的经营；四、合作社的干部有能力办好大社。" ❶

1958 年 5 月，中国共产党第八次全国代表大会第二次会议正式通过"鼓足干劲，力争上游，多快好省地建设社会主义"总路线。这条总路线反映了广大人民群众迫切要求改变中国经济文化落后状况的普遍愿望，但忽视了客观经济规律。8 月 6 日，毛泽东视察了河南省新乡县七里营，发出"人民公社好"的号召。8 月 29 日，中央政治局在北戴河召开扩大会议，通过《关于在农村建立人民公社问题的决议》❷，规定人民公社实行政社合一、工农商学兵相结合的原则。"人民公社的特点是两个，一为大，二为公"❸，这样以"一大二公""政社合一"为特点的人民公社在全国农村普遍建立起来。到 9 月底，全国的农村已基本实现人民公社化。

人民公社建立后，经历了公社所有制、生产大队所有制、生产队所有制三个阶段。人民公社一建立，就实行"政社合一"体制，撤销乡（镇）人民政府。公社既是农民集体经济组织，又是政权组织

---

❶ 中共中央文献研究室编：《建国以来重要文献选编》第 11 册，中央文献出版社 2011 年版，第 181 页。
❷ 中共中央文献研究室编：《毛泽东年谱（1949—1976）》第 3 卷，中央文献出版社 2013 年版，第 424 页。
❸ 中共中央文献研究室编：《毛泽东年谱（1949—1976）》第 3 卷，第 425 页。

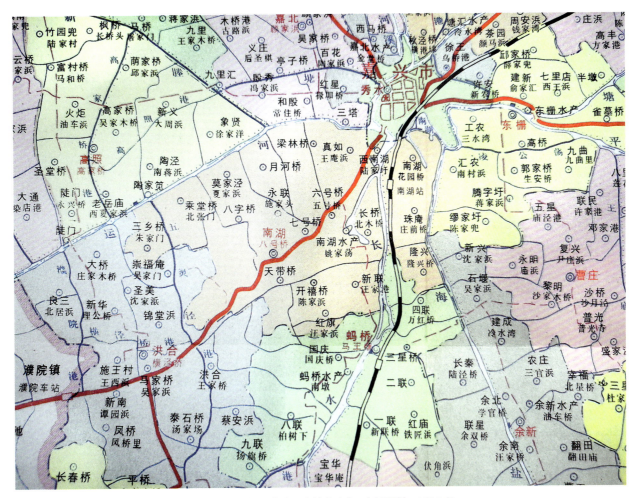

图 4-7 南湖人民公社与各大队分布图，选自《浙江省嘉兴市地名志》，内部资料，1982 年

单位，还是农、工、商、学、兵五位一体的社会结构的基层单位。原属于高级社集体所有的财产，全部转为公社所有，由公社统一经营，统一核算，统一分配。社员的自留地等全部归公社所有。同时，在生产上推行"三化"（即组织军事化、行动战斗化、生活集体化），在公社范围内统一调配劳动力分配，打破队界。❶

1958 年 10 月，真如乡、蚂桥乡、洪合乡合并成立南湖人民公社（以下简称"南湖公社"）。南湖公社驻地在八号桥，桥附近在解放初期没有居民，1958 年公社驻此后，始成村庄。1959 年 2 月，根据中共中央规定的整顿和建设人民公社的方针，公社实行"统一领导，队为基础，分级管理，权力下放"，由单一的公社所有制改为以生产大队为基本核算单位的公社三级所有制。生产队（相当于原来的初级社）作为承包单位，实行"四固定"（土地、劳动、耕牛、农具），大队与生产队建立"三包（包产、包工、包成本）一奖（超产奖励）"责任制。"三包"内大队统一分配，超"三包"部分归生产队所有。❷

---

❶ 嘉兴市志编纂委员会编：《嘉兴市志》（中），第 1174 页。
❷ 嘉兴市志编纂委员会编：《嘉兴市志》（中），第 1175 页。

图4-8 《杭嘉湖报》1960年3月21日。该报有大量关于南湖人民公社的报道

图4-9 20世纪60年代的嘉兴南湖

1961年，为纠正"一平二调"共产风，调整了公社、生产队的规模，地区各县公社由56个划为138个（平均每社2 901户），生产大队划为1 833个（平均每队255户），生产队调整为24 129个（平均每队19.3户）。❶同年4月，南湖人民公社分为洪合、蚂桥、南湖3个公社。

1962年2月，中共中央下发《关于改变农村人民公社基本核算单位的指示》，确定实行以生产队为基本核算单位的人民公社三级所有制。

南湖公社是嘉兴县的粮桑特产区，盛产稻米、蚕茧、黄麻，是全县商品粮重要产区之一。从1957年至1962年的6年中，合计向国家提供了商品粮7 384万斤，平均每年1 237万斤，每劳力每年生产商品粮1 554斤。6年向国家出售蚕茧11 578担，平均每年1 929.7担。❷这些对于支援国家社会主义建设起到重要作用。

据1962年统计，全公社共20个生产大队（其中1个为水产大队），247个生产队，总共面积53.5平方千米；其中水面面积4.88平方千米，占总面积的9.1%。共有田地54 431亩，其中田32 913亩，占60.5%；旱地19 725亩，占39.5%；专用桑地1 793亩。旱地中社员个体经营的饲料地、自留地，共有4 293亩，占总面积的7.3%。全社共有农户4 395户，总人口17 148人，平均每个生产队18.5户，共有劳动力8 257人，其中正劳动力5 329人，半劳动力2 432人，辅助劳动力817人，平均每个生产队有劳动力29人，按折买劳动力计算，平均每个劳动力负担8.4亩耕地面积。❸由于土地多、劳力少，整体上在农忙季节公社的劳动力比较紧张。

---

❶ 嘉兴市志编纂委员会编：《嘉兴市志》（中），第1175页。
❷ 嘉兴县委机电调研组、嘉兴县南湖公社编：《嘉兴县南湖公社农业机电化建设规划（草案）》，嘉兴市城南街道档案室藏档案。
❸ 嘉兴县委机电调研组、嘉兴县南湖公社编：《嘉兴县南湖公社农业机电化建设规划（草案）》，嘉兴市城南街道档案室藏档案。

二、南湖公社及其下辖各生产队

南湖公社属于杭嘉湖平原水网区，海拔 3.94 米，地势东北略低，西南略高。全社河道纵横，分布均匀，灌溉、航运便利，桥梁多、河流多是南湖公社的特点，公社及其各大队、村庄的分布与此密切相关。

表 4-1 南湖公社下辖各大队概况

名 称	公 社 概 况	辖 区 各 村
天带桥大队	因境内天带桥得名。大队辖区解放初属马桥乡三村，后划为第七代表区和第六代表区的一部分。合作化时为马桥乡六联高级社。公社化时为天带桥大队。1968 年改名胜利大队。1981 年复为现名。有 15 个自然村。种植以水稻为主，并植桑养蚕、饲养猪羊等。办有砖瓦厂、粮饲加工厂、木器厂。天带桥，系天带桥大队驻地。位于嘉兴城区西南 7.5 千米处。设有队办厂和代销店、合作医疗站、肉店、豆腐店、理发店等。	王家浜、金家村、施家荡、李家墩、百公桥、朱家墩、马家浜、方家田畈、方家浜、俞家门、西浜、短浜、姜家浜、庵东浜、园角上
西南湖大队	因位于西南湖边，故名。解放初属真如乡七村，后属真东乡第七代表区。合作化时由陆家圩、建新、南湖 3 个初级社合并为南湖高级社。公社化时为西南湖大队。有 4 个自然村。社员以饲养母猪、繁育苗猪为副业。西南湖为长水塘与运河水汇合处。陆家圩，系西南湖大队驻地。位于城区南 1.5 千米处，东邻西南湖，地在原真如塔北。设有粮饲加工场、棉絮加工厂、合作医疗站等。	陆家圩、无名圩、张家头、姜家浜
梁林桥大队	因驻地在梁林桥，故名。解放初属真如乡九村和八村的一部分。合作化时由 8 个初级社合并为姚家浜、钟家村两高级社。公社化时为联合大队。1961 年划出原姚家浜高级社为长浜大队，本队仍名联合大队。1967 年改名春风大队。1968 年底又与长浜大队合并为联合大队。1981 年更名为梁林桥大队。有 19 个自然村。办有粮饲加工厂等。该队北靠大运河。梁林桥，系梁林桥大队驻地。位于城区西南 3.5 千米处。设有粮饲加工厂、代销商店、肉店、豆腐店、合作医疗站等。	姚家浜、龙凤浜、冯家桥、日晒浜、张家浜、曹家墩、赐金坝、陈家门、扒泥浜、九福浜、悟东村、盛家坟、长浜、孙家浜、王家木桥、沈家门、钮家浜、蒋家木桥、钟家村
真如大队	以境内原著名古塔真如塔得名。解放初大部分属真如乡八村，小部分属真如乡七村，后为真东乡第八代表区。1956 年成立真如高级社，公社化时为真如大队。1966 年后改称红卫大队。1981 年恢复原名。有 9 个自然村。办有粮饲加工厂等。该社北靠大运河，东北与城区相接，嘉桐公路在东部穿境而过。城区有不少工商企业单位设于此。王庵浜，系真如大队驻地。位于城区西南 2.5 千米处。浜底原有王庵，故名王庵浜。设有合作医疗站、代销店等。	赵家圩、蔡家浜、大船浜、范家桥、项坟头、白毛墩、双园浜、石桥头、三家桥
南湖大队	因位于南湖之滨，故名。解放初属真如乡三村，后为真东乡第四、第五、第六代表区。合作化时为东南湖和民主高级社。公社化时，东南湖高级社为东南湖大队，民主高级社为南湖大队。1968 年两大队合并成立南湖大队。有 15 个自然村。办有粮饲加工厂、小型轧钢厂（生产冷轧钢带，年产值约 6 万）。花园桥，系南湖大队驻地。设有队办厂、小学、代销商店、合作医疗站、理发店、队办种子场、畜牧场及树苗场等。	花园桥、团子浜、陈河浜、如意桥、杨家浜、刘文桥、长浜、徐家浜、学堂泾浜、曹家浜、张家浜、长生桥、吴家港、祝家港、钮家浜

续　表

名　称	公　社　概　况	辖　区　各　村
莫家泾大队	因境内有莫家泾（村），故名。解放初属真如乡十三村。合作化时建民、周家浜、夏家浜、天佑桥、陈家浜5个初级社合并为光明高级社，后与建新、怀昌桥等社合并为永联高级社。公社化时为永联大队。1961年分为永联、新建、光明3个大队。该队为光明大队。1981年更名为莫家泾大队。有9个自然村。办有粮饲加工厂等。夏家浜，系莫家泾大队驻地。设有代销商店、肉店、豆腐店、合作医疗站、小学等。	草场浜、天佑桥、陈家浜、顾家浜、俞泾桥、钟家湾、张家浜、周家浜、莫家泾
月河桥大队	以驻地月河桥得名。解放初属真如乡十二村，后为真西乡第十二代表区。合作化时由冯家浜、池鱼浜、麻园、池兜4个初级社合并为新建高级社，后与光明、怀昌桥等社合并为永联高级社。公社化时为永联大队。1961年分为3个大队。该队为新建大队。1981年改名为月河桥大队。有10个自然村。办有粮饲加工厂、木器厂、锯木厂等。大队东靠沈家桥港，北临大运河。月河桥，系月河桥大队驻地。位于城区西南5千米处。设有队办工场、小学、代销商店、肉店、理发店等。	月河桥、池鱼浜、麻园、冯家浜、池兜里、乐家头、横港、油车港、沈家浜、薛家洋
乘堂桥大队	以境内乘堂桥得名。解放初真如乡十五村和十三村一部分，后为真西乡第十五代表区。1956年为联丰高级社。公社化时为联丰大队。1961年分为3个大队。该队为乘堂桥大队。1966年改称五一大队。1981年复为现名。有12个自然村。办有粮饲加工厂等。大队西北靠大运河。北张门，系乘堂桥大队驻地。设有粮饲加工厂、代销商店、合作医疗站、小学、肉店等。	北张门、西木桥、塘兜、范家头、钱家浜、乘堂桥、划船浜、史家埭、沈家门、徐家门、池家木桥、德福桥
永联大队	解放初属真如乡十一村和十村的一部分，后为真西乡第十一代表区。合作化时光明、新建、怀昌桥3个初级社合并为永联高级社。公社化时成立永联大队。1961年分为永联、新建、光明3个大队。有12个自然村。办有粮饲加工厂、轧花厂等。施家头，系永联大队驻地。设有代销商店、肉店、合作医疗站、面店、豆腐店及大队水泥预制场、缝纫厂等。	施家头、怀昌桥、马家汇、西河北浜、何家浜、钱家头、打丁桥、小猪汇、岳西连桥、姜家兜、王家头、小营桥
六号桥大队	因境内六号桥得名。解放初属真如乡六村，后为真东乡第六代表区。合作化时为联民高级社。公社化时与永民高级社合并成立六号桥大队。1961年原永民高级社划出另立七号桥大队。有11个自然村。种植以水稻为主，并植桑养蚕、饲养猪羊等。办有粮饲加工厂。五号桥，系六号桥大队驻地。位于城区西南4.5千米处。设有合作医疗站、木工厂等。六号桥设有汽车站、公社中学、商店等。	姚家荡滩、严家浜、蒲鞋浜、南兜、晒木桥、乐家埭、小桥港、殷家桥、乐家浜、徐家浜、鸭河浜
八字桥大队	因驻地八字桥得名。解放初属真如乡十村和十四村（小部分属国界乡十村），后为真西乡第十四代表区和真东乡第十代表区的一部分。全县第一个初级农业合作社姚岩宝合作社1952年在这里建立。后合并为联丰高级社（包括乘堂桥、三乡桥两大队的一部分）。公社化时为联丰大队。1961年从联丰划出一部分，建立八字桥大队。1968年曾改名红武大队。1981年复为现名。有13个自然村。办有砖瓦厂、粮饲加工厂、木工厂、水泥预制场等。八字桥，系八字桥大队驻地。设有小学、代销商店、杂货店、公社茧站、合作医疗站、肉店、茶店、理发店及队办企业。	八字桥、钟家浜、姚家埭、陆家浜、东南浜、西港埭、李家桥、三墩埭、西南浜、里浜、王家桥、西河浜、施家兜

名　称	公　社　概　况	辖区各村
珠庵大队	以境内古迹珠庵得名。解放初属真如乡二村，后属真东乡第二、第三代表区。合作化时为珠庵高级社。公社化时为珠庵大队。1968年曾改称民主大队，1981年复为现名。有11个自然村。以种植水稻为主，并植桑养蚕。办有粮饲加工厂、砖瓦厂等。庵于1972年拆除。庄前桥，系珠庵大队驻地。位于城区南4千米处，以桥得名。桥建于清嘉庆六年（1801）。设有合作医疗站、代销商店、肉店等。	庄前桥、姚王村、小木桥、西马塘泾、唐家滩、戚家村、汤家门、薛家兜、李家头、范家头、木桥头
南湖水产大队	1966年从嘉兴镇渔菱队划出成立南湖公社水产大队，并实行陆上定居。有西湖里、姚家荡两个自然村，有水面4 000多亩，内塘鱼池30余只（110亩）。以繁殖鱼种、捕捞鱼蟹为主，年产鲜鱼约2 000担。姚家荡，系南湖水产大队驻地。位于城区南5千米处，现建为渔民新村。	姚家荡、西湖里
长桥大队	大队中心原有长寿桥，群众惯称长桥，大队以此得名。解放初属真如乡四村、五村，后为真东乡第十一、第十二、第十三代表区。合作化时建国、三星等9个初级社合并为长桥高级社。公社化时为长桥大队。有21个自然村。办有粮饲加工厂、木工厂、缝纫厂、水泥预制场等。该队东临长水塘，境内旧有秀水桥和长水桥，均系著名古桥。1968年，在两桥中间新建长42米的水泥钢筋拱桥，桥边设有轮船码头、商店、肉店、豆腐店、粮饲加工厂等。北木桥，系长桥大队驻地。设有合作医疗站、木工厂等。	北木桥、崔家桥、求河柳、袁家圩、夏家港、车浜、长浜、石头寺、荷花荡、万家浜、芦梗村、顾家门、金家浜、陈家浜、姐夫浜、谈家池、塘口、横泾港、古金浜、姚家浜、南木桥
七号桥大队	以驻地七号桥得名。解放初属真如乡十村，后为真东乡第九及第十代表区的一部分。合作化时为永民高级社。公社化时联民、永民两高级社合并为六号桥大队。1961年原永民社划出成立七号桥大队。1968年曾改名七一大队，1981年复为现名。有10个自然村。七号桥，系七号桥大队驻地。设有粮饲加工厂、锯板厂、合作医疗站、小学等。	七号桥、孙家浜、陆塘桥、钮老桥、顾家浜、汪家头、众兴桥、章家头、朱家浜、陈庵浜
三乡桥大队	境内石桥，清代建造，位于象贤乡、灵宿乡、长水乡3乡交界处，故得名三乡桥。该桥于1973年重建为水泥桥。解放初属塘濮乡南北村和国界乡的十村以及真如乡十五村的一部分。1956年，有7个初级社合并为联丰高级社。公社化时为联丰大队。1961年分为乘堂桥、八字桥、联丰3个大队。该大队仍名联丰。1981年更名为三乡桥大队。有11个自然村。1979年社员集体分配人均322元。办有粮饲加工厂、玻璃仪器厂。朱家门，系三乡桥大队驻地。位于城区西南10千米处。设有代销商店、合作医疗站、小学、茶店等。	朱家门、南仁浜、北仁浜、魏家埭、杨家桥、孙家弄、万兴桥、于家兜、计家浜、曹家头、铁店桥
隆兴大队	因隆兴桥得名。桥因位于隆兴港，故名。该队位于公社东部，西靠沪杭铁路，东临海盐塘，南濒来龙港，与蚂桥公社交界。解放初属真如乡一村，后为真东乡第一代表区。合作化时为杨家浜、钱圣庵、晒浜、大兴桥4个高级社。公社化时合并为隆兴大队。有9个自然村。办有砖瓦厂、粮饲加工厂、水泥预制厂等。隆兴桥，系隆兴大队驻地。位于城区南5.5千米处。设有木工场、玩具厂、小学、商店、合作医疗站、豆腐店、肉店等。	隆兴桥、石雪港、杨家浜、晒浜、沈家浜、大兴桥、冯家浜、打铁桥、钱家门

续 表

名　称	公 社 概 况	辖区各村
新联大队	东临长水塘，南靠六万军港。解放初属蚂桥乡一村，后为第一代表区。合作化时为爱国、金星、龚家门、双星4个初级社，后并入红旗高级社。公社化时为红旗大队。1961年从红旗大队划出另立大队，系由原4个初级社联合组成，故名新联。有6个自然村。种植以水稻为主，并植桑养蚕、饲养猪羊等。办有砖瓦厂、粮饲加工厂等。汪家港，系新联大队驻地。位于城区南5.5千米处。设有轧花工场、代销商店、合作医疗站、肉店。	汪家港、双坟桥、李花村、白果树、高墩上、王家汇
开禧桥大队	以开禧桥得名。解放初属蚂桥乡二村，后为第五代表区和第七代表区的一部分。合作化时为红旗高级社。公社化时为红旗大队。1961年与红旗大队分开，名建丰大队。1981年更名为开禧桥大队。有11个自然村。办有砖瓦厂、粮饲加工厂等。陈家浜，系开禧桥大队驻地。设有粮饲加工厂、合作医疗站、代销商店、肉店、缝纫店等。	陈家浜、陆家门、郁家兜、赵家兜、龚家厅、丝瓜泾、沈家桥、黄家门、庙桥浜、朱家头、西章
红旗大队	1952年当地组织工业生产互助组，粮食产量在全专区最高，受到县委、县人民政府奖励，得红旗一面，建立农业合作社时就以红旗命名。公社化时沿称红旗大队。大队解放初是蚂桥乡一村，后为蚂桥乡第四代表区。合作化时为红旗高级社（包括新联、开禧桥、红旗3个大队范围）。公社化时为红旗大队。1961年分新联、建丰、红旗3个大队。有10个自然村。种植以水稻为主，并植桑养蚕、饲养生猪等。办有粮饲加工厂、木工厂等。大队绿化成绩突出，从1963年以来共植树数万株。1964年起在全长8 800米的机耕路和渠道上种了水杉等乔木，部分已成材。1968年起兴办苗场，培育各种树苗，共21万株。汪家浜，系红旗大队驻地。南与蚂桥公社接界，位于城区南偏西7.5千米处。设有小学、合作医疗站、代销店、面店及队办企业。	汪家浜、袁家浜、厅上头、白云桥、周家门、柴家桥、姚家浜、拉石浜、崔家木桥、姚家头

资料来源：嘉兴市地名普查领导小组办公室编：《浙江省嘉兴市地名志》，内部资料，1982年，第209—218页。

三、南湖公社的生产建设

南湖公社成立后，在发展生产、兴修水利、抗击自然灾害等多个方面做了很多工作。

由于嘉兴县土地多，劳力问题很紧张。1960年，经过实地调查研究，嘉兴县委发现要解决当年的劳动力问题，主要的出路就是大搞技术革新，特别是成套地革新工具。南湖公社在这方面的工作发挥了很好的带头作用，例如六号桥生产队的真如治水工地，开始施工时只有运土用车子，而挖土、取土、夯土仍旧用旧式工具，每人日工效只有3方左右；后来成套地用上新工具，工效就迅速上升到12方

图4-10 《嘉兴春耕工具成套革新》，《人民日报》1960年2月5日第1版

图 4-11　浙江嘉兴县南湖公社用木桶从渠道运河泥，两个人一次可运 40 担，省工省力，许多公社都有人前来学习。《备耕新事》，《人民日报》1960 年 2 月 20 日第 3 版

图 4-12　《为春耕备足又多又好的工具》，《人民日报》1960 年 2 月 22 日第 3 版

以上。❶ 这个队积肥运肥，原先光用积肥船，发生了积河泥（水网地带主要的杂肥来源）等待上河泥和上河泥等待运河泥的脱节现象；后来制成牛拉拖泥船，同时开筑了河泥自流道，安装了 300 多米长的木轨道，实现了积肥运肥工具成套革新，每人每日积肥料由原来的 40 担增加到 100 担。积肥的成套新工具迅速推广以后，全社在 4 天时间内，创制、仿制了新式运肥车、网鱼式吊肥器、单杆提肥器、单轨独轮车、牛拖双轨运肥器等 10 余种，共 2 000 多件，使全社积肥日进度由 38 万担增加到 77 万多担。❷

南湖公社六号桥生产队党支部总结了五字诀：辩、算、看、比、赛。不通就辩，就算；不会就看，就学；学了就比，就赛。大大见效，一个月时间内，革新、创造和推广了工具 15 种、861 件，工效提高 106%，让技术革新之花开遍全队。❸ 嘉兴县委紧紧抓住南湖公社这个先进榜样，先后召开了三次现场会议，组织 2 000 余人参观，在全县掀起成套革新工具的群众运动，并且组织一次自下而上的群众性的成套工具评选。县里将各公社上报的成套先进工具 500 余种，通过比工效、比质量、比操作轻便、比综合利用，进行定型。如将惠民、南湖、南汇、王店 4 个公社社员所创制的罱河泥船、双人无船积肥器、畜力吸

---

❶《嘉兴春耕工具成套革新》，《人民日报》1960 年 2 月 5 日第 1 版。
❷《嘉兴春耕工具成套革新》，《人民日报》1960 年 2 月 5 日第 1 版。
❸ 稼桥：《大做"推"字文章》，《浙江日报》1960 年 4 月 5 日第 1 版。

图 4-13 《电动插秧机》，《人民日报》1960 年 2 月 12 日第 2 版

肥车、木制田间送肥车、河泥自流道、河泥刮板、单车和双轨施肥车 8 种行之有效的新式工具配成了套，使积肥、上肥、运肥、施肥 4 道工序全部使用改良工具。❶

南湖公社六号桥大队作为先进典型，在全国范围内得到了宣传。地委负责同志也深入到平原地区的嘉兴县南湖公社六号桥生产队，和当地社员、干部一起总结积河泥，从取肥、运肥到施肥各个工序全部实现技术革新的经验。❷ 为加快插秧效率，南湖公社六号桥生产队试用嘉兴木器农具厂试制成功的电动插秧机，比人工提高效率 20 多倍，而且秧苗插得匀，无缺株漏秧。❸

图 4-14 《既种好大田，又种好"十边"：六号桥大队总结一个生产队的经验，解除干部不敢领导大种十边的顾虑》，《浙江日报》1961 年 6 月 3 日第 1 版

图 4-15 《（嘉兴县南湖公社）天带桥队检查备耕落实"三包"》，《浙江日报》1961 年 3 月 17 日第 1 版

---

❶ 《嘉兴春耕工具成套革新》，《人民日报》1960 年 2 月 5 日第 1 版。
❷ 《为春耕备足又多又好的工具》，《人民日报》1960 年 2 月 22 日第 3 版。
❸ 《春耕新利器　支援春耕贵在早》，《人民日报》1960 年 2 月 12 日第 2 版。

1960 年 12 月，《人民日报》发表《坚持和不断完善"三包一奖"制度》，强调在农村人民公社中坚持实行"三包一奖"制度具有重要意义。从 1961 年开始，浙江全省农村基本上都实行了"三包一奖"生产责任制。"三包一奖"生产责任制，即生产大队对生产队实行包工、包产、包成本和超产奖励。这一制度是在合作社建立过程中逐步形成和发展起来的，对克服因农业社规模过大而带来的生产队之间的平均主义，以及对加强经济核算，减少人力、物力、财力的浪费等方面都发挥了一定的积极作用，得到社员们的拥护。

当年 3 月，南湖公社天带桥生产队为解决"三包"方案中存在的不足，抽出空余时间先后召开小队干部会、贫农和中下农会、社员大会，充分发动群众，进一步总结了几年来的增产经验。适当调整了全队平均改制比例和包产指标，并且按照各个小队的自然条件和土地、劳动力比例的差别，经过民主评议、协商，把全队平均包产指标标分三等贯彻到小队，真正做到积极可靠、留有余地，小队之间公平合理。❶实事求是地修订"三包"以后，群众皆大欢喜。

1962 年 3 月，为解决备耕过程中的生产问题，嘉兴专区和嘉兴县以及南湖、嘉北两个公社的农业、工业、手工业、商业、粮食、供销等部门的一部分干部，前往南湖公社天带桥大队，对备耕情况做了一次详细调研，一个个地帮助生产队解决备耕中的问题。比如大队反映的春耕中牛力不足，专署畜牧部门的同志调查发现耕牛数量足够，问题出在饲养管理上。他们看到牛棚保暖工作都做得不很好，有的饲养员在大冷天仍用冷水饮牛。再和社员们一交谈，都认为解决牛力不足问题的出路主要是养壮耕牛。社员提出了两项要求：认真执行政策，建立耕牛养护管理责任制；供应一部分精饲料。于是，下去的干部帮助生产队建立了责任制；粮食部门也同意按照政策规定供应一些精饲料。这样，就解决了问题。❷参加调查工作的同志在生产队里看到有不少犁坏了没有修理，专署农林部门就积极组织平原与山区挂钩协作，向山区订购硬树料，帮助生产队克服了这一困难。

图 4-16　《小篷船》诗配图，潘天寿作。选自东海文艺出版社编辑：《浙江大跃进民歌选》，东海文艺出版社 1960 年版

❶《（嘉兴县南湖公社）天带桥队检查备耕落实"三包"》，《浙江日报》1961 年 3 月 17 日第 1 版。
❷《嘉兴地区农工商等部门派干部下生产队》，《人民日报》1962 年 3 月 4 日第 2 版。

小篷船

小篷船，装粪来，
惊飞水鳥一大片，
摇碎满河星，
摇出满囱烟。

小篷船，装粪来，
橹摇歌响悠悠哉，
穿过柳树云，
融进桃花山。

（嘉　兴）

60

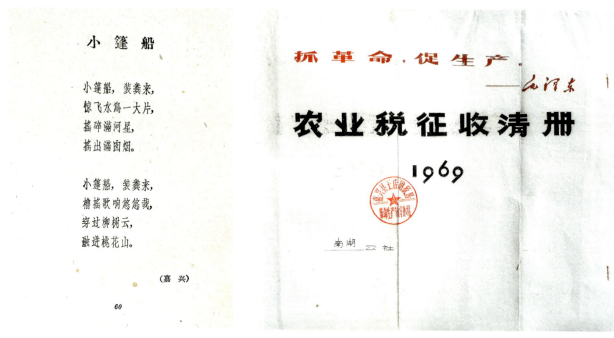

图 4-17 《小篷船》诗，选自东海文艺出版社编辑：《浙江大跃进民歌选》

图 4-18 1969 年南湖公社《农业税征收清册》书封。嘉兴市城南街道档案室藏档案

南湖公社拥有一个水产大队，专门负责水产品的捕捞等。合作化以后，虽然出现了一些集体生产发展、渔民收入增加的合作社，但由于淡水捕捞作业的流动性、分散性，以及“分散捕捞”“水面开放”，80% 左右的渔民重新陷入一船一户漂泊的生产状态，经济上十分困难。1966 年 2 月，中共中央批转水产部党组报告，要求对捕捞渔业重新进行一次社会主义改造，即中发［66］107 号文件，浙江省水产厅在嘉兴县南湖公社水产大队进行试点，摸索有关政策处理意见与工作经验，有关地、县也做了大量的调查研究。1967 年 4 月，浙江省军事管制委员会生产委员会转发了省水产厅《关于淡水捕捞渔民当前迫切需要解决的几个问题的请示报告》，要求有关地、县加速进行捕捞渔业的社会主义改造。1968 年，全省第一次“渔改”会议召开后，批转了《会议纪要》，明确要求：在农村人民公社下成立水产大队，渔民较少的农业大队下成立渔业生产队，并划定与渔民人数相适应的水面、土地，建设生产、生活基地，以养为主，养捕结合，实行陆上定居。对个体渔民的船网工具，合理折价，采用摊纳公有化基金的方法，转为集体所有。[1] 会后，各地、县积极行动，尽管当时正处于“文化大革命”时期，但“渔改”工作尚能顺利地进行。根据 1969 年南湖公社《农业税征收清册》记载，共有隆兴、民主、南湖、西南湖、长桥、红卫、六号桥、七一、胜利、红旗、新联、建丰、永联、新建、光明、联丰、红武、五一、联合 19 个大队。另外一个即为水产大队。

[1] 张立修、毕定邦主编：《浙江当代渔业史》，浙江科学技术出版社 1990 年版，第 368 页。

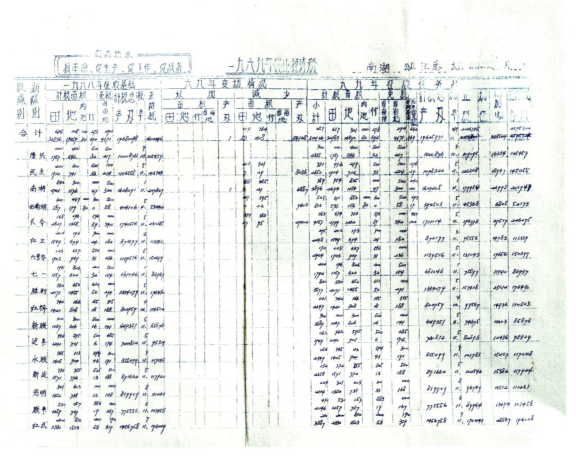

图4-19　1969年南湖公社《农业税征收清册》
内页。嘉兴市城南街道档案室藏档案

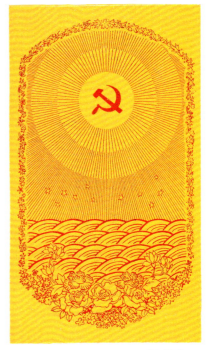

图4-20　宣传画，乐小英作。选自东海文艺
出版社编辑：《浙江大跃进民歌选》

第四节 南湖人民公社时期的"集体记忆"

集体经济时代或集体化时代，是中国社会历史发展进程中一个特殊的、不可分割的历史时代。人民公社时期是我国集体化时代的重要阶段，这段时期的超强动员能力、组织能力，与当时的广大劳动人民所具有的无私奉献、努力奋斗的精神特质是相符合的。处于集体经济时代，在南湖公社所发生的故事带有明显的时代特色。正如哈布瓦赫认为，"存在着一个所谓的集体记忆和记忆的社会框架"❶。从社会发展的大背景、大框架中，寻找对于那些发生在过去的、人们感兴趣的事件，也只有从集体记忆的框架中，我们才能再次找到它们的适当位置。南湖公社的民众通过集体组织发展生产，在集体化时代留下了不少属于"集体记忆"的故事。

王 井 作

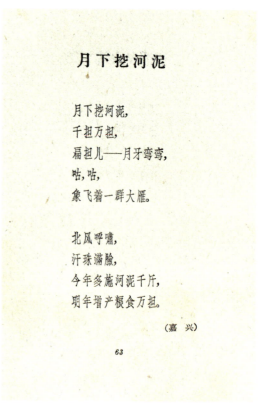

月 下 挖 河 泥

月下挖河泥，
千担万担，
扁担儿——月牙弯弯，
咕，咕，
象飞着一群大雁。

北风呼啸，
汗珠满脸，
今年多施河泥千斤，
明年增产粮食万担。

（嘉 兴）

63

图4-21 宣传画，王井作。选自东海文艺出版社编　图4-22 《月下挖河泥》诗，选自东海文艺出版社
　　　 辑：《浙江大跃进民歌选》　　　　　　　　　　　　 编辑：《浙江大跃进民歌选》

---

❶ ［法］莫里斯·哈布瓦赫著，毕然、郭金华译：《论集体记忆》，上海人民出版社2002年版，第69页。

一、"送瘟神"：消灭血吸虫病运动

嘉兴地区的血吸虫病为患已久，明清时期就有该病的记载。据统计，1949 年前，嘉兴县有 280 多个自然村，因血吸虫病导致人口死绝或濒于死绝。20 世纪 50 年代初，今嘉兴市境内的 160 个乡镇，流行血吸虫病的有 158 个乡镇。❶ 嘉兴县是浙江省血吸虫病流行严重的地区之一。据普查：全县有钉螺面积达 1 800 多万平方米，钉螺密度最高的每平方米有 1 044 只；有血吸虫病病人 38 万多人，其中农民发病人数占其总人数的 68%，工人占其总人数的 34% 以上，严重地影响着工农业生产的发展。❷ 南湖公社地区，水网密布，河浜众多，不仅有大运河流经，还有长水塘、海盐塘、九里塘等较大的河流。此外，南湖、西南湖两大湖泊也与公社接壤，公社还有一个水产大队。因此，南湖公社抗击血吸虫病的形势十分严峻。

1949 年后，各级党委和人民政府，面对这一严重危害人民健康、阻碍生产力发展的"瘟神"，尽一切努力，采取一切措施，放手发动群众，依靠广大医务人员，大力开展消灭血吸虫病的斗争。1955 年，毛主席到血吸虫疫区视察后发出了"一定要消灭血吸虫病"的号召。早在 1949 年 6 月，人民政府接管浙西地方病防治所，后改为浙江血吸虫病防治所，迅即充实理论，接收病人门诊和住院治疗。1950 年春，组织医疗队下乡诊治。1950 年 2 月，嘉兴市组织医务人员参加二十七军血防（"防治

血吸虫病"的简称）委员会。

1950 年 5 月、11 月，嘉兴市、县先后成立血吸虫病防治委员会。1951 年后，嘉兴地委、专署决定，在血吸虫病流行地区设置专门防治机构，培训专业人员。至 1953 年，全地区有防治所 1 个，县防治站 11 个，防治组 100 个，专业人员 840 名，举办过多期培训班。❸ 大批专业防治人员下乡，去各村蹲点，防治血吸虫病。根据华东卫生部提出的"结合生产，发动群众，全面防治，重点治疗，控制发展"的方针，嘉兴县委广泛发动群众，实行"两管（粪便管理和水源管理）、一灭（消灭钉螺）"的经验。《人民日报》曾报道嘉兴县在抗击血吸虫病方面取得的经验，比如在治疗方面：

> 全县防治人员组织起防治小组，深入到社，分散设点，依靠群众积极开展防治工作，受到公社社员的热烈欢迎。没有病房，社员就自动的腾出民房；没有病床，就用门板和桌子来代替；缺乏护理人员，公社就选派优秀青年社员来边护理、边学习。这些保健员，经过短期的学习，不仅能独立进行血吸虫病防治的技术指导，而且还能担任农忙医疗工作，成了农村的一支除害灭病的卫生技术队伍。❹

20 世纪 50 年代后期，在血防工作中一度出现只争速度，忽视质量，重治疗，轻预防的倾向，以至于出现疫情反复，病情流行未能控制。1964 年

---

❶ 嘉兴市志编纂委员会编：《嘉兴市志》（下），第 1683 页。
❷ 屠正峰：《群力战胜病魔——记嘉兴消灭血吸虫病的群众运动》，《人民日报》1960 年 3 月 20 日第 7 版。
❸ 嘉兴市志编纂委员会编：《嘉兴市志》（下），第 1684 页。
❹ 屠正峰：《群力战胜病魔——记嘉兴消灭血吸虫病的群众运动》，《人民日报》1960 年 3 月 20 日第 7 版。

图4-23　1950年上海医生在浙江嘉兴县参加血吸虫病防治工作，立功表彰。施如怡提供

浙北报

浙江省嘉兴地区革命委员会机关报

第418号　　1970年10月7日　星期三　（今日四版）

夏历庚戌年九月初八　　　初十寒露

图4-24　《浙北报》1970年10月7日第1版。该报有不少关于南湖人民公社的报道

2月，嘉兴专署召开全区血防工作会议，中共中央华东局书记处书记、中央血防领导小组副组长魏文伯出席会议，提出要以"三大观点"（群众、生产、阶级观点）对待血防工作，领导要做到情况明、决心大、方法对。嘉兴血防工作以消灭钉螺为重点，分期分批集中力量打歼灭战，灭一块，清一块，巩固一块。嘉兴县在卫生部门帮助下办起8所农村集体所有制医院，加强晚期血吸虫病治理，开展晚期血吸虫切脾手术。1964—1965年，嘉兴地区灭螺面积达1.65亿平方米，治疗血吸虫病33.5万人次。❶

"文化大革命"开始后，灭螺工作趋于停顿，血吸虫病病情回升。1970年初，毛泽东主席、周恩来总理下达指示，要各地把消灭血吸虫病作为保护人民身体健康、巩固国防、促进生产的政治任务来抓。县、社恢复或建立血防机构，并把血防工作列为"夺煤、夺粮、血防"三大会战内容之一。

70年代初，南湖公社结合农田水利基本建设及园田化，平整土地，调整排灌沟渠，开展大规模灭螺工作。同时，每年春秋两季进行复查复灭，整修钉螺带，积极对病人治疗。以生产队为单位，建造三格式发酵沉卵池，管理粪便，杀灭钉螺。

经过多年来广大群众积极投入消灭血吸虫病的战斗，取得了很大成绩。截至1975年12月，南湖公社有螺面积从391 347平方米减少到1 017平方米，病人经过反复查治还余1 320人。❷为加快消灭血吸虫病，南湖公社血防领导小组制定了《关于今冬明春血防工作规划和要求》发给各大队，里面提到公社现有病人1 320人，县委强调在当年12月份治疗不少于70%。南湖公社按照70%的治疗规划，12月份要治疗900个病人。在任务重、时间紧的形势下，积极努力开展收治病人工作。治病具体规划如下：

1. 收治时间：本月十五日，各大队都要开展治病工作。

2. 治疗形式：以大队为主集中收治能治病人和一部分夹杂症病人。除南湖、民主、长桥、胜利、红武、联合六个大队分二批治疗外，其余大队一次治完。

---

❶ 嘉兴市志编纂委员会编：《嘉兴市志》（下），第1685页。

❷《关于今冬明春血防工作规划和要求》（1975），嘉兴市城南街道档案室藏档案。

3. 公社卫生院在治病中，要抽调50%以上医务人员下大队蹲点治疗。并且成立一个血防抢救组，及时处理抢救血反病人。卫生院里，要腾出一半病床收治夹杂症，规划元旦前五十人，元旦至春节前五十人。病人来源，除去医生蹲点治疗的大队外，各大队三人一批轮流输送夹杂症进医院治疗。

4. 赤脚医生要积极发挥作用，树立全心全意为人民服务的思想，要有高度的责任感。医疗期间，要认真抓好病人的思想情况、生活管理、治疗质量等方面工作，来一场治疗革命，为大战十二月，突破900关而努力。❶

同时，公社要求做好粪水管理工作，各大队对现有的水井能利用的都利用起来，要讲究卫生，移风易俗，减少疾病，不断提高人民群众健康水平。对有些复杂地形，生活区内的螺情发生地，可结合农田基本建设，把灭螺工作规划进去处理。螺带也要抓住适宜时机，发动群众，高标准、严要求地全面进行整修，严禁在螺带上种植各种作物和树木。公社提出合作医疗，包括"培养一支又红又专的坚强的卫生队伍"等具体措施。❷

1979年，嘉兴县经省考核，确认达到基本消灭的标准，南湖公社的抗击血吸虫病运动取得了胜利。

二、"农业学大寨"与大力发展粮食生产

进入20世纪60年代，在"以粮为纲，多种经营，全面发展"的方针指引下，尽管面临"三年困难时期"较为严峻的不利条件，嘉兴县整体粮食生产和多种经营都获得大幅度增产。1964年，嘉兴县粮食亩产超过800斤，比1961年增产76.8%；全县猪羊饲养量，在去年底平均每户饲养接近4头的基础上，又增加了3万多头，并有500多个生产队办起了集体猪场。❸1965年，嘉兴县各公社生产队集体经营的副业有饲养业、养殖业、种植业、加工业、运输业、编织业、瓦窑业和手工业八大类、40多种，很多副业生产已超过历史上最高水平。其中南湖公社取得的成绩尤为引人注目。

图4-25　《辩通思想，规划措施落实，集中劳力，加强主攻战线：南湖公社领导交底发动群众订规划找办法大挖劳动潜力》，《浙江日报》1960年7月11日第1版

---

❶ 《关于今冬明春血防工作规划和要求》（1975），嘉兴市城南街道档案室藏档案。

❷ 《关于今冬明春血防工作规划和要求》（1975），嘉兴市城南街道档案室藏档案。

❸ 《正确认识农副业互相依存互相促进的关系　切实解决农副业争地争肥和争劳力的矛盾　嘉兴粮食生产和多种经营大幅度增长》，《人民日报》1965年8月14日第1版。

自 1964 年 5 月毛泽东发出"农业学大寨"的号召后，全国积极响应，掀起了"农业学大寨"运动的浪潮。大寨大队位于山西晋中地区昔阳县东南海拔 1 000 多米的土石山区，共有 80 多户人家、360 多人。自然条件十分恶劣。从 20 世纪 50 年代起，大寨人凭借着勤劳的品质，不畏艰苦的精神，逐步改变了恶劣的生产条件，粮食产量从 1952 年亩产 237 斤增长到 1962 年的 774 斤，集体积累逐年增加，社员生活也得到改善。❶ 此外，大寨大队较为正确地处理了国家、集体和个人的关系，这些突出的事迹，难能可贵，受到中央和地方各级领导的重视。1964 年 12 月，周恩来在全国人大三届一次会议上作的政府工作报告中说：山西省昔阳县大寨大队，是一个依靠人民公社集体力量自力更生地进行农业建设、发展农业生产的先进典型。并把大寨的基本经验概括为：政治挂帅、思想领先的原则；自力更生、艰苦奋斗的精神；爱国家、爱集体的共产主义风格。"农业学大寨"运动在全国蓬勃展开。

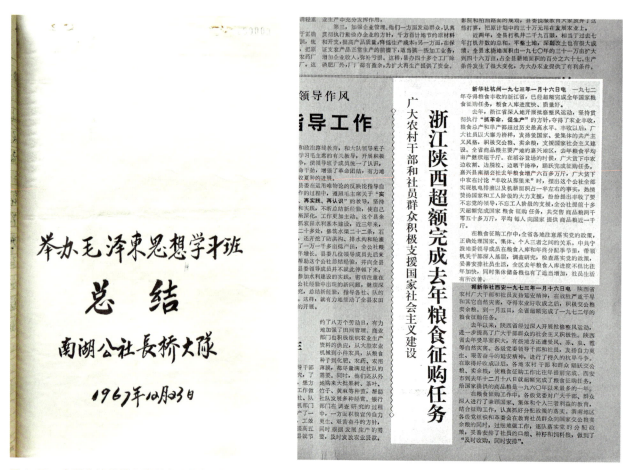

图 4-26　南湖公社长桥大队举办毛泽东思想学习班总结（1967）

图 4-27　《浙江陕西超额完成去年粮食征购任务》（提及嘉兴县南湖公社），《人民日报》1973 年 1 月 17 日第 1 版

---

❶ 董辅礽主编：《中华人民共和国经济史》（上），经济科学出版社 1999 年版，第 531 页。

大寨人的事迹激励着南湖公社的农户，他们填沟造田、平整土地、开荒垦殖、兴修水利、植树绿化、大搞农田基本建设。1972 年，浙江省粮食大丰收，平均亩产继续超千斤。南湖公社在当年粮食增产 600 多万斤，广大贫下中农在讨论“丰收从哪里来”时，摆出这个公社全部实现机电排灌以及机耕面积占一半左右的事实，热情赞扬国家和工人阶级的大力支援，“纷纷提出丰收了要不忘党的领导，不忘工人阶级的支援”，全公社提前十多天超额完成国家粮食征购任务，共交售商品粮 2 050 多万斤，平均每人向国家提供商品粮近 1 000 斤。[1]

在促进生产的过程中，南湖公社的各生产队积极总结各种经验，学习先进。比如红旗大队第五生产队，截至 1972 年，共 34 户、160 人，全队有水田 259.2 亩，浜田 1.4 亩，旱地 33 亩，专用桑园 62.07 亩，合计土地 355.67 亩，平均每人负担水田 1.629 亩，旱地 0.212 亩，桑园 0.388 亩，共 2.228 亩。[2] 在 1970 年以前，该队大麦产量一直徘徊在 200 来斤。通过学习外地先进单位的经验，对照自己，认为主要差距是土地利用率低，出苗不齐，施肥不足，病虫水害严重，有的麦田到春天还是一片白，生长实在不像样

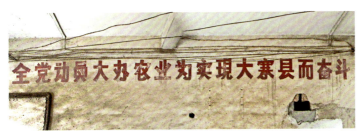

图 4-28　嘉兴各公社口号，“全党动员大办农业为实现大寨县而奋斗”。21 世纪初拍摄。嘉兴郊区一些地方仍可见当年的标语

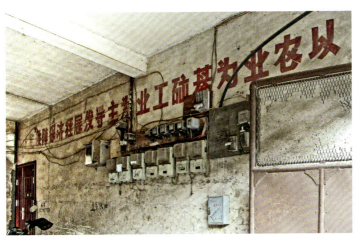

图 4-29　嘉兴县各公社口号，“以农业为基础工业为主导发展经济保障供给”。21 世纪初拍摄。嘉兴郊区一些地方仍可见当年的标语

中共嘉兴县委文件

县委（1974）013号

关于下发“嘉兴县农业发展规划（草案）”的

通　　知

各公社党委、大队党支部及有关单位：

现将《嘉兴县农业发展规划》（草案）发给你们，请进行认真讨论，提出建设性的意见，以便进一步修改完善。

毛主席教导我们：“我国人民应该有一个远大的规划，要在几十年内，努力改变我国在经济上和科学文化上的落后状况，迅速达到世界上的先进水平。”各公社、各大队、各单位都要遵照毛主席这一教导，根据全县规划的要求，认真制订落实发展农业的长远规划和行动措施。

让我们在毛主席的革命路线指引下，团结起来，努力工作，自力

·1·

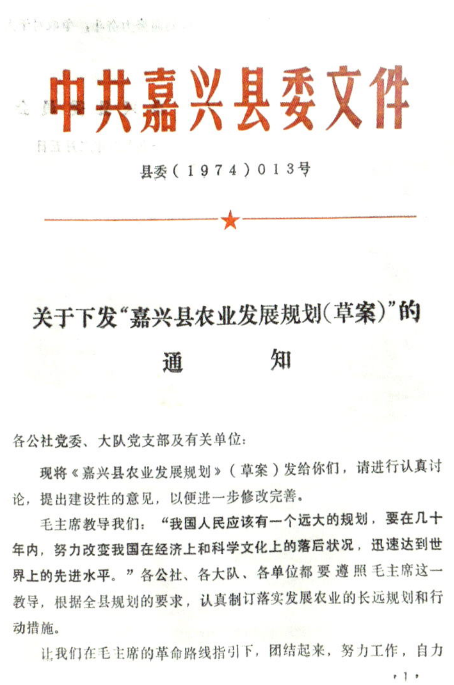

图 4-30　中共嘉兴县委《关于下发“嘉兴县农业发展规划（草案）”的通知》

[1]《广大农村干部和社员群众积极支援国家社会主义建设　浙江陕西超额完成去年粮食征购任务》，《人民日报》1973 年 1 月 17 日第 1 版。
[2]《扎扎实实学先进，因地制宜抓关键（南湖公社红旗大队第五生产队春粮生产情况）》（1972），嘉兴市城南街道档案室藏档案。

的，只好耕掉了事。他们采取以下措施：（1）抓紧季节，适时播种；（2）提高施肥水平，改进施肥技术；（3）提高耕作治理，把好齐苗关。当年全队 59.67 亩春粮，平均亩产 410.8 斤，比 1971 年亩产 342 斤增产 20.1%。23.7 亩油菜，平均亩产 180.9 斤，单产比 1971 年增产 20.6%。春茧 30 张，单产 96.8 斤，比 1971 年亩产 80 斤增产 21%。早稻亩产 768 斤，比 1971 年亩产 603 斤增产 27.3%。❶

为促进农业继续发展，1974 年，嘉兴县将农业发展规划下发给各公社，明确提出从 20 个方面加强农业发展：（1）巩固壮大人民公社集体经济；（2）努力提高粮食产量；（3）发展经济作物；（4）大力发展畜牧业；（5）加强绿化建设；（6）发展水产生产；（7）兴修水利，扩大旱涝保收田；（8）平整土地，改良土壤，建设高产稳产农田；（9）增积肥料，提高施肥水平；（10）积极选育和推广农作物高产良种；（11）防治农作物病虫害；（12）开展农业科学实验活动，实行科学种田；（13）加速实现农业机械化；（14）办好农业企业；（15）办好公社、大队企业；（16）增加粮食储备；（17）坚持干部参加集体生产劳动的制度；（18）搞好知识青年上山下乡工作；（19）发展农村文化教育和医疗卫生事业；（20）切实抓好计划生育工作。❷ 通过数据对比可以清晰地看出嘉兴县在农业增产方面取得的成绩：1972 年，嘉兴全县粮食亩产达到 1 206 斤，比 1965 年增加 291 斤；总产 91 538 万斤，比 1965 年增产 20 440 万斤；生猪饲养量 777 800 头。❸ 粮、猪产量都达到了历史最高水平。蚕桑等各项生产都有很大发展。1973 年，粮食产量虽然低于 1972 年，但仍然获得了好收成。蚕茧产量比 1972 年增长一成多。农业生产的发展，对促进整个国民经济的发展，改善城乡人民生活，都起了积极的作用。在嘉兴县，农业学大寨群众运动蓬勃兴起，南湖公社在农业学大寨运动的鼓舞下，有力地促进了公社农业的迅猛发展。

截至 1976 年，嘉兴县粮食总产量同 1949 年比较，增长 1.49 倍，平均每年增长 5.5%，每年递增 3.5%。1976 年，嘉兴县粮食总产量（包括大豆）为 84 814 万斤，比 1965 年的 71 098 万斤，增长 19.29%。❹ 其中，南湖公社 1976 年比 1965 年粮食总产量增长 862 万斤。❺

嘉 兴 县
一九七二年
早稻品种介绍
参考资料

嘉兴县 **革委会生产指挥组**
农 业 办 公 室

图 4-31 《嘉兴县一九七二年早稻品种介绍参考资料》，嘉兴县革委会生产指挥组、农业办公室编

❶ 《扎扎实实学先进，因地制宜抓关键（南湖公社红旗大队第五生产队春粮生产情况）》（1972），嘉兴市城南街道档案室藏档案。
❷ 《关于下发"嘉兴县农业发展规划（草案）"的通知》（1974），嘉兴市城南街道档案室藏档案。
❸ 《关于下发"嘉兴县农业发展规划（草案）"的通知》（1974），嘉兴市城南街道档案室藏档案。
❹ 《我县粮食生产情况》（1976），嘉兴市城南街道档案室藏档案。
❺ 《全县农田基本建设会议资料》（1976），嘉兴市城南街道档案室藏档案。

三、蚕桑养殖，兴办副业

嘉兴地区栽桑养蚕历史悠久。1949年后，人民政府积极推动蚕桑生产。1952年，实行"大力发展蚕桑生产"方针，提高茧价，发放蚕桑贷款，扶持蚕农补植新桑，改造衰老桑园，蚕桑生产迅速得到恢复和发展。南湖公社所在的区域是嘉兴重要的粮桑产区，蚕茧的生产是重要的生产任务。

1959年，嘉兴南湖公社第十耕作区由3个小队组成的汪家滨共育室，饲养18张晚秋蚕。品种华八·沄汗，其中有两张试验种，结果获得了空前的大丰收，10克蚁量收茧103斤，而且质量很高，上茧率占96.7%，每斤茧204颗，茧层率平均19.3%。关键性的技术措施如下：

（1）明确分工：专人负责，统一技术，服从领导。

（2）彻底消毒，消灭了蚕病。

（3）竞选良种，合理贮桑。

（4）严格掌握适温适湿，做到经常通风换气。

（5）贯彻了多回薄饲快速养蚕技术。

（6）宽舒蚕座。

（7）勤除沙，保持蚕座清洁干燥。

（8）分批就眠，适期饲食。

（9）改进上簇工具，做到适熟蚕上簇。❶

采取以上的一系列措施后，"条条蚕儿化白茧，茧质也大大提高"，获得了超指标的大丰收。

此外，南湖公社加强对春蚕生产的领导，落实好各项经济政策，调动了社员养蚕积极性。在饲养管理上，大抓消毒防病，稀放饱食，抓好上簇关，全公社春蚕呈现一派丰收景象。比如南湖公社新建大队三队蚕种产量高，茧质好。1971年，养蚕64张，总产量5 341.5斤。平均张产达83.5斤。每斤茧247粒，平均担茧价格160元，下茧527.5斤。1972年总产量6 032.5斤，平均张产94.26斤。❷嘉兴县土产公司在定期下发给各省、地土产公司、各公社革委会和县农业、商业局的《蚕茧收烘工作简报》中，表扬该队"为革命养好蚕，为支援缫丝工业多缫丝、缫好丝作出了新贡献"❸。

1975年4月，南湖公社革委会下达了当年度蚕茧生产任务的通知，要求各大队在"在抓好粮食生产的同时，切实抓好蚕桑生产，努力完成和超额完成全社6 300担蚕茧任务"。根据各大队蚕茧生产数和专用桑园面积，分派各大队任务如表4-2。

社办工厂，是后来乡镇企业的源头。社办工厂起步于1956年农业合作化高潮时，为了适应农村现代化、集中力量建设水利等基础设施的要求，农村部分地区开办了农机修理厂、粮饲加工厂、竹木器具厂等社办小厂。人民公社建立后，党的八届六中全会决议指出"人民公社必须大办工业"❹，此后社办企业开始遍地开花。至1958年末，嘉兴县

❶ 浙江省农学院第一下乡大队：《嘉兴南湖公社汪家滨共育室晚秋蚕10克蚁量产茧103斤经验总结》，《浙江农学院学报》1959年第1、2期合刊。
❷ 《蚕茧收烘工作简报》1972年第5期，嘉兴市城南街道档案室藏档案。
❸ 《蚕茧收烘工作简报》1972年第5期，嘉兴市城南街道档案室藏档案。
❹ 赵华龄编著：《人民公社怎么办工业》，农业出版社1959年版，第3页。

表 4-2　南湖公社各大队 1975 年蚕茧生产任务分配表

大　队	七四年完成数（斤）	现有专桑面积（亩）	按完成亩分摊（斤）	按专桑亩（斤）	七五年蚕茧任务（斤）
总　计	602 960	7 853	316 681	314 120	630 220
隆　兴	17 849	300	9 271	12 000	21 280
民　主	23 879	407	12 417	16 280	28 700
南　湖	37 466	625	19 482	25 000	44 480
西南湖	4 758	60	2 474	2 400	4 830
长　桥	57 869	701	30 090	28 040	58 130
红　卫	16 534	297	8 597	11 880	20 470
六号桥	30 501	550	15 860	22 000	37 860
七　一	20 730	285	10 780	11 400	22 180
胜　利	42 483	477	22 091	19 080	41 170
红　旗	27 521	381	14 310	15 240	29 550
新　联	24 051	200	12 506	8 000	20 600
建　丰	23 369	333	12 150	13 320	25 470
永　联	42 625	394	22 165	15 760	37 920
新　建	29 417	406	15 296	16 240	31 540
光　明	29 471	330	15 324	13 200	28 520
联　丰	30 012	351	15 606	14 040	29 650
红　武	57 889	621	30 102	24 840	55 000
五　一	42 018	520	21 850	20 800	41 930
联　合	50 570	615	26 300	24 600	50 900

资料来源：《关于下达 1975 年蚕茧生产任务的通知》（1975），嘉兴市城南街道档案室藏档案。

说明：（1）原表无单位，今数字单位为本章作者所加。（2）表中"总计"数字与各队总和偶有不符，档案原文如此。

社办工业共有 98 家，工业产值达 1 537 万元。[1] 1962 年，中央提出国民经济调整的方针后，大批社办企业关闭。1965 年，嘉兴县社办企业仅存 18 家，产值 48.32 万元。

　　南湖公社在成立后，也大力兴办社办企业，根据表 4-1 可见，亦有大量大队兴办的企业。其中南湖公社粮饲加工厂，即为社办的一个重要企业，开办于 1958 年 10 月 1 日，终止于 1967 年 4 月。成立初期（1958 年 10 月 1 日—12 月 31 日）主要收入有稻谷加工、谷壳销售、谷壳加工、耐火材料加工等，收

---

[1]　嘉兴市南湖区志编纂委员会编：《嘉兴市南湖区志》，第 869 页。

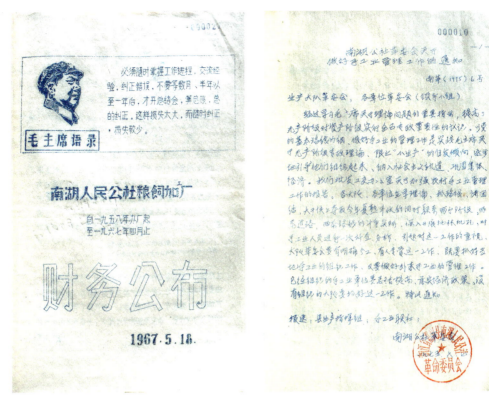

图4-32 《南湖人民公社粮饲加工厂财务公布》（自1958年办厂起至1967年4月止），1967年5月印。嘉兴市城南街道档案室藏档案　　图4-33 《南湖公社革委会关于做好手工业管理工作的通知》（1975）。嘉兴市城南街道档案室藏档案

入合计3 932.44元，其中稻谷加工1 877.24元，谷壳销售311.32元，谷壳加工431.53元，耐火材料加工1 312.35元。❶ 稻谷加工是其收入的最大项。其支出主要有职工工资、税金、房租、燃料、医药费、管理费用、车间经费、贷款利息、谷壳收购等。随着经营的不断开展，先后增加了稗草、大麦、小麦、大米等种类粮食的加工，以及饲料加工和运输收入等。表4-3是1960年度的粮饲加工厂收支情况，可以看到公社粮饲加工厂的主要收入项及支出项。

表4-3　1960年度南湖人民公社粮饲加工厂财务收支
（1月1日至12月31日）　　　　　　　　　　　　　　　　　　（单位：元）

收　入			支　出		
项　目	金　额	备　注	项　目	金　额	备　注
合　计	30 316.81		合　计	30 316.81	
稻谷加工	20 216.94		职工工资	5 589.23	

---

❶ 《南湖人民公社粮饲加工厂财务公布》（自1958年办厂起至1967年4月止），1967年5月印。嘉兴市城南街道档案室藏档案。

续　表

收　入			支　出		
项　目	金　额	备　注	项　目	金　额	备　注
饲料加工	596.04		燃料	4 312.47	
谷壳销售	2 098.98		附加工资	299.92	
其他低值出售	291.88		车间经费	1 145.03	
大米加工	15.00		管理人员工资	656.00	
饴粮销售	3 656.77		管理费用	1 441.89	
糖□销售	2 787.93		房租	515.00	
砻糠灰	188.06		上交工交办公室	85.96	
水果糖	107.62		贷款利息	235.60	
孚油	199.80		谷壳收购	1 766.94	
糠醛	9.00		损益	2 707.73	
化工品	24.50		辅助材料	701.31	
利息收入	13.83		低值品	3 769.99	
运输收入	30.86		折旧费	391.28	
生财租金	15.50		税金	1 680.51	
材料盘益	62.50		材料	4 801.51	
			前年度损益	216.00	

资料来源：《南湖人民公社粮饲加工厂财务公布》（自 1958 年办厂起至 1967 年 4 月止），1967 年 5 月印，嘉兴市城南街道档案室藏档案。
说明：（1）原表无单位，今数字单位为本章作者所加。（2）表中"合计"与各项之和偶有不符，档案原文如此。

　　到 1965 年"文化大革命"爆发前，当年公社粮饲加工厂收入达到 60 243.96 元，比 1959 年的 17 072.3 元增长了 3.5 倍，经营情况可谓红红火火。❶

　　"文化大革命"期间，大批知识青年、技术人员和工厂的部分干部下放，给农村输入了一批技术力量，社队企业开始再次活跃。1975 年，南湖公社革委会向中共嘉兴县生产指挥组、社队企业办公室提交《关于要求批复现有社办企业的报告》，讲道："经过全国农业学大寨会议的精神学习和贯彻，对办好社办企业又有了新的认识，以农业为基础，工业为主导的方针思想更加坚定明确。为了有利于社办企业的巩固和发展，壮大人民公社的集体经济，要求现为加强对这一方面的领导，在组织上必须给予明确的承认，有领导、有计划地解决生产和销售问题，尽快地把社办企业纳入社会主义计划经济的轨道。"❷ 截至 1975 年 4

❶《南湖人民公社粮饲加工厂财务公布》（自 1958 年办厂起至 1967 年 4 月止），1967 年 5 月印。嘉兴市城南街道档案室藏档案。
❷《南湖公社革命委员会关于要求批复现有社办企业的报告》（1975），嘉兴市城南街道档案室藏档案。

月，南湖公社有农机修配、木器、竹器、铁器、窑厂、粉丝、建筑7个企业。❶ 具体情况如下：

图4-34 1975年南湖人民公社《知识青年名册》（部分）。嘉兴市城南街道档案室藏档案

> 现有企业的共同特点是单位小，人员少，设备简单，经济基础很差，生产方式很大程度还是手工操作，迫切要求来一个发展。这些企业自从1972年以来，经过不断的整顿和加强，都已建立了领导班子，党团组织，企业人员来自农村，直接为农业生产服务。几年来一贯实行农忙务农，农闲做工。❷

公社认为随着农业学大寨运动的深入展开，农业生产肯定会出现一个改天换地、气壮山河的大好局面，社办企业也必将是一日千里地大步向前，有着伟大的光明灿烂的希望。故而要求县委尽快做好审批手续，期待着大发展时期的到来。

放映电影是集体时代广大人民群众印象深刻的集体记忆之一。"电影是普及一般教育特别是普及自然科学知识的工具。"❸ 中华人民共和国成立后，在基础设施比较落后的农村地区，流动放映电影是丰富农民生活的重要途径之一。同时，大量科教电影也成为向农民宣传推广科学知识的有力武器。放映电影这种在农村被视为喜闻乐见、事半功倍、多快好省的宣传形式，设备简单，流动方便，深受广大贫下中农的欢迎。南湖公社原有8.75毫米放映机一台，但随着日常的高负荷使用，已破旧不堪，在放映中途经常"插蜡烛"，既小又破的机器已经难以维持南湖公社20个大队的放映任务，故而公社向中共嘉兴县委政工组要求购买一台16毫米电影放映机，更好地做好电影放映工作。❹ 此外，南湖公社作为生产先进公社，外地的剧团等也经常前往进行慰问

图4-35 《淮剧团在嘉兴为农民演出》，《文汇报》1959年7月6日第3版

---

❶ 《南湖公社革命委员会关于要求批复现有社办企业的报告》（1975），嘉兴市城南街道档案室藏档案。
❷ 《南湖公社革命委员会关于要求批复现有社办企业的报告》（1975），嘉兴市城南街道档案室藏档案。
❸ ［苏联］H.列别杰夫编，徐谷明等译：《党论电影》，时代出版社1951年版，第29页。
❹ 《南湖公社革命委员会关于要求购买16毫米电影放映机的报告》（1975），嘉兴市城南街道档案室藏档案。

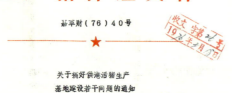

图 4-36 1976 年文件摘选。嘉兴市城南街道档案室藏档案

演出，如 1959 年 6 月，上海人民淮剧团前往南湖公社，为在劳动中的农民兄弟演唱。❶

嘉兴地区养猪历史悠久。中华人民共和国成立后，成为浙北重要的活猪生产基地，也是重要的供港（供应香港）活猪基地。截至 1976 年，包括南湖公社在内，嘉兴具有 28 个公社已办起了种畜场，引进饲养良种公、母猪 254 头。全县合计良种公猪 184 头，化肥数量 27 600 斤，其中南湖 9 头，化肥 1 350 斤。❷

为进一步发展养猪生产，建设好供港活猪生产基地，实现供港活猪良种化打下良好的基础，为了加快供港活猪生产基地建设，要求南湖公社认真贯彻"积极发展集体养猪，继续鼓励社员养猪"的畜牧生产方针，切实抓好当前生猪春季配种繁殖、补栏；春季"三水一萍"和青饲料的放养种植；春季猪羊预防注射的三春工作；采取各种措施把生产搞上去。同时，南湖公社作为活猪生产较为领先的公社，由外贸部门全年拨给良种猪业务技术辅导补贴费 400 元，公社可在此项费用内聘用一名生猪生产业务技

术辅导员，具体搞良种猪基地工作，人员可在公社兽医站、畜牧生产领导小组或大队人员中挑选政治思想好、热爱畜牧事业、有一定的文化技术水平、身体健康、工作艰苦、作风踏实的同志担负此项工作。辅导员在公社党委统一领导下，业务受县外贸局、农业局指导，其主要任务是，搞好生产发展，培育改良品种，配合做好防病治病等。浙江省嘉兴县革命委员会生产指挥组还提出了"积极办好公社良种场，养好已引进的良种公、母猪"，"做好供港良种母猪配种登记发卡和良种猪的收购工作"等具体措施。❸

表 4-4　1976 年国家收购生猪头数与 1965 年增减对比表

	1976 年（头）	1965 年（头）	增减绝对数（头）	增减（%）
全县总计	214 634	225 227	−10 593	−4.7
南湖公社	11 967	10 072	1 895	18.81

数据来源：《关于搞好供港活猪生产基地建设若干问题的通知》（1976），嘉兴市城南街道档案室藏档案。

---

❶ 《淮剧团在嘉兴为农民演出》，《文汇报》1959 年 7 月 6 日第 3 版。
❷ 《嘉兴县 1976 年良种公猪化肥分配表》（1976），嘉兴市城南街道档案室藏档案。
❸ 《关于搞好供港活猪生产基地建设若干问题的通知》（1976），嘉兴市城南街道档案室藏档案。

在嘉兴全县收购数量减少的情况下，南湖公社实现了18.81%的增长，这更体现出南湖公社的带头作用。❶

中华人民共和国成立后党和政府依靠广大人民群众，在集体化道路上做了大量探索。在中国共产党的诞生地之一，勤劳智慧的南湖儿女在党的领导下，在发展农业，壮大集体经济方面不懈努力，取得了很大的成就。从农业合作社到人民公社，南湖儿女借助集体的力量，开展集中生产，兴办水利，修建基础设施，创办集体企业，提高文化教育水平和医疗卫生条件，在一定程度上促进了生产的发展和生活水平的提高，由此使南湖公社成为嘉兴地区乃至浙江省农业生产发展的模范地区，在全国也享有很高的知名度，南湖公社也频频出现在《人民日报》《浙江日报》等重要报刊上，南湖公社的一些做法与经验也得到广泛介绍与推广。"南湖人民公社"，在集体化时代也具有特殊的象征意义。

南湖公社的那段历史，是一段珍贵的集体记忆。

图4-37　《"抓革命，促生产"方针的胜利——记杭嘉湖平原早稻大丰收》，《人民日报》1969年8月14日第3版

---

❶《我县粮食生产情况》（1976），嘉兴市城南街道档案室藏档案。

第五章

在改革中前行

1976 年"四人帮"被粉碎后，南湖人民公社（以下简称"南湖公社"）迅速从"文革"的阴霾中走了出来，逐渐恢复生产与生活秩序。1978 年，党的十一届三中全会召开，我国实行改革开放，国家进入了全面振兴时期，到处呈现一派欣欣向荣的景象。从南湖公社到南湖乡，在发展农业生产、壮大乡镇企业、推进城镇建设和其他各项社会文化事业方面都有了长足进步。地处浙北的南湖乡在接轨上海、服务长三角方面有着独特的优势，其内部社会经济结构也在不断调整、优化。南湖儿女振奋精神，同心同德，满怀信心迎接新的时代。

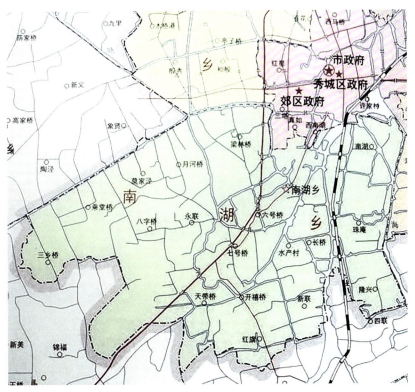

图 5-1　1998 年《嘉兴市秀城区行政区划图》（局部），标注"南湖乡"

第一节　从南湖公社到南湖乡

1976 年 9 月 9 日，毛泽东同志逝世，举国悲哀。9 月 18 日，首都各界干部群众百万人参加的追悼大会在北京天安门隆重举行。18 日下午，全省各地、市、县也都举行了追悼大会。"全国军民同时肃立默哀，向各族人民的大救星毛主席表示深切哀悼。"❶ 在《人民日报》的报道中也提到了南湖公社，"嘉兴县南湖公社派出五百多名贫下中农代表，抬着用稻穗、棉花、蚕茧和常青松柏制成的花圈，参加县里举行的追悼大会。他们缅怀毛主席一九二一年亲临南湖的情景"❷。1976 年 9 月 29《人民日报》又刊发署名"浙江省嘉兴县南湖贫下中农"、题为《南湖碧波映深情》的文章。❸ 嘉兴南湖作为党的一大会址之一，具有重要的象征意义。

图 5-2　浙江省嘉兴县南湖贫下中农：《南湖碧波映深情》，《人民日报》1976 年 9 月 29 日第 3 版

1976 年 10 月 6 日，中共中央粉碎了江青反革命集团。喜讯传来，南湖公社群众欢欣鼓舞，人心大快，召开了庆祝大会。此后，南湖公社就全力投入到发展生产的热潮中。随后的几年，南湖公社粮食产量屡创历史新高，成为嘉兴县"样板公社"。

一、《人民日报》《光明日报》等关注南湖公社的经验

在发展农业经济方面，南湖公社的一些做法值得推广，1979 年 6 月《光明日报》就曾报道南湖公社通过加强经济分析，促进粮食增产增收。文章提到浙江省嘉兴县南湖公社建立每月一次的经济活动分析会制度，坚持按经济规律办事，加强经济核算，促进增产增收。1978 年，南湖公社粮食亩产 1 545 斤，生产成本只占总收入的 20.98%，社员平均每人分配达 219 元，这是当时"嘉兴县社员收入最高，生产成本最低的一个公社"❹。1979 年，南湖公社为了进一步搞好农业生产，降低生产成本，建立了经济活动分析会制度，

---

❶ 《八亿人民极其沉痛地悼念伟大领袖和导师毛主席，继承毛主席的遗志把无产阶级革命事业进行到底》，《人民日报》1976 年 9 月 20 日第 1 版。
❷ 《八亿人民极其沉痛地悼念伟大领袖和导师毛主席，继承毛主席的遗志把无产阶级革命事业进行到底》，《人民日报》1976 年 9 月 20 日第 1、2 版。
❸ 浙江省嘉兴县南湖贫下中农：《南湖碧波映深情》，《人民日报》1976 年 9 月 29 日第 3 版。
❹ 《加强经济分析，促进增产增收》，《光明日报》1979 年 6 月 30 日第 4 版。

其具体做法是:

分析会在每月初举行,由公社党委分管财务工作的副书记负责召开,参加会议的有各大队财务队长、大队会计和公社企业、信用社等单位的有关人员。他们抓住成本开支、物资管理和广开生产门路等问题,提出开源节流的意见和建议,为党委当好经济参谋。

这种经济活动分析会,可使公社领导及时掌握经济工作的薄弱环节,明确开源节流的主攻方向,取得领导经济工作的主动权。在年初,他们作了一次全面的经济分析,大家感到一九七八年虽然收入较高、成本较低,但是一九七九年增产增收的潜力还很大:一是去年工副业收入只占总收入的百分之十七点五,还可以充分利用当地的自然条件,大力发展麻、瓜、猪、羊等种植业和饲养业;二是全社三万三千三百四十一亩水田,去年平均每亩水电费达到一元六角一分,其中联合大队每亩水电费则只有八角五分,尽管他们的水电费也不很低,但全社如果都能达到联合大队的水平,光水电费一项就可以节省成本二万五千三百三十九元;三是各大队农机具保管好坏不一,机修费高低悬殊,如永联大队有两台拖拉机,去年管理得好的一台只花修添费一百八十元,管得差的一台则花去一千零七十元;四是化肥、农药使用不当,全社浪费现象也比较严重。这么一分析,使公社领导对开源应该抓什么,节流应该抓什么,心中有个"底"了。因此,公社从春耕生产开始,就发动各大队、生产队按照本队实际,一项项挖掘增加收入的潜力,一个个堵塞浪费资金的漏洞,使各队对当年的增产增收内容心中有数。❶

《光明日报》的这篇报道总结认为:南湖公社的这种经济活动分析会,"可使公社领导及时发现问题、解决问题,总结推广先进经验"。以 4 月份的经济分析会为例,各大队在汇报计划支出时,谈到全社有 60 个生产队计划在最近去外地购买 67 条水泥船。这笔开支,在生产队民主理财会上,虽已讨论同意,但在这次经济分析会上,大家认为如果买外地制造的 67 条农船,全社要多出 16 750 元,而且没有船橹和平基板,买来后不能马上派用场。因此,决定除确

图 5-3 《加强经济分析,促进增产增收》,《光明日报》1979 年 6 月 30 日第 4 版

---

❶ 《加强经济分析,促进增产增收》,《光明日报》1979 年 6 月 30 日第 4 版。

属急需船只的队以外，其他队都采取提高原有农船利用率等办法克服困难。通过经济分析会，尽量做到凡事细盘算，不该花的钱不花，该花的钱用在刀刃上，深受群众欢迎。"分析好，大有益。五个多月来，这个公社在开源节流方面迈出了新的步伐。社员们都赞扬经济活动分析会开得好，各级干部也更注意讲究经济核算了。"❶

杭嘉湖平原当时是国家的重要水稻产区，而南湖公社很长时间是这一地区发展农业的典范，重要的媒体都很关注南湖公社。1980年11月《人民日报》刊登《嘉兴县新联大队实现高产低成本》，这篇报道介绍了地处浙江杭嘉湖粮食高产区的嘉兴县南湖公社新联大队，在发展粮食生产中，走出了一条高产低成本的路子，粮食产量和经济收入不断增长，社员生活日益改善，成为杭嘉湖平原上依靠发挥粮食生产优势致富的富裕队之一。

新联大队是如何实现高产量的？这个大队"每人平均耕地二亩多，以种植水稻为主。队办企业和多种经营收入甚微。1979年与1977年相比，大队粮食总产量增加598万斤，而农业生产费用占总收入的比例却由22.8%下降到20.5%。去年全大队平均每人生产粮食3 005斤，提供商品粮1 727斤；社员人均分配收入比1977年增加了119元，每年增加近60元。去年全大队粮食平均亩产超过2 000斤，社员人均分配331.6元"❷。在高产的同时，如何做到"低成本"？新联大队的一条重要经验就是实行了"三包一奖赔"的联产计酬责任制。大队对下属生产组包产量、包工分、包成本。农本按过去三年的平均水平，超支赔80%，节支

图5-4 《嘉兴县新联大队实现高产低成本》，《人民日报》1980年11月8日第2版

全奖，这个奖赔的比例多年来一直没有改变。这里，《人民日报》提到了新联大队已经在实行的"三包一奖赔"责任制。同时，列举了一些具体做法，如购置尼龙薄膜等设备费用、节省电动打稻机经费、控制肥料成本、压缩非生产性开支，通过精打细算，克勤克俭，使新联大队的农民真正得到了好处。1979年按照"三包一奖赔"责任制的规定，全大队共提取奖金12.6万元，平均每人得奖155元多。❸"三包一奖赔"的联产计酬责任制推动了新联大队的干部社员认真实行经济核算。

❶《加强经济分析，促进增产增收》，《光明日报》1979年6月30日第4版。
❷《嘉兴县新联大队实现高产低成本》，《人民日报》1980年11月8日第2版。
❸《嘉兴县新联大队实现高产低成本》，《人民日报》1980年11月8日第2版。

二、从集体经济转向实行家庭联产承包责任制

党的十一届三中全会召开后，各地学习贯彻中共十一届三中全会精神，停止使用"以阶级斗争为纲"的口号，开始把工作重点转移到社会主义现代化建设上来。中共中央做出在农村实行以家庭联产承包为主要形式的责任制，逐步改革人民公社"队为基础，三级所有"的农村经济模式，实行以家庭联产承包为基础的双层经营为特征的经济体制。在这样的背景下，南湖公社在坚持土地公有制的前提下，也开始实行包产到户，分户经营，自负盈亏。

这里，需要考察嘉兴县在实行联产承包责任制的情况。1978年至1980年秋，嘉兴县恢复"文化大革命"前"小段包干，定额计酬"的生产责任制。部分农民率先冲破了"队为基础，三级所有"的经济模式，实行分组作业、联产计酬责任制。从1980年秋到1981年冬，又逐步推行联产到组责任制。至1981年冬，嘉兴"仅少数队实行水田包产到户或联产到组，有33.4%的生产队实行联产到组，多数队继续实行'小段包工，定额计酬'形式的责任制"❶。自1982年春至秋，嘉兴开始全面推行联产到组责任制。是年春季，建立联产到组责任制的生产队上升到占70.1%。到1983年3月，嘉兴县实行家庭联产承包责任制的生产队已占92.95%。1.79%的队继续实行联产到组，5.26%的队继续实行定额计酬。到了夏季，嘉兴全县农村已

全部实行家庭联产承包责任制。❷

1980年下半年，南湖公社各大队开始推行联产计酬到组责任制。1981年9月，正式推行农业"专业承包，联产计酬"责任制。1982年9月，南湖公社境内开始逐步推行家庭联产承包责任制。1983年1月，中共中央发出《关于当前农村经济政策的若干问题》后，家庭联产承包责任制在各地迅猛发展。至夏，南湖公社的所有生产队全部实行统分统合的家庭联产承包责任制。

随着家庭联产承包责任制的逐渐稳定，按户承包的土地，一般采取两种形式：一为按人口划分口粮田；二为按劳动力划分责任田。据嘉兴全县的数据，"每户承包的水田面积中，责任田占60%左右，口粮田占40%左右"❸。南湖公社的情况大致也是如此。在此过程中，集体经济时代留下的一些财产如何使用，涉及利益分配，成为一大难题。如集体固定资产和资金管理、机耕、排灌以及用电等，在嘉兴县，一般的做法是："凡原属集体所有的水利、电力设施和大型农机具，继续由大队（村）和生产队（组）集体统一管理。原属集体所有的仓库、蚕室、水泥场实行队有户用，收取费用。"一些社队采取陆续折价到户，中小型农具全部折价到户的做法。❹对于在实行土地承包责任时面临的那些问题，还需要结合相关资料进行具体分析。主要包括：（1）集体经济时代生产队集体所积累的余额如何分配。❺（2）对原属于集体所有的拖拉机等农具，如何分配？在南湖乡，采取折价归

---

❶ 嘉兴市南湖区志编纂委员会编：《嘉兴市南湖区志》（中册），第796页。
❷ 嘉兴市南湖区志编纂委员会编：《嘉兴市南湖区志》（中册），第796页。
❸ 嘉兴市南湖区志编纂委员会编：《嘉兴市南湖区志》（中册），第797页。
❹ 嘉兴市南湖区志编纂委员会编：《嘉兴市南湖区志》（中册），第797页。
❺ 嘉兴一些地方的做法是：每亩按10—15元提取供给承包户，作为添置固定资产使用，今后分年归还。生产队的生产基金，按每亩田提取30—40元供给承包户，作为铺底生产费用，今后随田转移。

户、包机到人、建立大队机耕队等几种形式，其中包机到人占多数。（3）农业排灌问题。原来是生产队，可以以灌区为单位，实行统一管理、统一放水，设有专职放水员。实行联产承包制后，农民自行放水，就出现了纠纷，这些问题需要有针对性的解决办法。其他，还包括用电问题，公共事务的参与，等等。

三、南湖乡成立与乡政府办公驻地的迁移

颇有意思的是，这时南湖公社的一些大队开始更名。1981年，嘉兴县根据国务院关于地名命名的规定，对各生产大队传达更名文件，要求各地的地名命名、更名问题"必须按照国务院国发〔1979〕305号文件规定精神处理，即：地名的命名，要注意反映社会主义革命和建设的成就，反映当地历史、文化和地理特征；一个县内生产大队不重名；生产大队的名称一般按照当地地名命名，并且避免用同音汉字命名地名"❶。根据这些要求，各大队掀起改名热潮，改革开放前各大队名称过于政治化，且多重复，如"红卫大队"的名字在各公社司空见惯，不利于人们对地区特色的认识以及区分。因此，在1981年，为了符合地名命名的需要，嘉兴县各公社大队根据自身实际情况提交了更名后的名字，这也涉及南湖公社的几个大队。❷ 具体改名情况，详见图5-5。南湖公社提交的大队更名申请中，可见"天带桥""开禧桥"等具有当地历史底蕴与人文特点的地名。

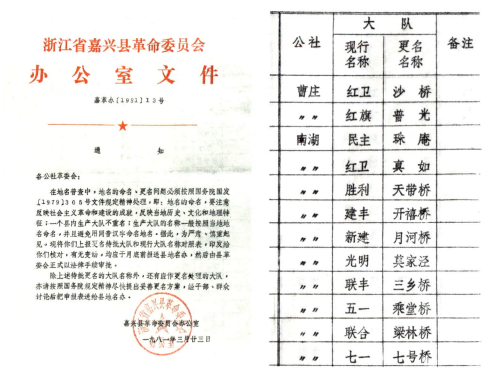

公社	大队		备注
	现行名称	更名名称	
曹庄	红卫	沙桥	
〃	红旗	普光	
南湖	民主	珠庵	
〃	红卫	真如	
〃	胜利	天带桥	
〃	建丰	开禧桥	
〃	新建	月河桥	
〃	光明	莫家泾	
〃	联丰	三乡桥	
〃	五一	乘堂桥	
〃	联合	梁林桥	
〃	七一	七号桥	

图5-5　1981年，关于各公社大队更名核对的通知（涉及南湖公社）

---

❶ 浙江省嘉兴县革命委员会办公室文件，《通知》，嘉革办〔1981〕13号，1981年3月23日。嘉兴市城南街道档案室藏档案。
❷ 《关于批准209个大队更名和启用标准名称的通知》，1981年4月14日。嘉兴市城南街道档案室藏档案。

在本书导读中，图 0-14 为 1982 年刊印的《嘉兴市（县级）城区图》，原来的民主、红卫、胜利、五一、七一等大队名称不再使用，地图中已采用新的地名，如珠庵、真如、天带桥、开禧桥、月河桥、莫家泾、三乡桥、乘堂桥、梁林桥、七号桥。南湖公社办公点即设在八号桥。

也在这一时期，为了适应改革开放的新形势，国家开始对行政区划、地方管理体制进行改革。1983 年 10 月，嘉兴市区设立城区人民政府，南湖公社归属城区管辖。❶ 此时，中共中央提出"土地承包期一般应在十五年以上"。对农民承包的土地，按照"大稳定、小调整"的原则，进行适当调整。同时，中共中央、国务院发出《关于实行政社分开，建立乡政府的通知》，取消公社制度，建立乡政府。实行"政社分设"体制改革，恢复乡（镇）人民政府，改变"政社合一"的体制，农村人民公社全部恢复乡（镇）人民政府；大队建村，生产队改为小组，人民公社体制取消。是年，南湖公社更名为南湖乡。

南湖乡成立后，对本地经济、文化教育等公共事业进行统筹管理。1984 年 1 月，中共嘉兴城区区委根据中共中央〔83〕35 号文件《关于政社分设若干问题的意见》和中共浙江省委〔83〕28 号文件《关于政社分设若干问题的意见》的通知精神，决定建立中共嘉兴市城区南湖乡委员。同时，实施政社分设的体制，南湖乡党委、南湖乡人民政府分别成立。❷ 1984 年 1 月 25 日，南湖乡党委、乡人民政府分别发文：《关于启用（南湖）乡党委印章通知》《关于关于启用（南湖乡人民政府）新印章的通知》。❸ 此后，南湖乡以经济建设为中心，积极开拓，稳步推进改革开放。

对于南湖乡乃至这一区域发展来说，乡政府的迁址也是一件大事。南湖乡成立后，有关部门一直在谋划乡政府的迁移。1985 年 8 月 28 日，南湖乡人民政府向区人大、区政府提交《关于要求迁移办公地点的报告》，其中提道：

> 本乡现在办公地点在嘉桐公路八号乔（桥），是（一九）五八年大公社时建造。（一九）六一年分成三个公社（即现在的南湖、洪合、马乔〔桥〕三个乡）以后，

图 5-6　档案摘选：1984 年南湖乡领导任命文件

---

❶ 《关于嘉兴市城区、郊区管辖范围问题的通知》，1983 年 10 月 14 日，嘉兴市南湖区志编纂委员会编：《嘉兴市南湖区志》（下册），第 1767 页。中共嘉兴市城区区委：《关于建立中共嘉兴市城区南湖乡委员会及徐志荣等同志任职的通知》，1984 年 1 月 14 日。嘉兴市城南街道档案室藏档案。
❷ 分别见 1984 年 1 月中共南湖乡党委、南湖乡人民政府等《关于启用新印章的通知》。嘉兴市城南街道档案室藏档案。
❸ 1984 年 1 月 21 日，中共南湖乡委员会《关于启用乡党委印章通知》："经过政社分设的体制改革，我乡乡党委已经成立。中共嘉兴市城区区委已刻制'中共嘉兴市城区南湖乡委员会'印章，自一九八四年一月二十五日启用。原公社党委印章同时作废。"

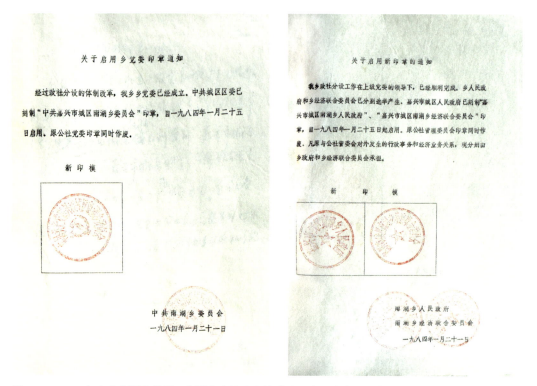

图 5-7　1984 年中共南湖乡党委、南湖乡人民政府等《关于启用乡党委印章通知》和《关于启用新印章的通知》

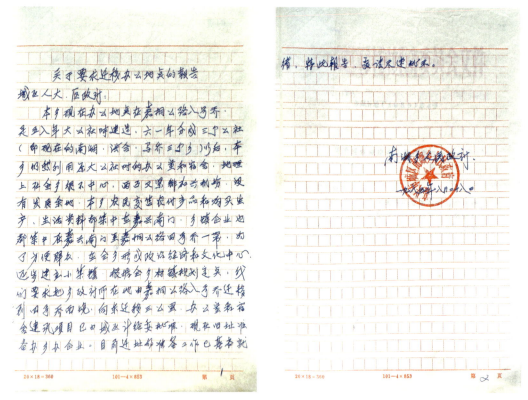

图 5-8　南湖乡人民政府《关于要求迁移办公地点的报告》，1985 年 8 月 28 日

本乡仍然利用原大公社时的办公室和宿舍。地理上在全乡很不中心，西面又紧靠加（嘉）兴机场，没有发展余地。本乡农民交售农付（副）产品和购买生产、生活资料都集中在嘉兴南门，乡镇企业也都集中在嘉兴南门至嘉桐公路四号乔（桥）一带。为了方便群众，在全乡形成政治、经济和文化中心，逐步建立小集镇，根据全乡村镇规划定点，我们要求把乡政府所在地由嘉桐公路八号乔（桥）迁移到四号乔（桥）西塊，向东迁移三千米。办公室和宿舍建筑项目已由城区计经委批准。现在旧址准备办乡办企业。[1]

嘉兴市民政局文件

嘉政民（85）39号

关于同意城区南湖乡人民政府驻地迁至四号桥西塊的批复

区民政局：

嘉城民〔1985〕46号文悉。经与有关部门研究后，同意你区南湖乡人民政府驻地由原来的八号桥迁至四号桥西塊。望妥善处理好搬迁工作一切事宜。

此复

嘉兴市民政局

一九八五年九月十八日

抄报：省民政厅、市委、市府、市人大

抄送：市城建局、市地名办、城区人大、城区政府、南湖乡人民政府

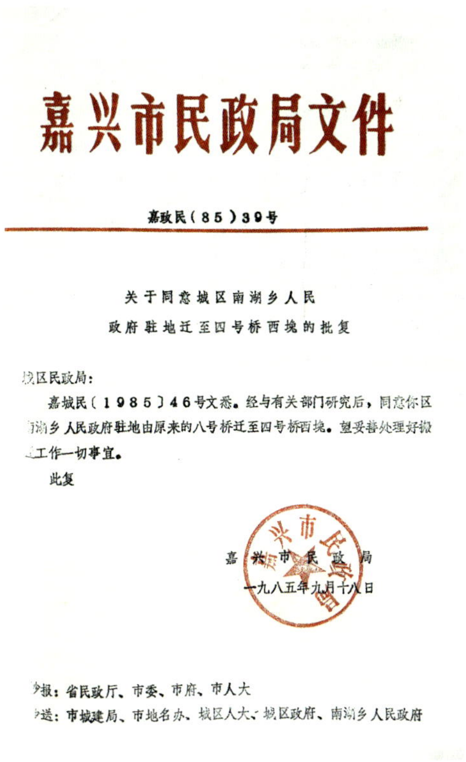

图 5-9　1985 年 9 月《关于同意城区南湖乡人民政府驻地迁至四号桥西塊的批复》

这份报告字数不多，但内容很精练，从历史沿革、地理位置、发展空间、形成新集镇几个方面分析迁址的原因。经过多方研究论证，1985 年 9 月 18 日，嘉兴市民政局做出《关于同意城区南湖乡人民政府驻地迁至四号桥西塊的批复》：“嘉城民〔1985〕46 号文悉。经与有关部门研究后，同意你区南湖乡人民政府驻地由原来的八号桥迁至四号桥西塊。”[2] 此后，南湖乡开始建造新的乡政府办公室和宿舍，一些机构也开始向四号桥集聚，四号桥一带逐渐成为南湖乡新的政治、经济和文化中心。新的乡政府驻地，在地理上更靠近嘉兴南门，为此后城南社会经济的快速发展提供了有利条件。

从南湖公社到南湖乡，通过政社分设的体制改革，以及乡政府的迁址，南湖乡中心集镇建设也进入了一个新阶段。

第二节　南湖乡镇企业的崛起

南湖乡政府由原先的所在地嘉桐公路八号桥迁移到四号桥西塊，向东移 3 千米，其中一个重要原因就是当时南湖乡的“乡镇企业也都集中在嘉兴南门至嘉桐公路四号桥一带”，而旧乡政府办公楼腾出来后也可用于开办乡镇企业，可见当时南湖重视乡镇企业发展，部分企业也有了一定的规模与影响。

[1] 南湖乡人民政府：《关于要求迁移办公地点的报告》，1985 年 8 月 28 日。嘉兴市城南街道档案室藏档案。

[2] 嘉兴市民政局文件：《关于同意城区南湖乡人民政府驻地迁至四号桥西塊的批复》，嘉政民（85）39 号，1985 年 9 月 18 日。嘉兴市城南街道档案室藏档案。

一、早期的社队办企业

南湖公社尽管位于嘉兴城南，紧靠市区，但长期以来，这里的手工业与商业发展还是比较薄弱的，现代工业更是缺乏。在集体化时代，实行计划经济，基本以经营商业为主，所经营的商品大部分属于生活资料，与国计民生有密切关系，大部分商品依靠合作社供应货源，还有相当部分零星商品，仍旧自营，摊贩经营也较分散。早期的南湖公社有部分私营工商户，其经营情况主要有几个特点：（1）面广户多，资金少；（2）小户多，职工少，大多属于夫妻店；（3）设备较为简单，经营亦分散；（4）在财物管理上，家、店不分，账证也不健全。在涉及的手工业部分，也较为初级，多为手工作坊，如有几家铁匠铺，仅能生产和维修简易的农具。为了适应农村经济与地方经济发展的需要，南湖公社后来也陆续建起多家工厂（工场），如早年的粮饲加工厂，1972年创办的南湖公社农机厂，一些社队因地制宜发展工业，等等。但彼时为了突出"农业学大寨"，并受到"割资本主义尾巴"等极左思潮的影响，社办、队办工厂总体发展缓慢。1975年，南湖公社革命委员会还曾下发《南湖公社关于手工业管理工作的通知》，该通知中提到要"逐步地引导他们组织起来，纳入社会主义轨道、巩固集体经济"。"对手工业人员进行一次扦（检）查、分析，引起对这一工作的重视，大队革委会要有明确分工，有人专管这一工作，既要抓好当地手工业的组织工作，又要做好外来手工业的管理工作。"❶

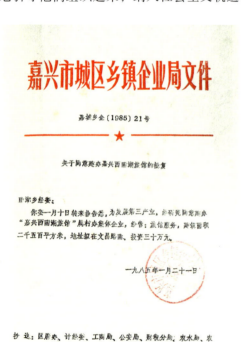

图5-10 有关南湖乡发展第三产业的文档摘选：1985年《关于同意建办嘉兴西南湖旅馆的批复》

二、改革开放初期的社队企业

在农村普遍实行家庭联产承包责任制后，对于涉及集体经济时代的集体工、副业，如那些社队办企业，此时也开始推行经营承包责任制。在南湖公社（乡）、大队（村）对企业实行"四定一奖"，即定人员、定资产、定产值、定利润和超产奖励、减产赔偿。也有的采取净收入分成或利润包干形式。集体副业，包括畜牧场、禽场、果园、蔬菜基地、劳务运输和手工业等专业队（组），实行专业承包或兼业承包到组、到户。南湖公社水产大队建立家庭（渔船）联产承包责任制。一些村办企业也开始实行转制承包。

1978年以后南湖公社社队工厂发展的一个重要背景，就是农村实现了联产承包责任制，使大量农民从土地中解放出

---

❶ 南湖公社革命委员会：《南湖公社关于手工业管理工作的通知》，1975年6月7日。嘉兴市城南街道档案室藏档案。

来，为发展工商业提供了有利条件。这里，还有一个因素也不容忽视，即为了解决历史遗留问题，安置城镇劳动力。1978 年，嘉兴各地开始对 1962 年精简下放到农村的世居城镇的居民、职工做出妥善安置的规定：凡具备回城镇就业而又能解决住房的，重新给予落实城镇粮户关系。凡没有条件回城镇而生活又有困难的，由原精简单位定期给予生活补助。此后，对在经济困难时期由城镇精简下放务农的职工，按规定条件，陆续办理手续，转为城镇户口。这其中的部分城镇人口，就近安排到新开办的各类社办企业中。

20 世纪 70 年代末、80 年代初，南湖公社利用交通便利、毗邻城市的优势，开办了大量社队企业。据 1983 年的统计，南湖公社工业企业经营情况：拥有乡（社）办企业 20 个单位，1 670 名职工，工业产值 747.65 万元，销售收入 792.93 万元，利润总额 105.48 万元，占销售总额的 13.3%，发放工资 101.25 万元。村（队）办工业企业 39 个单位，369 名职工，工业产值 133.12 万元，销售收入 103.68 万元，利润 10.83 万元，占销售总额的 10.44%，发放工资 24.25 万元。❶ 社队企业的涌现，吸收了大量劳动力，两级企业职工人数达 2 039 名。在南湖公社的社队企业中，以生产砖瓦、粮饲加工、农机修配、化工、建筑材料为主。这一时期社队工厂的发展，特别是在熟练工人、资金、技术、市场，以及管理方面，为此后这一地区工业化奠定了基础。

三、南湖乡镇企业的蓬勃发展

南湖乡地理位置优越，距离上海、杭州等大城市较近，交通便利，传统桑蚕纺织等轻工业发达，具有发展工业的良好条件。在 20 世纪 80 年代初乡镇企业兴起之时，南湖乡抓住了第一轮经济发展的机遇，通过乡政府所在地迁移，依靠城南路的建设，大力兴办乡村企业，南湖乡经济进入快速发展时期。

早在 1977 年，南湖公社已成立"社队企业办公室"，取代原来的工业办公室，作为管理公社范围内的工业生产机构。1981 年 3 月，嘉兴县改设嘉兴市，南湖公社隶属嘉兴市。1983 年 8 月，嘉兴市改为省辖市，市区设城区和郊区。南湖公社隶属嘉兴城区。行政区划、管理体制上的改革有力推进了当地的工业化、城镇化进程，也有利于社队企业的发展。

1984 年对南湖乡镇企业来说是极为关键的一年。各级政府相继出台了一系列措施，促进社队工业的发展。1984 年 2 月，嘉兴市城区社队企业管理局下发《关于同意成立"嘉兴市南湖工业供销公司"的批复》，内中提道："你（南湖）乡

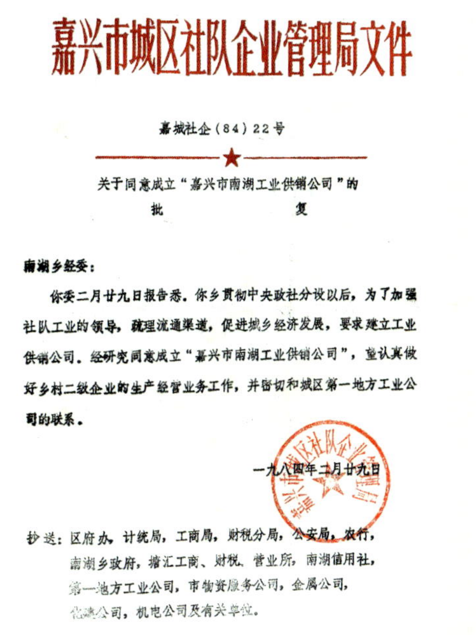

图 5-11　1984 年 2 月《关于同意成立"嘉兴市南湖工业供销公司"的批复》

---

❶ 据《南湖乡基本情况及八三年经济成果（统计）》。嘉兴市城南街道档案室藏档案。

贯彻中央政社分设以后，为了加强社队工业的领导，疏理流通渠道，促进城乡经济发展，要求建立工业供销公司。经研究同意成立'嘉兴市南湖工业供销公司'，望认真做好乡村二级企业的生产经营业务工作，并密切和城区第一地方工业公司的联系。"❶ 3月2日，国务院正式发出通知，将农村"社队企业"改为"乡镇企业"。

1984年3月23日，嘉兴城区发出《关于成立南湖等五个工业公司的通知》，要求在南湖等5个公社设立工业办公室，"原批复的工业供销公司同时撤销"❷。此后不到一个月，又根据新的体制改革精神，1984年4月做出《关于同意成立嘉兴市南湖地方工业公司、嘉兴市南湖商业公司的批复》：

> 根据体制改革的精神，为加强乡村工业企业的领导，发展商品生产，疏理流通渠道，经研究并请示区府领导同意，将三月六日批复的"嘉兴市南湖工业公司"改为"嘉兴市南湖地方工业公司"，同时成立"嘉兴市南湖商业公司"，两个公司实行一套班子，二块牌子，均属乡办集体企业。❸

名称屡屡变换，但不管如何改革，总的方向就是为了搞活商品生产，疏理流通渠道，促进乡村工业、家庭工业及专业户的发展，开创城郊地区社会主义改革开放的新局面。

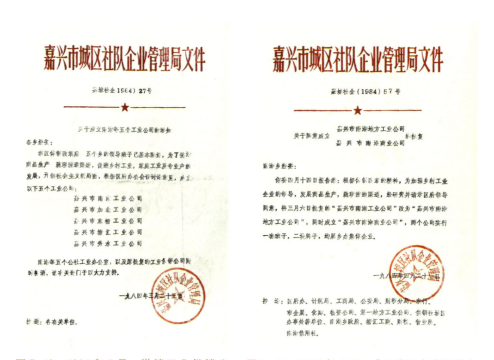

图5-12　1984年3月，撤销工业供销公司，成立工业公司　　图5-13　1984年4月，成立嘉兴市南湖地方工业公司、嘉兴市南湖商业公司

---

❶ 嘉兴市城区社队企业管理局文件，《关于同意成立"嘉兴市南湖工业供销公司"的批复》，嘉城社企（84）22号，1984年2月29日。嘉兴市城南街道档案室藏档案。

❷ 嘉兴市城区社队企业管理局文件，《关于成立南湖等五个工业公司的通知》，嘉城社企（84）27号，1984年2月29日。嘉兴市城南街道档案室藏档案。

❸ 嘉兴市城区社队企业管理局文件，《关于同意成立嘉兴市南湖地方工业公司、嘉兴市南湖商业公司的批复》，嘉城社企（84）57号，1984年4月21日。嘉兴市城南街道档案室藏档案。

此时，南湖乡镇企业纷纷开办起来，此处以几家企业的兴建为例。1984 年 2 月 24 日，为发展乡村产业，为人民生活服务，嘉兴市城区社队企业管理局同意南湖乡建立嘉兴市南湖五金厂，属村办集体企业。❶该厂位于六号桥，成立后注重提高产品质量，不断扩大业务范围。1985 年 6 月 23 日，南湖乡人民政府致真如村民会，同意建办"嘉兴市真如拉毛厂"，该厂主营纺织品后期整理工序——拉绒生产，建厂地点设于真如村所在地，属村办集体企业，独立核算。投资 5 万元，流动资金 2 万元，计划年产值 10 万元，吸收工人 30 人，建造厂房 150 平方米。❷这些企业有些属乡办，有些属村办，规模不一，生产品种不同，投资量亦不等，但都在各找门路，各显神通，为搞活市场、发展经济发挥应有的作用。

1993 年，对于乡镇企业来说，又是一个重要的节点。这一年嘉兴各地推行乡镇企业股份合作制。9 月 27、28 日，嘉兴市召开全市乡镇企业推行股份制试点工作座谈会，会议交流该市前一阶段股份制试点情况。此前，以嘉兴市委、市府名义先后下发《嘉兴市集体股份合作制企业试行办法》《关于推行乡镇企业股份合作制的意见》两个文件。为了加强领导，嘉兴市专门成立乡镇企业推行股份合作制领导小组及办事机构，随后，相关部门也均建立起专门机构或指导小组。南湖乡也很快落实，成立乡镇企业资产评

图 5-14　1984 年 2 月《关于同意新建"嘉兴　　图 5-15　1986 年南湖乡人民政府《关于同意
　　　　市南湖五金厂"的批复》　　　　　　　　　　　　建办"嘉兴市真如拉毛厂"的批复》

---

❶ 嘉兴市城区社队企业管理局文件：《关于同意新建"嘉兴市南湖五金厂"的批复》，嘉城社企（84）20 号，1984 年 2 月 24 日。嘉兴市城南街道档案室藏档案。
❷ 南湖乡人民政府：《关于同意建办"嘉兴市真如拉毛厂"的批复》，村企批文（85）14 号，1985 年 6 月 23 日。嘉兴市城南街道档案室藏档案。

估机构，举办培训班。"加快推行股份合作制是在市场经济条件下深化农村改革的一个重要突破口，是在宏观调控下保持农村经济持续、快速、健康发展的有力措施。"❶ 各地乡镇企业的蓬勃发展，显示了我国农民所具有的极大创造力。1993 年，按照《嘉兴市城镇企业股份合作制试行办法》等有关文件精神，成立乡村企业产权制度改革领导小组，下设办公室，具体负责乡镇企业改革改制工作。1993 年 12 月，嘉兴市城区更名为嘉兴市秀城区，南湖乡归属秀城区。❷ 秀城区政府就在此时制定了《关于进一步推进秀城区乡村企业产权制度改革的若干意见》等政策性文件，根据"自主经营、自负盈亏、自担风险、自我发展"的要求，对乡镇（街道）工业企业进行产权制度改革。❸ 南湖乡成立改革改制领导小组，采取"实事求是、分类指导、规范操作、逐步完善"的方针，坚持一厂一策，开始进行股份合作制、有限责任公司、租赁、兼并、拍卖等多种形式的改制。这一时期，南湖乡所属的乡镇企业主要围绕重点工作展开。"把好企业资产清查、资产评估、产权界定关，妥善处理企业的债权、债务和下岗职工基本生活保障、再就业 4 个关键问题，加快办理企业'两证'（房产证、土地证）。"❹ 由此推动乡镇企业改革改制进程。

在本书导读中，图 0-16 为 1989 年《嘉兴市城郊图》，涉及南湖乡一带，以四号桥南湖乡政府为中心，四周也标注了一些企业名称。据统计，到 1990 年，南湖乡有企业 60 家，职工 4 749 人；固定资产原值 3 826 万元，销售收入 9 581.74 万元，销售税 814.21 万元，利润 248.84 万元。百万元产值以上的有南湖食品厂、南湖袜厂、石油溶剂厂、毛纺针织厂、南湖化工厂、南湖砖瓦一厂、冷轧厂等 15 家；超千万元产值的有嘉兴市第六毛纺织厂、南湖电子器材厂。主要产品有汽油、柴油、红砖、呢绒、袜子、油漆、电子磁性材料、铁锅等。1990 年，出口腈纶绣花童套装 2.28 万件、磁钢 531.40 万打、簿本 14.33 万打等，出口交货值 361.92 万元，创汇 70 余万美元。❺ 在这些企业中，嘉兴市第六毛纺织厂、南湖电子器材厂，以及南湖建设、浙江文娜针织有限公司等是其中的佼佼者。南湖建设，始建于 1975 年，后成为国家一级房屋建筑工程施工总承包企业。浙江文娜针织有限公司，创建于 1994 年，为当时国内最大的无缝内衣生产商，80% 的产品远销欧美、日韩等国家和地区。

随着乡镇企业的发展，企业开始集聚，并产生了规模效应。这里，值得关注的是，1996 年 3 月，中共嘉兴市委、嘉兴市人民政府，中共秀城区委、秀城区人民政府《关于秀城区四个乡分别委托两个开发区管理的决定》，其中南湖乡委托南湖综合开发区管理。❻ 在市、区相关部门的大力支持下，1999 年南湖乡开

---

❶ 《嘉兴日报》1993 年 9 月 29 日第 1 版。
❷ 《关于嘉兴市城区更名为嘉兴市秀城区的通知》，1993 年 12 月 9 日，嘉兴市南湖区志编纂委员会编：《嘉兴市南湖区志》（下册），第 1767 页。
❸ 嘉兴市南湖区志编纂委员会编：《嘉兴市南湖区志》（中册），第 870 页。
❹ 嘉兴市南湖区志编纂委员会编：《嘉兴市南湖区志》（中册），第 870 页。
❺ 嘉兴市南湖区志编纂委员会编：《嘉兴市南湖区志》（上册），第 517—518 页。
❻ 中共嘉兴市委、嘉兴市人民政府，中共秀城区委、秀城区人民政府《关于秀城区四个乡分别委托两个开发区管理的决定》，1993 年 3 月 6 日，嘉兴市南湖区志编纂委员会编：《嘉兴市南湖区志》（下册），第 1769—1771 页。

图 5-16 1985 年城南路上的嘉兴自行车厂。杜镜宣摄。嘉兴城南街道提供

始筹建工业园区一期，规划面积 850 亩。南湖工业园区从无到有，从小到大，不断在发展：

> 20 世纪 70 年代末，南湖乡（早年是南湖公社）在四号桥这一段公路两边，先后创办石油溶剂厂、嘉兴第六毛纺厂、南湖电子器材厂、南湖袜厂、南湖纸品厂、化工厂和锅厂等 16 家乡办企业和十几家村办企业，形成南湖乡工业区。南湖电子器材厂是当时区最大企业，也是华东地区最大的电子磁性材料生产基地。南湖工业区逐渐与市区连成一片，南湖工业园区向南移，旧址大多企业搬迁，开发成住宅区和商贸区。❶

2000 年 6 月，嘉兴市秀城区人民政府同意南湖乡建立南湖电子器材工业园，规划面积为 750 亩。该工业园的建立，"有利于培育特色块状经济和加快产业结构调整，促进区域经济竞争能力的提高"❷。尤其是能加大招商引资力度，吸引更多企业向园区集聚，加快整个南湖工业园区的开发建设进度。

---

❶ 嘉兴市南湖区志编纂委员会编：《嘉兴市南湖区志》（上册），第 520 页。
❷ 嘉兴市秀城区人民政府：《关于同意建立南湖电子器材工业园的批复》，2000 年 6 月 30 日。嘉兴市城南街道档案室藏档案。

图 5-17　浙江省嘉兴经济开发区。杜镜宣摄。嘉兴城南街道提供

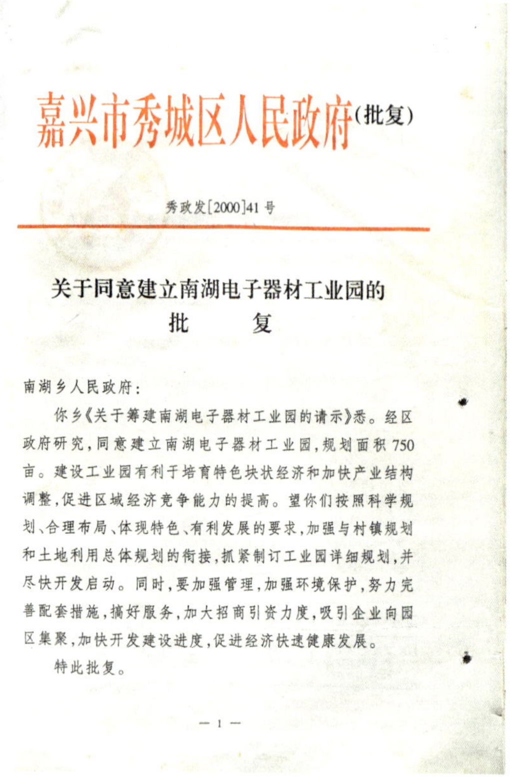

嘉兴市秀城区人民政府（批复）

秀政发〔2000〕41 号

关于同意建立南湖电子器材工业园的批复

南湖乡人民政府：

你乡《关于筹建南湖电子器材工业园的请示》悉。经区政府研究，同意建立南湖电子器材工业园，规划面积750亩。建设工业园有利于培育特色块状经济和加快产业结构调整，促进区域经济竞争能力的提高。望你们按照科学规划、合理布局、体现特色、有利发展的要求，加强与村镇规划和土地利用总体规划的衔接，抓紧制订工业园详细规划，并尽快开发启动。同时，要加强管理，加强环境保护，努力完善配套措施，搞好服务，加大招商引资力度，吸引企业向园区集聚，加快开发建设进度，促进经济快速健康发展。

特此批复。

— 1 —

把考察的时段拉长，可以清晰反映南湖乡、嘉兴城南一带工业发展的脉络。从 20 世纪 70 年代末社队企业起步，到 80 年代初乡镇企业作为一种独立的企业形态异军突起，再到 1993 年乡镇企业开始向股份合作制转变，南湖乡的乡镇企业经历了多次转型，以其强劲的活力推动了本地社会经济的发展。可以说，从 1980 年到 2000 年，这 20 年是南湖乡镇企业发展的"黄金时期"。

2001 年，南湖乡又开始规划工业园区二期。而此时开启的"撤乡设街道"，更加速了这一带的工业化、城市化进程。

图 5-18　《关于同意建立南湖电子器材工业园的批复》（摘选），2000 年 6 月 30 日

第三节 首创亿元乡，谱写新篇章

南湖乡镇企业的崛起，是这一地区改革开放的一个缩影。

这是一个改革的年代，改革有风险，但也有机遇，更多体现出来的是活力与生机。在改革的年代，各种新生事物在南湖乡不断涌现，社会经济结构也开始实行重大转型。首先，从农村改革开始，实行家庭联产承包责任制，此后又延长土地承包期，实行第二轮土地承包，1994 年 11 月后又开始实行土地使用及流转。通过一系列改革，规范了土地承包合同，健全与完善相关机制，以此确保农民在土地承包和土地经营中的权益，由此极大激发了农民的生产积极性，劳动力得到解放。自实行家庭联产承包责任制以来，南湖乡人民干劲十足，在发展农业生产、推进各项事业方面不断有新的突破。

首先，看一组数据的对比，详见表 5-1。

表 5-1 南湖乡 1983 年与 2000 年基本情况、工农业总产值比较

	1983 年	2000 年
基本情况	1. 全乡现有 243 个生产队（即村民组）。 2. 共 5 747 户，23 471 人（其中：非农业人口 463 人），男 11 809 人，女 11 662 人。 3. 南湖乡总面积 48.84 平方千米（千米）。	1. 全乡现有 20 个村。 2. 总户数 5 991；总人口 20 676；劳动力人数 12 842。 3. 南湖乡行政区域土地面积 49.38 平方千米。
工农业总产值等	南湖乡工农业总产值 2 150.82 万元，其中工业总产值 896.61 万元，占 41.68%；农副业总产值 1 254.21 万元，占 58.32%。	南湖乡国内生产总值 28 902 万元。

资料来源：《南湖乡基本情况及八三年经济成果（统计）》；2000 年南湖乡《乡镇社会经济发展基本情况》、2000 年南湖乡《户数、人口调查统计》。

说明：南湖乡总面积参照 1982 年数据，嘉兴市南湖区志编纂委员会编：《嘉兴市南湖区志》（上册），第 517 页。

从表中可以看出，从 1983 年到 2000 年，南湖乡从工农业总产值 2 150.82 万元，到 2000 年国内生产总值达到 28 902 万元。这不仅是数字的巨大变化，而且背后更体现的是这一地区在过去十余年间社会经济发生了深刻变化。

翻阅档案资料，就会发现南湖乡工农业总产值一直在攀升。1985 年全乡"经济总收入为 5 220.18 万元，比 1984 年增加 661.68%，其中乡村合作企业总产值 3 023.44 万元，占 57.92%；农副业总产值 2 196.74 万元，占 42.08%"[1]。至 1987 年，南湖乡工农业总产值在城区各乡中首个突破 1 亿元，被区委、区政府授予"首个亿元乡，再谱新篇章"奖章。一个乡能突破亿元，在当时颇为轰动。

这一时期南湖乡的发展是比较全面的。在农业生产方面，到 1990 年，全乡粮食总产量 27 162 吨，其

[1] 《南湖乡基本情况及八五年经济成果（统计）》，1985 年。嘉兴市城南街道档案室藏档案。

187

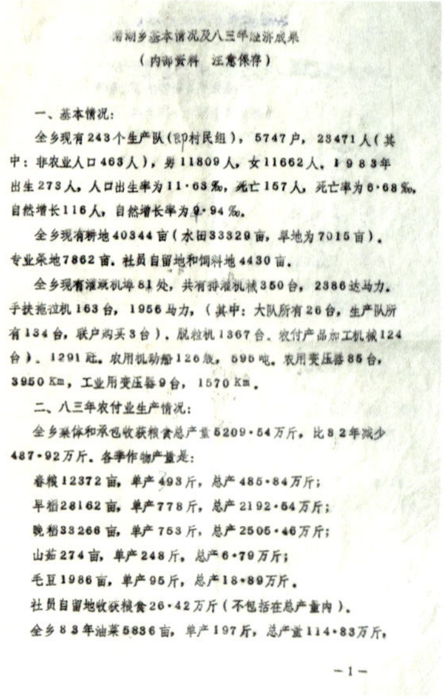

南湖乡基本情况及八三年经济成果

（内部资料 注意保存）

一、基本情况：

全乡现有243个生产队（即村民组），5747户，23471人（其中：非农业人口463人），男11809人，女11662人。1983年出生273人，人口出生率为11·63‰，死亡157人，死亡率为6·68‰，自然增长116人，自然增长率为9·94‰。

全乡现有耕地40344亩（水田33329亩，旱地为7015亩）。专业桑地7862亩，社员自留地和饲料地4430亩。

全乡现有灌溉机埠81处，共有排灌机械350台，2386达马力。手扶拖拉机163台，1956马力，（其中：大队所有26台，生产队所有134台，联户购买3台），脱粒机1367台、农付产品加工机械124台），1291瓩，农用机动船126艘，595吨，农用变压器85台，3950Km，工业用变压器9台，1570Km。

二、八三年农付业生产情况：

全乡集体和承包收获粮食总产量5209·54万斤，比82年减少487·92万斤。各季作物产量是：

春粮12372亩，单产493斤，总产485·84万斤；

早稻28162亩，单产778斤，总产2192·54万斤；

晚稻33266亩，单产753斤，总产2505·46万斤；

山茹274亩，单产248斤，总产6·79万斤；

毛豆1986亩，单产95斤，总产18·89万斤。

社员自留地收获粮食26·42万斤（不包括在总产量内）。

全乡83年油菜5836亩，单产197斤，总产量114·83万斤，

－1－

图5-19（1）《南湖乡基本情况及八三年经济成果（统计）》（摘选）

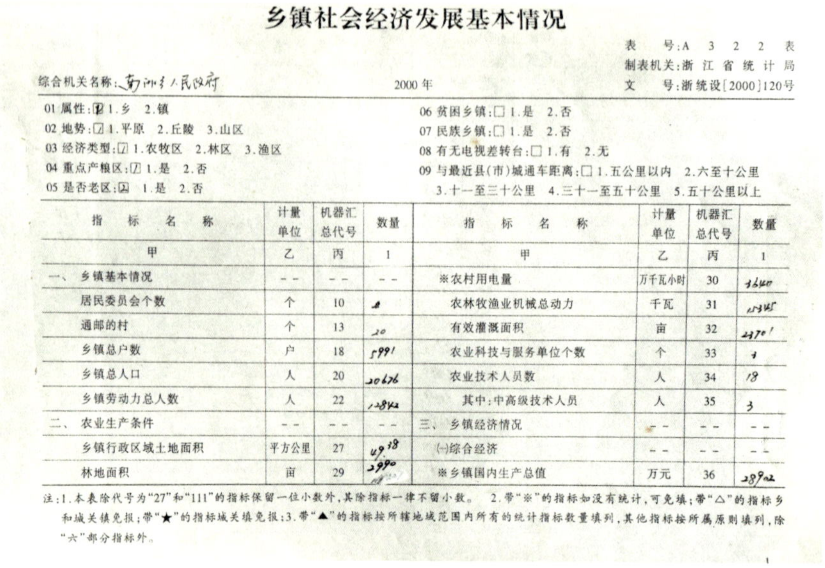

乡镇社会经济发展基本情况

表　　号：A 3 2 2 表

制表机关：浙江省统计局

文　　号：浙统设[2000]120号

综合机关名称：南湖乡人民政府　　2000年

01 属性：[1] 1.乡　2.镇

02 地势：[1] 1.平原　2.丘陵　3.山区

03 经济类型：[1] 1.农牧区　2.林区　3.渔区

04 重点产粮区：[1] 1.是　2.否

05 是否老区：[2] 1.是　2.否

06 贫困乡镇：□ 1.是　2.否

07 民族乡镇：□ 1.是　2.否

08 有无电视差转台：□ 1.有　2.无

09 与最近县(市)城通车距离：□ 1.五公里以内　2.六至十公里　3.十一至三十公里　4.三十一至五十公里　5.五十公里以上

指标名称	计量单位	机器汇总代号	数量	指标名称	计量单位	机器汇总代号	数量
甲	乙	丙	1	甲	乙	丙	1
一、乡镇基本情况	--	--	--	※农村用电量	万千瓦小时	30	3640
居民委员会个数	个	10	[illegible]	农林牧渔业机械总动力	千瓦	31	15345
通邮的村	个	13	20	有效灌溉面积	亩	32	23701
乡镇总户数	户	18	5991	农业科技与服务单位个数	个	33	1
乡镇总人口	人	20	20676	农业技术人员数	人	34	18
乡镇劳动力总人数	人	22	12842	其中：中高级技术人员	人	35	3
二、农业生产条件	--	--	--	三、乡镇经济情况	--	--	--
乡镇行政区域土地面积	平方公里	27	49.38	(一)综合经济	--	--	--
林地面积	亩	29	2990	※乡镇国内生产总值	万元	36	28902

注：1.本表除代号为“27”和“111”的指标保留一位小数外，其除指标一律不留小数。　2.带“※”的指标如没有统计，可免填；带“△”的指标乡和城关镇免报；带“★”的指标城关填免报；3.带“▲”的指标按所辖地域范围内所有的统计指标数量填列，其他指标按所属原则填列，除“六”部分指标外。

图5-19（2）　2000年南湖乡《乡镇社会经济发展基本情况》

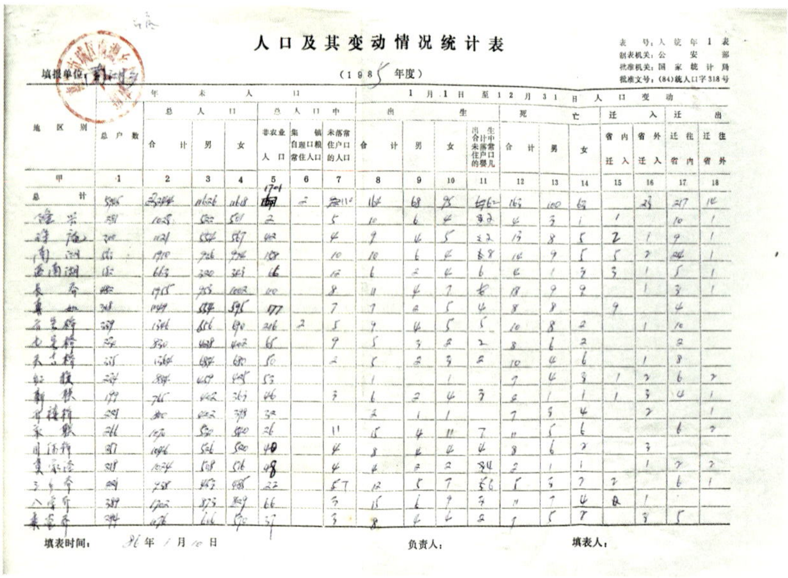

人口及其变动情况统计表

（1985年度）

表　号：人统年1表

制表机关：公安部

批准机关：国家统计局

批准文号：(84)统人口字318号

填报单位：南湖乡

地区别	年末人口：总户数	总人口：合计	男	女	总人口中：非农业人口	集镇自理口粮常住人口	未落常住户口的人口	1月1日至12月31日人口变动：出生：合计	男	女	出生合计中未落常住户口的婴儿	死亡：合计	男	女	迁入：省内迁入	省外迁入	迁出：迁往省内	迁往省外
甲	1	2	3	4	5	6	7	8	9	10	11	12	13	14	15	16	17	18

填表时间：86年1月10日　　负责人：　　填表人：

图5-20（1）　1985年度南湖乡《人口及其变动情况统计表》

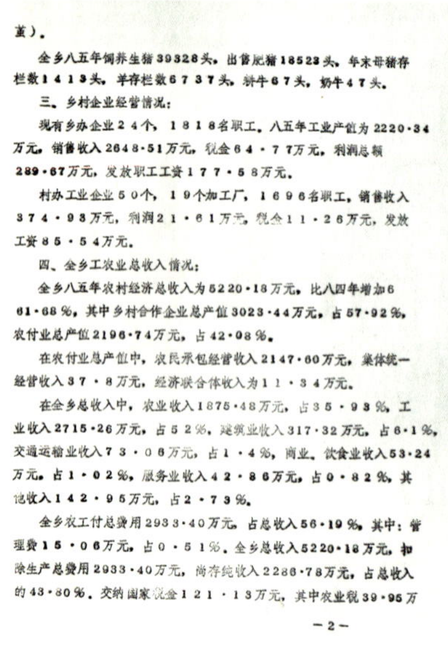

菫）。

全乡八五年饲养生猪39328头，出售肥猪18523头，年末母猪存栏数1413头，羊存栏数6737头，耕牛67头，奶牛47头。

三、乡村企业经营情况：

现有乡办企业24个，1818名职工，八五年工业产值为2220·34万元，销售收入2648·51万元，税金64·77万元，利润总额289·67万元，发放职工工资177·58万元。

村办工业企业50个，19个加工厂，1696名职工，销售收入374·93万元，利润21·61万元，税金11·26万元，发放工资85·54万元。

四、全乡工农业总收入情况：

全乡八五年农村经济总收入为5220·18万元，比八四年增加661·68%，其中乡村合作企业总产值3023·44万元，占57·92%，农付业总产值2196·74万元，占42·08%。

在农付业总产值中，农民承包经营收入2147·60万元，集体统一经营收入37·8万元，经济联合体收入为11·34万元。

在全乡总收入中，农业收入1875·48万元，占35·93%，工业收入2715·26万元，占52%，建筑业收入317·32万元，占6·1%，交通运输业收入73·06万元，占1·4%，商业、饮食业收入53·24万元，占1·02%，服务业收入42·86万元，占0·82%，其他收入142·95万元，占2·73%。

全乡农工付总费用2933·40万元，占总收入56·19%，其中：管理费15·06万元，占0·51%。全乡总收入5220·18万元，扣除生产总费用2933·40万元，尚存纯收入2286·78万元，占总收入的43·80%。交纳国家税金121·13万元，其中农业税39·95万

－2－

图5-20（2）《南湖乡基本情况及八五年经济成果（统计）》（摘选）

中水稻23 702吨，粮地亩产865千克；交售粮食15 570吨，人均提供677千克，“为全区人均售粮首位”❶。油菜籽总产1 173吨、蚕茧591吨，饲养猪43 710头、羊13 672头，淡水鱼总产达263.7吨。其中，南湖乡天带桥村成为嘉兴市区蔬菜基地，拥有菜地610.67亩，蔬菜总产1 529.33吨。❷草莓、桃、李

❶ 嘉兴市南湖区志编纂委员会编：《嘉兴市南湖区志》（上册），第517页。

❷ 嘉兴市南湖区志编纂委员会编：《嘉兴市南湖区志》（上册），第517页。

等也形成了规模经营。南湖菱、南湖蟹作为特产，被收入《浙江土特产简志》。其中作为嘉兴市特产的南湖菱：

> 产地以嘉兴南湖为中心。南湖菱，又名小青菱、馄饨菱、元宝菱、和尚菱。属菱科南湖菱种，是菱科中最进化的一种。其果实圆形无角，犹如馄饨，酷似元宝，背青肚白，皮薄肉脆，鲜甜嫩洁。每年八月中旬至十一月中旬上市，为秋季应市佳果。清朝时曾列为贡品，乾隆皇帝六次南巡都在南湖烟雨楼驻跸，相传曾在楼前荷花池摘食，赞不绝口。南湖菱除鲜食外，还可制成风菱久贮，或加工成菱粉和蜜饯，也可作为酿酒、制醋、制糖和纺织浆料等工业用料。❶

南湖还产南湖蟹，"南湖蟹产于嘉兴南湖，与南湖菱、嘉兴粽子同为嘉兴的传统土特产品。其主要特点是个体壮大、蟹黄肥满。每年寒露以后上市，形成蟹汛，至霜降达到高峰"❷。南湖乡的真如、南湖、西南湖三村产南湖菱、南湖蟹。

南湖乡还是南湖羊的生产基地。1986年3月，有关部门提出建设嘉兴市南湖湖羊生产基地，并拟定《关于组建嘉兴市南湖湖羊生产服务合作社的计划（草稿）》。这份计划认为：组建综合性的服务合作社是必要的。随着农村商品经济的不断发展，组织多形式、专业性的新的合作经济，不仅能促进农村产业结构的进一步调整，而且也符合生产力发展的需要。因此，在促进农村商品生产工作中，需要以产品为"龙头"，供销社为依托，从服务入手，根据群众的要求，推进新的联合，这是供销社的一项重要任务，也是逐步办成综合服务中心的组成部分。有关部门首先对南湖乡的基本情况进行了分析：南湖乡地处嘉兴市区南郊，物产丰富，乡镇工业发达。全乡20个自然村（包括1个水产村），243个组，5 852户，22 896人，水田31 987亩，旱地10 804亩，是城区粮、茧、麻、湖羊、生猪等重点产区。据1985年底统计：

> 全乡饲养湖羊的有18个村，年底存栏6 156头，比84年5 617头增加9.60%，85年收购小湖羊皮6 735张。比84年5 857张增加15%，平均扯价（按，原文如此）每张12.29元，总值达8.30万元。据最近初步调查，全乡饲养湖羊5只以上的近60户，其中饲养湖羊7—10只的约10户，八字桥、长桥、月河桥是湖羊重点村，饲养量均超过700头，有20余个组家家户户饲养湖羊。隆兴村12组农民姚天荣，全家6人，去年饲养湖羊9头，出售羔皮34张，收入400余元。因此，南湖乡饲养湖羊［是］具有历史悠久、经济效益较高的一项重要家庭副业。❸

在此基础上，嘉兴城区供销社、南湖乡提出"组建南湖湖羊生产服务合作社"的设想，包括：（1）形式和宗旨。该合作社是在市供销社和城区政府领导下，由南湖供销社、市畜产品公司、湖羊重点户等

---

❶ 浙江人民出版社编辑：《浙江土特产简志》，浙江人民出版社1987年版，第147页。
❷ 浙江人民出版社编辑：《浙江土特产简志》，第149页。
❸ 嘉兴城区供销社：《关于组建嘉兴市南湖湖羊生产服务合作社的计划（草稿）》，1986年3月24日。嘉兴市城南街道档案室藏档案。

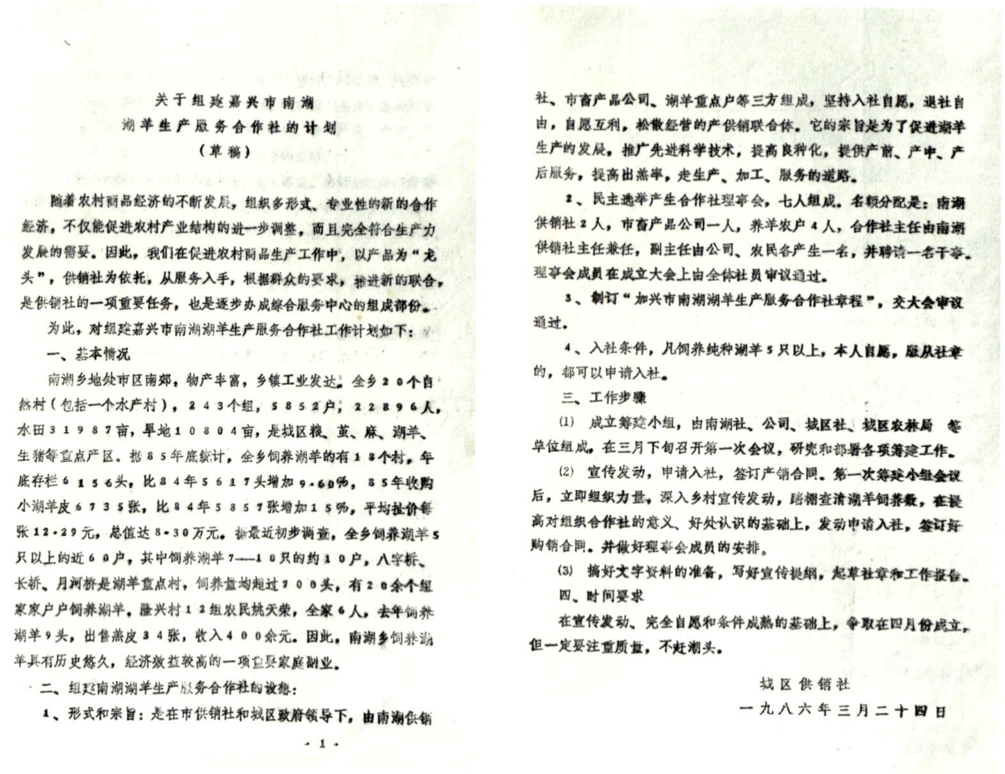

图 5-21　1986 年《关于组建嘉兴市南湖湖羊生产服务合作社的计划（草稿）》

三方组成，坚持入社自愿、退社自由、自愿互利、松散经营的产供销联合体。它的宗旨是为了促进湖羊生产的发展，推广先进科学技术，提高良种化，提供产前、产中、产后服务，提高出羔率，走生产、加工、服务的道路。（2）民主选举产生合作社理事会，7 人组成。名额分配是：南湖供销社 2 人，市畜产品公司 1 人，养羊农户 4 人，合作社主任由南湖供销社主任兼任，副主任由公司、农民各产生 1 名，并聘请 1 名干事。理事会成员在成立大会上由全体社员审议通过。（3）制订《嘉兴市南湖湖羊生产服务合作社章程》，交大会审议通过。（4）入社条件。凡饲养纯种湖羊 5 只以上，本人自愿，服从社章的，都可以申请入社。❶随后，成立筹建小组，积极推动南湖羊生产基地的建设。

就在这一年，南湖乡被嘉兴市确定为"内贸畜禽基地"，为此，乡政府成立了畜禽基地领导小组，要求各村专人分管负责，"争取在二年内完成建立畜禽基地任务"❷。南湖乡对畜禽业的重视，一定程度上也带动了本地纺织业等的发展。

与此同时，南湖乡还实施了"粮食亩产吨粮田工程建设"。1990 年 4 月，根据浙江省、嘉兴市要求，相关区县启动"粮食亩产吨粮田工程建设"，吨粮田工程建设的要求是：田块成方，防护林成行，机耕路

---

❶ 嘉兴城区供销社：《关于组建嘉兴市南湖湖羊生产服务合作社的计划（草稿）》，1986 年 3 月 24 日。嘉兴市城南街道档案室藏档案。
❷ 嘉兴市城区南湖乡人民政府文件，《关于建立内贸畜禽商品生产基地的试行办法的通知》，嘉城南政（86）17 号，1986 年 6 月 10 日。嘉兴市城南街道档案室藏档案。

沙石化或硬化，灌排渠道分系硬化，大力改善机耕与排灌条件，使农田田园化，促进“一优两高农业”发展。1992年，“建成2个吨粮乡，其中南湖乡巩固提高，东栅乡实现吨粮乡”。南湖、东栅等乡均被区政府评为“吨粮田工程建设达标镇”[1]。

然而，也应该看到，随着这一区域不断向工业化、城市化推进，农业规模随之萎缩。“2003年，西南新区开始征用农田。到2010年，已征用11 664亩，还有11 944亩。2010年，全乡粮食总产2 964.7吨，其中水稻2 255.3吨、亩产865公斤；种桑1 397亩，蚕茧591吨。”[2]较历史高峰时粮食总产量有了大幅度下降。

南湖乡的社会经济结构正在经历重大转型，传统的农业经济不断调整、优化，以适应城郊经济的发展。此外，南湖乡也积极发展第三产业。1985年1月，嘉兴市城区乡镇企业局同意南湖乡建办“嘉兴西南湖旅馆”，切实做好为旅游开发的工作。[3]

嘉兴市城区南湖乡人民政府文件

嘉城南政（86）17号

关于建立内贸畜禽商品生产基地的试行办法的
通　　知

各村民委员会及有关单位：

现将中共嘉兴市农村经济委员会、嘉兴市财贸办公室、嘉兴市食品生产领导小组《关于建立内贸畜禽商品生产基地的试行办法》转发给你们。

为促进畜禽生产逐步向专业化、商品化方向发展，我乡被市确定为内贸畜禽基地。乡政府成立了畜禽基地领导小组，要求各村专人分管负责，根据试行办法，积极宣传发动，并落实实施，争取在二年内完成建立畜禽基地任务。

南湖乡人民政府
一九八六年六月十日

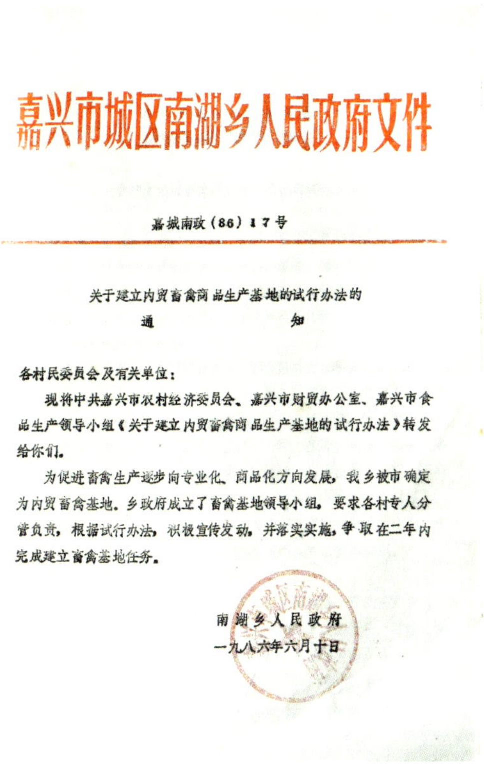

图5-22　1986年南湖乡《关于建立内贸畜禽商品生产基地的试行办法的通知》

随着社会经济的快速发展，南湖乡在市政建设、商贸配套设施，以及文化教育、社会事业方面也有了很大推进。社会基础设施建设是保障社会经济发展的重要原动力，对推进工业化、城市化起着重要作用，不仅有利于工商业发展，同时也能够为居民提供更加便利的生活。

道路建设在城市化过程中起着重要的作用，南湖乡境内有多条主干道路，其中城南路修筑历史较早，北起环城南路和环城西路交接处，南至南郊河，原是320国道市区段，1981年嘉兴市对道路进行整改，将路面改建为7米宽的柏油路面，1989年又将道路延伸至二环路，成为嘉兴市南部的交通主干道。这一时期，南湖乡开始大规模修桥筑路，一条条道路的开辟，改善了当地的交通条件，为此后城南的大规模开发创造了有利条件，奠定了一定的基础。

南湖乡还积极服务人民群众。20世纪80年代南湖乡经济发展迅速，乡镇企业大发展，外来务工人员人数不断增长。务工人数的增长给当地的交通带来压力，职工上下班遇到瓶颈，尤其是嘉桐公路四号桥附近，是南湖乡乡镇企业的集聚地，当地每天上下班人数1 000余人，通勤压力大。因此，为了更好地服务职工，减缓职工上下班压力，1984年当地乡镇企业联名申请在四号桥附近设立公共汽车停靠站，这一提议

[1] 嘉兴市南湖区志编纂委员会编：《嘉兴市南湖区志》（中册），第800页。
[2] 嘉兴市南湖区志编纂委员会编：《嘉兴市南湖区志》（上册），第517页。
[3] 《关于同意建办嘉兴西南湖旅馆的批复》，1985年1月21日，嘉兴市城南街道档案室藏档案。

图 5-23　南湖供销社商场开业展销（位于城南路）。杜镜宣摄。嘉兴城南街道提供

图 5-24　南湖乡城南路，1986 年。杜镜宣摄。嘉兴城南街道提供

图 5-25　新道路的开辟，20 世纪 80 年代。嘉兴城南街道提供

得到南湖乡政府的支持。[1]

注意加强基础建设，发展文化教育事业。中华人民共和国成立后，当地政府重视教育，实行普及小学教育，发展中学教育。实行改革开放后，更有财力改善办学条件。据统计，1982 年南湖公社有中学 2 所、小学 22 所，其中 2 所附设初中班，共计中学生 855 人，小学生 2 812 人。[2] 随着工业化、城市化的推进，大量人口导入了南湖乡，原有的住宅容量、校园容量均有限，要求南湖乡加大力度，增加投入，扩大办学规模，解决入学难问题。这里，我们摘引一份档案，是关于在新建住宅区真如、百花新村建造小学校舍的报告，以此为案例进行解读。

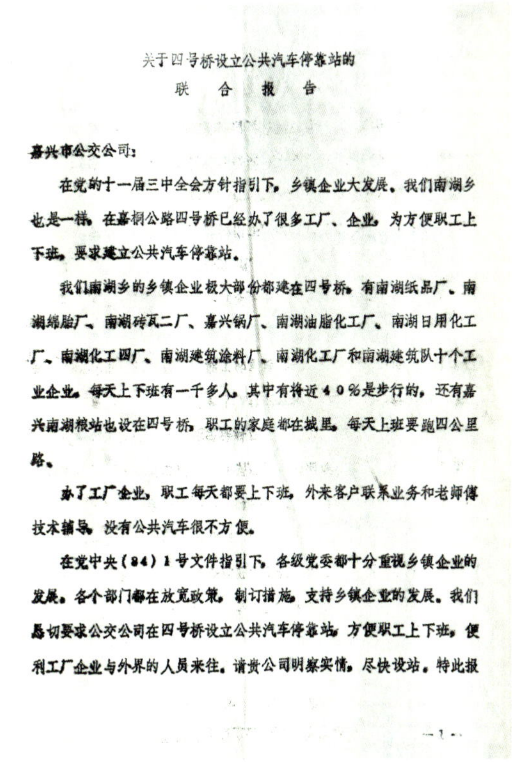
关于四号桥设立公共汽车停靠站的
联 合 报 告

嘉兴市公交公司：

在党的十一届三中全会方针指引下，乡镇企业大发展，我们南湖乡也是一样，在嘉桐公路四号桥已经办了很多工厂、企业，为方便职工上下班，要求建立公共汽车停靠站。

我们南湖乡的乡镇企业极大部份都建在四号桥，有南湖纸品厂、南湖绵胎厂、南湖砖瓦二厂、嘉兴锅厂、南湖油脂化工厂、南湖日用化工厂、南湖化工四厂、南湖建筑涂料厂、南湖化工厂和南湖建筑队十个工业企业，每天上下班有一千多人，其中有将近 40% 是步行的，还有嘉兴南湖粮站也设在四号桥，职工的家庭都在城里，每天上班要跑四公里路。

办了工厂企业，职工每天都要上下班，外来客户联系业务和老师傅技术辅导，没有公共汽车很不方便。

在党中央（84）1 号文件指引下，各级党委都十分重视乡镇企业的发展，各个部门都在放宽政策，制订措施，支持乡镇企业的发展。我们恳切要求公交公司在四号桥设立公共汽车停靠站，方便职工上下班，便利工厂企业与外界的人员来往。请贵公司明察实情，尽快设站。特此报

—1—

图 5-26　1984 年《关于四号桥设立公共汽车停靠站的联合报告》（节选）

随着嘉兴城市的发展，大规模旧城改造的实施，以及新城市建设范围的扩大，从主城区逐渐向外扩张。位于城南的南湖乡，是城区延伸发展的重要区域。早些时候就已启动的真如、百花两村住宅建设，就坐落于南湖乡境内。新住宅的发展，大规模的人口迁入，必然涉及新居民子弟的就近入学，以及学校的新布点等问题。“城市人口的增加和住宅的迁移，必须增加学校的布点，才能满足群众入学的要求。特别是中山路拆迁和立交桥工程的开始，数以千计的居民将陆续搬入新村，学生上学读书将碰到新的矛盾。”[3] 这在当时是一个棘手的问题。为此，市、区两级政府都十分重视这些居民住宅区的配套工程，经过调查研究，明确了需要在真如、百花两新村新建两所小学。嘉兴城区文化教育局为此提出两个建议：

一、真如新村坐落在南湖乡真如村。该村现有一所小学，只能接纳真如、西南湖两村的农民学生，学校设施简陋，场地窄小，又因学校边上绝缘厂的发展，使学校不仅毫无伸展之地，且在高层建筑的包围之中，光线不足，阴暗潮湿。目前，该校既不适应发展了的规模，又不利于学生健康发展。绝缘厂曾几次与乡、村洽谈，帮助学校搬迁地皮厂方需要（按，原文如此）。学校迁移，双方有利。在真如新村附近的西板桥地方建造，使真如新村居民和附近农民子女入学方便。

[1]《关于四号桥设立公共汽车停靠站的联合报告》，1984 年 8 月 27 日。嘉兴市城南街道档案室藏档案。
[2] 嘉兴市南湖区志编纂委员会编：《嘉兴市南湖区志》（上册），第 518 页。
[3]《关于在新建住宅区真如、百花新村建造小学校舍的报告》，1984 年 6 月 6 日，嘉兴市城南街道档案室藏档案。

初步规划这所学校应是十二个班级的完小。要有教室外，还需小型实验室、学生文体活动室、唱歌室、阅览室、办公室、储藏室等主体楼一座，计 1 600 平方米。其他需建伙房、厕所和门房间约 100 平方米，教工宿舍 500 平方米。需基建经费约 29 万元（包括整地、围墙、平整场地）。同时，建房和活动场地需征用土地五亩。

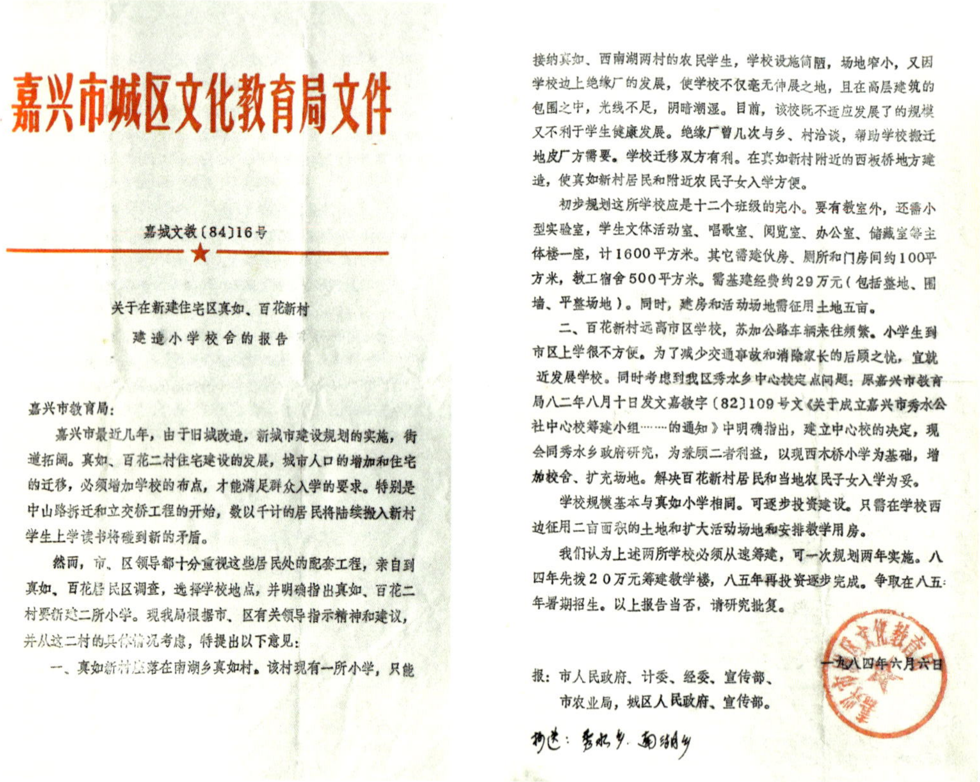

二、百花新村远离市区学校，苏加（嘉）公路车辆来往频繁。小学生到市区上学很不方便。为了减少交通事故和消除家长的后顾之忧，宜就近发展学校。同时考虑到我区秀水乡中心校定点问题：原嘉兴市教育局八二年八月十日发文嘉教字〔82〕109 号文《关于成立嘉兴市秀水公社中心校筹建小组……（按，原文如此）的通知》中明确指出，建立中心校的决定，现会同秀水乡政府研究，为兼顾二者利益，以现西木桥小学为基础，增加校舍、扩充场地。解决百花新村居民和当地农民子女入学为妥。

学校规模基本与真如小学相同。可逐步投资建设。只需在学校西边征用二亩面积的土地和扩大活动场地和安排教学用房。❶

图 5-27　1986 年城镇发展，加强配套建设（小学校舍）档案摘选

---

❶《关于在新建住宅区真如、百花新村建造小学校舍的报告》，1984 年 6 月 6 日，嘉兴市城南街道档案室藏档案。

后经协商，于 1984 年先拨 20 万元筹建教学楼，1985 年再投资逐步完成，于 1985 年暑期开始招生。这两所小学设立于南湖乡境内，关联到不少单位、部门，既有原村落农民子弟的入学问题，也涉及新村居民子弟的就读状况，还与周边的企业、机构存在着利益纠纷。在推进城市化过程中，一方面，需要进行大规模的住宅建设；另一方面，又要做好大量的配套工作，包括就业、就读等问题。在上述这份报告中，可以了解到在多方协调与努力下，通过增加投入，建造校舍，扩充场地，切实解决了学生的入学压力，改善了办学条件。

南湖乡，原来是一个传统的农业区，自实行改革开放后，原有的产业结构发生了深刻变化，传统农业的转型，乡镇企业的崛起，工业化带动了城镇化，在新旧之间、城乡之间，格局大变，景观、面貌也随之变化。

这一时期南湖乡的快速发展，一方面是来自"自发性"的内部推动，特别是乡镇企业的兴起，涌现了一批知名企业，享誉海内外，在嘉兴乡镇企业发展史上写下了浓重一笔。这些企业从无到有，由小而大，实力不断增强，并吸纳了大量劳动力，在资本、技术、市场等方面有了一定的积累，为本地工业化、城镇化提供了坚实的基础。另一方面，南湖乡的成长，也与靠近嘉兴市区，并与其在整个长三角地区中的区位环境有着密切关系。随着嘉兴城区向南、向西扩展，尤其是长三角城市群的不断壮大，南湖乡在地理与战略上所具有的独特优势也日益凸显。

图 5-28　城南路与放鹤洲旧貌，1985 年。杜镜宣摄。嘉兴城南街道提供

第 六 章

城南新格局：
建设现代化城区

进入 21 世纪，嘉兴城南一带的现代化进程明显加快，其实质就是工业化、城市化的推动。城南街道的成立，后又委托嘉兴经济开发区管理，从撤乡设街道到体制机制的改革，更有助于推进嘉兴城南区域的现代化建设。一条条道路的开拓，一座座桥梁的兴建，一幢幢楼宇的出现，一个个新社区的形成，城南一带的景观大异，面貌焕然一新。城南已经成为嘉兴主城区的重要组成部分。

作为新兴的城区，嘉兴城南的发展具有后发优势，在新产业的布局、新商业模式的塑造、科技创新领域的拓展，以及新移民的集聚等方面，都有新城区发展的新特点。但城南的广大地区毕竟又是从传统的农业区域中脱胎转化而来，在城乡之间、新旧之间、传统与现代之间，既有紧密的联系，也存在着一些矛盾甚至冲突，这涉及深层的社会经济结构转型问题，包括城乡关系、产业调整、人口构成、功能定位等，诸多矛盾或隐或显，凸显出城乡管理体制的差异、从乡民到市民的转型、新移民的身份认同、生态环境的压力等。

从南湖乡到城南街道，这一区域在建设社会现代化的发展历程值得记录，值得探究，具有独特的样本研究价值。

图6-1 城南鸟瞰 摄于2021年6月15日
嘉兴城南街道提供

第一节　撤乡设街道

世纪之交，嘉兴城南一带处于发展的重要时期。

首先，我们来看两份调查资料，可以了解 2000 年南湖乡的基本情况。2000 年浙江省统计局要求各乡镇填报《乡镇社会经济发展基本情况》，表中涉及几个方面，包括属性、地势、经济类型，以及产业特点、交通环境等。表 6-1，即为 2000 年南湖乡社会经济发展基本情况。

表 6-1　2000 年南湖乡社会经济发展基本情况

指 标 名 称	计量单位	机器汇总代号	数量	指 标 名 称	计量单位	机器汇总代号	数量
甲	乙	丙	1	甲	乙	丙	1
一、乡镇基本情况				*农村用电量	万千瓦小时	30	3 640
居民委员会个数	个	10		农林牧渔业机械总动力	千瓦	31	15 345
通邮的村	个	13	20	有效灌溉面积	亩	32	23 701
乡镇总户数	户	18	5 991	农业科技与服务单位个数	个	33	3
乡镇总人口	人	20	20 676	农业技术人员数	人	34	18
乡镇劳动力人数	人	22	12 842	其中：中高级技术人员	人	35	3
二、农业生产条件				三、乡镇经济情况			
乡镇行政区域土地面积	平方千米	27	49.38	（一）综合经济			
林地面积	亩	29	29.90	*乡镇国内生产总值	万元	36	28 902

资料来源：《乡镇社会经济发展基本情况》，南湖乡人民政府填报，2000 年。嘉兴市城南街道档案室藏档案。

另一份表格是 2000 年浙江省统计局、农业厅要求各乡镇填报的，涉及南湖乡户数、人口的详细统计，详见表 6-2。

综合两份表格的统计，南湖乡总计 20 个村，总户数 5 991，人口数为 20 676，劳动力人数 12 842，全乡国内生产总值达 2.89 亿元。进入 21 世纪，南湖乡的各项事业均在积极推进之中，经济发展的势头十分强劲。

随着农村改革的深入，根据中央相关文件与浙江省的有关政策规定，要求各地"紧紧围绕提前实现农业和农村现代化和建设有中国特色社会主义新农村的总体目标，立足当前，着眼长远，通过调整行政村区划，推进中心村建设，加快农业和农村现代化建设，促进农村经济和社会事业的全面发展"❶。为

---

❶　中共嘉兴市秀城区南湖乡委员会文件：《关于（南湖乡）行政村区划调整工作的实施意见》（2001 年 4 月 29 日）。嘉兴市南湖区档案馆藏，档号：012-01A-00560-025。

表6-2　2000年南湖乡户数、人口调查统计

甲	村个数	村民小组个数	乡村户数	乡村人口数	其中:在校中小学生人数	自来水受益村	通汽车村	乡村劳动力资源综述						乡村实有劳动力		
								小计	劳动年龄内人数	其中:学生数	其中:丧失劳力	未满年龄劳动力	超龄劳动力	小计	男劳力	女劳力
	1	2	3	4	5	6	7	8	9	10	11	12	13	14	15	16
总计	20	230	5 637	20 073	2 607	20	20	12 913	12 790	339	165	0	288	12 528	6 443	6 085
隆兴	1	13	282	1 011	110	1	1	650	656	9	6			641	336	305
珠庵	1	16	325	1 085	131	1	1	745	714	5	24		55	684	337	347
南湖	1	21	451	1 277	164	1	1	934	867	35	8		75	867	453	414
西南湖	1	5	114	222	33	1	1	124	125	3	1			121	77	44
长桥	1	17	492	1 969	310	1	1	1 269	1 263	18	26		32	1 257	635	622
真如	1	1	27	36	16	1	1	15						15	5	10
六号桥	1	12	357	1 164	165	1	1	697	697	36				661	344	317
七号桥	1	12	223	775	72	1	1	479	487	45	8			434	216	218
天带桥	1	12	346	1 280	120	1	1	822	810	12	8		20	790	392	398
红旗	1	10	285	885	107	1	1	542	557	36	15			506	257	249
新联	1	8	216	785	112	1	1	488	503	28	15			454	232	222
开禧桥	1	8	203	799	109	1	1	504	508	11	4			493	256	237
永联	1	9	300	1 199	175	1	1	754	704	17	10		60	754	392	362
月河桥	1	11	264	1 012	128	1	1	647	663	26	16			647	349	298
英家泾	1	13	259	995	114	1	1	633	636	15	3			618	319	299
八字桥	1	21	431	1 651	176	1	1	1 078	1 084	8	6			1 070	555	515
乘堂桥	1	15	303	1 098	154	1	1	715	719	10	4			715	375	340
三乡桥	1	9	231	876	124	1	1	564	542	5	3		25	559	278	281
梁林桥	1	16	474	1 815	250	1	1	1 176	1 156	15			20	1 156	578	578
渔业	1	1	54	139	37	1	1	92	99	5	8		1	86	57	29

资料来源：南湖乡人民政府填报，2000年。嘉兴市城南街道档案室藏档案。

表中说明：（1）栏次关系：8=9+12+13-11；14=15+16。（2）劳动年龄内指：男16—59周岁，女16—54周岁。（3）表中"乡村劳动力资源综述"总计"12 913"，与各村总和不符，原档案如此。

此，南湖乡决定对本乡的行政村区划进行调整，并认为这具有重要的现实意义和历史意义，可归纳为"六个"有利于：第一，有利于加强农村基层组织建设，提高村干部队伍素质。目前，不少村由于党员队伍老化，后备干部缺乏，给配好配强领导班子带来很大困难。通过行政村区划调整，有利于拓宽选人范围，配好配强村级领导班子。第二，有利于推进中心村建设，达到优势互补。通过行政村区划调整，明确设置若干个中心村，有利于发挥其在发展农业和农村经济，实现农业现代化进程中的带头示范作用。第三，有利于基层组织建设，加强对农村工作的领导和管理。通过行政村区划调整，减少部分行政村，有利于集中精力，加强对村的领导和日常管理。第四，有利于精简村干部队伍，减轻农民负担。通过行政村区划调整，精减部分村干部可减少村务开支及报酬，减轻农民的负担。第五，有利于避免和减少基础设施及社会公益事业的重复建设，提高公共设施的共享度和利用率，节约建设用地和建设资金。第六，有利于健全完善以家庭承包经营为基础、统分结合的双层经营体制，壮大村级集体经济。❶ 2001 年 4—6 月间，南湖乡实施行政村区划的调整，从原来的 20 个行政村调整为 10 个行政村，具体为：

由原隆兴村、珠庵村、南湖村合并，新组建南湖村，村民委驻地原珠庵村。

由原真如村、七号桥村、六号桥村合并，新组建真如村，村民委驻地原六号桥村。

由原三乡桥村、乘堂桥村、八字桥村合并，新组建八字桥村，村民委驻地原八字桥村。

由新联村、长桥村合并，新组建长新村，村民委驻地原长桥村。

由红旗村、开禧桥村合并，新组建红旗村，村民委驻地原开禧桥村。

由莫家泾村、月河桥村合并，新组建月河桥村，村民委驻地原月河桥村。

由永联村、梁林桥村合并，新组建梁林桥村，村民委驻地原梁林桥村。

天带桥村更名为马家浜村。❷

西南湖、渔业村因城市建设需要，整村进行农转非，暂不做出调整。

结合南湖乡的实际情况，通过对行政村区划的精简调整，增强了村级经济实力，加快了农业产业化步伐，有利于加速推进中心村建设，为此后更大范围内的区划调整做了一些基础工作。

2001 年 10 月，嘉兴开始撤乡建街道。嘉兴市秀城区根据中央和省、市关于加大乡镇撤并力度的要求，经省、市人民政府批准，区委、区政府开始实施乡镇（街道）行政区划调整工作。关于这次区划调整，秀城区主要遵循四条原则，即"四个必须"：（一）必须与嘉兴市城市总体规划和

❶ 中共嘉兴市秀城区南湖乡委员会文件：《关于（南湖乡）行政村区划调整工作的实施意见》（2001 年 4 月 29 日）。嘉兴市南湖区档案馆藏，档号：012-01A-00560-025。
❷ 中共嘉兴市秀城区南湖乡委员会文件：《关于（南湖乡）行政村区划调整工作的实施意见》（2001 年 4 月 29 日）。嘉兴市南湖区档案馆藏，档号：012-01A-00560-025。

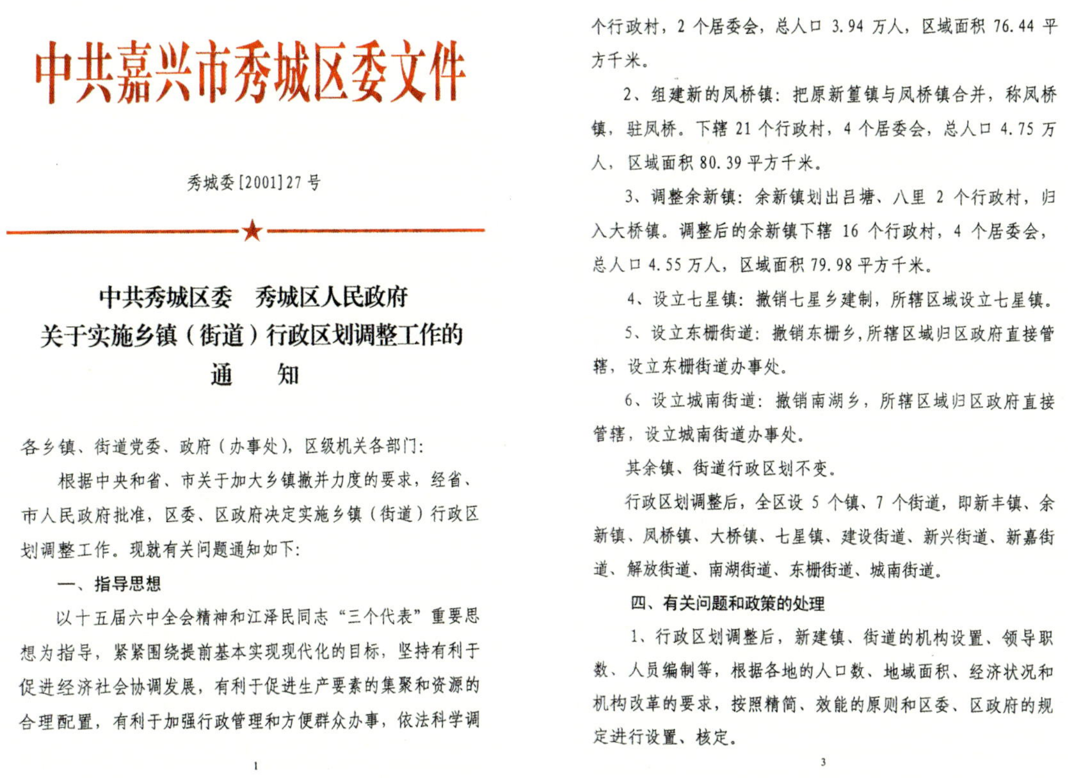

中共嘉兴市秀城区委文件

秀城委〔2001〕27 号

★

中共秀城区委　秀城区人民政府
关于实施乡镇（街道）行政区划调整工作的
通　知

各乡镇、街道党委、政府（办事处），区级机关各部门：

根据中央和省、市关于加大乡镇撤并力度的要求，经省、市人民政府批准，区委、区政府决定实施乡镇（街道）行政区划调整工作。现就有关问题通知如下：

一、指导思想

以十五届六中全会精神和江泽民同志"三个代表"重要思想为指导，紧紧围绕提前基本实现现代化的目标，坚持有利于促进经济社会协调发展，有利于促进生产要素的集聚和资源的合理配置，有利于加强行政管理和方便群众办事，依法科学调

1

个行政村，2 个居委会，总人口 3.94 万人，区域面积 76.44 平方千米。

2、组建新的凤桥镇：把原新篁镇与凤桥镇合并，称凤桥镇，驻凤桥。下辖 21 个行政村，4 个居委会，总人口 4.75 万人，区域面积 80.39 平方千米。

3、调整余新镇：余新镇划出吕塘、八里 2 个行政村，归入大桥镇。调整后的余新镇下辖 16 个行政村，4 个居委会，总人口 4.55 万人，区域面积 79.98 平方千米。

4、设立七星镇：撤销七星乡建制，所辖区域设立七星镇。

5、设立东栅街道：撤销东栅乡，所辖区域归政府直接管辖，设立东栅街道办事处。

6、设立城南街道：撤销南湖乡，所辖区域归区政府直接管辖，设立城南街道办事处。

其余镇、街道行政区划不变。

行政区划调整后，全区设 5 个镇、7 个街道，即新丰镇、余新镇、凤桥镇、大桥镇、七星镇、建设街道、新兴街道、新嘉街道、解放街道、南湖街道、东栅街道、城南街道。

四、有关问题和政策的处理

1、行政区划调整后，新建镇、街道的机构设置、领导职数、人员编制等，根据各地的人口数、地域面积、经济状况和机构改革的要求，按照精简、效能的原则和区委、区政府的规定进行设置、核定。

3

图 6-2　秀城委〔2001〕27 号《关于实施乡镇（街道）行政区划调整工作的通知》（节选）

秀城区的城镇体系规划相衔接，促进中心城市与中心镇建设。（二）必须与加快建设秀城新区和秀城工业区相衔接，促进秀城区经济和社会各项事业快速发展。（三）必须与实现区域经济协调发展相结合，通过行政区划调整，优化和合理配置土地资源，发挥规模优势，促进秀城区区域经济的协调发展。（四）必须坚持积极稳妥的原则，即采取局部调整和整撤整并为主的原则，尊重历史沿革和自然流向，确保平稳过渡和社会的稳定。[1] 在秀城区涉及的调整范围中，就有关于南湖乡的调整：根据浙江省人民政府浙政函〔2001〕228 号和嘉兴市人民政府嘉政发〔2001〕157 号文件批复，"设立城南街道：撤销南湖乡，所辖区域归区政府直接管辖，设立城南街道办事处"[2]。此次行政区划调整，涉及面广、工作量大、时间紧、要求高，但这是"深化改革，加速生产力发展，推进城市化、现代化进程，促进经济和社会各项事业全

[1]《中共秀城区委、秀城区人民政府关于实施乡镇（街道）行政区划调整工作的通知》，中共嘉兴市秀城区委文件，秀城委〔2001〕27 号，2001 年 10 月 25 日。嘉兴市城南街道档案室藏档案。

[2]《中共秀城区委、秀城区人民政府关于实施乡镇（街道）行政区划调整工作的通知》，中共嘉兴市秀城区委文件，秀城委〔2001〕27 号，2001 年 10 月 25 日。嘉兴市城南街道档案室藏档案。

图 6-3　城南街道成立，2001 年 10 月。嘉兴城南街道提供

面发展的一项重大举措" ❶，对城南区域发展带来深远影响。

随后，中共秀城区委决定：撤销中共嘉兴市秀城区南湖乡委员会、纪律检查委员会，建立中共嘉兴市秀城区城南街道工作委员会、纪律检查工作委员会。

城南街道的设立，这是一个具有标志性意义的事件，城南所有的区域由此步入建设现代化城区的新阶段。

第二节　城南的城市化进程

要探讨一座城市的兴起，有不少因素，按一些学者对城市的理解，需具备几个条件，如：（1）以居民数量作为依据；（2）以行政区划的建制规定为依据；（3）以居民密度的大小为依据；（4）以拥有的第二、

---

❶《中共秀城区委、秀城区人民政府关于实施乡镇（街道）行政区划调整工作的通知》，中共嘉兴市秀城区委文件，秀城委〔2001〕27 号，2001 年 10 月 25 日。嘉兴市城南街道档案室藏档案。

第三产业的比重作为依据。❶ 从现代城市的发展历程来看，第二、第三产业拥有的比重，在某种程度上说具有指向性意义。

一、从南湖乡工业区到城南工业区的建设

现代城市发展的最主要动力就是工业化。工业化不仅能促进大规模机器生产发展，同时在生产过程中通过对比较成本利益、生产专业化与规模经济的追求，促使大量的生产集中到城市。工业化推动了城市化，在农业生产效率不断提高的条件下，由于城乡之间存在着预期收入的差异，从而人口大量涌向城市，这是工业化、城市化进程中出现的一般规律或者普遍现象。嘉兴城南的城市化历程，也与工业化紧密相连。

早些时候，这一带的工业布局分散，分为几块，后出现了集聚。20 世纪 70 年代末，南湖乡在四号桥这一段公路两侧，先后创办石油溶剂厂、嘉兴第六毛纺厂、南湖电子器材厂、南湖袜厂、南湖纸品厂、化工厂和锅厂等 16 家乡办企业和 10 余家村办企业。1999 年，南湖乡开始建设工业园区一期，面积为 850 亩。❷ 在南湖乡工业区内，南湖电子器材厂既是规格最大的企业，也是华东地区最大的电子磁性材料生产基地。该工业区逐渐与市区连成一片，"南湖工业园区向南移，旧址大多企业搬迁，开发成住宅区和商贸区"❸。值得注意的是，

2000 年 5 月 22 日，南湖乡曾向南湖综合开发区管委会提交《关于筹建南湖电子器材工业园的请示》，其中提到"针对我乡工业经济结构现状，拟筹建电子器材工业园，旨在营造规模，形成特色"。关于电子器材工业园的选址，"拟定在嘉桐公路七号桥东侧南端，规划面积约 500 亩，土地涉及七号桥村 4 个生产组，开禧桥村 1 个生产组"❹。该工业园开发主要以电子器材生产为主体，具体划分为原材料生产区、磁材生产区、扬声器及配件生产区和科研、检测、管理、服务等综合区。计划首期投资 3 000 万元人民币，主要用于基础配套设施建设和首期生产用房。电子器材工业园的建设，更有利于发挥优势，扩大规模生产。

2001 年城南街道成立后，南湖乡工业区相应改为城南工业区。是年，开始规划工业园区二期。❺ 经过多年的建设与发展，该工业园区呈现这样的特点与优势：（一）产业优势日渐明显，并初步具有产业的集聚效益。（二）商务成本相对较低。在同等条件下，包括城南工业区在内的嘉兴城市土地价格、房产价格远低于上海、杭州、苏州、无锡、昆山等周边城市。（三）科技人才资源较为丰富。近年来，嘉兴陆续从海内外吸引了大量科研人才，有充沛的人才资源，可为境内各类企业提供强有力的人才支撑。2008 年，城南工业园区被评为嘉兴市甲级工业园区。该园区吸引各类企业上千家，主要以电池、建筑建材、针织服装、电子信息及现代服务业为

---

❶ 参见江美球等编著：《城市学》，科学普及出版社 1988 年版，第 4 页。
❷ 嘉兴市南湖区志编纂委员会编：《嘉兴市南湖区志》（上册），第 518 页。
❸ 嘉兴市南湖区志编纂委员会编：《嘉兴市南湖区志》（上册），第 520 页。
❹ 《关于筹建南湖电子器材工业园区的请示》，2000 年 5 月 22 日。嘉兴市城南街道档案室藏档案。
❺ 嘉兴市南湖区志编纂委员会编：《嘉兴市南湖区志》（上册），第 518 页。

中共嘉兴市城区南湖乡委员会文件

嘉秀南委〔2000〕11号
嘉秀南政〔2000〕24号

★

关于筹建南湖电子器材工业园的请示

南湖综合开发区管委会：

为进一步加快经济发展，充分发挥地理、区位优势，积极抓住开发区开发建设的良好机遇，利用开发区的辐射功能和优惠政策，现针对我乡工业经济结构现状，拟筹建电子器材工业园，旨在营造规模，形成特色。具体请示如下：

一、工业园的选址

工业园地址拟定在嘉桐公路七号桥东侧南端，规划面积约 800亩，土地涉及七号桥村 4个生产组，开禧桥村 1个生产组。

二、工业园开发方案

工业园开发以电子器材生产为主体，具体划分为原材料生产区、磁材生产区、扬声器及配件生产区和科研、检测、管理、服务等综合区。

计划首期投资3000万元人民币，主要用于基础配套设施建设和首期生产用房。

三、具体要求

1、工业园规划内用地作为建设用地使用。

2、工业园总体规划、设计、开发、建设按有关的总体规划要求操作。

3、工业园开发给予享受开发区各项优惠政策，以支持开发。

特此请示，当否？请批复

二○○○年五月二十二日

主题词：筹建　工业园　请示

抄报：秀城区委、区政府

2

图6-4 《关于筹建南湖电子器材工业园的请示》，2000 年 5 月 22 日

图6-5　城南工业园区二期，摄于 2006 年 4 月 18 日。嘉兴城南街道提供

图 6-6　城南工业园区二期企业表。嘉兴城南街道提供

主导。2005 年 11 月，玛氏食品（嘉兴）有限公司落户，该企业拥有德芙、士力架以及 MM 豆、宝路、伟嘉等众多国际品牌，年产 5 万吨巧克力和糖果，为嘉兴大型食品企业之一。2010 年，城南街道各企业主营业务收入 68.08 亿元，实现现价工业总产值 42.01 亿元，销售收入达 43.83 亿元。❶

二、城南街道与嘉兴经济开发区

城南的工业化、城市化进程，与嘉兴经济技术开发区的建设有着密切关系。

嘉兴经济技术开发区，位于嘉兴市的主城区，属于典型的"城市型开发区"，创建于 1992 年 8 月，原名"嘉兴经济开发区"，是浙江省人民政府首批批准设立的开发区。为了进一步加快开发区建设，推进城市化进程，增强中心城市的集聚和辐射功能，促进经济和社会事业快速发展，2002 年 7 月 2 日，中共嘉兴市委、市政府决定，秀城区城南街道和秀洲区的嘉北、塘汇街道成建制委托嘉兴经济开发区管辖。具体

---

❶ 嘉兴市南湖区志编纂委员会编：《嘉兴市南湖区志》（上册），第 518 页。

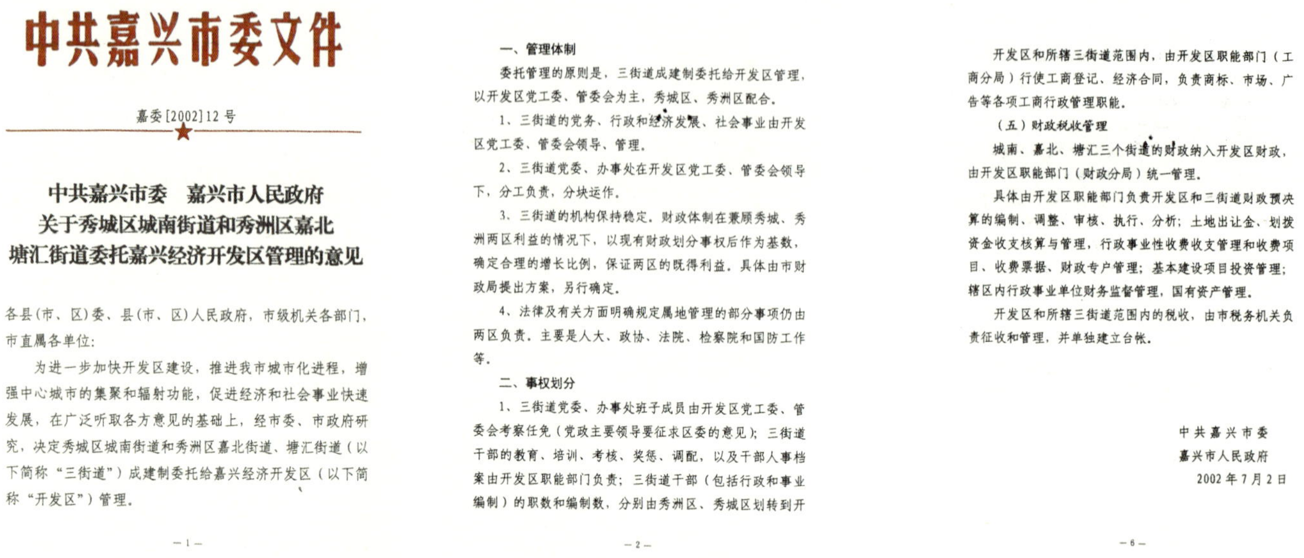

中共嘉兴市委文件

嘉委［2002］12号

★

中共嘉兴市委　嘉兴市人民政府
关于秀城区城南街道和秀洲区嘉北
塘汇街道委托嘉兴经济开发区管理的意见

各县（市、区）委、县（市、区）人民政府，市级机关各部门，市直属各单位：

　　为进一步加快开发区建设，推进我市城市化进程，增强中心城市的集聚和辐射功能，促进经济和社会事业快速发展，在广泛听取各方意见的基础上，经市委、市政府研究，决定秀城区城南街道和秀洲区嘉北街道、塘汇街道（以下简称"三街道"）成建制委托给嘉兴经济开发区（以下简称"开发区"）管理。

—1—

一、管理体制

　　委托管理的原则是，三街道成建制委托给开发区管理，以开发区党工委、管委会为主，秀城区、秀洲区配合。

　　1、三街道的党务、行政和经济发展、社会事业由开发区党工委、管委会领导、管理。

　　2、三街道党务、办事处在开发区党工委、管委会领导下，分工负责，分块运作。

　　3、三街道的机构保持稳定，财政体制在兼顾秀城、秀洲两区利益的情况下，以现有财政划分事权后作为基数，确定合理的增长比例，保证两区的既得利益。具体由市财政局提出方案，予以确定。

　　4、法律及有关方面明确规定属地管理的部分事项仍由两区负责，主要是人大、政协、法院、检察院和国防工作等。

　　二、事权划分

　　1、三街道党委、办事处班子成员由开发区党工委、管委会考察任免（党政主要领导要征求区委的意见）；三街道干部的教育、培训、考核、奖惩、调配，以及干部人事档案由开发区职能部门负责；三街道干部（包括行政和事业编制）的职数和编制数，分别由秀洲区、秀城区划转到

—2—

开发区和所辖三街道范围内，由开发区职能部门（工商分局）行使工商登记、经济合同，负责商标、市场、广告等各项工商行政管理职能。

　　（五）财政税收管理

　　城南、嘉北、塘汇三个街道的财政纳入开发区财政，由开发区职能部门（财政分局）统一管理。

　　具体由开发区职能部门负责开发区和二街道财政预决算的编制、调整、审核、执行、分析；土地出让金、划拨资金收支核算与管理，行政事业性收费收支管理和收费项目、收费票据、财政专户管理；基本建设项目投资管理；辖区内行政事业单位财务监督管理，国有资产管理。

　　开发区和所辖三街道范围内的税收，由市税务机关负责征收和管理，并单独建立台帐。

中共嘉兴市委
嘉兴市人民政府
2002年7月2日

—6—

图6-7　《关于秀城区城南街道和秀洲区嘉北塘汇街道委托嘉兴经济开发区管理的意见》（摘选），2002年7月

涉及以下几个方面：一、管理体制。委托管理的原则是三街道成建制委给开发区管理，以开发区党工委、管委会为主，秀城区、秀洲区配合。二、事权划分。如街道党委、办事处班子成员由开发区党工委、管委会考察任免（党政主要领导要征求区委的意见），等等。三、管理职能。根据委托管理的实际，进一步明确了开发区的管理职能和权限由市委、市政府及相关部门授权或委托开发区党工委、管委会及其职能机构，在开发区及三街道范围内，统一行使规划建设权、项目审批权、土地管理权、工商行政管理权和财政管理权，以及相关党务、行政管理权。❶ 随后，嘉兴市机构编制委员会发布《关于贯彻嘉委［2002］12号文件有关问题的处理意见》❷，就涉及的一些具体问题做了进一步落实、完善。城南街道委托嘉兴经济开发区管辖后，改革相关的管理体制、管理职能，更有利于推动城南一带的城市化。

　　2010年，嘉兴经济开发区正式升格为国家级经济技术开发区，并与同年设立的省级嘉兴现代服务业集聚区和嘉兴国际商务区实现三区合一、合署办公。至2021年，开发区、国际商务区全区规划控制面积110平方千米。委托管理城南、嘉北、塘汇、长水4个街道，辖区总人口超37万人。❸ 整合后的嘉兴经济技术开发区，实力大增，2020年规模以上工业总产值2 710.94亿元，出口总额107.39亿美元，进口总额44.89亿美元。该开发区先后荣获中国经济营商环境十大创新示范区、浙江省十佳开放平台、对外贸易十强开发

---

❶ 中共嘉兴市委、嘉兴市人民政府《关于秀城区城南街道和秀洲区嘉北塘汇街道委托嘉兴经济开发区管理的意见》，嘉委［2002］12号文件，2002年7月2日。嘉兴市城南街道档案室藏档案。

❷ 嘉兴市机构编制委员会《关于贯彻嘉委［2002］12号文件有关问题的处理意见》，嘉编［2002］46号文件，2002年9月23日。嘉兴市城南街道档案室藏档案。

❸ 《走进（嘉兴经济技术开发区）开发区》（2021年），嘉兴市城南街道档案室藏档案。

图 6-8　经投大厦，摄于 2021 年 10 月 31 日

区、利用外资十强开发区、浙江省美丽园区示范区等称号，连续 8 年在全省国家级经济技术开发区考核中名列第二，2021 年在国家级经济技术开发区综合发展水平考核中列第 19 位。❶

三、城南的城市化与大规模市政建设

结合嘉兴城市发展尤其是经济开发区的发展战略，城南街道无疑获得了更大的发展空间，体现在几个方面：第一，城南街道的区位优势日益凸显。嘉兴是上海、浙江、江苏三省市间的交通枢纽，过境的铁路、高速公路和水路等均为国家级的交通主干线。城南作为嘉兴南部重要的门户、交通要道，沪杭高速公路、乍嘉苏高速公路与 320 国道均穿越而过。距离上海虹桥国际机场、上海浦东国际机场、杭州萧山国际机场车程均在 1 小时左右。嘉兴火车站是沪杭铁路复线中间的重要站点，就在城南附近，各次主要客货运列车均在嘉兴站停靠。距上海港 120 千米、嘉兴港 40 千米、宁波北仑港 280 千米。内河集装箱中转港

---

❶《走进（嘉兴经济技术开发区）开发区》（2021 年），嘉兴市城南街道档案室藏档案。

图 6-9　早年的城南路，具体拍摄时间不详。嘉兴城南街道提供

图 6-10　城南路沿街店铺，2012 年前。嘉兴城南街道提供

位于嘉兴经济技术开发区内，与上海港开通了海河联运业务。第二，城南一带发展空间巨大，具有明显的后发优势。原为南湖乡，主要为农业区，有大量的土地资源可以开发。自改革开放以来，随着南湖的乡镇企业发展，小集镇兴起，特别是随着嘉兴市区大规模向南拓展，启动了大量住宅区、商业区的建设项目，城内的一些企业、机构也纷纷向这里迁移。

这一时期，城南街区开始大规模的市政建设，步入了"大开发"阶段。

这里，首先要提到的就是城南路。在20 世纪 80 年代初乡镇企业兴起之时，南湖乡就抓住第一轮经济发展的机遇，依托城南路的建设，大力兴办集体企业。从早年拍摄的照片，可以反映城南路一带的场景。

2011 年 4 月，正式启动城南路"二次开发"，城南路成为城南街道的主干道路，北起环城南路和环城西路交接处，南至南郊河，长 6 233 米，宽 42 米。与此同时，城南街道办事处大楼也于 2013 年竣工。

2020 年出版的《嘉兴市南湖区志》在介绍"城南街道"的篇章中，专门列出该街道的特色道路，包括城南路、万国路、由拳路、嘉杭路等，特色街区包括市场路街区、翠柳路街区。❶

自城南街区成立以来，街区范围不断拓展，兴修了大量道路。为了记录城南的城市化过程，"嘉兴城南研究"课题组的摄影师曾多次前往拍摄相关道路、街区，留存了近百张照片，此节选录部分。图 6-12至图 6-18，均为现场拍摄的照片。

---

❶ 嘉兴市南湖区志编纂委员会编：《嘉兴市南湖区志》（上册），第 520 页。

图 6-11　城南街道办事处大楼，摄于 2013 年 12 月。嘉兴城南街道提供

图 6-12　城南路，摄于 2023 年 12 月 9 日

图6-13　由拳路，摄于 2023 年 12 月 9 日

图6-14　万国路（两旁均为企业，也是嘉兴机场配套工程），摄于 2023 年 12 月 9 日

图 6-15　嘉杭路，摄于 2023 年 12 月 9 日

图 6-16　城南街景（展望路一带），摄于 2021 年 10 月 31 日

图 6-17　昌盛南路，摄于 2023 年 12 月 9 日

图 6-18　城南街景（广穹路），摄于 2021 年 10 月 31 日

同时，城南一带新建了不少住宅区。如大树银河湾，位于银河路，建成于 2006 年。金穗月亮湾，位于城南路，属于拆迁安置小区。2003 年启动建设，2005 年 6 月竣工。禾源新都，位于乍嘉苏高速东侧，开禧路以西，周庵港以北。2003 年开始建造，2005 年 11 月交付使用。梁林帆影庄，位于杭州塘南侧，文昌西路以北，是运河边的文化住宅区。2004 年建造，2005 年 12 月交付使用。新月公寓，位于外环西路与文昌西路，2004 年 6 月建造，2005 年 9 月交付使用。嘉兴人才公寓，位于创新路 220 号。2004 年启动，系嘉兴市政府为解决刚到嘉兴工作的外籍大学毕业生居住的项目。2004—2006 年，连续 3 年被列入嘉兴市政府十件实事工程。❶ 还有长新公寓等一批住宅区的建设。

图 6-19　长新公寓，摄于 2022 年 10 月 30 日

城南街道经济发展的一大特点就是楼宇多、平台大。街道有关方面始终坚持"以园区转型发展为重点，突出推进招商引资、'两路转型'、楼宇经济、企业服务等各项工作，推动城南经济转型升级"❷。此处指的"两路"，就是全力推进骏力路、庆春路的转型。加强市政建设，精心打造城南的汽车一条街等。城南汽车街区自 2010 年启动建设。2018 年投资 80 万元，实施三环南路沿线环境整治提升工程，进一步优

❶ 相关资料由嘉兴城南街道提供。
❷ 《凝心聚力、拼搏进取、奋力开创"五美城南"建设新征程：在 2018 年街道年终表彰会上的工作报告》，2018 年 11 月 19 日。嘉兴市城南街道档案室提供。

图 6-20　嘉兴城南汽车街区，摄于 2013 年 4 月 22 日。嘉兴城南街道提供

化沿线环境，助力三环南路顺利通车。投资 85 万元，完成了银河路人行道改造提升工程。投资 169 万元，完成荣佳路改造工程。投资 124 万元，实施骏力路雨水管网改造工程。着力推动汽车精品文化特色街区高质量发展，进一步做大做强汽车销售产业。这一年的上半年，集中力量，集聚优势，推动多年的嘉兴市车管所城南分所在 6 月 30 日正式揭牌运转。2018 年 1—10 月汽车街区实现入库税金 6 760.24 万元，同比增长 5.77%，新引进汽车 4S 店 2 家。❶ 到 2021 年 1 月税收为 1.065 亿元，首次突破亿元 ❷。

　　城南街道的楼宇经济也是一个亮点。城南大厦的装修工程于 2018 年 11 月顺利竣工。是年街道税收超亿元楼宇 2 幢（紫御大厦、智创园），超千万楼宇 6 幢，包括富悦水晶大厦、嘉兴市物流公共服务中心大楼、嘉兴科技创业服务中心、南秀广场、福地广场、嘉欣丝绸广场。千万级税收楼宇总量在嘉兴市本级 13 个街道中排名前列。2018 年 1—9 月，街道纳入考核的 18 幢商办楼宇，实现税收收入（含金融保险）6.98 亿元，单位面积税收贡献率为 1 369 元 / 平方米。❸

---

❶《凝心聚力、拼搏进取、奋力开创"五美城南"建设新征程：在 2018 年街道年终表彰会上的工作报告》，2018 年 11 月 19 日。嘉兴市城南街道档案室提供。

❷ 此数据由嘉兴城南街道提供。

❸《凝心聚力、拼搏进取、奋力开创"五美城南"建设新征程：在 2018 年街道年终表彰会上的工作报告》，2018 年 11 月 19 日。嘉兴市城南街道档案室提供。

城南街区在推动城市化过程中，注意平台的搭建，引人注目的就是设立各类园区，引入了一批单位、机构。据城南街道提供的资料，选介其中的部分：

嘉兴综合物流园。2002 年，中共嘉兴市委、市政府为推进城市化进程，加快发展第三产业和现代物流业决策实施的一项重要工程，由嘉兴农产品交易中心开发建设有限公司负责开发建设。园区位于城南市场路 1061 号，总规划面积 3.69 平方千米，东临 320 国道，西倚京杭大运河，南靠嘉兴机场，形成了以公路、航运为主，水陆空配套的立体交通网络，物流配送方便快捷，可辐射整个长三角范围内的物流体系，区位优势十分显著。2005 年 4 月，水果、蔬菜、建材陶瓷、粮油副食品、水产肉食品、物资调剂六大市场迁建项目建成并投入营运。

图 6-21　紫御大厦，摄于 2023 年 12 月 9 日

图 6-22　嘉兴综合物流园（水果市场），摄于 2023 年 12 月 9 日

马家浜健康食品小镇。该小镇位于嘉兴中心城区西南，距离市中心5千米，紧邻汽车客运站和乍嘉苏高速马家浜出口，总面积3.05平方千米。突出健康食品产业和马家浜遗址文化两大特色，依托玛氏、雅培、荷美尔等龙头企业，重点发展健康食品制造，食品研发、检测等，生产性服务业和文化体旅游业，融合产业、文化、旅游等功能。马家浜健康食品小镇发展条件优越，产业现状和建设基础良好。这里已陆续开发用地约64公顷，入驻食品企业10余家。已引进企业包括美国玛氏食品、雅培营养品、荷美尔食品，法国莫林食品，意大利米开朗冰淇淋，新加坡面包新语，意大利意口艺胩食品，印尼火船咖啡，中国台湾普罗维生食品，德国馨芝味等。

图6-23　位于万国路的嘉兴先进制造业产业基地，摄于2023年12月9日

浙江（中德）嘉兴产业合作园。位于嘉兴先进制造业基地的核心位置，交通区位优越，周边配套齐全。园区一期1.08平方千米完成开发后，即启动开发二期3.6平方千米。重点发展高端精密机械设备和汽车关键零部件产业，协同发展电子信息产品制造业为重点和特色的生产性服务业，加快形成"3+1"产业格局。园区为各类绿地项目、租赁项目和代建项目量身定制解决方案。国际创新园（一期）高标准厂房项目占地135.8亩，总建筑面积7.92万平方米，已有多家欧美企业入住。国际创新园（二期）项目占地192.5亩，总建筑面积8.29万平方米，于2021年4月交付使用。目前已引进企业：采埃孚、克劳斯玛菲、海拉、尼得科盖普美、贝里精英、森泰科、喜德瑞、美卓、亨内基、倍威、费尔特兰、西柏思、安维迪、耐莱斯、盛德腾、中科瑞龙等。

浙江长三角高层次人才创新园（嘉兴智慧产业创新园）。嘉兴智慧产业创新园，位于昌盛南路和嘉杭路交汇处。2010年7月挂牌成立，由嘉兴经济技术开发区（国际商务区）直接领

图6-24　嘉杭路——汽车街区（机器人）对面为浙江长三角高层次人才创新园，摄于2023年12月9日

导管理。总规划面积约 3.23 平方千米，努力打造成为长三角区域创业创新的高地、人才集聚的高地、高质量发展的高地，建设成为国际水准、国内一流的智慧园区。园区产业定位为"两大经济、两大产业"，即总部经济和数字经济、物联网产业和集成电路产业。重点招商方向为：人工智能、集成电路、物联网、机器人、软件开发、移动互联六大领域。自开园以来，园区已引进企业 300 多家。园区相继获评浙江长三角高层次人才创新园、浙江省特色品牌园区、浙江省国际服务外包示范园区、浙江省软件服务外包综合园区、浙江省软件和信息服务业创业基地等荣誉。

在城南街道，还入驻了嘉兴大学、嘉兴职业技术学院、嘉兴市第一医院、科技创业服务中心、嘉兴汽车客运中心等单位。

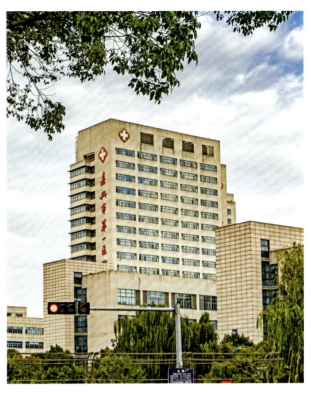

图 6-25　嘉兴市第一医院，摄于 2022 年 10 月 30 日

四、街区管理与社会转型

城南街道地理位置得天独厚，作为嘉兴主城区的重要组成部分，将重点围绕更新换貌，提升城市品质，优化营商环境，营造舒适社区，建设富有活力的宜业宜居的现代化崭新城区。

自城南街道成立后，随着工业化、城市化进程的加快，其范围、规模与方式更是前所未有的。伴随着体制的变革，行政区划的调整，城南一带在经济、社会等各个领域都发生了重大变化，对街区的建设、管理也提出了新要求，需要采取一些新举措、新做法。

城南街道实行的管理体制较为独特，成建制委托嘉兴经济开发区管理，委托管理的原则是，城南街道"成建制委托给（经济）开发区管理，以开发区党工委、管委会为主，秀城区配合"❶。从行政区划上说，仍属于秀城区（2005 年 5 月秀城区更名为南湖区），归属南湖区。具体到事权划分上：（1）街道党委、办事处班子成员由开发区党工委、管委会考察任免（党政主要领导要征求区委的意见）；街道干部的教育、培训、考核、奖惩、调配，以及干部人事档案由开发区职能部门负责；街道干部（包括行政和事业编制）的职数和编制数，分别由秀洲区、秀城区划转到开发区，由开发区负责管理。（2）街道的党建工

---

❶ 中共嘉兴市委、嘉兴市人民政府：《关于秀城区城南街道和秀洲区嘉北塘汇街道委托嘉兴经济开发区管理的意见》，嘉委〔2002〕12 号文件，2002 年 7 月 2 日。嘉兴市城南街道档案室藏档案。

作，工会、共青团、妇联等群团工作，精神文明建设工作，行政监察、督查工作，由开发区党工委、管委会负责指导。（3）街道的市容卫生、规划建设、项目审批、计划财政、国土资源、工商行政由开发区实行统一管理。（4）开发区成立劳动与社会保障分局，负责街道的劳动力市场管理、劳动关系调节、劳动监察。（5）街道的治安管理，也授权由开发区公安警署统一协调区内的街道派出所工作。（6）街道的农业经济工作，教育、文化、卫生、体育等社会事业，以及环境保护、家庭人口与妇幼健康、民政、科技、交通等，在干部任免、人事管理、经费保障等方面，均由开发区负责，同时接受市、区政府有关部门业务指导和检查。（7）街道的检察、法院系统工作和人大工作，以及国防动员、民兵预备役工作，国民经济和社会发展的统计工作，仍按行政区划，由南湖区负责管理。❶ 仔细研读该文本，主要事权委托经济开发区管理，但也有不少方面仍受南湖区的管理，当然还存在着某些模糊的界限。

作为正在建设的现代化城区，城南街道近年来无论是市容市貌，还是经济结构、社会生活方式，都发生了重大变化，由此涉及城市治理新体系的构建。

街道社会服务管理中心的出现，是一个引人注目的现象。城市中按照居民居住地区设立的居民委员会是基层群众性自治组织，社区是指聚居在一定地域范围内的人们所组成的社会生活共同体，是居民委员会的辖区范围。过去的居民委员会是居住区居民组成的基层群众性自治组织，没有辖区范围；现在的社区居

图6-26　城南街道社会服务管理中心智慧大厅办事中心，摄于2018年12月17日。嘉兴城南街道提供

❶ 中共嘉兴市委、嘉兴市人民政府：《关于秀城区城南街道和秀洲区嘉北塘汇街道委托嘉兴经济开发区管理的意见》，嘉委〔2002〕12号文件，2002年7月2日。嘉兴市城南街道档案室藏档案。

民委员会有了辖区范围，这就是社区，居民委员会是社区内的基层群众性自治组织。"社区内既涵盖居民，也涵盖驻社区内的单位和各类组织，比如社区党组织、社区居民委员会、社区社会组织、业主委员会、物业企业、驻社区的企事业单位等等。"❶ 街道社会服务管理中心，作为典型的地域性社区服务中心和街道地域范围内社区福利服务的中心组织，开展以街道地域社区为基础的福利服务。20 世纪 80 年代末、90 年代初，嘉兴的经济发展才刚刚开始起步，大部分乡镇、街道办事处的经济状况还较为拮据，社区服务没有真正开展起来。随着城市社会经济的发展，各乡镇、街道相继建立社区事务受理服务中心。

城南街道经过多次撤并，所辖居委会的数量也在不断变化。现依据城南街道提供的大事记，整理如下：

2003 年 6 月，百妙社区成立，此为城南街道成立的第一个社区。

2005 年，金穗社区、良秀社区、禾源社区先后成立。

2009 年 10 月同意建立长新社区，2010 年 1 月揭牌成立。

2010 年 6 月 18 日，南湖村、府南社区（隆兴村、珠庵村）划归长水街道。

2014 年 1 月，天佑社区成立，至此城南街道全域完成撤村建居。

2018 年 7 月 31 日，文博社区成立，并调整良秀社区、金穗社区区域范围。是年 12 月 17 日，城南街道社会服务管理中心智慧大厅办事中心成立。

2020 年 7 月，姚家荡社区、银河社区、新月社区成立，至此城南街道共有 10 个社区。9 月 1 日，银河社区、姚家荡社区、新月社区揭牌成立。

城南辖区现有 10 个社区（居委会），详见表 6-3。

图 6-27　百妙社区，具体拍摄时间不详。嘉兴城南街道提供

图 6-28　良秀社区，摄于 2011 年 3 月。嘉兴城南街道提供

---

❶ 此段表述由嘉兴城南街道提供。

图 6-29　文博社区成立揭牌，2018 年 7 月 31 日。嘉兴城南街道提供

图 6-30　姚家荡社区党群服务中心，摄于 2023 年 12 月 9 日

表 6-3　城南街道所辖各社区居委会

名　称	地　址	电　话
金穗社区居民委员会	金穗月亮湾中心广场西侧	82691900
长新社区居民委员会	由拳路 615 号	83389200
百妙社区居民委员会	万历路 77 号	82622317
天佑社区居民委员会	幸福家园公建房 4 号楼	82607545
禾源社区居民委员会	开禧路 382 号	82602171
良秀社区居民委员会	梁林路 56 号	82752172
文博社区居民委员会	至诚路 397 号	82192737
新月社区居民委员会	文昌路 2081 号	82618161
姚家荡社区居民委员会	长桥路 389 号	82625829
银河社区居民委员会	朝晖路 101 号	82080750

资料来源：嘉兴市南湖区城南街道提供，2023 年 12 月。

10 个社区划分情况，详见本书图 0-23《城南街道辖区范围及社区划分图》（2023）。

2021 年 10 月，嘉兴城南街道迎来设立 20 周年。街道编印《城南 20 年（城南街道 20 周年纪念画册）》，主题为"同心逐梦二十载，奋楫扬帆再出发"。

在这 20 年里，城南街道实现了跨越式发展，工农业总产值增长迅速。2000 年，时为南湖乡，国内生产总值 2.89 亿元。2001 年，城南街道成立，此后快速发展。到 2021 年，城南街道完成工业总产值 54.76 亿元，其中完成规模以上工业总产值 52.26 亿元。全年，街道实现财政总收入 13.89 亿元。❶

在这 20 年里，城南街区面貌发生翻天覆地的变化，城镇化水平逐渐提升。积极探索和制定符合本街区实际的统筹办法，加强新社区建设。

在这 20 年里，城南街道的各项社会文化事业也在积极推进之中。

此以教育发展为例。2000 年，撤并村级小学，投入 1 000 万

图 6-31　《城南 20 年（城南街道 20 周年纪念画册）》，2021 年

---

❶《城南街道工作总结》，2021 年 12 月。嘉兴城南街道提供。

拆除老城南路企业

城南路"二次开发"于2012年4月正式启动,涉及区域面积1100余亩,主要是中环南路至由拳路段,在整治中通过拆除沿线老旧厂房、沿街店面来开发高端住宅、总部楼宇及完善基础配套设施,提升区域整体环境。实施过程中坚持以"四高标准",即"高起点规划、高标准开发、高质量建设、高强度推进"。累计拆除建筑面积15万余平方米,投入拆迁成本约3.5亿元。

通过"二次开发",拆掉了一批"老、旧、散、乱"建筑,腾退了一批"低、小、散"的产业,改造拓宽了城南路,促进了产业层次、土地集约、经济总量和整体环境的大提升,实现了城市有机更新。

城南路"二次开发"

新城南路

图6-32　反映城南20年变化,选自《城南20年(城南街道20周年纪念画册)》,嘉兴城南街道编,2021年

元搬迁城南中心小学。该学校曾先后获评浙江省示范小学、绿色学校、省艺术教育特色学校等。2002 年，南湖乡中学更名城南中学，2008 年搬迁新址，占地面积 53 亩，建筑面积 18 800 平方米。改造城南中心幼园，该幼儿园为浙江省二级幼儿园、省体育示范园、省巾帼文明示范岗和嘉兴市示范幼儿园。据统计，2010 年，城南街道有中学 1 所、小学 3 所。❶ 此后，随着大量人口的导入，街区面积的扩大，学校数量不断增加，如 2022 年 8 月城南实验幼儿园开园。表 6-4 为 2023 年城南街道中小学校一览表。

表 6-4 城南街道中小学校一览表

名 称	备 注
经开实验教育集团（小学部）	小学
经开实验教育集团（初中部）	初中
禾新实验良秀校区	小学＋初中九年一贯制
禾新实验万历校区	小学＋初中九年一贯制
嘉兴市二十一世纪外国语学校	初中＋高中
嘉兴市运河实验学校	小学＋初中九年一贯制

资料来源：嘉兴市南湖区城南街道提供，2023 年 12 月。

图 6-33 2023 年 5 月，位于城南街道的嘉兴经开实验教育集团成功组建。该校以嘉兴经开实验学校（原嘉兴一中实验经开学校）为核心校，融合城南中心小学、姚家荡实验小学、城南中学、姚家荡实验中学 4 所学校，形成单法人两校区的集团构造。城南街道供图

❶ 嘉兴市南湖区志编纂委员会编：《嘉兴市南湖区志》（上册），第 518、519 页。

城南街道还拥有一些高等院校与科研机构。嘉兴大学是一所办学历史悠久、底蕴深厚的省属高等院校。该校前身之一的浙江经济高等专科学校办学起源于1914年，此后百年间数易校址，屡更校名，曾先后隶属于国家重工业部、冶金工业部、中国有色金属工业总公司，被誉为中国有色行业经济管理人才的"摇篮"，于2000年与嘉兴高等专科学校合并成立嘉兴学院。2010年9月，嘉兴学院梁林校区竣工并投入使用。"下设数理与信息工程学院、文法学院、医学院、机电与工程学院、生物与化学工程学院、设计学院、材料与纺织学院等7个学院。" ❶ 2023年11月，教育部同意嘉兴学院更名为嘉兴大学。目前，嘉兴大学有梁林等校区。梁林校区即位于城南街道。2024年1月18日，嘉兴大学举行揭牌仪式。

图6-34 嘉兴大学，2024年1月。嘉兴大学提供

截至2023年统计，城南街道辖区占地40.62平方千米，下辖10个社区，常住人口15.6万人，户籍人口4.02万人。共有44幢楼宇，其中8幢商贸综合体、19幢单身公寓；各类注册登记企业17 000余家，其中规模以上工业企业98家，规模以下工业企业217家。街道实现地区生产总值190.76亿元，可比增长12.2%，总量、增速均居全区第一。连续6年跻身全市服务业高质量发展镇（街道）十强。❷

如今的城南街道，逐渐成为嘉兴主城区的一个宜业宜居的街区。在中国式现代化的建设中，最基础的就是如何实现经济高质量发展。结合城

图6-35 2023年度嘉兴市服务业十强镇（街道）（连续6年入选"十强"）

---

❶ 嘉兴市南湖区志编纂委员会编：《嘉兴市南湖区志》（上册），第523页。
❷ 《城南街道概况》，2023年12月。嘉兴城南街道提供。

图 6-36　颐高数码广场，摄于 2024 年 2 月。嘉兴城南街道提供

南街道的实践，经济的高质量发展就体现在几个方面：首先，要具有一定的资源配置能力。城南街道始终坚持提标提能、创新创优，确保经济运行稳健。2023 年，成功签约服务业、制造业等项目 10 个，其中超亿元 1 个。21 幢考核楼宇税收收入 4.69 亿元，同比增长 31.03%；培育税收超千万楼宇 16 幢，其中超亿元 4 幢。汽车街区新引进多个新能源品牌，颐高创业园获评省四星级小微企业园，此为全区唯一。数字制造业投资增速 279.27%，高新技术产业投资增速 106.42%。❶　其次，要逐渐成为科技创新的基地。城南街道陆续引进一批高等院校、科研机构，以及一些企业的研发中心，使城南成为具有一定科创能力的核心区域。让技术创新与资源配置相结合，让城南（嘉兴经济技术开发区）逐渐占据产业链的重要环节，并成为一些产业的引领者。

　　建设现代化城市，要倡导、实施"人民城市人民建，人民城市为人民"的理念。中国式现代化城市的建设，根本目的就是为了人民过上高品质生活，打造人人都有人生出彩机会、人人都能有序参与治理、人人都能享有品质生活、人人都能切实感受温度、人人都能拥有归属认同的城市。城南街道一直坚持惠民利民、安民富民，民生福祉持续增进。系统推进公共服务"七优享"工程建设，2023 年全年民生保障支出占比达 86.46%。四号桥公园、长新公寓二期综合改造工程等六大民生实事项目落地见效。新建公立幼儿园 1 所、民转公 2 所，公办园占比 58.33%；新增托位 231 个，千人托位数达 4.23 个，普惠率 100%。"15 分钟

---

❶　《城南街道概况》，2023 年 12 月。嘉兴城南街道提供。

图 6-37　姚家荡风貌图，摄于 2023 年 9 月 16 日。嘉兴城南街道提供

品质文化生活圈"社区全覆盖。高标准建成省第四批引领型姚家荡未来社区，并入选省"数字化建设"优秀案例，为全区唯一。❶ 城南实现街区的有效管理。城市的有效管理，优化载体是关键。近年来，城南街道持续推进"政务服务一网通办""城市运行一网统管"，从围绕满足市民需求和城市治理中表现出来的突出问题出发，综合运用大数据、人工智能等现代技术手段，有效提升了街区管理的科学化、精细化、智能化水平。

城南街道在发展中也注意保护生态环境，重视提升城市的品质。这方面，城南的姚家荡未来社区、运河新区等建设堪称典范。运河新区，东至二环西路，南至桐乡大道，西至 320 国道，北至杭州塘，总面积 3.2 平方千米，常住人口 2 万人，发展定位为城市中央商务区（CBD），是嘉兴主城区城市发展的重要板块。❷ 其北靠京杭大运河，拥有长达 2.1 千米的河岸线自然风光及占地 166 亩的运河公园，自然生态保护良好。2023 年，运河新区成功创建为浙江省"新时代富春山居图样板区"，并入选嘉兴市"城乡风貌整

❶《城南街道概况》，2023 年 12 月。嘉兴城南街道提供。2023 年 12 月 16 日，城南街道姚家荡未来社区成功入选浙江省级引领型未来社区。
❷ 目前，区域内已投入运营的主要楼宇有：泰和广场、现代广场 A 幢、现代广场 B 幢、富悦水晶大厦、嘉欣丝绸大厦、泊金湾明珠广场、晨凯大厦、环球国际、莲花广场、泰富世界城、丽丰新天地、颐高广场、宜家商务楼、新文化广场、四季观邸等。

图 6-38　嘉兴市运河新区夜景照明工程（一期），摄于 2021 年 3 月 21 日。是年 9 月 28 日，该项目荣获第十六届中照照明工程设计奖二等奖。嘉兴城南街道提供

体提升优秀案例"；运河片街区获评浙江省级"高品质示范街区"；运河公园获评省级"席地而坐""客厅级"高品质保洁区；东西香槟街获评浙江省级"街容示范街"；嘉兴市本级城市精细化考核三次取得第一，综合排名第二。嘉兴市控以上地表水断面Ⅲ类水质比例 100%。全市镇（街道）地表水环境质量排名第五，水质改善率第一。❶

　　城南地区的城市化、工业化在快速推进。这一进程"是一种由社会生产力不断变革所引起的人类社会经济物质和思想文化演变的过程，这一过程曾被美国学者约翰·弗里德曼（John Friedman）区分为城市化Ⅰ和城市化Ⅱ。前者是可见的、有形的过程，包括农村人口和非农业活动在不同规模的城市环境的地域集中过程，以及非城市型景观转化为城市型景观的地域推进过程；后者是抽象的、精神上的过程，即城市文化、价值观念、生产生活方式向乡村地带的扩散过程"❷。前者可以说是"有形的"或"物化的"城市化，是可见的，就是物质上和形态上的城市化，主要反映在几个方面：城市人口总量的增加及在社会总人口中

❶　相关资料、数据由嘉兴城南街道提供。
❷　许学强、朱剑如编著：《现代城市地理学》，中国建筑工业出版社 1988 年版，第 48 页。

图 6-39　长新菜场开业，摄于 2022 年 9 月 28 日。嘉兴城南街道提供

所占比重的提高；空间结构的变化，包括城市建设用地的增加，土地利用功能的分化，城市景观的改变；社会经济结构的变化，包括产业结构、就业结构、社会组织结构等的变化。后者则是"无形"或"软性"的城市化，是隐性的，存在于文化精神、观念意识等领域，体现在城市生活上，那就是区别于乡村的另一种生活方式，其演变的过程更为缓慢与艰难。

　　在某种意义上说，城南街道更需要大力培育与发展新的城市文化。在新建的一片片大小不一、风格各异、功能多样的居住区内，迁入了一批批新的居民，原有的乡村生活方式、精神状态、人际关系、社会网络、家庭模式等在向城市形态演变。城南居民的构成、家庭结构、消费状况、社会风俗处于嬗变之中，市政建设、社区管理也不断面临着新的问题。不少居民实际是乡民，他们有长年形成的生活方式、行为习惯，在现代城区建设中，就有一个乡民向市民转变的过程。搬进了新式的居住小区，拥有现代化的设施，但是作为市民，还有相当长的一个调适过程。另一方面，还有大量的从各地迁移过来的"新城南人"，他们的籍贯、年龄，乃至教育背景、移居目的、职业特点，都各不相同，但到了城南，新城南人就有了新身份的认同问题。

图 6-40　2020 年 10 月 30 日，举行最美城南人颁奖仪式。嘉兴城南街道提供

　　这是一个深刻变动的时代，社会发生着重大转型，原有的生活方式不可避免地在改变，新事物不断涌现，新旧交替，城南街道面临着各种机遇与挑战，还需要做大量的工作。

　　步入新时代的嘉兴城南，充满着生机与活力。

第三节　绘制城南街区的文化地图

　　考察一个地区的空间演变时，可以通过运用形态学中对建筑、地块、街道等要素的分析，利用城市形态学的方法来研究了解新旧空间的变化，对未来更好地引导城市空间形态也具有重要意义，尤其是对景观、文化等的塑造，有助于绘制出新的文化地图。

　　嘉兴城南街道是最近几十年发展起来的现代城区，其空间要素的更新，源于新的城市空间不断拓展、形成和创造，对应的是原有乡村环境与空间的不断改变、整合和重构。探讨这一区域空间变化，最基础、最广泛的实现形式，主要涉及建筑物、基础设施的更新，以及存在于背后的历史文化要素的重构。

　　在快速的工业化、城市化进程中，伴随着城南的崛起，一片片土地被征用、被开发，代之而起的是一幢幢新的楼宇，工业区、商务区、住宅区，和一片片绿化园地交相辉映，构成了城南的新景观、新形态，区域面貌焕然一新。也在这一过程中，大量的旧建筑、旧景观不断消逝，原有的记忆、乡土的文化也不复存在，在社会经济发展中涉及文物古迹、人文遗产的保护与文化传承的问题。

在城市化过程中，一些自然村的消失是一个常见现象，但一些历史地名作为一个地区乡民的集体记忆，是值得存留的。表6-5，为2010年城南街道消失的自然村情况表。

表6-5　2010年城南街道消失的自然村情况表

原处地域	原 名 称
长新社区	李花村、双坟桥、高墩上、杨家门、汪家港、龚家门、盛家门、白果树、王家汇、渔业村、许家浜、崔家桥、姐夫浜、求河柳浜、长浜、短浜、柴家头、金家浜、乌木桥、荷花荡、夏家港、陈家浜、万家浜、南木桥、北木桥、谈家池、古金浜、塘口、顾家门、车浜、石头寺、姚家浜、横泾港、芦梗村、袁家圩、黄草浜、四方滩
百妙社区	王庵浜、赵家圩、蔡家浜、大船浜、范家桥、项坟头、白毛墩、双园浜、石桥头、三家桥
金穗社区	姚家荡、蒲鞋浜、晒木桥、殷家桥、乐家浜、鸭河浜、小桥港、徐家浜、乐家埭、徐家门、成家门、湾里、严家浜、陆塘浜、唐家头、孙家浜、章家头、全长桥、众兴桥、汪家头、钮老桥、顾家头、南兜、顾家浜、汪家浜、朱家浜、陈庵浜、金家浜、岳家埭、和平浜
禾源社区	方家浜、九号桥、百公桥、元角上、凌家浜、方家田畈、王介浜、短浜、金介村、李介埭、施介堂、马家浜、俞介门、朱介埭、庵东、黄家门、陈家浜、陆家门、龚家厅、郁家兜、赵家兜、朱家头、姚家头、拉石浜、袁家浜、崔家木桥、厅上头、徐家门、周家门、柴家桥、三官塘、曹家头、汪家浜、沈家桥、丝瓜泾、庙桥浜、西章
良秀社区	钱家头、马家汇、日晒浜、王家木桥、孙家浜、扒泥浜、冯家桥、曹家埭、钮家头、沈家门、陈家门、钟家村、泗金坝、梁林桥、盛家坟、陆家浜、龙凤浜、施家头、怀昌桥、张网船、何家浜、打丁桥、小营桥、岳西连桥、姜家兜、钮家桥、西河北浜、池鱼浜、朱家浜、周家浜、顾家浜、东浜、西浜、锡金坝
乘堂桥、八字桥村一带	张家浜、金家头、江家头、莫家泾、天佑桥、俞泾桥、陈家浜、钟家湾、唐兜、德福桥、章家头、范家头、孙家弄、姜家浜、钱家浜、俞家门、西木桥、杨家浜、史家埭、北张门、沈家头、划船浜、池家木桥、沈家门、徐家门、北汤、乘堂桥、朱家门、南仁浜、铁店桥、魏家埭、曹家头、计家浜、徐家桥、马家头、计家头、邹家门、李家桥、李家浜、杨家桥、王家桥、施家兜、葫芦浜、东南浜、姚家埭、钟家浜、北港、西河新村、西河中浜、老屋里、新屋里、西河南浜、竹园浜、里浜、三墩埭、铁仙桥、兴福桥

资料来源：嘉兴市南湖区志编纂委员会编：《嘉兴市南湖区志》（上册），第522页。

一个个充满乡土气息的自然村、老地名，蕴含着丰富的人文信息，承载着这一区域的历史记忆。尽管一些自然村，随同那些古树、古桥、古寺等已经消失，但要以特殊的形式予以保留，作为"存史"之需。

城南一带地势开阔，一马平川，田连阡陌，篱落村墟，村庄相望。大小河道里，舟船出没，一无掩蔽。诸水潆洄，古桥、古寺、古塔，柳树桃林，被视为风水宝地，名胜古迹较多。嘉兴市有关部门与城南街道也非常注意发掘当地的历史文化资源，在街道提供给课题组的资料中，提到了多处历史遗迹。主要包括：

六万军塔遗址。该遗址在城南街道新联村，村南侧有一条河，当地人称之为"六万军港"。北宋宣和二年（1120）十月，浙江睦州清溪县农民在方腊领导下举行起义。三年，方腊遣将方七佛率起义军六万来攻秀州。前秀州统军王子武率军会合宋军童贯部前锋王禀与起义军激战于城外。起义军被迫撤往临安，据称方七佛部损兵五千，起义军遗骨堆埋于今城南街道新联村南部，成塔形，后世称为"六万军塔"。如今，六万军塔已不复存在，唯有六万军港和六万军港桥是当年那场异常惨烈的战斗的见证者。民国十八年（1929）《嘉兴新志》上编"名胜古迹"中也提到"六万军塔"。

桃花里。在城南街道六号桥村附近有一处开满桃花的美丽地方，名为"桃花里"。桃花里之名，最早出现在何时，已无从考证。唐代城南街道六号桥附近隶属嘉兴县长水乡，元代时嘉兴县辖3里，其中之一即为桃花里。彼时桃花盛开之时，遮天蔽日，灿若朝霞。如今，桃花里已不见桃花，但留下了一些与桃花有关的名字，如桃花港、桃花桥、桃花庙等。

桃花港是一条小河，自东向西蜿蜒在城南中心小学的南侧。河长 1.5 千米左右，水道宽阔，水质干净，两岸水草丰美，土地肥沃。岸边芦苇丛生，盘根错节，苍虬有力。桃花桥在桃花港东侧有个小村子，名叫南兜里，桃花港穿村而过，桃花桥就在村口。桥不大，用石头砌成，桥石板上还刻凿着对联和吉祥如意的花纹，但经过岁月的侵蚀，这些题刻已模糊不清，难以辨认。桃花桥北岸曾有一座桃花庙。清光绪年间绘制的《嘉兴县五里方图》中，就有"桃花庙"。❶ 由于桃花象征着美好的爱情，所以这座桃花庙香火旺极一时，大多是青年男女来这里请求菩萨保佑自己能找到称心如意的伴侣。

距桃花里不远处，有一个村落叫顾家浜，村里曾有一座古色古香、规模较大的灵寺庵，旧时经常在庵里上演"草台戏"（此为江南民间的一种社戏），20 世纪 50 年代还有文工团来此演出过。❷ 此处是桃花里居民的主要娱乐场所。桃花桥、桃花庙均毁于抗战时期。如今，唯有桃花港水无语东流，诉说着悠悠往事。

城南作为嘉兴的风水宝地，嘉兴名门望族都喜欢在这一带购地置产，或建宗祠，或选为墓地。项氏就是一个典型。项氏家族是嘉兴地区的簪缨世族，其祖茔就选在桃花里。根据《嘉兴项氏族谱》记载，最早葬于桃花里的是第十一代项永原，"葬郡城南桃花里襄毅公墓水口"，襄毅公即项忠，项永原是其曾祖。❸ 在本书第二章中，我们从项氏宗谱中查阅到项氏家族至少有 12 人葬于桃花里，其中项忠、项铨、项笃寿、项承芳均为进士，从元末一直延续至明末。有项坟头，曾有项家祠堂，附近一湖荡，亦名项家漾。

怀昌桥。该桥是一座历史悠久的石拱桥，坐落于城南街道梁林桥村，原永联村六组。怀昌桥始建年代不详，但历史悠久，清光绪年间曾重建。石桥造型别致，结构巧妙，为四里八乡所罕见。桥面长 15 米，宽 1.8 米，上下各有 18 个台阶。桥面中央有一块大方石，上面雕刻着罗盘水花图案。桥沿用暗红色条石筑成，桥下由 20 块拱形青条石围成一个长半圆形桥洞，每条条石上都雕刻着吉祥图案及文字。桥洞高 4 米，宽 5 米，两条农船可畅通经过。桥洞顶部雕刻着牡丹花图案，倒映水中，形成

---

❶ 《嘉兴县五里方图》，《浙江全省舆图并水陆道里记》，清光绪二十年（1894）石印本。
❷ 《文汇报》1959 年 7 月 6 日第 3 版就曾记载淮剧团在嘉兴为农民演出："上海人民淮剧团六月十七日下乡为嘉兴农民演出了九天，受到当地观众热烈欢迎。人民淮剧团的演员们除了演出，还曾去南湖公社和东栅公社劳动，在劳动中为农民兄弟演唱。"
❸ 《嘉禾项氏宗谱》，乾隆间抄本。

一轮银色圆月。桥堍两边用方块青石筑成，中间用大石柱嵌成门字形，显得坚固有力。近水面的那块条石上，还刻着字，记录了当时建造时捐款情况。桥堍两边用石头砌成石坎，石坎延伸到农家河埠。怀昌桥为东西走向，是当时西片几十村去嘉兴城的必经之路。桥两岸分布着钱、姜、赵、马诸姓氏，均临水建房，小桥、流水、人家，别有韵味。桥堍两旁，有肉店、茶馆、酒家一众商铺，另有私塾，在桥边的庙宇中不时还会上演草台戏。过往群众总要在这里歇歇脚，聊聊天。怀昌桥一带，曾为当时热闹一时的小集镇。

桂花珠庵。坐落于嘉兴城南 3 里处，庵虽不大，但因庵内的两株桂花而远近闻名。❶珠庵桂花不同寻常，两株桂花树遥相呼应，一株为金桂，一株为银桂。这两株桂花树，树身屈曲如虬龙，招展玉立，高约 6 米，枝叶分层环绕树主干成叠盘状，高者作七台，矮者作五台，故称"台桂"。从庵中遗留的石碑内容看，此地原本是三宝太监郑和下西洋时建的晏公庙，庙中之台桂为明永乐年间所植。虽年代久远，但开花时节依然花枝茂盛，香气隽永，"天香馥郁""金雪满庭"，是为禾城胜迹，闻名遐迩。每当桂花开时，沪杭各地的商贾名流、文人墨客，纷纷慕名而来，赏桂品茗，络绎不绝。这两株台桂在 20 世纪 50 年代曾被列为嘉兴县重点文物保护单位。中华人民共和国成立后，珠庵被改为学校，后又作为村委办公室和大礼堂。"文革"时期，桂花树遭人为损坏，渐渐枯死，甚为可惜。后庵堂也毁，现已无遗迹可寻。

周安庙及千年黄檩树。周安庙坐落于原南湖乡红旗村境内（今城南街道禾源新都社区）。初建于隋唐，时佛教盛行，当地百姓为保平安，由真如塔寺院的和尚化缘建造，明清时期屡经修缮。周安庙规模宏大，占地 10 多亩，四间三进。头进为弥陀殿，前有弥勒佛，后有韦陀菩萨，东西两边有四天王；二进是正殿，殿高 3 丈多，屋脊上镶嵌着"风调雨顺""四季平安"8 个大字。殿堂左为关帝殿，右为观音殿。关帝殿置有 2 丈宽、3 丈高的整间佛龛，内塑有关云长像，红脸长须，手捧《春秋》，左前有关平手捧"平天上帝印"，右前有周仓手执"青龙偃月刀"，四壁上绘有诸葛亮和刘、关、张、黄、赵五虎将画像；观音殿中间塑有 3 丈高的千手观音，前有善才玉女拜观音，左右有文殊、普贤菩萨和十八罗汉。三进是后殿，后边正中有如来佛像，左有马鸣王，右有地藏王，之前部分是和尚念经的经堂。大殿外围右面是穿堂，后面是退堂，供和尚生活起居使用。周安庙以关帝和观音为正神。当地百姓信奉关帝老爷刚正威武，能驱邪镇魔；信奉观音菩萨救苦救难，普渡众生，因而庙内四季香火不断，逢年过节愈发旺盛。尤其是大年夜（除夕），在关帝殿的供桌上点上百斤巨烛，在观音殿的琉璃灯内点上百斤清油，善男信女都来蒲墩打坐，念经拜佛。当地绅士赶来烧头香，磕头求签，祈求神灵庇佑田蚕茂盛，人口太平，从正月初一到正月半，通宵达旦，香火缭绕。

周安庙前，东西向有一周安港，南北向有一周安桥，对面一块庙场，搭有戏台。庙门口有一株

---

❶ 据民国十八年（1929）《嘉兴新志》上编"名胜古迹"记曰：朱庵"庭中有桂二本，大者苍皮老干，荫可塞庭。计其年代当在明前。次者亦百年以上物。以僻在乡间，旧志均已失记载。咏乡土者亦罕及之。每年秋日往赏桂者络绎不绝"。其所载是否为嘉兴城南三里处的桂花珠庵，此待考。

千年榉树更是有名。据传，庙宇建成后，观音娘娘嫌庙阳气太足，阴阳失调，于是从净瓶内倒出一粒种子撒在庙门口，生出一棵黄榉树。年复一年，黄榉树长得很快，十年成材，百年成抱。黄榉树已有千年树龄，树身五人合抱，直径丈余，围径 3 丈，树干高 5 丈，树根到顶约 10 丈。枝叶茂盛，遮阴亩余，盖过三进大殿，一年四季鸟雀成群。树干下还有一只茶馆店，当地百姓夏日都到树下乘凉、喝茶、闲谈，城里人于清明时节到乡下踏青上坟，也常在树下歇息观景。千年黄榉，成为周安庙的一大景观。

民国初年，拆除周安庙后殿的经堂改办周安小学，学堂中心挂有孙中山遗像，书写"忠孝仁爱，礼义廉耻"等大字条幅，周围孩子来此上学，一直延续到 20 世纪 50 年代末。嘉兴解放后，周安庙又成为蚂桥乡周

图 6-41 嘉兴城南真如塔（1942），选自《嘉兴老照片（1896—1986）》

安村的村委办公室与会场。1958 年公社化和大跃进时期，庙宇被毁，砖瓦木料用以建造办公室和新校舍。千年黄榉是稀有树种，上海机床厂来此察看采购，多次协商后，以向公社提供 60 台电动马达、建造水利排灌设施为条件换购。为了砍伐和搬运这棵黄榉树，上海方面动用了吊车、盘车、大型圆盘踞，上百个工人花了一年时间才将巨树搬运完毕。如今，周安庙已不复存在，仅留一座周安小桥。❶

早年，这一带有真如乡的设立，也有真如塔、真如寺。清光绪年间《嘉兴县五里方图》，就标注了"真如塔"。❷ 民国十八年（1929）刊印的《嘉兴新志》上编"名胜古迹"，也提到"真如教寺"。关于真如寺、真如塔的变迁，本书第二章中已有详细论述。真如教寺，创立于唐至德二载（757）。大中十年（856），丞相裴休舍宅扩寺。真如塔，建于宋嘉祐七年（1062），毁于宣和三年（1121）。庆元三年（1197）重建。清顺治二年（1645）又被兵毁。顺治十六年重建。光绪八年（1882），寺僧不慎失火，再毁。光绪二十五年再建。其形制基本保留宋代旧观，高 53 米，塔基直径 12 米，可登临远眺。1959 年，塔顶拆除，塔刹重 5 吨左右。1959 年因塔垂危，将塔刹拆下，移置于嘉兴人民公园。1970 年代初，真如塔身全部拆除。拆除中发现一批明末塔砖和明崇祯七年（1634）写的经卷。❸

嘉兴城南街道境内，还有汪如洋墓、项坟头、金九避难严家浜等名胜遗存。一些故事颇具传奇色彩，可以娓娓道来。

---

❶ 关于六万军塔遗址、桃花里、怀昌桥、桂花珠庵、周安庙及千年黄榉树这几段的文字描述，由嘉兴城南街道提供，稍作修改。详见《城南街道概况》，2010 年 7 月。嘉兴城南街道提供。
❷ 《嘉兴县五里方图》，《浙江全省舆图并水陆道里记》，清光绪二十年（1894）石印本。
❸ 嘉兴市南湖区志编纂委员会编：《嘉兴市南湖区志》（中册），第 1071 页。

严家浜，在南门东南约 5 千米处，今属城南街道六号桥村严家浜组。据孙桂荣老人在世时回忆，他早年在嘉兴南湖小学读书，吃住在日晖桥弄（在南门梅湾街西边）继父家中。有一天，继父告诉他有一个广东人到嘉兴做生意，要到乡下住段时间。为此，孙父专门为张先生（金九当时的化名）腾出一间厢房。为了金九的安全，孙家还严禁外人进入他的房间。❶ 据金九自己的叙述："嘉兴南门外，沿运河而下，走十余里，有个村子叫严家浜，陈桐荪君在那里有田产，跟村里的农民孙用宝相交甚厚。我去那儿，就住在孙用宝家。"❷

一个街区的空间布局，是过去的积淀、现在的建构共同作用的产物。嘉兴城南一带空间布局，即渊源于它的历史演变，是历史与现在合力的结果。要彰显这一街区的文化，需要充分梳理、挖掘历史资源。如今，还有一些遗址、遗迹被保留下来，这也是嘉兴城市记忆中的重要组成部分。表 6-6 为嘉兴市南湖区城南街道不可移动文物名录。

表 6-6　嘉兴市南湖区城南街道不可移动文物名录

序号	名称	年代	类别	保护级别	地址	备注
1	马家浜遗址	新石器时代	古遗址	全国重点文物保护单位	城南街道马家浜路 297 号	
2	义圣王桥	清	古建筑	嘉兴市级文物保护点	城南街道义圣名苑小区内	
3	八字桥村王家桥	清	古建筑	历史建筑	城南街道八字桥村 3 组	
4	张百子桥	清	古建筑	未定级	城南街道长新公园内	
5	梁林桥村怀昌桥	清	古建筑	历史建筑	城南街道杨林桥村	已迁至凤桥镇梅花洲景区
6	瑞芝桥	民国	未知	未定级		因开挖河道被拆，目前堆放在天恩教堂东侧的汇丰储运办公楼旁

资料来源：嘉兴市文物保护所提供。
说明：嘉兴市南湖区城南街道区域内不可移动文物计 6 处，其中 1 处已迁走，另 1 处被拆，只剩下材料堆在其他地方，而且因为是后来街道发现的，文物部门还未去调查就被拆了，具体情况不详。

在嘉兴交通旅游地图中，马家浜文化遗址具有突出的地位。

马家浜文化遗址，位于城南街道的马家浜村。1959 年初春，几位村民在田地里积肥时，不经意间用锄头拨开了一段尘封在地下 7 000 多年的史前文明。经由浙江省文物管理委员会、浙江省博物馆等单位组成的考古队发掘查明，遗址东西长 150 米，南北宽 100 米，占地面积 1.5 万平方米，分上下二层。关于马家浜遗址的发掘、马家浜文化的命名、马家浜文化遗址公园的建设，我们已在本书第一章中有详细介绍。如

❶ 据孙桂荣老人回忆。老人于 1999 年 1 月去世。该资料由嘉兴城南街道提供。
❷ 参见［韩］金九著，宣德五、张明惠译：《白凡逸志：金九自叙传》，第 229—230 页。

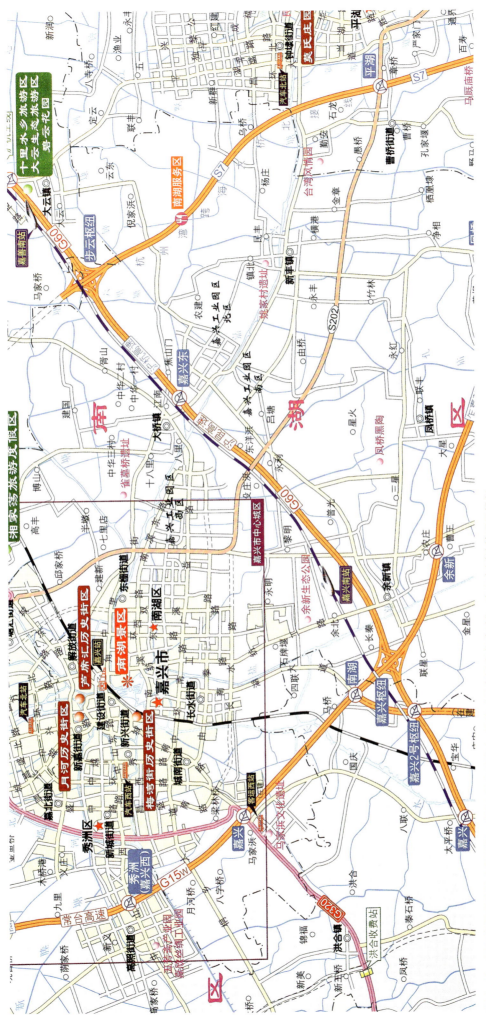

图6-42　嘉兴交通旅游图（局部图，2011年6月版），标注"马家浜文化遗址"。嘉兴市测绘管理局提供

嘉兴市土地管理局
嘉兴市文化局 文件

嘉 文[2000]1 号

转发《关于在开展农村土地整理中做好文物保护工作的通知》的通知

各县（市、区）土地管理局、文化（体）局，秀洲区、秀城区各乡（镇）人民政府：

现将浙江省土地管理局、浙江省文物局《关于在开展农村土地整理中做好文物保护工作的通知》（浙文物[1999]256号）转发给你们，请认真遵照执行，切实加强对正在开展的农村土地整理中的文物保护工作，确保地下文物免遭重大破坏或流失。

嘉兴历史悠久，素称"文物之邦"，尤其是地下文物十分丰富，全市已发现的古文化遗址达200多处，仅秀洲区、秀城区就有古文化遗址35处，古墓葬1处，其中省级文物保护单位1处，市级文物保护单位12处。大量的古文化遗址有待发现，在1999年的土地整理中，就新发现了许多古遗址和古墓葬。根据《文物保护法》规定，我

国境内地下、内水中遗存的一切文物，包括古文化遗址、古墓葬等都属于国家所有，一切机关、组织和个人都有保护文物的义务。为此，希望各有关部门及乡镇人民政府切实按照《文物保护法》的有关规定，认真落实省土管局、文物局《通知》精神，切实做好土地整理中的文物保护工作。

各地在土地整理项目报批前，凡在浙文物（1999）256号和本通知列出的保护名单（名单附后）确定的保护范围内不得进行土地整理；在建设控制地带内进行土地整理，应根据《文物保护法》的有关规定，经当地文物部门批准后方可立项。对保护名单外的其他区域土地整理项目，经批准立项后，应及时抄送当地文物主管部门。在土地整理实施过程中，一旦发现有古文化遗址和出土文物，必须立即停工，并及时报告当地文物部门，待作出妥善处理后，再继续进行整理。各县（市）确定的列入保护的古文化遗址（墓葬）名单，在接到本通知后15天内分别报送嘉兴市土地管理局、嘉兴市文化局。

附：嘉兴市已列入保护的古文化遗址（墓葬）名单

嘉兴市土地管理局
嘉兴市文化局
二〇〇〇年元月五日

主题词：土地整理 文物保护 通知
抄送:省土管局，文物局，市府办，沈雪康、王洪涛、黄济华同志
共印45份
嘉兴市文化局　　　　　二〇〇〇年一月六日印发

嘉兴市已列入保护的古文化遗址（墓葬）名单

名称	时代	地点	级别
马家浜遗址	马家浜文化	南湖乡天带桥村马家浜	省级
吴家浜遗址	马家浜文化	新塍镇吴家浜村	市级
钟家港遗址	马家浜文化	王店镇（原埝桥乡）四联村钟家港	市级
雀幕桥遗址	崧泽文化至春秋战国	东栅乡雀幕桥村	市级
姚家村遗址鲁甫坟	崧泽文化至春秋战国	新丰镇竹家村	市级
陶墩遗址	崧泽文化至春秋战国	大桥乡云西村陶墩	市级
双桥遗址	良渚文化	王江泾镇双桥小学附近	市级
步云遗址	良渚文化至春秋战国	步云乡步云小学内外	市级
曹墩遗址	良渚文化至春秋战国	余新乡金星村	市级
支家桥遗址	良渚文化至春秋战国	大桥乡支家桥村	市级
陆家坟遗址	良渚文化至春秋战国	新丰镇北湖村塔西浜	市级
高地遗址	印纹陶时期（商周至战国）	大桥乡卫国村高地上	市级
皇坟山古墓	东汉	嘉禾九里汇皇坟山	市级
干家遗址	新石器时代	虹阳乡新力村北100米	
蒋庵遗址	新石器时代至春秋战国	大桥乡卫国村北将庵	
韩家浜遗址	新石器时代至春秋战国	新丰镇（竹林乡）高家埭村韩家浜	
梅溪遗址	新石器时代至春秋战国	栖真乡勤丰村	
周家遗址	新石器时代至春秋战国	大桥乡建国村周家浜	
郑家桥遗址	新石器时代至春秋战国	王江泾西藕村郑家桥	
高家汇遗址	新石器时代至春秋战国	洛东乡王安庄村	
刘家坟遗址	新石器时代至春秋战国	新丰镇金丰石曲村	
大坟遗址	新石器时代至春秋战国	大桥乡南子村	

图 6-43　2000 年嘉兴市土地管理局、嘉兴市文化局《转发〈关于在开展农村土地整理中做好文物保护的通知〉的通知》中，保护名单的第一个就是南湖乡天带桥马家浜遗址

今马家浜文化已载入《大不列颠百科全书》和1990年出版的《中国大百科全书·考古卷》。1989年12月，马家浜文化遗址被公布为浙江省级重点文物保护单位。2000年，在嘉兴市土地管理局、嘉兴市文化局《转发〈关于在开展农村土地整理中做好文物保护的通知〉的通知》中，保护名单的第一个是南湖乡天带桥马家浜遗址。❶ 2001年，马家浜遗址被中华人民共和国国务院公布为"全国重点文物保护单位"。马家浜文化遗址入口处竖有石碑，上面刻有遗址出土的兽形器物仿形，下面有金庸的题词——"江南文化之源"。嘉兴市根据国家文物局批复的马家浜遗址保护规划，积极筹建马家浜遗址公园，包含马家浜文化博物馆。马家浜文化遗址公园，"以原马家浜自然村为中心，规划面积22.72公顷，分遗址保护展示区、博物馆文化展示区和休闲互动区三大功能区"❷。2018年，马家浜健康食品小镇启动3A级景区创建，博物馆主体结构完成，马家浜遗址公园完成评审。❸ 2019年12月27日，马家浜文化博物馆落成。

　　马家浜遗址公园附近建有马家浜健康食品小镇（见前述）、马家浜农业休闲园。马家浜农业休闲园，位于马家浜文化遗址公园东侧，设有稻文化展示区、无公害水稻种植区、优质水果蔬菜示范区、水产养殖及垂

❶ 2000年，在嘉兴市《转发〈关于在开展农村土地整理中做好文物保护的通知〉的通知》中，涉及南湖乡天带桥马家浜村遗址。嘉兴市城南街道档案室藏档案。
❷ 嘉兴市南湖区志编纂委员会编：《嘉兴市南湖区志》（中册），第1047页。
❸《凝心聚力、拼搏进取、奋力开创"五美城南"建设新征程：在2018年街道年终表彰会上的工作报告》，2018年11月19日。嘉兴市城南街道档案室提供。

图 6-44　马家浜文化遗址，摄于 2021 年 11 月 1 日

图 6-45　嘉兴城南马家浜健康食品小镇，摄于 2023 年 12 月 9 日

图 6-46　马家浜农业休闲园，摄于 2011 年 9 月 6 日。嘉兴城南街道提供

图 6-47　张百子桥，摄于 2022 年 10 月 30 日

钓区、农家生活体验区、农家乐休闲餐饮区等。总建筑面积 4 000 余平方米，包含生态村落、密林景观、稻田景观、畜牧园、牧渔园、稻香居等。其中，有鱼塘水面 2.67 公顷，龙虾塘 1.33 公顷，生态湿地 2 公顷，农家生活体验区 0.67 公顷，其他果林及树林 9.33 公顷等。❶

张百子桥，是城南街道的一处古建筑。该桥位于长水塘与北木桥港口，南北向，横跨于北木桥港。该桥始建于清同治年间，是一座石头建造的拱桥，桥长约 10 米。张百子桥的由来，民间有这样的传说：河的南面有一户张姓人家，为本地大户，唯一美中不足的是儿子结婚后一直没有小孩。有一天，一老和尚来到张家化缘，说：你家北面原来有一座小木桥，在一次大水后，小桥被大水冲走了，村民只能用船来摆渡，很不方便，你家就出些钱在这河上建一座石桥。一来为村里做好事，二来也是为家里积善积福，至于桥的名字，就叫"张百子桥"。张百子桥建好后，张家陆续生下 8 个儿子，而且各个聪明能干。因为当时村里只有这样一座石拱桥，当地人也称为"环桥"。❷

城南街道在地理上还有一个优势，就是濒临京杭大运河，沿岸也分布着一些历史遗迹。故宫博物院所藏清代高晋等纂的《南巡盛典》中 ❸，其中有反映大运河嘉兴段沿岸情况。图 6-48，为嘉兴段局部图，从图中可以看到嘉兴境内运河沿岸的景象、样态，大运河过江苏入浙江，到王江泾镇，沿岸标注了村落、驿站、桥梁、庙宇等名称。到了嘉兴府城，有北丽桥、西丽桥，往南（西南）有真如塔、三塔、学绣塔、莫家泾等。图中有说明："自北教场大营起，十二里学绣塔，四里莫家泾，十里万寿桥，八里正家桥，系嘉兴府桐乡县界。"今城南一带沿岸是大运河嘉兴段的重要组成部分。学绣塔，"在治西五里。相传西施学绣于此。塔之东半里，有明海内高士周履靖墓，相国叶向高碑记" ❹。这是明万历年间的记载。到了民国，《嘉兴新志》记曰："学绣堰，旧传西施学绣于此，故名。上有古塔。在运河塘三塔寺南数里。" ❺ 学绣塔、三塔等，都在今城南的运河公园附近。

嘉兴市、区有关部门与城南街道都十分重视对运河的保护、利用。运河新区发展定位为城市中央商务区（CBD），其北靠京杭大运河，拥有长达 2.1 千米的河岸线，自然风光优美。占地 166 亩的运河公园于 2018 年通过方案评审。2019 年 10 月 1 日，运河公园开园。2021 年 9 月 2 日，嘉兴市运河新区夜景照明工

❶ 嘉兴市南湖区志编纂委员会编：《嘉兴市南湖区志》（中册），第 1047 页。
❷ 该资料由嘉兴城南街道提供。
❸ 《南巡盛典》系木版画集。清代画家上官周绘，刻工姓名不详。书为高晋所辑，刊于清乾隆三十一年（1766）。《南巡盛典》记述了乾隆帝几次南巡的情况。
❹ 明万历《嘉兴府志》卷四"古迹"。
❺ 《嘉兴新志》上编"名胜古迹"，民国十八年（1929）刊印。

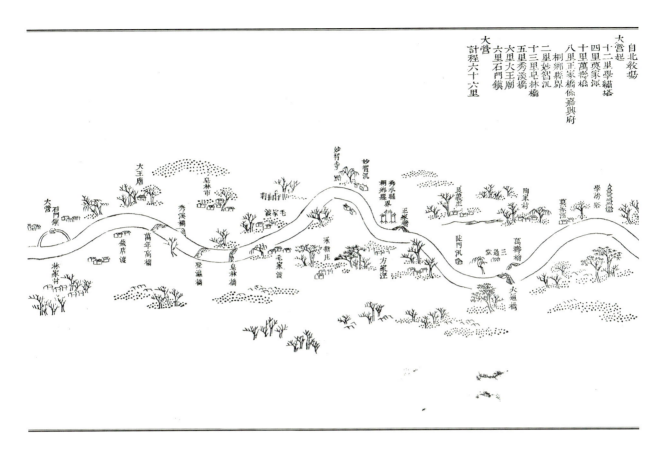

自北教場
大營起
十二里學繡塔
四里羨家滙
十里萬濞橋
八里正家橋係嘉興府
　桐鄉縣界
二里妙智汎
十三里妙智汎
五里秀溪橋
六里皂林橋
六里大王廟
六里石門鎮
大營
計程六十六里

图 6-48　大运河嘉兴段画卷（局部），据清乾隆《南巡盛典》

图 6-49　大运河嘉兴城南段。嘉兴城南街道提供

图 6-50　运河边的城南驿站，摄于 2022 年 12 月。嘉兴城南街道提供

图 6-51　运河智慧书房，摄于 2020 年 9 月。嘉兴城南街道提供

程（一期）项目，荣获第十六届中照照明工程设计奖二等奖。2022年，大运河边嘉兴城南驿站投入使用。在运河城南驿站内，展示了与大运河文化有关的物件、文献。到了嘉兴，到了城南，可以漫步运河公园，品读运河文化。

从远古的马家浜文化遗址，到如今的运河公园，赓续传承着悠长的文脉。走进城南街道，去发现，去探访，可以了解更多精彩的内容，体会这一带所具有的独特文化，以及它的沧桑巨变。

图6-52 城南夜景，摄于2021年6月8日。嘉兴城南街道提供

附 录

附录 1

嘉兴城南街道大事记
（2001—2024）

2001 年

1 月，据《2000 年南湖乡社会经济发展基本情况》《2000 年南湖乡户数、人口调查统计》，南湖乡总户数 5 991，人口数为 20 676，劳动力人数 12 842，全乡国内生产总值 2.89 亿元。

4 月 29 日，中共嘉兴市秀城区南湖乡委员会《关于行政村区划调整工作的实施意见》。

4—6 月，南湖乡实施行政村区划的调整，从原来的 20 个行政村调整为 10 个行政村，其中西南湖、渔业村因城市建设需要，整村进行农转非，暂不做出调整。

9 月，南湖乡提交《关于马家浜文化遗址有关基础设施建设的报告》。

10 月 25 日，据秀城委［2001］27 号文件《中共秀城区委、秀城区人民政府关于实施乡镇（街道）行政区划调整工作的通知》，涉及南湖乡的调整：根据浙江省人民政府浙政函［2001］228 号和嘉兴市人民政府嘉政发［2001］157 号文件批复，"设立城南街道：撤销南湖乡，所辖区域归区政府直接管辖，设立城南街道办事处"。

同时，中共嘉兴市秀城区委下达关于建立中共嘉兴市秀城区城南街道工作委员会等的通知，其中说道：根据省政府浙政函［2001］228 号和市政府嘉政发［2001］157 号文件精神，区委决定：撤销中共嘉兴市秀城区南湖乡委员会、纪律检查委员会，建立中共嘉兴市秀城区城南街道工作委员会、纪律检查工作委员会。

11 月，南湖乡正式更名为嘉兴市秀城区城南街道。

2002 年

7 月 2 日，嘉委［2002］12 号文件：经嘉兴市委、市政府决定，秀城区城南街道和秀洲区的嘉北、塘汇街道成建制委托嘉兴经济开发区管辖。

9 月 23 日，嘉兴市机构编制委员会印发《关于贯彻嘉委［2002］12 号文件有关问题的处理意见》。

2003 年

6 月，百妙社区成立，此为城南街道成立的第一个社区。

2004 年

5 月，建立城南街道法律援助工作站。

7 月，开展南郊河工程用地征迁工作。

11 月，建立流动人口管理服务站。

2005 年

4 月，位于城南市场路 1061 号的嘉兴综合物流园迁建项目建成并投入营运，设水果、蔬菜、建材陶瓷、粮油副食品、水产肉食品、物资调剂六大市场。

5 月，秀城区更名为南湖区。

12 月 26 日，城南中学整体搬迁及城南中心小学扩建项目获批复。

是年，城南街道金穗社区、良秀社区、禾源社区先后成立。

2006 年

1 月 21 日，城南街道对 2005 年度税收超百万元的 15 家企业实施奖励。

3 月 27 日，依格流体技术（嘉兴）有限公司落户，项目总投资 1 310 万美元，注册资本 525 万美元。

4 月 6 日，召开嘉桐大道拆迁动员大会。

12 月 29 日，运河新区暨元一柏庄项目举行奠基仪式。

2007 年

12 月 5 日，城南四号桥南湖砖瓦二厂烟囱爆破。

2008 年

4 月 15 日，城南街道成立新居民事务所，负责新居民服务管理工作。

7 月 15 日，成立嘉兴市新月农产品服务有限公司。

7 月 16 日，城南街道成立老年人体育协会。

12 月 10 日，五星级酒店——嘉兴富悦大酒店开工。

2009 年

10 月，长新社区成立。

11 月 11 日，马家浜遗址发现 50 年后，浙江省文物考古专家首次对其采取主动性发掘。

2010 年

6 月 18 日，南湖村、府南社区（隆兴村、珠庵村）划归长水街道。

7 月，嘉兴智慧产业创新园挂牌成立。

2011 年

4 月，正式启动城南路"二次开发"。

5 月，发布区政府文件《关于同意撤销城南街道真如村建制的批复》。

11 月 12 日，雅培（嘉兴）营养品有限公司举行开工奠基仪式。

2012 年

9 月 17 日，嘉兴综合物流园管委会揭牌。

12 月 18 日，东方日立锅炉有限公司新厂区举行开工奠基仪式。

2013 年

3 月 7 日，丹麦乐高玩具制造（嘉兴）项目签约落户。

11 月 18 日，嘉兴智慧产业创新园开园。

12 月，八字桥村撤销建制。

2014 年

1 月，天佑社区成立，至此城南街道全域完成撤村建居。

4月27日，乐高玩具制造（嘉兴）项目举行开工奠基仪式，丹麦女王玛格丽特二世、丹麦亲王亨利克亲临现场。

5月4日，嘉兴五四文化博物馆开馆。

6月6日，雅培（嘉兴）营养品有限公司正式投产。

2015年

4月23日，荷美尔（中国）投资有限公司嘉兴工厂举行开工奠基仪式。

11月18日，浙江中德嘉兴产业合作园揭牌。当日，万国路通车，万国路跨杭州塘大桥举行开工奠基仪式。

2016年

6月17日，嘉兴马家浜健康食品小镇揭牌。

11月25日，乐高玩具制造（嘉兴）有限公司开业。

12月8日，嘉兴智慧产业创新园2期A区竣工。

2017年

6月30日，嘉兴一中实验经开学校项目开工。

11月11日，米开朗食品有限公司开业，米开朗冰激凌博物馆开馆。

12月8日，城南街道成功创建省级卫生街道。

12月25日，楼友会·嘉兴众创空间入选国家备案众创空间。

12月25日，颐高数码科技获评国家级科技企业孵化器。

2018年

6月15日，嘉兴市区首条快速路正式通车（三环南路）。

7月31日，文博社区成立，并调整良秀社区、金穗社区区域范围。

11月30日，嘉兴银泰盛大开业。

12月17日，城南街道社会服务管理中心智慧大厅办事中心成立。

2019年

3月6日，嘉兴市经济开发区禾源邻里中心项目开工。

3月15日，德国克劳斯玛菲机械（中国）集团新工厂举行开工奠基仪式。

8月6日，信创电梯产业园项目签约落户。

8月20日，开禧大桥开工。

9月12日，万国大桥通车。

10月1日，运河公园开园。

11月13日，城南街道示范型居家养老服务中心启用。

12月27日，马家浜文化博物馆落成。

2020年

3月9日，嘉兴市经和实业有限公司经和大厦举行奠基仪式。

3月23日，泓杰商务大厦举行奠基仪式。

4月3日，城南街道举办"城南新时代论坛"。

4月16日，城南街道举行"平安智慧楼宇创建暨五联动机制进楼宇活动"。

6月18日，克劳斯玛菲机械（中国）有限公司开业。

6月29日，城南街道启动区域化党建格长制工作。

7月11日，浙江信创电梯产业园2期项目开工。

7月，姚家荡社区、银河社区、新月社区成立，至此城南街道共有10个社区。

9月1日，银河社区、姚家荡社区、新月社区揭牌成立。

10月29日，新月社区举行区域化党建揭牌仪式。

10月30日，城南街道举行"最美城南人"颁奖仪式。

12月30日，长新社区退役军人服务站入选省新时代枫桥式退役军人服务站。

2021年

9月，嘉兴市运河新区夜景照明工程（一期）项目，荣获第十六届中照照明工程设计奖二等奖。

10月，嘉兴城南街道设立20年，街道编印《城南20年（城南街道20周年纪念画册）》，主题为"同心逐梦二十载，奋楫扬帆再出发"。

11月17日，嘉兴市区首个"绿道型"垃圾分类主题驿站（姚家荡绿道）在城南街道启用。

12月30日，姚家荡片区入选浙江省级"美丽河湖"。

是年，据统计，城南汽车街区年度税收1.065亿元。城南汽车街区自2010年启动建设以来年度税收首次突破亿元。

2022年

5月27日，城南街道举行打造"浙江有礼"

区域金名片活动。同日，文明城南原创卡通形象"城城""南南"正式发布。

6月10日，举行城南中队1+x联盟驿站揭牌仪式。

7月22日，开禧大桥通车。

8月12日，城南实验幼儿园举行开园揭牌仪式。

9月28日，长新菜场开业。

11月24日，城南街道图书馆新馆搬迁升级。

12月14日，城南街道举行商品交易产业园社区党委揭牌仪式。

12月16日，"813"文博未来社区幸福专线正式开通。

12月23日，文博社区未来社区通过验收命名。

是年，大运河边嘉兴城南驿站投入使用。

2023年

1月9日，城南街道天佑社区健康促进服务站（社区运动家）投入使用。

4月21日，城南街道党工委与当时的嘉兴学院经济学院党委举行校地企党建联建签约仪式。

5月，城南街道长新公寓二期老旧小区改造提升项目全面完工。

6月9日，城南街道文博社区获评首批浙江省现代社区。

7月，城南街道四号桥公园开工建设，并于当年年底竣工。

8月25日，博尔玛智能制造产业园项目成功落户城南。

8月28日，嘉兴大学附属实验幼儿园（运河园）开园。

8月，原城南中心幼儿园转为公办园（城南实验幼儿园，即金穗园）。

8月，原马家浜幼儿园禾源园转为公办园（城南实验幼儿园，即禾源园）。

11月21日，城南街道人大代表联络站新址启用。

11月，教育部同意嘉兴学院更名为嘉兴大学。该校有多个校区，其中梁林校区位于城南街道。

12月16日，城南街道姚家荡未来社区入选"浙江省级引领型未来社区"。

据统计，截至2023年底，城南街道辖区占地40.62平方千米，下辖10个社区，常住人口15.6万人，其中户籍人口4.02万人。各类注册登记企业17 000多家，其中规模以上工业企业98家，规模以下工业企业217家。2023年，街道实现地区生产总值190.76亿元。

2024年

1月18日，嘉兴大学举行揭牌仪式。

2月，城南街道获评2023年度嘉兴市服务业十强镇（街道），总排名第四，已连续6年入榜十强。

7月，原马家浜幼儿园西点园转为公办园（城南实验幼儿园，即新月园）。

资料来源：大事记初稿由城南街道提供，课题组再综合参照相关档案资料等编写。

说明：（1）大事记所记时段，自2001年城南街道成立，至2024年3月底书稿完成。（2）大事记中，为行文方便，有时用简称，如街道先后称嘉兴市秀城区城南街道、嘉兴市南湖区城南街道等，简称为"城南街道""嘉兴城南街道"；嘉兴经济技术开发区，简称"经开区"；等等。（3）大事记内容，经课题组与城南街道等多次讨论，最后经城南街道确认。

附录 2

嘉兴城南档案文献选摘

　　整理说明： 上海社会科学院历史研究所与嘉兴市城南街道合作，成立专题研究小组，从相关机构收集到不少资料，从中选取部分内容，作为"嘉兴城南档案文献选摘"。在资料收集与整理中，研究小组注意其多样性、连续性、完整性等特点，举凡正史典章、地方志书、文集笔记、报纸杂志、档案资料，乃至回忆文章、口述资料均予以关注。限于篇幅，此次我们仅摘选档案资料部分内容，这些史料对研究从南湖公社到城南街道时期的变迁具有重要参考价值。

南湖人民公社粮饲加工厂财务公布

（自 1958 年办厂起至 1967 年 4 月止）

1. 南湖人民公社粮饲加工厂 1958 年度财务收支公布

（10 月 1 日办厂至 12 月 31 日）　　　　　　　（单位：元）

收　入			支　出		
项　目	金　额	备　注	项　目	金　额	备　注
合　计	3 932.44		合　计	3 932.44	
稻谷加工	1 877.24		管理工资	150.89	
谷壳销售	311.32		税金	115.42	
谷壳加工	431.53		房租	152.78	
耐火材料加工	1 312.35		燃料	972.61	
			医药费	21.19	
			管理费用	189.50	
			工人借工资	1 037.22	
			车间经费	859.03	
			利润	285.51	
			谷壳收购	148.29	

2. 南湖人民公社粮饲加工厂 1959 年度财务收支公布

（1 月 1 日至 12 月 31 日）　　　　　　　（单位：元）

收　入			支　出		
项　目	金　额	备　注	项　目	金　额	备　注
合　计	17 072.30		合　计	17 072.30	
稗草加工	168.89		谷壳收购	1 265.23	

收　入			支　出		
项　目	金　额	备　注	项　目	金　额	备　注
元麦加工	116.23		燃料	564.73	机器用油
大麦加工	307.13		机器修理	186.66	
耐火材料加工	178.78		职工工资	3 903.56	
小麦加工	1 550.48		生产用电	2 700.07	
稻谷加工	11 142.2		劳动手套	15.84	
饲料加工	1 956.25		折旧	150.96	
谷壳销售	1 566.49		税金	451.17	
非营业收入	85.84		管理工资	805.57	厂长会计工资
			管理费用	502.30	
			车间经费	2 226.63	
			其他损益	59.95	
			房租	259.60	
			利息支出	24.57	
			利润	3 855.46	

3. 南湖人民公社粮饲加工厂1960年度财务收支公布

（1月1日至12月31日）

（单位：元）

收　入			支　出		
项　目	金　额	备　注	项　目	金　额	备　注
合　计	30 316.81		合　计	30 316.81	
稻谷加工	20 216.94		职工工资	5 589.23	
饲料加工	596.04		燃料	4 312.47	
谷壳销售	2 098.98		附加工资	299.92	
其他低值出售	291.88		车间经费	1 145.03	
大米加工	15.00		管理人员工资	656.00	

收　入			支　出		
项　目	金　额	备　注	项　目	金　额	备　注
饴粮销售	3 656.77		管理费用	1 441.89	
糖□销售	2 787.93		房租	515.00	
砻糠灰	188.06		上交工交办公室	85.96	
水果糖	107.62		贷款利息	235.60	
孚油	199.80		谷壳收购	1 766.94	
糠醛	9.00		损益	2 707.73	
化工品	24.50		辅助材料	701.31	
利息收入	13.83		低值品	3 769.99	
运输收入	30.86		折旧费	391.28	
生财租金	15.50		税金	1 680.51	
材料盘益	62.50		材料	4 801.51	
			前年度损益	216.00	

4. 南湖人民公社粮饲加工厂 1965 年度财务收支公布

（1 月 1 日至 12 月 31 日）　　　　　　　　　　　　　　　　　　（单位：元）

收　入			支　出		
项　目	金　额	备　注	项　目	金　额	备　注
合　计	60 243.96		合　计	60 243.96	
加工收入	55 016.93		材料	5 910.36	
运输收入	4 347.43		燃料	12 906.21	
其他收入	39.24		车间经费	7 422.90	
出售物资	542.68		劳动保护费	537.89	
存款利息	297.68		工资	9 341.78	
			工资附加费	651.56	
			临时工资	1 046.42	
			财产折旧	2 663.04	

续　表

收　入			支　出		
项　目	金　额	备　注	项　目	金　额	备　注
			房租费	2 088.12	
			夜班费	107.46	
			税金	1 724.48	
			办公费	40.57	
			川旅费	59.74	
			电灯费	318.42	
			邮电报刊	354.73	
			什项支出	385.48	
			利润	14 684.80	

资料来源：《南湖人民公社粮饲加工厂财务公布》（自1958年办厂起至1967年4月止），1967年5月18日印。嘉兴市城南街道档案室藏档案。

南湖公社新建大队三队蚕茧连年丰收，
今年春茧平均张产 94.26 斤

南湖公社党委加强对春蚕生产的领导，落实了经济政策，调动了社员养蚕积极性。在饲养管理上，大抓消毒防病，稀放饱食，抓好上簇关，全公社春茧呈现一派丰收景象。

新建大队三队，64 张蚕种产量高，茧质好，总产量 6 032.5 斤，平均张产 94.26 斤。

这个生产队六月三号第一次出售鲜茧 4 378 斤，每斤茧 209 粒，干壳 9.7 公分，每担蚕价 180 元。六月四号出售二笔，一笔 1 141 斤，每斤茧 205 粒，干壳 9.62 公分，每担茧价 170 元。第二笔 121.5 斤，每斤茧 220 粒，干壳 8.8 公分，每担茧价 155 元。下茧 392 斤。

这个生产队，去年同期也是养蚕 64 张，总产量 5 341.5 斤。平均张产达 83.4 斤。每斤茧 247 粒，平均担茧价格 160 元。下茧 527.5 斤。

两年对比，产量比去年同期增长 12% 以上，茧质今年比去年好，茧形大，茧层厚，上茧率高，粒数少，干壳重，下茧比重明显下降。

这是新建大队三队的干部，贫下中农在毛主席革命路线的指引下，为革命养好蚕，为支援缫丝工业多缫丝、缫好丝作出了新贡献。

资料来源：嘉兴县土产公司编：《蚕茧收烘工作简报》第 5 期，1972 年 6 月 6 日。

南湖公社革委会
关于做好手工业管理工作的通知

生产大队革委会，各单位革委会（领导小组）：

经过学习毛主席关于理论问题的重要指示，提高了无产阶级对资产阶级实行全面专政重要性的认识。以党的基本路线为纲，做好手工业的管理工作是实践毛主席关于无产阶级专政理论，限止"小生产"的自发倾向，逐步地引导他们组织起来，纳入社会主义轨道，巩固集体经济。我们批发工交办公室关于加强农村手工业管理工作的报告，各大队、各单位在学理论、抓路线、讲团结，大干快上夺取今年夏熟丰收的同时联系两个阶级、两条道路、两条路线的斗争实际，深入开展批林批孔，对手工业人员进行一次扦查、分析，引起对这一工作的重视，大队革委会要有明确分工，有人专管这一工作，既要抓好当地手工业的组织工作，又要做好外来手工业的管理工作。已经组织的手工业单位要总结提高、落实经济政策，没有组织的大队要抓好这一工作。特此通知。

南湖公社革命委员会
一九七五年六月七日

资料来源：浙江省嘉兴县南湖人民公社革命委员会《南湖公社革委会关于手工业管理工作的通知》，1975 年 6 月 7 日。嘉兴市城南街道档案室藏档案。

嘉兴县革命委员会办公室
关于各公社大队更名核对的通知

各公社革委会：

在地名普查中，地名的命名、更名问题必须按照国务院国发〔1979〕305 号文件规定精神处理，即：地名的命名，要注意反映社会主义革命和建设的成就，反映当地历史、文化和地理特征；一个县内生产大队不重名；生产大队的名称一般按照当地地名命名，并且避免用同音汉字命名地名。据此，为严肃、慎重起见，现将你们上报更名待批大队和现行大队名称对照表，印发给你们核对，有无变动，均应于月底前报送县地名办，然后由县革委会正式以法律手续审批。

除上述待批更名的大队名称外，还有应作更名处理的大队，亦请按照国务院规定精神尽快提出妥善更名方案，经干部、群众讨论后把申报表送给县地名办。

嘉兴县革命委员会办公室

一九八一年三月廿三日

（涉及南湖公社）

公　社	大　队		备　注
	现行名称	更名名称	
南湖	民主	珠庵	
	红卫	真如	
	胜利	天带桥	
	建丰	开禧桥	
	新建	月河桥	
	光明	莫家泾	
	联丰	三乡桥	
	五一	乘堂桥	
	联合	梁林桥	
	七一	七号桥	

资料来源： 浙江省嘉兴县革命委员会办公室文件，《关于各公社大队更名核对的通知》（涉及南湖公社部分），1981 年 3 月 26 日。嘉兴市城南街道档案室藏档案。

嘉兴市人民政府
《关于批准 209 个大队更名和启用标准名称的通知》

各公社、镇革委会：

根据国务院《关于地名命名、更名的暂行规定》精神，经审查研究，批准你们报来的下列大队（附名单）更名，并自公布之日起启用标准名称。希望各公社、镇和全县各单位共同做好更名的宣传教育工作，使更名工作更好地为四化建设和人民的日常生活服务。

嘉兴市人民政府

一九八一年四月十四日

（涉及南湖公社更名的各大队）

南湖公社		
民主大队更名为珠庵大队		
	红卫	真如
	胜利	天带桥
	建丰	开禧桥
	新建	月河桥
	光明	莫家泾
联丰大队更名为三乡桥大队		
	五一	乘堂桥
	联合	梁林桥
	七一	七号桥
	红武	八字桥

资料来源：嘉兴市人民政府《关于批准 209 个大队更名和启用标准名称的通知》（涉及南湖公社部分），1981 年 4 月。嘉兴市城南街道档案室藏档案。

南湖乡基本情况及八三年经济成果（统计）

一、基本情况

全乡现有 243 个生产队（即村民组），5 747 户，23 471 人（其中：非农业人口 463 人），男 11 809 人，女 11 662 人。1983 年出生 273 人，人口出生率为 11.63‰；死亡 157 人，死亡率为 6.68‰；自然增长 116 人，自然增长率为 4.94‰。

全乡现有耕地 40 344 亩（水田 33 329 亩，旱地为 7 015 亩）。专业桑地 7 862 亩。社员自留地和饲料地 4 430 亩。

全乡现有灌溉机埠 81 处，共有排灌机械 350 台，2 386 马力。手扶拖拉机 163 台，1 956 马力（其中：大队所有 26 台，生产队所有 134 台，联户购买 3 台）。脱粒机 1 367 台。农付（副）产品加工机械 124 台，1 291 瓩。农用机动船 126 艘，595 吨。农用变压器 85 台，3 950 km；工业用变压器 9 台，1 570 km。

二、1983 年农付（副）业生产情况

全乡集体和承包收获粮食总产量 5 209.54 万斤，比 1982 年减少 487.92 万斤。各季作物产量是：

春粮 12 372 亩，单产 393 斤，总产 485.84 万斤；

早稻 28 162 亩，单产 778 斤，总产 2 192.64 万斤；

晚稻 33 266 亩，单产 753 斤，总产 2 505.46 万斤；

山茹 274 亩，单产 248 斤，总产 6.79 万斤；

毛豆 1 986 亩，单产 95 斤，总产 18.89 万斤。

社员自留地收获粮食 26.42 万斤（不包括在总产量内）。

全乡 1983 年油菜 5 836 亩，单产 197 斤，总产量 114.83 万斤，比 1982 年减少 42 万斤（计划减少）。全乡 1983 年饲养蚕种 7 930 张，单产 69 斤，蚕茧总产 5 508 担，比 1982 年减少 519 担，各季蚕茧产量是：

春蚕 4 354 张，单产 89 斤，总产 3 890 担；

夏蚕 423 张，单产 55 斤，总产 236 担；

早秋 766 张，单产 46 斤，总产 357 担；

中秋 2 363 张，单产 42 斤，总产 1 009 担；

晚秋 24 张，单产 39 斤，总产 9 担。

全年蚕茧款 1 031 525 元，比 82 年减少 49 131 元。

全乡种植大麻 955 亩，单产 185 斤，总产 1 850 担。

全乡 1983 年饲养生猪 50 634 头，出售肥猪 26 060 头。现有母猪 1 409 头。羊存栏数 7 838 头。耕牛 233 头。

全乡 1983 年水产品产量 1 800 担，其中水产队 1 500 担，农业养鱼 300 担。

三、乡村工业企业经营情况

现有乡办企业 20 个单位，1 670 名职工。83 年工业产值 747.65 万元，销售收入 792.93 万元，利润总额 105.48 万元，占销售总额 13.3%，发放工资 101.25 万元。

村办工业企业 39 个单位，369 名职工，83 年工业产值 133.12 万元，销售收入 103.68 万元，利润 10.83 万元，占销售总额 10.44%，发放工资 24.25 万元。

四、全乡工农业产值和经济收入情况

全乡 1983 年工农业总产值 2 150.82 万元，其中工业总产值 896.61 万元，占 41.68%；农付（副）业总产值 1 254.21 万元，占 58.32%。

在农付（副）业总产值中，统一经营和承包收入 1 037.29 万元，比 82 年减少 90.76 万元。社员自营收入 216.92 万元。农业经济结构是：农业收入 895.29 万元，占 71.38%（其中粮食作物收入 640.45 万元，占 51.06%）；蚕桑收入 117.09 万元，占 9.33%。林业收入 1.92 万元，占 0.15%；渔业收入 0.52 万元（不包括水产队），占 0.04%；牧业 161.63 万元，占 12.89%。工付（副）业收入 65.38 万元，占 5.21%。其他收入 12.36 万元，占 1%。

全乡农付（副）业生产费用 315.9 万元，占总收入 25.18%。（其中社员养猪等自营费用 66.28 万元，占自营收入 30.75%。）管理费 9.83 万元，占总收入 0.78%。除生产费用和管理费后，尚存净收入 912.23 万元，占总收入 74.04%。其中交农业税 30.55 万元，占净收入 3.35%；提留公共积累 57.52 万元，占净收入 6.3%；社员所得 824.15 万元，再加社员从社企中直接得到收入 62.41 万元，合计社员纯收入 886.57 万元，人均收入 391 元。其中：包干分配队 14 982 人，人均收入 423 元；统一分配队 7 010 人，人均收入 310 元。全乡 1983 年专业户 107 户，708 人，人均收入 468 元。

全乡 1983 年粮食分配总产量 5 220.80 万斤，交售国家 2 589.96 万斤，超额完成大包干任务 420.96 万斤，种子和饲料粮 650.62 万斤。社员口粮 1 980.48 斤，平均每人 872 斤。

（以上系年报资料摘录）

资料来源：《南湖乡基本情况及八三年经济成果（统计）》。嘉兴市城南街道档案室藏档案。

说明：档案中原文均为农付业，今均改为农付（副）业。

中共南湖乡党委、南湖乡政府等
《关于启用新印章的通知》

关于启用乡党委印章通知

经过政社分设的体制改革，我乡乡党委已经成立。中共城区区委已刻制"中共嘉兴市城区南湖乡委员会"印章，自一九八四年一月二十五日启用。原公社党委印章同时作废。

新印模（图照）

中共南湖乡委员会
一九八四年一月二十一日

关于启用新印章的通知

我乡政社分设工作在上级党委的领导下，已经顺利完成。乡人民政府和乡经济联合委员会已分别选举产生。嘉兴市城区人民政府已刻制"嘉兴市城区南湖乡人民政府""嘉兴市城区南湖乡经济联合委员会"印章，自一九八四年一月二十五日起启用。原公社管理委员会印章同时作废。凡原与公社管委会对外发生的行政事务和经济业务关系，现分别由乡政府和乡经济联合委员会承担。

新印模（图照）

南湖乡人民政府
南湖乡经济联合委员会
一九八四年一月二十一日

资料来源：中共南湖乡党委、南湖乡政府等《关于启用新印章的通知》，1984 年 1 月。嘉兴市城南街道档案室藏档案。

关于同意新建"嘉兴市南湖五金厂"的批复

南湖乡经委：

你委二月二十三日转来六号桥建办五金厂报告悉。为发展乡村工业，为人民生活服务，经研究同意新建"嘉兴市南湖五金厂"，属村办集体企业。望提高产品质量，不断扩大业务办。

一九八四年二月廿四日

资料来源：嘉兴市城区社队企业管理局文件，《关于同意新建"嘉兴市南湖五金厂"的批复》，1984 年 2 月 24 日。嘉兴市城南街道档案室藏档案。

关于同意成立"嘉兴市南湖工业供销公司"的批复

南湖乡经委：

你委二月廿九日报告悉。你乡贯彻中央政社分设以后，为了加强社队工业的领导，疏理流通渠道，促进城乡经济发展，要求建立工业供销公司。经研究同意成立"嘉兴市南湖工业供销公司"，望认真做好乡村二级企业的生产经营业务工作，并密切和城区第一地方工业公司的联系。

一九八四年二月廿九日

资料来源：嘉兴市城区社队企业管理局文件，《关于同意成立"嘉兴市南湖工业供销公司"的批复》，1984 年 2 月 29 日。嘉兴市城南街道档案室藏档案。

关于成立南湖等五个工业公司的通知

各乡经委：

我区体制改革后，五个乡的领导班子已基本配好，为了搞活商品生产，疏理流通渠道，促进乡村工业、家庭工业及专业户的发展，开创社会主义新局面，根据区府办公会议讨论意见，成立以下五个工业公司：

嘉兴市南湖工业公司

嘉兴市嘉北工业公司

嘉兴市东栅工业公司

嘉兴市塘汇工业公司

嘉兴市秀水工业公司

南湖等五个公社工业办公室，以及原批复的工业供销公司同时撤销，请有关部门予以大力支持。

一九八四年三月二十三日

资料来源：嘉兴市城区社队企业管理局文件，《关于成立南湖等五个工业公司的通知》，1984 年 3 月 23 日。嘉兴市城南街道档案室藏档案。

关于同意成立嘉兴市南湖地方工业公司、
嘉兴市南湖商业公司的批复

南湖乡经委：

你委四月十四日报告悉。根据体制改革的精神，为加强乡村工业企业的领导，发展商品生产，疏理流通渠道，经研究并请示区府领导同意，将三月六日批复的“嘉兴市南湖工业公司”改为“嘉兴市南湖地方工业公司”，同时成立“嘉兴市南湖商业公司”，两个公司实行一套班子，二块牌子，均属乡办集体企业。

一九八四年四月二十一日

资料来源：嘉兴市城区社队企业管理局文件，《关于同意成立嘉兴市南湖地方工业公司、嘉兴市南湖商业公司的批复》，1984 年 4 月 21 日。嘉兴市城南街道档案室藏档案。

关于四号桥设立公共汽车停靠站的联合报告

嘉兴市公交公司：

在党的十一届三中全会方针指引下，乡镇企业大发展。我们南湖乡也是一样，在嘉桐公路四号桥已经办了很多工厂、企业，为方便职工上下班，要求建立公共汽车停靠站。

我们南湖乡的乡镇企业极大部分都建在四号桥，有南湖纸品厂、南湖绵胎厂、南湖砖瓦二厂、嘉兴锅厂、南湖油脂化工厂、南湖日用化工厂、南湖化工四厂、南湖建筑涂料厂、南湖化工厂和南湖建筑队十个工业企业。每天上下班有一千多人，其中有将近 40% 是步行的，还有嘉兴南湖粮站也设在四号桥，职工的家庭都在城里，每天上班要跑四千米。

办了工厂企业，职工每天都要上下班，外来客户联系业务和老师傅技术辅导，没有公共汽车很不方便。

在党中央［84］1 号文件指引下，各级党委都十分重视乡镇企业的发展。各个部门都在放宽政策，制订措施，支持乡镇企业的发展。我们恳切要求公交公司在四号桥设立公共汽车停靠站，方便职工上下班，便利工厂企业与外界的人员来往。请贵公司明察实情，尽快设站。特此报告。

南湖纸品厂

南湖绵胎厂

嘉兴南湖粮站

南湖油脂化工厂

南湖砖瓦二厂

嘉兴锅厂

南湖日用化工厂

南湖建筑涂料厂

南湖化工四厂

南湖化工厂

南湖建筑队

一九八四年八月二十七日

资料来源：《关于四号桥设立公共汽车停靠站的联合报告》，1984 年 8 月 27 日，嘉兴市城南街道档案室藏档案。

关于要求迁移办公地点的报告

城区人大、区政府：

本乡现在办公地点在嘉桐公路八号乔（桥），是五八年大公社时建造。六一年分成三个公社（即现在的南湖、洪合、马乔三个乡）以后，本乡仍然利用原大公社时的办公室和宿舍。地理上在全乡很不中心，西面又紧靠加（嘉）兴机坊，没有发展余地。本乡农民交售农付（副）产品和购买生产、生活资料都集中在嘉兴南门，乡镇企业也都集中在嘉兴南门至嘉桐公路四号乔（桥）一带。为了方便群众，在全乡形成政治、经济和文化中心，逐步建立小集镇，根据全乡村镇规划定点，我们要求把乡政府所在地由嘉桐公路八号乔（桥）迁移到四号乔（桥）西塊，向东迁移三千米。办公室和宿舍建筑项目已由城区计经委批准。现在旧址准备办乡办企业。目前迁址的准备工作已基本就绪，特此报告，承请尽速批示。

南湖乡人民政府

一九八五年八月二十八日

资料来源：南湖乡人民政府《关于要求迁移办公地点的报告》，1985 年 8 月 28 日。嘉兴市城南街道档案室藏档案。

关于同意城区南湖乡人民
政府驻地迁至四号桥西堍的批复

城区民政局:

嘉城民〔1985〕46 号文悉。经与有关部门研究后,同意你区南湖乡人民政府驻地由原来的八号桥迁至四号桥西堍。望妥善处理好搬迁工作一切事宜。

此复

嘉兴市民政局

一九八五年九月十八日

资料来源:嘉兴市民政局文件,《关于同意城区南湖乡人民政府驻地迁至四号桥西堍的批复》,1985 年 9 月 18 日。嘉兴市城南街道档案室藏档案。

南湖乡基本情况及八五年经济成果
（统计）

一、基本情况

全乡现有 243 个村民组，5 852 户，23 244 人（其中：非农业人口 1 701 人，包括乡办企业职工），男 11 626 人，女 11 618 人，一九八五年出生 164 人，人口出生率为 7.06‰；死亡 163 人，死亡率为 7.01‰；自然增长 1 人，自然增长率为 0.043‰。

全乡现有耕地 42 791 亩，其中水田 31 987 亩，比八四年减少 3.58%；旱地 10 804 亩，比八四年减少 7.44%（开挖鱼塘 600 亩）；承包户自留地和饲料地 4 300 亩，专业桑园 7 323 亩。

二、八五年农付（副）业生产成果

全乡八五年共收获粮食总产量为 5 132 万斤（其中：其他粮食 59 万斤），比八四年减少 1 005 万斤。各季作物产量分析：

春粮 13 542 亩　亩产 375 斤　总产 508.86 万斤

早稻 26 550 亩　亩产 875 斤　总产 2 322.01 万斤

晚稻 32 492 亩　亩产 690 斤　总产 2 241.95 万斤

山茹 1 039 亩　亩产 311 斤　总产 42 万斤

大豆 1 466 亩　亩产 108 斤　总产 17 万斤

全乡八五年油菜 9 345 亩，亩产 237 斤，总产量 222.15 万斤，比八四年增加 56.70 万斤。

全乡八五年饲养蚕种 8 412 张，单产 80 斤，蚕茧总产 6 729 担，比八四年增加 1 486 担。各季蚕茧产量是：

春茧 2 836 担，夏茧 246 担，秋茧 3 248 担（不包括自留茧）。

全乡八五年饲养生猪 39 328 头，出售肥猪 18 523 头，年末母猪存栏数 1 413 头，羊存栏数 6 737 头，耕牛 67 头，奶牛 47 头。

三、乡村企业经营情况

现有乡办企业 24 个，1 818 名职工。八五年工业产值为 2 220.34 万元，销售收入 2 648.51 万元，税金 64.77 万元。利润总额 289.67 万元，发放职工工资 177.58 万元。

村办工业企业 50 个，19 个加工厂，1 696 名职工。销售收入 374.93 万元，利润 21.61 万元，税金

11.26 万元，发放工资 85.54 万元。

四、全乡工农业总收入情况

全乡八五年农村经济总收入为 5 220.18 万元，比八四年增加 661.68%。其中乡村合作企业总产值 3 023.44 万元，占 57.92%；农付（副）业总产值 2 196.74 万元，占 42.08%。

在农付（副）业总产值中，农民承包经营收入 2 147.60 万元，集体统一经营收入 37.8 万元，经济联合体收入为 11.34 万元。

在全乡总收入中，农业收入 1 875.48 万元，占 35.93%；工业收入 2 715.26 万元，占 52%；建筑业收入 317.32 万元，占 6.1%；交通运输业收入 73.06 万元，占 1.4%；商业、饮食业收入 53.24 万元，占 1.02%；服务业收入 42.86 万元，占 0.82%；其他收入 142.95 万元，占 2.73%。

全乡农工付（副）总费用 2 933.40 万元，占总收入 56.19%。其中：管理费 15.06 万元，占 0.51%。全乡总收入 5 220.18 万元，扣除生产总费用 2 933.40 万元，尚存纯收入 2 286.78 万元，占总收入的 43.80%。交纳国家税金 121.13 万元，其中农业税 39.95 万元，集体提留公积、公益金 508.56 万元（包括乡村企业提留）。农民所得净收入 1 656.99 万元，人均收入 724 元，比八四年增加 21.27%。

全乡八五年联合体 21 个，专业户 17 户（重点户不计算在内）。

全乡八五年交售国家粮食 2 489 万斤，人均提供商品粮 1 087 斤，提留生产用粮 160 万斤，社员所得粮食 2 069 万斤，人均 926 斤。

（以上均系年报资料摘录）

资料来源：《南湖乡基本情况及八五年经济成果（统计）》，嘉兴市城南街道档案室藏档案。

南湖乡人口及其变动情况统计表
（1985 年度）

表号：人统年 1 表
制表机关：公安部
批准机关：国家统计局
批准文号：（84）统人口字 318 号

地区别	年末人口							1月1日至12月31日人口变动										
	总户数	总人口			总人口中			出生				死亡			迁入		迁出	
		合计	男	女	非农业人口	集镇自理口粮常住人口	未落常住户口的人口	合计	男	女	出生合计中未落常住户口的婴儿	合计	男	女	省内迁入	省外迁入	迁往省内	迁往省外
甲	1	2	3	4	5	6	7	8	9	10	11	12	13	14	15	16	17	18
总计	5 945	23 244	11 626	11 618	1 701	2	110	164	68	95	62	163	100	63		23	217	14
隆兴	281	1 023	522	501	2		5	10	6	4	2	4	3	1	1		10	1
珠庵	300	1 121	554	567	42		4	9	4	5	2	13	8	5	2	1	9	1
南湖	563	1 910	936	974	158		10	10	6	4	2	14	9	5	5	2	24	1
西南湖	182	663	320	343	66		12	6	2	4	6	4	1	3	3	1	5	1
长乔（桥）	482	1 955	953	1 002	110		8	11	4	7		18	9	9		1	3	1
真如	318	1 149	554	595	177		7	7	2	5	4	8	8		9		4	
六号桥	339	1 346	656	690	216	2	5	9	4	5	5	10	8	2		1	10	
七号桥	230	830	428	402	65		9	5	3	2	2	8	6	2			2	
天带桥	335	1 364	684	680	50		2	5	2	3	2	10	4	6		1	8	
红旗	234	884	459	425	53			1		1		7	4	3	1	2	6	2
新联	199	765	402	363	46		3	6	2	4	3	8	1	1	1	3	4	1
开禧桥	221	800	402	398	32			2	1	1		7	3	4	2			1
永联	266	1 070	530	540	26		11	15	4	11	7	11	5	6			6	2
月河桥	251	1 046	526	520	40		4	4		4		8	6	2		3		
莫家泾	218	1 024	508	516	48		4	4	2	2	4	2	1	1		1	2	2
三乡乔（桥）	221	938	453	485	22		7	12	5	7	6	5	3	2	2		6	1
八字乔（桥）	389	1 702	873	829	66		3	15	6	9	3	11	7	4		2	1	
乘堂乔（桥）	294	1 176	606	570	37		3	8	4	4	2	1	5	2			3	5

填表时间：1986 年 1 月 10 日

资料来源：1985 年度《南湖乡人口及其变动情况统计表》。嘉兴市城南街道档案室藏档案。

关于组建嘉兴市南湖
湖羊生产服务合作社的计划
（草稿）

随着农村商品经济的不断发展，组织多形式、专业性的新的合作经济，不仅能促进农村产业结构的进一步调整，而且完全符合生产力发展的需要。因此，我们在促进农村商品生产工作中，以产品为"龙头"，供销社为依托，从服务入手，根据群众的要求，推进新的联合，是供销社的一项重要任务，也是逐步办成综合服务中心的组成部分。

为此，对组建嘉兴市南湖湖羊生产服务合作社工作计划如下：

一、基本情况

南湖乡地处市区南郊，物产丰富，乡镇工业发达。全乡20个自然村（包括一个水产村），243个组，5 852户，22 896人，水田31 987亩，旱地10 804亩，是城区粮、茧、麻、湖羊、生猪等重点产区。据85年底统计，全乡饲养湖羊的有18个村，年底存栏6 156头，比84年5 617头增加9.60%；85年收购小湖羊皮6 735张。比84年5 857张增加15%，平均扯价（按，原文如此）每张12.29元，总值达8.30万元。据最近初步调查，全乡饲养湖羊5只以上的近60户，其中饲养湖羊7—10只的约10户，八字桥、长桥、月河桥是湖羊重点村，饲养量均超过700头，有20余个组家家户户饲养湖羊。隆兴村12组农民姚天荣，全家6人，去年饲养湖羊9头，出售羔皮34张，收入400余元。因此，南湖乡饲养湖羊［是］具有历史悠久、经济效益较高的一项重要家庭副业。

二、组建南湖湖羊生产服务合作社的设想

1. 形式和宗旨：是在市供销社和城区政府领导下，由南湖供销社、市畜产品公司、湖羊重点户等三方组成，坚持入社自愿、退社自由、自愿互利、松散经营的产供销联合体。它的宗旨是为了促进湖羊生产的发展，推广先进科学技术，提高良种化，提供产前、产中、产后服务，提高出羔率，走生产、加工、服务的道路。

2. 民主选举产生合作社理事会，7人组成。名额分配是：南湖供销社2人，市畜产品公司1人，养羊农户4人，合作社主任由南湖供销社主任兼任，副主任由公司、农民各产生1名，并聘请1名干事。理事会成员在成立大会上由全体社员审议通过。

3. 制订"加（嘉）兴市南湖湖羊生产服务合作社章程"，交大会审议通过。

4. 入社条件：凡饲养纯种湖羊5只以上，本人自愿，服从社章的，都可以申请入社。

三、工作步骤

1. 成立筹建小组，由南湖社、公司、城区社、城区农林局等单位组成，在三月下旬召开第一次会议，研究和部署各项筹建工作。

2. 宣传发动，申请入社，签订产销合同。第一次筹建小组会议后，立即组织力量，深入乡村宣传发动，踏棚查清湖羊饲养数，在提高对组织合作社的意义、好处认识的基础上，发动申请入社，签订好购销合同，并做好理事会成员的安排。

3. 搞好文字资料的准备，写好宣传提纲，起草社章和工作报告。

四、时间要求

在宣传发动、完全自愿和条件成熟的基础上，争取在四月份成立，但一定要注重质量，不赶潮头。

城区供销社

一九八六年三月二十四日

资料来源：《关于组建嘉兴市南湖湖羊生产服务合作社的计划（草稿）》，1986 年 3 月 24 日。嘉兴市城南街道档案室藏档案。

南湖乡关于建立内贸畜禽商品
生产基地的试行办法的通知

各村民委员会及有关单位：

现将中共嘉兴市农村经济委员会、嘉兴市财贸办公室、嘉兴市食品生产领导小组《关于建立内贸畜禽商品生产基地的试行办法》转发给你们。

为促进畜禽生产逐步向专业化、商品化方向发展，我乡被市确定为内贸畜禽基地。乡政府成立了畜禽基地领导小组，要求各村专人分管负责，根据试行办法，积极宣传发动，并落实实施，争取在二年内完成建立畜禽基地任务。

南湖乡人民政府

一九八六年六月十日

资料来源：嘉兴市城区南湖乡人民政府文件，《南湖乡关于建立内贸畜禽商品生产基地的试行办法的通知》，1986 年 6 月 10 日。嘉兴市城南街道档案室藏档案。

关于在新建住宅区真如、百花新村
建造小学校舍的报告

嘉兴市教育局：

嘉兴市最近几年，由于旧城改造，新城市建设规划的实施，街道拓阔。真如、百花二村住宅建设的发展，城市人口的增加和住宅的迁移，必须增加学校的布点，才能满足群众入学的要求。特别是中山路拆迁和立交桥工程的开始，数以千计的居民将陆续搬入新村，学生上学读书将碰到新的矛盾。

然而，市、区领导都十分重视这些居民处的配套工程，亲自到真如、百花居民区调查，选择学校地点，并明确指出真如、百花二村要新建二所小学。现我局根据市、区有关领导指示精神和建议，并从这二村的具体情况考虑，特提出以下意见：

一、真如新村坐落在南湖乡真如村。该村现有一所小学，只能接纳真如、西南湖两村的农民学生，学校设施简陋，场地窄小，又因学校边上绝缘厂的发展，使学校不仅毫无伸展之地，且在高层建筑的包围之中，光线不足，阴暗潮湿。目前，该校既不适应发展了的规模，又不利于学生健康发展。绝缘厂曾几次与乡、村洽谈，帮助学校搬迁地皮厂方需要。学校迁移，双方有利。在真如新村附近的西板桥地方建造，使真如新村居民和附近农民子女入学方便。

初步规划这所学校应是十二个班级的完小。要有教室外，还需小型实验室，学生文体活动室、唱歌室、阅览室、办公室、储藏室等主体楼一座，计 1 600 平方米。其他需建伙房、厕所和门房间约 100 平方米，教工宿舍 500 平方米。需基建经费约 29 万元（包括整地、围墙、平整场地）。同时，建房和活动场地需征用土地五亩。

二、百花新村远离市区学校，苏加（嘉）公路车辆来往频繁。小学生到市区上学很不方便。为了减少交通事故和消除家长的后顾之忧，宜就近发展学校。同时考虑到我区秀水乡中心校定点问题：原嘉兴市教育局八二年八月十日发文嘉教字［82］109 号文《关于成立嘉兴市秀水公社中心校筹建小组……的通知》中明确指出，建立中心校的决定，现会同秀水乡政府研究，为兼顾二者利益，以现西木桥小学为基础，增加校舍、扩充场地。解决百花新村居民和当地农民子女入学为妥。

学校规模基本与真如小学相同。可逐步投资建设。只需在学校西边征用二亩面积的土地和扩大活动场地和安排教学用房。

我们认为上述两所学校必须从速筹建，可一次规划两年实施。八四年先拨 20 万元筹建教学楼，八五年再投资逐步完成。争取在八五年暑期招生。以上报告当否，请研究批复。

资料来源：嘉兴市城区文化教育局文件，《关于在新建住宅区真如、百花新村建造小学校舍的报告》，1986 年 6 月 6 日。嘉兴市城南街道档案室藏档案。

关于给予南湖乡等单位奖励的决定

根据区委［1993］67 号、68 号、69 号文件规定，各乡、街道和区级机关一九九三年度任期目标责任制，经各单位总结自评，都较好地完成了任期目标的当年任务，经区考评委员会审核，并经区委、区政府决定：

一、南湖乡荣获一九九三年各乡任期目标责任制考核总分第一名；建设街道荣获一九九三年各街道任期目标责任制考核总分第一名，各赠锦旗一面，以资鼓励。

二、授予计经委、工商分局、文教局、物资总公司一九九三年任期目标责任制特别奖。

三、南湖乡取得一九九三年度财政收入超千万元，给予奖金 1 万元，以资鼓励。

希望受表彰的单位，在新的一年里再接再厉，为秀城经济再上新台阶作出新的更大的贡献。

中共嘉兴市秀城区委员会

嘉兴市秀城区人民政府

一九九四年二月十八日

资料来源：中共嘉兴市秀城区委：《关于给予南湖乡等单位奖励的决定》，1994 年 2 月 18 日。嘉兴市南湖区档案馆藏，档号：007-01A-00143-001。

关于筹建南湖电子器材工业园的请示

南湖综合开发区管委会：

为进一步加快经济发展，充分发挥地理、区位优势，积极抓住开发区开发建设的良好机遇，利用开发区的辐射功能和优惠政策。现针对我乡工业经济结构现状，拟筹建电子器材工业园，旨在营造规模，形成特色。具体请示如下：

一、工业园的选址

工业园地址拟定在嘉桐公路七号桥东侧南端，规划面积约 500 亩，土地涉及七号桥村 4 个生产组，开禧桥村 1 个生产组。

二、工业园开发方案

工业园开发以电子器材生产为主体，具体划分为原材料生产区、磁材生产区、扬声器及配件生产区和科研、检测、管理、服务等综合区。计划首期投资 3 000 万元人民币，主要用于基础配套设施建设和首期生产用房。

三、具体要求

1. 工业园规划内用地作为建设用地使用。
2. 工业园总体规划、设计、开发、建设按有关的总体规划要求操作。
3. 工业园开发给予享受开发区各项优惠政策，以支持开发。

特此请示，当否？请批复

中共秀城区南湖乡委员会

秀城区南湖乡人民政府

二〇〇〇年五月二十二日

资料来源：《关于筹建南湖电子器材工业园的请示》，2000 年 5 月 22 日。嘉兴市城南街道档案室藏档案。

关于同意建立南湖电子器材工业园的批复

南湖乡人民政府：

你乡《关于筹建南湖电子器材工业园的请示》悉。经区政府研究，同意建立南湖电子器材工业园，规划面积 750 亩。建设工业园有利于培育特色块状经济和加快产业结构调整，促进区域经济竞争能力的提高。望你们按照科学规划、合理布局、体现特色、有利发展的要求，加强与村镇规划和土地利用总体规划的衔接，抓紧制订工业园详细规划，并尽快开发启动。同时，要加强管理，加强环境保护，努力完善配套措施，搞好服务，加大招商引资力度，吸引企业向园区集聚，加快开发建设进度，促进经济快速健康发展。

特此批复。

（此页无正文）

嘉兴市秀城区人民政府

二〇〇〇年六月三十日

资料来源：《关于同意建立南湖电子器材工业园的批复》，2000 年 6 月 30 日。嘉兴市城南街道档案室藏档案。

关于（南湖乡）行政村区划调整工作的实施意见
（节选）

各村党支部、村民委员会、村经济合作社：

改革开放以来，我乡农村经济和社会事业发展较快，农村生产力水平不断提高，但是，随着形势的发展，大部分行政村规模偏小，村级经济综合实力不强，不适应现代化农业发展需要的矛盾日益明显，我乡行政村数量偏多、规模大小悬殊、管理不便的问题更为突出。为了改变目前行政村过多、大部分行政村过小的状况，推进中心村建设，促进农村经济向规模化、区域化方向发展，增强村级经济综合实力，不断提高人民生活水平，经乡党委、政府研究决定对部分行政村作适当的调整。……

目的和要求

行政村区划调整，具有重要的现实意义和历史意义。

1. 有利于加强农村基层组织建设，提高村干部队伍素质。目前，不少村由于党员队伍老化，后备干部缺乏，给配好配强领导班子带来很大困难。通过行政村区划调整，有利于拓宽选人范围，配好配强村级领导班子。

2. 有利于推进中心村建设，达到优势互补。通过行政村区划调整，明确设置若干个中心村，有利于发挥其在发展农业和农村经济，实现农业现代化进程中的带头示范作用。

3. 有利于基层组织建设，加强对农村工作的领导和管理。通过行政村区划调整，减少部分行政村，有利于集中精力，加强对村的领导和日常管理。

4. 有利于精简村干部队伍，减轻农民负担。通过行政村区划调整，精减部分村干部可减少村务开支及报酬，减轻农民的负担。

5. 有利于避免和减少基础设施及社会公益事业的重复建设，提高公共设施的共享度和利用率，节约建设用地和建设资金。

6. 有利于健全完善以家庭承包经营为基础、统分结合的双层经营体制，壮大村级集体经济。

目前，我乡行政村区划调整时机已经成熟。行政村区划调整，是符合我乡实际的，是大势所趋，人心所向，是增强村级经济实力，加快农业产业化步伐，推进中心村建设，提高人民生活水平的一条行之有效的途径。因此，只要我们方法得当，部署稳妥，把工作做深做细，调整工作是完全可以做好的。

调整方案

全乡从原来的 20 个行政村调整为 10 个行政村，具体方案如下：

由原隆兴村、珠庵村、南湖村合并,新组建南湖村,村民委驻地原珠庵村。

由原真如村、七号桥村、六号桥村合并,新组建真如村,村民委驻地原六号桥村。

由原三乡桥村、乘堂桥村、八字桥村合并,新组建八字桥村,村民委驻地原八字桥村。

由新联村、长桥村合并,新组建长新村,村民委驻地原长桥村。

由红旗村、开禧桥村合并,新组建红旗村,村民委驻地原开禧桥村。

由莫家泾村、月河桥村合并,新组建月河桥村,村民委驻地原月河桥村。

由永联村、梁林桥村合并,新组建梁林桥村,村民委驻地原梁林桥村。

天带桥村更名为马家浜村。

西南湖、渔业村因城市建设需要,即将整村农转非,暂不作调整。

调整步骤

这次行政村区划调整工作,时间从 4 月 15 日至 6 月 5 日,共分三个阶段。第一阶段(4 月 15 日至 25 日)主要是对行政村区划调整工作进行摸底、调查,统一思想,拟定并上报调整方案。第二阶段为组织实施阶段(4 月 26 日至 5 月 30 日),主要是开好动员会议,通过调整方案,建立筹建组;完成合署办公及清账理财,组建村党支部班子,选举村民委员会、村经济合作社班子。第三阶段为总结完善阶段(6 月 1 日至 5 日),主要是进一步健全完善村务制度等各项规章制度,搞好换届选举,做好调整后的人员分流,制订和修订新规划、新目标,并上报调整情况总结。……

合理调整行政村区划,推进中心村建设,是适应和促进生产力发展、深化改革、繁荣农村经济的一项重大措施,也是加强农村基层组织建设的一项重要步骤。行政村区划调整后,各新建村要以只争朝夕的姿态、团结协作的精神,以江总书记提出的"沿海发达地区要率先基本实现农业和农村现代化"的重要讲话精神为指导,按照省、市农业和农村现代化建设纲要和坚定不移地实施三大发展目标的要求,结合实际,在充分调查研究的基础上,制订各村的社会和经济发展规划,努力实现农业和农村经济的全面发展。

中共南湖乡委员会

南湖乡人民政府

二○○一年四月二十九日

资料来源:中共嘉兴市秀城区南湖乡委员会文件,《关于(南湖乡)行政村区划调整工作的实施意见》,2001 年 4 月 29 日。嘉兴市南湖区档案馆藏,档号:012-01A-00560-025。

中共秀城区委　秀城区人民政府
关于实施乡镇（街道）行政区划调整工作的通知

各乡镇、街道党委、政府（办事处），区级机关各部门：

根据中央和省、市关于加大乡镇撤并力度的要求，经省、市人民政府批准，区委、区政府决定实施乡镇（街道）行政区划调整工作。现就有关问题通知如下：

一、指导思想

以十五届六中全会精神和江泽民同志"三个代表"重要思想为指导，紧紧围绕提前基本实现现代化的目标，坚持有利于促进经济社会协调发展，有利于促进生产要素的集聚和资源的合理配置，有利于加强行政管理和方便群众办事，依法科学调整乡镇（街道）行政区划，积极参与嘉兴中心城市的开发、建设和管理，加快推进秀城区行政文化中心建设，不断增强中心镇的集聚、辐射和服务功能，促进秀城区经济和社会事业全面发展。

二、调整原则

这次区划调整坚持了以下四条原则：

一是行政区划调整必须与嘉兴市城市总体规划和我区城镇体系规划相衔接，促进中心城市与中心镇建设。

二是行政区划调整必须与加快建设秀城新区和秀城工业区相衔接，促进秀城区经济和社会各项事业快速发展。

三是行政区划调整必须与实现区域经济协调发展相结合，通过行政区划调整，优化和合理配置土地资源，发挥规模优势，促进秀城区区域经济的协调发展。

四是行政区划调整必须坚持积极稳妥的原则，即采取局部调整和整撤整并为主的原则，尊重历史沿革和自然流向，确保平稳过渡和社会的稳定。

三、调整范围

根据浙江省人民政府浙政函［2001］228号和嘉兴市人民政府嘉政发［2001］157号文件批复，本次乡镇（街道）行政区划调整的范围是：

1. 设立大桥镇：把原大桥乡与步云乡合并，并划入原余新镇的吕塘、八里2个行政村，称大桥镇，驻大桥。下辖 1 个行政村，2 个居委会，总人口 3.94 万人，区域面积 76.44 平方千米。

2. 组建新的凤桥镇：把原新篁镇与凤桥镇合并，称凤桥镇，驻凤桥。下辖 21 个行政村，4 个居委会，总人口 4.75 万人，区域面积 80.39 平方千米。

3. 调整余新镇：余新镇划出吕塘、八里 2 个行政村，归入大桥镇。调整后的余新镇下辖 16 个行政村，4 个居委会，总人口 4.55 万人，区域面积 79.98 平方千米。

4. 设立七星镇：撤销七星乡建制，所辖区域设立七星镇。

5. 设立东栅街道：撤销东栅乡，所辖区域归区政府直接管辖，设立东栅街道办事处。

6. 设立城南街道：撤销南湖乡，所辖区域归区政府直接管辖，设立城南街道办事处。

其余镇、街道行政区划不变。

行政区划调整后，全区设 5 个镇、7 个街道，即新丰镇、余新镇、凤桥镇、大桥镇、七星镇、建设街道、新兴街道、新嘉街道、解放街道、南湖街道、东栅街道、城南街道。

四、有关问题和政策的处理

1. 行政区划调整后，新建镇、街道的机构设置、领导职数、人员编制等，根据各地的人口数、地域面积、经济状况和机构改革的要求，按照精简、效能的原则和区委、区政府的规定进行设置、核定。

行政区划调整后，乡镇机关工作人员（含聘用人员）现有的身份不变。原乡镇机关的自聘人员要作妥善处理。

2. 行政区划调整后，原乡镇人大代表资格问题，新建镇人民代表大会的换届、选举及代表名额问题，新建街道人大机构的设置、人事任免等问题，按区人大常委会有关文件要求办理。

3. 行政区划调整后，新建镇、街道要加强对原有乡镇的管理，并制定切实有效的措施，充分发挥原有集镇功能方便群众办事。对现有工业小区及企业要进一步完善投资环境，继续做好各项服务工作。

4. 行政区划调整后，调整范围内的派出所、邮电、银行、信用社、学校、卫生院、敬老院、供销社等单位原则上维持原来的布局不变，确需调整的，要本着有利于经济社会发展和方便群众生产生活的原则，待本次行政区划调整工作全部结束后，由主管部门和镇政府、街道办事处报请有关部门批准。

5. 涉及合并组建新镇的，对原乡、镇所有的物资、资产和其他财产，在调整期间一律暂时冻结，不得转移、私分，并组成专门工作班子进行清理。盘点清理后，划归新建镇所有，任何单位和个人不得平调。原乡镇的文件及各类档案根据有关文件规定一并清理移交。

6. 行政区划调整后，已撤并乡镇所属的所有企事业单位都要按各自的管理体制办好交接手续。

7. 新建镇、街道的财政管理体制不变，具体由区政府另行确定。

8. 行政区划调整后，农村的各类经济承包责任制不变，各项债权债务不变，企业原有的经济合同不变，原乡镇制定的 2001 年经济政策不变，由新建镇、街道接收办理。

9.行政区划调整后，区级机关有关部门要相应调整对撤并乡镇的考核办法，协助新建镇、街道处理好各种关系。

五、加强领导，严明纪律，精心实施

乡镇（街道）行政区划调整是一项涉及面广、工作量大、时间紧、要求高的工作，在整个行政区划调整实施过程中，要切实加强领导，严明各项纪律，精心组织实施，确保行政区划调整顺利进行。

1.强化组织领导。为了加强乡镇（街道）行政区划调整工作的统一领导，保证工作的顺利进行，区委、区政府成立由区委书记、区长任组长，区四套班子有关领导任副组长，区有关部门主要负责人任成员的乡镇（街道）行政区划调整工作领导小组。领导小组下设行政综合组、组织人事组、财产处理组、社会稳定组，并按照各自的职责开展工作。在实施阶段，凤桥镇、大桥镇分别成立筹建工作领导小组，同时，区委、区政府将派出工作指导组，指导、协助做好工作。

2.严明各项纪律。讲党性、讲纪律是区划调整顺利进行的重要保障。一要严肃组织纪律。全体干部特别是党员领导干部要按照"三个代表"的要求，正确处理好组织与个人的关系，自觉接受组织安排。二要严肃财经纪律。认真落实资产管理责任制，严格执行财经纪律和有关国有集体资产管理的各项规定，不得突击乱发钱物，私分财产，不得以各种形式搞迎送活动。三要严肃工作纪律。在行政区划调整期间，每个党员、干部都要做到思想不松，纪律不散，工作不拖，严守岗位，尽责尽职，积极工作，确保工作的连续性，实现平稳过渡。

3.精心组织实施。合理调整乡镇（街道）行政区划，深化改革，加速生产力发展，推进城市化、现代化进程，促进经济和社会各项事业全面发展的一项重大举措。各乡镇（街道和指导组）要按照区委、区政府的统一部署，精心组织，周密部署，落实责任，做过细过实过深工作。区划调整后，新建镇、街道要以这次行政区划调整为契机，树立只争朝夕、团结协作、敢闯敢冒、埋头苦干的精神，围绕我区国民经济和社会发展的十个五年计划确定的目标，在广泛调研的基础上，认真研究和制定本镇、本街道经济社会发展规划，努力夺取两个文明建设的新胜利。

中共嘉兴市秀城区委员会

嘉兴市秀城区人民政府

2001 年 10 月 25 日

资料来源：中共嘉兴市秀城区委文件，《中共秀城区委、秀城区人民政府关于实施乡镇（街道）行政区划调整工作的通知》，秀城委〔2001〕27 号，2001 年 10 月 25 日。嘉兴市城南街道档案室提供。

关于秀城区城南街道和秀洲区嘉北塘汇街道委托嘉兴经济开发区管理的意见

各县（市、区）委、县（市、区）人民政府，市级机关各部门，市直属各单位：

为进一步加快开发区建设，推进我市城市化进程，增强中心城市的集聚和辐射功能，促进经济和社会事业快速发展，在广泛听取各方意见的基础上，经市委、市政府研究，决定秀城区城南街道和秀洲区嘉北街道、塘汇街道（以下简称"三街道"）成建制委托给嘉兴经济开发区（以下简称"开发区"）管理。

一、管理体制

委托管理的原则是，三街道成建制委托给开发区管理，以开发区党工委、管委会为主，秀城区、秀洲区配合。

1. 三街道的党务、行政和经济发展、社会事业由开发区党工委、管委会领导、管理。

2. 三街道党委、办事处在开发区党工委、管委会领导下，分工负责，分块运作。

3. 三街道的机构保持稳定。财政体制在兼顾秀城、秀洲两区利益的情况下，以现有财政划分事权后作为基数，确定合理的增长比例，保证两区的既得利益。具体由市财政局提出方案，另行确定。

4. 法律及有关方面明确规定属地管理的部分事项仍由两区负责。主要是人大、政协、法院、检察院和国防工作等。

二、事权划分

1. 三街道党委、办事处班子成员由开发区党工委、管委会考察任免（党政主要领导要征求区委的意见）；三街道干部的教育、培训、考核、奖惩、调配，以及干部人事档案由开发区职能部门负责；三街道干部（包括行政和事业编制）的职数和编制数，分别由秀洲区、秀城区划转到开发区，由开发区负责管理。

2. 三街道的党建工作，工会、共青团、妇联等群团工作，精神文明建设工作，行政监察、督查工作，由开发区党工委、管委会负责指导。

3. 三街道的市容卫生、规划建设、项目审批、计划财政、国土资源、工商行政由开发区实行统一管理。

4. 成立开发区劳动与社会保障分局，负责三街道劳动力市场管理、劳动关系调节、劳动监察。

5. 授权开发区公安警署统一协调区内三个街道派出所工作，负责三街道的治安管理。

6.三街道的农业经济工作，教育、文化、卫生、体育等社会事业，以及环境保护、计划生育、民政、科技、交通等，在干部任免、人事管理、经费保障等方面由开发区负责，同时接受市和两区政府有关部门业务指导和检查。

7.三街道的检察、法院系统工作和人大工作，以及国防动员、民兵预备役工作，国民经济和社会发展的统计工作，仍按行政区划，分别由秀洲区、秀城区负责管理。

8.嘉北街道北郊河以外原秀洲新城规划范围的部分，仍维持原有管理体制不变。

三、管理职能

根据委托管理的实际，进一步明确开发区的管理职能和权限由市委、市政府及相关部门授权或委托开发区党工委、管委会及其职能机构，在开发区及三街道范围内，统一行使规划建设权、项目审批权、土地管理权、工商行政管理权和财政管理权，以及相关党务、行政管理权。

（一）规划建设管理

开发区和所辖三街道范围内（以下简称区内，不包括嘉北街道纳入秀洲新城规划的部分）各类新建、扩建和改建建筑物、构筑物、道路、桥梁、管线、绿化和其他工程设施，由开发区职能部门（城建分局）负责办理规划审批手续，颁发建设项目选址意见书、建设用地规划许可证、建设工程规划许可证。

由开发区职能部门负责区内各类建设项目的报建、施工许可、工程招投标、质量监督、安全监察等建筑行业管理，颁发"建设施工许可证"。

由开发区职能部门负责区内勘察、设计、监理、施工企业以及房地产开发、物业管理等建设行业管理。

由开发区职能部门负责区内建设项目规划竣工验收、绿化竣工验收，以及临时占道、挖掘城市道路的管理；负责规划监察，依法查处区内违章建筑。

由开发区职能部门负责区内农民建房审批，以及区内房屋拆迁管理。

（二）审批项目管理

开发区和所辖三街道范围内限额以下的外商投资项目、内资项目、技改项目，由开发区负责审批项目建议书、可行性报告、合同、章程等，出具项目选址环保意见书，核发外商投资企业批准证书；由开发区负责区内基本建设项目的立项审批；负责区内外商投资企业出资管理、进出口管理、加工贸易合同管理和生产经营管理，以及区内高新技术企业认定的初审、年检，为投资企业提供系统服务。但限制类的项目审批仍须按原规定程序报批，区内建设行政办公用房要从严控制。

（三）土地管理

开发区和所辖三街道范围内的土地管理工作，由开发区职能部门（土管分局）负责实施土地利用总体规划，落实建设用地占用耕地的占补平衡；负责建设项目用地预审，农用地转用、土地征用审核；负责辖区内土地使用权出让、转让、租赁的审核报批及管理；负责区内新增建设项目用地登记发证的管理和领发证书工作。

（四）工商行政管理

开发区和所辖三街道范围内，由开发区职能部门（工商分局）行使工商登记、经济合同，负责商标、市场、广告等各项工商行政管理职能。

（五）财政税收管理

城南、嘉北、塘汇三个街道的财政纳入开发区财政，由开发区职能部门（财政分局）统一管理。

具体由开发区职能部门负责开发和三街道财政预决算的编制、调整、审核、执行、分析；土地出让金、划拨资金收支核算与管理，行政事业性收费收支管理和收费项目、收费票据、财政专户管理；基本建设项目投资管理；辖区内行政事业单位财务监督管理，国有资产管理。

开发区和所辖三街道范围内的税收，由市税务机关负责征收和管理，并单独建立台账。

中共嘉兴市委

嘉兴市人民政府

2002 年 7 月 2 日

资料来源：中共嘉兴市委文件，中共嘉兴市委、嘉兴市人民政府《关于秀城区城南街道和秀洲区嘉北塘汇街道委托嘉兴经济开发区管理的意见》，嘉委〔2002〕12 号，2002 年 7 月 2 日。嘉兴城南街道提供。

城 南 街 道
（节选）

一、概述、历史沿革

城南街道（原南湖乡，2001年10月撤乡建街道，2002年7月委托开发区管理），位于嘉兴市南湖区西南角，距区行政中心约4.5千米，东临海盐塘，南与王店镇马桥接壤，西与洪合镇相邻，北靠京杭大运河。街道办事处现驻嘉兴市城南路1235号，街道整个区域面积38.54平方千米，其中耕地面积13.55平方千米，常住人口2.9万人。

辖区原紧靠南湖，故一直以"南湖公社""南湖乡"为名，街道前身为真如乡及人和乡部分，解放后建政为真东乡、真西乡，并包括蚂桥乡和塘濮乡、国界乡一部分。1956年真东乡、真西乡合并为真如乡。1958年10月，真如乡、蚂桥乡、洪合乡合并成立南湖人民公社，1961年4月又分为洪合、蚂桥、南湖三公社，辖区为南湖公社。1983年11月更名为南湖乡，2001年因城市发展和区域调整，辖区地处嘉兴市南，又驻于城南路上（因而以"城南"命名），故更名为城南街道。辖区历史悠久，1959年天带桥村（现更名为马家浜村9组）发掘出的大量兽骨和陶片表明，早在7000年前就有先民在此渔猎耕作，繁衍生息，孕育了著名的马家浜文化。此地气候湿润，雨量充沛，四季分明，自然条件优越，是典型的江南水乡。境内京杭大运河、南郊河、长水塘、沪杭高铁、320国道、嘉桐大道、乍嘉苏高速、沪杭高速穿越其中，水陆交通十分发达。嘉兴市会展中心、大剧院、体育馆、客运中心、第一医院、六大专业市场、物流园、高教园区等大型公建设施位于街道内。

二、社区、住宅区、行政村及自然村

原南湖乡辖20个行政村（其中1个渔业村），2001年5月，改制为8个行政村。随着城市建设的不断开发，到2005年底，街道共有5个社区：府南、百妙、良秀、金穗、禾源；7个行政村：南湖、长新、真如、马家浜、八字桥、月河桥和梁林桥村。2010年6月18日，南湖村、府南社区划归长水街道。

城南街道村、社区基本概况一览表

名 称	地 址	住 户		人 口		面积 （平方米）	住 宅
		户籍户	暂住户	户籍人口	暂住人口		
南湖村	花园南路珠庵桥堍	305		954	2 561	2 647	
长新村	城南路四号桥东侧	639		2 085	5 900		

续　表

名　称	地　址	住　户		人　口		面积（平方米）	住　宅
		户籍户	暂住户	户籍人口	暂住人口		
真如村	城南路金穗月亮湾	153		327			
马家浜村	320国道八号桥堍	78		263	1 106	1 572.9	
月河桥村	梁三公路乍嘉苏高速公路西侧	157		549	3 600	1 838.6	
八字桥村	八字桥村村部	922		3 368	3 280	10 064	
梁林桥村	新320国道东边汇元仓储内	101		225	226		
百妙社区	中环路南侧百妙二期内	942		5 276	3 510		百妙一期、二期，常睦公寓，姜家村公寓
金穗社区	城南路金穗月亮湾	1 107		4 429	5 945		金穗月亮湾、金穗金港湾、大树银河湾、金穗太阳城
府南社区	新气象路东侧府南小区一期内	2 286		5 683	9 012		大华城市花园、府南一期、府南二期、府南三期、绿溪玫瑰园、兰天嘉苑
良秀社区	文昌西路延伸段梁林帆影庄	1 141		3 228	6 285		梁林帆影庄、新月公寓
禾源社区	市区赵蚂公路开禧桥南侧	824		2 700	4 740		禾源新都

三、经济发展

"首创亿元乡"。街道历任班子始终把发展经济摆在首位，通过不断努力，经济基础不断壮大。从20世纪80年代初，乡镇企业兴起时，街道就抓住了第一轮经济发展的机遇，依着城南路的建设，大力兴办集体企业，随着砖瓦一厂、二厂，毛纱厂，化工厂，农机厂，造漆厂，洗毛厂，建筑公司等一批企业的成立，街道经济步入了快速发展时期。1987年工农业总产值在当时的城区各乡镇中首个突破1亿元，被当时城区区委、区政府授予"首创亿元乡、再谱新篇章"荣誉。现在南湖建设、嘉益精品（文娜）、毛纺厂等一批企业已逐渐成为街道的骨干企业，其中南湖建设已成为嘉兴建筑企业里的一支生力军，拥有建筑总承包一级企业资质。

"园区建设"。街道1999年底开始建设工业园区一期，面积850亩，吸引了南湖工艺品厂、大树置业总部、华严花边等一批规模企业进驻，有力地拉动了街道经济的发展。随着越来越多企业的入驻，原有的一期工业园已无法满足企业入驻的需求，2001年街道开始规划工业园区二期，占地面积约3 600亩。园区的快速发展为街道经济发展提供了强大的源动力。街道也着力从园区的规划、基础设施、服务等入手，努力为入驻的企业提供良好的创业平台，2008年城南工业园区被嘉兴市评为甲级工业园区；现园区已吸引各类企业上千家，主要以电池、建筑建材、针织服装、电子信息及现代服务业为主导。

"转型发展"。 为了进一步理顺政企关系，促进企业良好发展，实现政企有效分开，街道根据上级要求，于1998年开始着手乡办企业转制改革，至2002年全部改制完毕，18家乡办企业实现政企分开，为企业的二次发展创业提供了机遇。各企业在改制后，充分发挥了个私企业的灵活优势，参与到了市场的竞争中，虽然在几轮的区划调整中，街道面积越来越小，但经济发展仍然十分迅速。至2009年，街道主营业务收入已达59.52亿元，实现现价工业总产值48.1亿元；工业企业销售收入39.28亿元。财政一般预算收入在2006年首次突破1个亿后，到2009年再增1个亿，实现2.108亿元。进入二十一世纪，随着城市的发展，街道已成为嘉兴主城区的有机组成部分。街道也进入了新的经济转型期，"退二进三、腾笼换鸟"，大力发展现代服务业成为街道新一轮经济发展的主要方向，原有的为街道经济发展作出重大贡献的工业企业也将逐步实现搬迁、改造和升级。

四、社会事业

2008年，投入1 000万元新建街道敬老院，目前已成为经济开发区重度残疾人集中托养点。每年投入30余万元，对21名五保户进行集中供养；为29名孤寡老人家庭安装一键通；2010年在所有的村、社区建立爱心平台。

2000年，投入1 000万元，对城南中心小学进行搬迁，同时整合教育资源，对所有的村级小学进行撤并。2010年，投入150万元对城南中心小学风雨操场和食堂进行改造，中心校被评为国家级健康学校、浙江省示范小学、浙江省现代教育技术实验学校、浙江绿色学校、浙江省体育教育特色学校、浙江省艺术教育特色学校。2008年，投资5 500万元搬迁城南中学，2009年27名毕业生考入省一级重点中学，2010年34名毕业生考入省一级重点中学；2009年投入150万元改造幼儿园，投入100万元翻建八字桥村小学，目前街道所属的各级各类学校硬件设施都达一流。

2006年，街道设立社会事业服务中心，已成功调解各类劳动纠纷200余起，为526名"4050"人员办理了再就业优惠证，并发放就业补贴；2007年开始实施城乡居民社会养老保险制度，街道每年投入300万元补贴参保人员，至2010年6月底已为3 521名城乡居民办理社会养老保险。开展创建充分就业村（社区）活动，2009年，已有2个村、3个社区被表彰为充分就业村（社区）。

加强计生工作，每年为辖区内育龄妇女免费体检二次，2009年成立了生育关怀基金，并积极开展生育关怀行动，2009年为10户家庭发放关怀基金8 000元，2010年又为14户家庭发放关怀基金11 200元。街道计生办连续三年在上级考核中获得优胜单位。

五、驻街区主要单位介绍

1. 嘉兴科技创业服务中心。位于城南路1369号，系公益性科技事业服务机构，于1999年经嘉兴市人民政府批准成立，2000年一期投入使用，2002年二期投入使用，2008年三期创业大厦投入使用，是嘉兴市高素质人才、高水平研发机构、高科技孵化企业集聚的科技企业基地和技术创新基地。

2. 世贸花园大酒店。地处嘉兴市320国道嘉兴段七号桥，由浙江省嘉兴市乍嘉苏高速公路责任有限公司投资3.5亿元人民币，按国家五星级标准建造的商务度假型酒店。酒店占地面积170 000平方米，建筑面积42 000平方米，共175间/套客房，设主楼、辅楼，主楼楼高地上五层，地下一层。酒店拥有大小会议厅7个，最大的会议厅可同时容纳450人，三声道的同声传译系统，使酒店具有接待高标准国际会议的水准。

3. 嘉兴市城乡规划建设管理委员会。地处嘉兴市中环南路花园路口，内设6个处室，6个直属单位。

4. 嘉兴国际会展中心。位于中环南路南侧，市行政中心正对面，一期工程占地面积近5万平方米，总建筑面积4万余平方米。其中展馆面积为2.1万平方米，其余为会议和商务配套设施。展馆立面呈规则长方体，分地上两层，地下一层。独特的膜结构屋顶，造型轻盈活跃，犹如嘉兴南湖碧波荡漾的水纹，勾勒出一道绚丽的天际线。墙体为全玻璃幕墙，气势十分恢宏。

5. 嘉兴市气象局。嘉兴市南湖区新气象路589号，成立于1984年11月28日，实行上级业务部门和当地政府双重领导、以气象部门为主的管理体制。局机构规格为正处级，内设办公室、业务处、人事处、计财处4个职能机构和气象台、防雷中心、信息中心、网络中心、气象观测站5个直属单位，现有在职职工52人。

6. 嘉兴市海事局。全称为中华人民共和国嘉兴海事局，位于嘉兴市南湖区花园路790号，是浙江海事局五个分支局之一，于2000年9月28日正式挂牌成立。主要是实施辖区水上交通安全、防止船舶污染水域、组织协调海上搜救等工作职能。其内设机构有办公室（督察处）、党群工作部、监管处（指挥中心），直属单位有政务中心，派出机构有执法支队、嘉兴海盐海事处、嘉兴乍浦海事处（筹）。

7. 嘉兴市农业经济局。位于嘉兴市花园路758号，是主管全市农业、林业、畜牧业、海洋渔业和农村经济发展的市政府组成部门，主要承担农林牧渔业行政管理、行政执法和技术推广等工作。

资料来源：《城南街道》，2010年7月。嘉兴城南街道提供。

说明：此原为撰写南湖区志而撰写的"城南街道"的资料，内容还包括主要大事、主要街巷、名胜风情、古今名人、民俗民情等，此为节选。

2018 年城南街道工作报告
（节选）

2018 年 1—10 月，街道规上工业企业完成工业总产值 29.38 亿元，同比增长 5.16%；规上工业企业实现万元能耗增加值下降 19.36%；完成固定资产投入 12.55 亿元，合同利用外资 12.97 万美元，实到市外资金 67 292.52 万元。1—10 月，完成财政累计收入 5.5 亿元，同比下降 1.31%（年初预算财政收入 7 亿元，增幅 5%）。其中地方级财政收入 2.3 亿元，同比增长 0.59%。

（一）融入大战略，抓转型、挖潜力，经济健康稳定发展。

2018 年，街道党工委坚决以区主要领导调研指导等系列精神为指导，坚持融入市区发展大战略，城南街道于 3 月 28 日召开了"五大攻坚战暨深化五个突破年誓师大会"，针对街道转型升级中遇到的"成长中的烦恼"，不回避、不绕行、不退缩，主动梳理分析，坚定地推进有关中心任务。坚持以园区转型发展为重点，突出推进招商引资、"两路转型"、楼宇经济、企业服务等各项工作，推动城南经济转型升级。**一是园区转型有力推进。**专题成立 12 个征迁工作组，围绕 15 家目标企业，全力推进骏力路、庆春路的"两路转型"。完成园区转型发展总体规划，做好近期与远期的发展计划。坚持部门联动，群策群力，合力推进，取得较好成效。目前，已累计拆除企业违法搭建 27 处，违法建筑面积 1.4 万余平方米；完成评估企业 9 家，复评企业 5 家；完成腾退企业 29 家，腾退面积 1.9 万平方米；书面承诺腾退企业 12 家。完成搬迁企业 1 家，企业转型 1 家，新引进企业 2 家（名爵 4S、禾东汽车销售）。**二是汽车街区创新加强。**投资 80 万元，实施了三环南路沿线环境整治提升工程，进一步优化沿线环境，助力三环南路顺利通车。投资 85 万元，完成了银河路人行道改造提升工程。投资 169 万元，完成了荣佳路改造工程。投资 124 万元，实施了骏力路雨水管网改造工程。着力推动汽车精品文化特色街区高质量发展，进一步做大做强汽车销售产业。上半年，集中力量，集聚优势，推动多年的嘉兴市车管所城南分所在 6 月 30 日正式揭牌运转。1—10 月份汽车街区实现入库税金 6 760.24 万元，同比增长 5.77%，新引进汽车 4S 店 2 家。**三是楼宇经济快速发展。**强化楼宇企业走访，突出楼宇风险排查，开展"五进"活动，切实防范金融风险，推动楼宇经济提质增效。同时，有序推进城南大厦施工装修工程，于 2018 年 11 月顺利完成竣工验收。2018 年，街道税收超亿元楼宇 2 幢（紫御大厦、智创园），超千万楼宇 6 幢（富悦水晶大厦、嘉兴市物流公共服务中心大楼、嘉兴科技创业服务中心、南秀广场、福地广场、嘉欣丝绸广场），千万级税收楼宇总量在市本级 13 个街道中排名前列。1—9 月份，街道纳入考核的 18 幢商办楼宇，实现税收收入（含金融保险）6.98 亿元；单位面积税收贡献率为 1 369 元 / 平方米。**四是招商引资富有成效。**主动探索接轨上海，与上海市闵行区江川路街道结对共建。主动作为，完成了两处地块的投资签约，先后引进了香港兴业集团华东区总部项目和建筑业总部经济项目，分别投资1.3亿元和1.5亿元。

（二）服务大格局，破难题，补短板，发展环境不断优化。

进一步提高站位，紧密结合"大走访、大宣讲、大解放""三个先行地""高质量发展"等要求，聚焦热点、难点，坚持苦干、实干，坚持查补短板，全力集中破难，打出城市管理"组合拳"，不断提升优化城南发展环境。**一是运河新区面貌焕然一新。**全力优化业态，合力保障龙鼎万达广场顺利开业，新区商业人气显著提升。立足自身，主动靠前，克服人员少、时间紧、任务重、要求高等实际，7月顺利完成了文博社区筹备、建设。统筹资源，增配力量，建成了文博社区综合指挥中心，组建了"5C服务联盟"，成立了运河新区综合管理办公室，运河新区日常事务协调管理机构日趋完善。以国际化现代化高品质城市建设要求为标准，下大力气，花大功夫，积极组织开展运河新区环境整治"五项行动"，着力整治城市乱象。疏堵结合，统筹资源，完成"智慧停车"建设，加强共享单车整治，强化重点路段、重点时段交通秩序管控，违停现象基本消除。强势推进违建及违规广告牌整治，1—10月累计拆除违建20余处，拆除违法建筑面积5600余平方米；拆除违规户外广告牌598块，广告布幅2000余处，新区违法建筑和违规广告牌基本拆除。着力完善基础设施，累计投资500余万元，先后实施了宜家商务楼综合环境提升工程，沐季咖啡周边环境整治提升工程，商务楼宇周边综合环境提升工程等项目。着力规范整序垃圾房，商务楼宇地面垃圾房全部处置到位。同时，增设花箱围挡，提高保洁标准，城市管理日趋精细，颜值环境显著提升。**二是破疑解难实现重大突破。**抽调力量，成立了两个专项处置组，凝心聚力，攻坚破难，全力推动城南路两侧鑫汇大厦、开明中学烂尾楼加快处置。目前，鑫汇大厦已于2018年10月复工；开明中学烂尾楼已确定初步处置方案，后期将快速推进。**三是平安建设持续稳步推进。**以"珍爱生命，铁拳护航"交通安全大会战系列活动为秩序管理主线，强化交通设施隐患治理，大力推进交通违法劝导、安全宣传教育，电动车守法率、安全头盔佩戴率不断提升，居民安全出行意识不断增强。做好全国两会、青岛峰会、乌镇峰会等重要会议，市区快速路建设重点事件的稳控工作。深入学习推广提升新时代"枫桥经验"的社会治理模式，持续深化平安"三治融合"建设，强化基层矛盾纠纷化解。开通了在线矛盾纠纷多元化解平台，今年来调处各类社会矛盾纠纷106件，成功率100%，成功化解信访积案（陆某）事项一起。扎实推进"四个平台"建设，1—11月办结各类事项问题1996件，其中便民服务1256件、综合执法446件、综治工作256件、市场监管38件，事件完结率达到100%。严格规范社区矫正工作，被确定为"嘉兴市社区戒毒社区康复工作示范点"。**四是文明城市创建扎实有序。**始终把推进社会主义核心价值体系建设、提升公民道德水平作为精神文明建设首要任务，坚持宣传教育、典型示范、实践养成相结合，精心组织开展了"最美城南人""书香家庭""绿色家庭"等评选活动，为促进加快发展汇集了强大正能量。坚持创建惠民、创建利民，组织开展了一系列环境整治行动，居民小区环境显著改善，文明素质和社会文明程度不断提升。

（三）深化大服务，惠民生，优质量，民生福祉不断提升。

始终以民为本，坚持发展与富民惠民相统一，抓实抓好社区建设、垃圾分类、美丽河湖、精品街区、交通安全大会战等各项民生实事工程，推动社会事业平稳有序发展。**一是服务群众更加高效。**以"一窗受理"为切入点，增加人员，简化流程，优化考核，全面推行"无差别受理"，加快推进"最多跑一次"改革。投资 25.5 万元，完成"智慧大厅"建设，服务效率和服务水平显著提高。2018 年 1—10 月份，累计完成办理事项 3.66 万件，平均每天完成 175 余件，正确率 100%，群众办事满意度显著提高。**二是社会保障切实加强。**着力改善民生，规范提升居家养老及养老机构；落实残疾人就业、就学政策补助；积极开展爱心帮扶，多渠道开展社会救助。社会保障水平稳步提高，基本养老参保率和居民基本医疗保险参保率分别达 96.32% 和 99.08%，两项指标领跑全区。成立了街道劳动人事争议调解中心，全年受理劳资纠纷、工伤事故等调解 149 起，调解率 100%。2018 年，社保业务、失业就业等发放金额 995 万元，受理 6 000 多人。**三是医疗卫生事业持续加强。**深化"星级社区"建设，推动"健康社区"建设，积极推进基本医疗、公共卫生和健康管理基层医疗健康三大服务体系构建，强化市级医疗机构"医联体"帮扶作用，"银杏叶工作室"、"儿童生长发育"专家门诊，先后落地街道社区卫生服务中心，优质医疗资源不断"下沉"。今年 8 月，街道社区卫生服务中心正式挂牌成为嘉兴学院医学院附属城南街道社区卫生服务中心，成为全市首家医学院附属社区卫生服务中心。**四是垃圾分类深入推进。**投入 395 万元，完成 11 个住宅小区、至诚路商业街区和 155 处人员密集场所的垃圾分类强制扩面工作，完成 1 个省级高标准示范小区和 4 个市级定时定点回收小区验收工作。摸索了一套"三不怕"工作法，有效地推进了整个垃圾分类的工作。**五是基础设施稳步完善。**着力打造精品街区，投资 1 117 万元，实施了城南街道金穗路、创新路道路景观整治提升工程；投资 740 万元，实施了城南街道金穗路、创新路建筑立面改造工程；投资 150 万元，完成了原钢管厂、五金厂地块绿地公园建设。大力开展"美丽河湖"建设……实施了新七一港、横泾港及横泾港景观提升项目；投资 101 万元，实施了陆仓桥港、新桥港、九号桥港等河道清淤工程。同时，马家浜小镇启动 3A 级景区创建，博物馆主体结构已经完成，马家浜遗址公园和运河公园方案通过评审，辖区环境不断优化提升。

资料来源：《凝心聚力、拼搏进取、奋力开创"五美城南"建设新征程：在 2018 年街道年终表彰会上的工作报告》，2018 年 11 月 19 日。嘉兴市城南街道档案室提供。

2023 年城南街道概况

城南街道辖区占地 40.62 平方千米，下辖 10 个社区，常住人口 15.6 万人，户籍人口 4.02 万人。共有 44 幢楼宇，其中 8 幢商贸综合体、19 幢单身公寓；各类注册登记企业 17 000 多家，其中规上工业企业 98 家，规下工业企业 217 家。2023 年，街道实现地区生产总值 190.76 亿元，可比增长 12.2%，总量、增速均居全区第一。连续 6 年跻身全市服务业高质量发展镇（街道）十强。街道现有工作人员 209 人。其中，行政 23 人，事业 25 人，国企 65 人，劳务派遣 96 人。

2023 年度基本工作情况：

一、坚持提标提能、创新创优，经济运行企稳回升。

成功签约服务业、制造业等项目 10 个，超亿元 1 个。21 幢考核楼宇税收收入 4.69 亿元，同比增长 31.03%；培育税收超千万楼宇 16 幢，其中超亿元 4 幢。汽车街区新引进多个新能源品牌，颐高创业园获评省四星级小微企业园，全区唯一。数字制造业投资增速 279.27%，高新技术产业投资增速 106.42%。高效开展征迁腾退，评估企业 8 家，腾退 25 家。全面兑现市、区两级政策资金 3 015 万元，兑付产业发展、转型提升等奖励资金 617.53 万元，企业留抵退税 8 986.78 万元。

二、坚持建管并举、更新换貌，城市品质蝶变跃升。

运河新区成功创建省"新时代富春山居图样板区"，并入选市"城乡风貌整体提升优秀案例"；运河片街区获评省级"高品质示范街区"；运河公园获评省级"席地而坐""客厅级"高品质保洁区；东西香槟街获评省级"街容示范街"；市本级城市精细化考核 3 次取得第 1，综合排名第 2。市控以上地表水断面Ⅲ类水质比例 100%。全市镇（街道）地表水环境质量排名第 5，水质改善率第 1。

三、坚持惠民利民、安民富民，民生福祉持续增进。

系统推进公共服务"七优享"工程建设，全年民生保障支出占比达 86.46%。四号桥公园、长新公寓二期综合改造工程等六大民生实事项目落地见效。新建公立幼儿园 1 所、民转公 2 所，公办园占比 58.33%；新增托位 231 个，千人托位数达 4.15 个，普惠率 100%。"15 分钟品质文化生活圈"社区全覆盖。高标准建成省第四批引领型姚家荡未来社区，并入选省"数字化建设"优秀案例，全区唯一。

资料来源：《城南街道概况》，2023 年 12 月。嘉兴城南街道提供。

附录 3

回忆、口述资料选

说明：口述历史，是指以口述史料作为主要研究对象的史学。在历史研究中，口述史资料有着不可替代的重要价值。保留着文化演变脉络的那些区域，承载着曾经生活在该区域内人群的情感和记忆，这些情感与记忆往往又依托于一定的氛围、环境。这些氛围与环境，则不断处于复杂、纷扰的变动之中。要考察从南湖公社、南湖乡到城南的变迁，就要充分了解这一区域人们的社会活动以及生活状况，将他们的所见所闻乃至所思所想真实记录下来。在有关部门的大力支持下，我们成立了口述小组，找到了多位长期在城南地区生活与工作的老同志、老居民。在采访前，口述小组成员查阅了一些档案文献，熟悉口述者的相关背景，而后拟立采访提纲，主要内容包括：一、口述者的经历，如家庭籍贯、人口构成、教育状况等。二、回忆这里的生活、工作情况，包括邻里关系、所在街区的人群特点、日常生活、公共活动场所、社会交游、宗教信仰、交通出行、街区管理状况等。三、曾经发生在这一区域内的哪些事情给口述者留下较深的印象？在采访中，需要结合访问者的具体情况，对涉及的内容可酌情增减。在此基础上，结合文献资料，对口述内容做一些整理工作。老同志、老居民的口述，其价值体现在几个方面：1. 作为亲历者，可以通过他们的回忆，帮助研究者走进现场，加深对从南湖乡到城南街道变迁的理解。2. 通过口述，获取一些线索，了解这一地区变迁的更多细节内容。3. 口述内容与文献档案相结合，可以互相印证，互为补充。限于篇幅，我们仅摘选其中的 4 篇口述、回忆文章。

我当南湖乡乡长

口述人：沈福观（原南湖乡乡长）

采访、整理：马学强（上海社会科学院研究员）、张玥（上海社会科学院研究生）

采访时间：2022 年 10 月 30 日

采访地点：嘉兴市南湖区城南街道办事处

我是 1947 年 12 月出生的。在南湖乡铁打（搭）桥村，当时叫铁打桥大队。现在是禾源新都社区，这个社区是铁打桥大队、开禧桥大队、红旗大队，三个大队拆迁安置到一起。❶ 我们家里一直是嘉兴本地人。我的父亲叫沈顺宝（1927—1994），家里三兄弟中，我是最大的，有一小妹，小学毕业。我 1967 年 20 岁结婚，妻子也是本地人，我们都是铁打桥大队金家村小队的。金家村小队原来有一个姓金的老祖宗，这个地方原来有个金家坟，现在叫金家村，总计七八十人口，百人不到。一共有姓金 6 家，姓沈 2 家，姓俞、王、方、应（从宁波迁过来的）、鲁（从绍兴迁过来的，正宗绍兴人）、朱（也是绍兴来的）各 1 家，当时都住草棚。金家村有一条河港，好像没有名称，但四通八达，河港上可以摇船。我们主要是靠水路出行，可以通往嘉兴南门头、西门粮站，三墩、五墩，有丝棉站、木材站等。

我的经历大致是这样的。小学是在铁打桥小学读的，当时的小学是五年制。1962 年我 16 岁，在南湖公社铁打桥大队务农。1969 年 3 月，24 岁时我去浙江嵊泗当兵，是在守备师。当时整个舟山群岛嵊泗是一个军。我是陆军，服役 4 年。到 1973 年下半年，我退役了。回乡后，又是务农。因为当过兵，在铁打桥大队当民兵连长。1978 年 8 月，任南湖公社人武部干事。我记得那是过节的时候，一下子提到了公社，我们讲是"吃皇粮"了。之后，我历任公社人武部副部长、部长。

1984 年，实行"政社分设"体制改革，恢复乡（镇）人民政府，改变了"政社合一"的体制。❷ 我出任南湖副乡长兼人武部长。当时的乡长是方林富，他是当时嘉兴城区最年轻的乡长，二十四五岁就上任了。时任党委书记的是徐志荣。❸ 方林富、沈金兴、孙仁荣、沈福观四位同志任乡党委委员。❹ 1992—1998 年，我做了两届乡长，一共 6 年，继

---

❶ 2011 年 4—6 月间，南湖乡实施行政村区划的调整，红旗村、开禧桥村合并，新组建红旗村，村民委驻地原开禧桥村。中共嘉兴市秀城区南湖乡委员会文件，《关于（南湖乡）行政村区划调整工作的实施意见》，2001 年 4 月 29 日。嘉兴市南湖区档案馆藏，档号：012-01A-00560-025。

❷ 从 1983 年开始，我国农村的人民公社全部恢复乡（镇）人民政府，大队建村，生产队改为小组，人民公社体制取消。嘉兴南湖公社更名为南湖乡。

❸ 中共嘉兴市城区区委文件，《关于建立中共嘉兴市城区南湖乡委员会及徐志荣等同志任职的通知》，城委〔1984〕12 号，1984 年 1 月 14 日。

❹ 中共嘉兴市城区委员会组织部：《关于方林富等同志任职的同志》，城组〔1984〕05 号，1984 年 1 月 14 日。

任者是王志强。

1998—2001 年，我开始当了一届乡人大主席，接任我的是钱年根。当时的政策是提前 3 年离岗休养，之后我就离岗休养了。2001 年撤乡为街道，第一任街道党委书记是沈荣根，街道主任是王志强。2007 年，我办理了退休。

这里，要提一下长山河工程。1978 年秋天，长山河工程动工。嘉兴地委将首期长山河工程称为"长山河大会战"，采取民兵成建制的组织形式，就是施工队伍以民兵为主体，成建制上工地。❶ 嘉兴地区组织德清、桐乡、嘉兴、嘉善、海宁、海盐、平湖 7 个县约 30 万人进行施工。我们嘉兴县南湖公社也积极参加，组织民兵营到长山河工地。我当时留家看守，留在公社负责征兵工作。我们的老部长，人武部部长李友定参加了长山河工程。那一年，南湖乡征到 18 个兵，到山西太原当铁道兵，这是我们乡征兵最多的一年。我在没有参军前，在大队民兵连时一直是班长，当了几年民兵，有一定的基础。后来到了部队，第二年就当了班长。

南湖公社时，有 20 个大队（即行政村），包括隆兴大队、南湖大队、民主大队、西南湖大队、真如大队、六号桥大队、七号桥大队、天带桥大队、八字桥大队、永联大队、光明大队、月河桥大队、乘堂桥大队、三乡桥大队、红旗大队、梁林桥大队、渔业大队等。一些大队的名称，到了后来有改名的。❷

当时的南湖乡隶属嘉兴城区，我们的乡政府在嘉桐公路，再过去一点就是嘉兴机场。一号桥到八号桥的位置，要讲一下：

一号桥，在梅湾港，嘉兴一中附近。

二号桥，在杭州塘，杭州塘以南是南湖乡，以北是嘉北乡。

三号桥，在菲利普大雁牌自行车厂附近。

四号桥，为南湖乡政府所在地。

五号桥，老桥村所在地。

六号桥，六号桥大队（村），是村委所在地。

七号桥，七号桥大队（村），是村委所在地。

八号桥，老南湖公社所在地，乡政府成立后不久办公地搬迁。

九号桥，到机场边上了，穿过机场是十号桥。

嘉兴机场，位于南湖、马桥、洪合 3 个乡的中间。南湖乡连着杭州塘，西面是一号桥直到十号桥，东面是姚家荡。南湖乡靠近沪杭铁路，东面有 3 个大队，即南湖大队、民主大队（后改名珠庵）、隆兴大队。隆兴村大队往南是马桥公社。

1978—2007 年我任职期间，从南湖乡到城南街道，这 30 年发生重大变化，我印象最深的有这几件事：第一件，是 1983—1984 年撤公社建乡，实行体制改革。第二件，八号桥搬迁到四号桥，乡政府搬迁。1958 年南湖公社时办公地就在八号桥，此后一直是公社（乡政府）所在地。1985 年 8 月 2 日，南湖乡政府向区人大、区政府提交了一份报告，提出要求把乡政府所在地由嘉桐公路八号桥迁移到四号桥西堍。❸ 1987 年南湖乡政府搬到了四

---

❶ 长山河工程，西起桐乡县百桃公社起龙桥，经海宁县至海盐县长山出海，"全长三十九点二千米，其中新开河道三十六千米半，疏浚旧河二点七千米。出海口段底宽六十五米，深六米，排水量可达七亿九千万立方米"。详见《迅速掀起冬季农田基本建设新高潮　根治水患加快商品粮基地建设　杭嘉湖南排工程初战告捷》，《浙江日报》1978 年 12 月 18 日第 1 版。

❷ 《关于批准 209 个大队更名和启用标准名称的通知》，1981 年 4 月 14 日。嘉兴市城南街道档案室藏档案。

❸ 南湖乡人民政府：《关于要求迁移办公地点的报告》，1985 年 8 月 28 日。嘉兴市城南街道档案室藏档案。

号桥。后来，八号桥办公楼改为敬老院，现在已经拆掉了。搬到四号桥，新的乡政府驻地，更靠近嘉兴南门，为南湖乡社会经济的发展提供了有利条件。第三件，就是南湖乡的乡镇企业，首创亿元乡。1987年，我们南湖乡工农业总产值在城区各乡中首个突破1亿元，被区委、区政府授予南湖乡"首个亿元乡、再谱新篇章"奖章，予以表彰。一个乡，当时能突破亿元，还是很轰动的。第四件，是2001年撤乡为街道。2013年10月，城南街道办公楼，就搬到现在这个位置。

南 湖 儿 女

龚良初口述　城南街道提供

　　龚良初，女，1963 年 1 月出生，嘉兴人，中共党员，曾任中共南湖乡党委书记。现居住在城南街道清华府邸小区，也是城南街道第一个商品房住宅小区。主要经历：1963 年 1 月至 1983 年 11 月，在南湖公社南湖大队第一生产小队成长、学习、工作；1983 年 11 月至 1998 年 12 月，在南湖乡政府工作。1999 年 1 月至 2018 年 2 月，在南湖区（秀城区）政府任职。

一、"我是正宗的南湖儿女"

　　我经常对别人自豪地介绍：我是正宗的南湖儿女，原因是从小就在南湖公社（南湖乡的前身）南湖大队南湖第一生产小队或南湖乡（城南街道前身）南湖村南湖一组生活，就是现嘉兴市政府后大门马路对面的树林地，有棵广玉兰树的地方，就是我曾经的家门口。那片树林就是生我养我并见证我成长的地方，我到机关工作前的记忆都在那里。我童年、少年的老家，是在整个村坊（船厂头也是长生桥头）的东首，往东离河有 60 米左右的距离。我家前面有一条大路，就是现在市政府后大门对面的河湾上面的绿道笔直往西，当时也是隆兴村、珠庵村、南湖村到南门丝行街的唯一一条通路。我家稻场（门前晒场）外有棵很高的枣树，只是从没看到过红枣，因为从来没有到红时就已被我们打下来吃了。还有一棵无花果树，现在来说这是个好东西了。后来又搬到现在市政府北门路北候车站靠东北边，看到有棵白玉兰树的地方就是，距小时候的家往南约 80 米处，原是我们小队里的蚕室房，门前那棵白玉兰树是 1985 年刚搬来时爸爸亲手栽种的，

那是我青年时期和爸妈的家。

　　在我出生后的 10 年中，我家共有 7 口人，爸爸、妈妈加两个姐姐、两个哥哥和我，与大姐相差 15 岁，与大哥相差 10 岁，与小哥相差 7 岁，与小姐相差 4 岁。小时候，爸妈给我的印象就是整天一个忙字，由于妈妈既是小队里的妇女小组长，每天一早要去分工叫人，一出去到很晚才回家，同时又要负责全大队的接生和全小队的打针工作，傍晚我们吃饭的时候，经常有好多人等着她打针，那时爸爸又经常出差在外，不着家。家里大姐最辛苦，在家是个小大人，12 岁就参加劳动，14 岁就会自己做鞋了，虽然不咋地，但总是自己做的，后来越做越好了，在我们小队也是出了名的。15 岁就自己捻头绳打羊毛衫了。只要有空就是"背百纸"、纳鞋底、捻羊毛线打"头绳衫"。大哥小时候是有名的捣蛋王，在大姐参加劳动后是大哥带着我们玩，虽在外很调皮，在家确像个大哥哥的样子，也很顾家、很勤快，照顾我们三个弟妹。小哥哥是个很勤劳、有计划的人，干活精心，从不计较。记得大哥 19 岁去长兴煤矿之后，我家自留地上的蔬菜样样种得很好，特别是荿菜（大白菜）大丰收，几个铺

底下都塞满了。小姐姐是个很善良、温顺的人，干活样样拿得出手，手很巧，织毛衣、绣花都在行。我们小姐妹俩从小就玩在一起，虽相差4岁，长大后劳动也在一起，因为长得像，举手投足也像，出去都以为我们俩是双胞胎。

妈妈是我的偶像：从记事起，在我的印象中，妈妈永远都是精力旺盛，永远是忙忙碌碌，不知疲倦，工作做一样像一样，并能做得很好。担任小队妇女小组长时期，应该是1951年，她23岁那一年开始，当时我还没出生。因为每天早上要到全组转一圈，把前一天晚上与组长商量的分工情况一一去落实，一到晚上又碰头商量第二天的事，又兼了大队接生员的工作，以及小队社员生病后的打针任务，当时到医院里看病需打针的人，都让回本地由打针员完成，所以医院也不会像现在这么闹，到处排队，小组里的打针任务更是义不容辞的，常常是一到晚饭时，有很多人来我家等候着，看我们一家吃饭。有时还要外出，到深夜才回来，反正我们都已睡觉了，也不知道是什么时候回来的。我印象最深的就是深夜我家的窗户也会三天两头有人来敲的，不是接生的工作，就是家里吵架来要求调解。妈妈那时已做村妇女主任，不管刮风下雨，还是寒冬腊月下雪天，只要有人叫，立马披衣起床，背起接生箱就走，因此，从小就看到妈妈经常在酒精灯或煤炉上蒸针、针管、接生用的钳子之类的东西，这叫消毒，每次接生好或上次消毒好的东西用完就及时蒸，而且严格按要求的时间、程序进行，从不马虎，消毒好了就及时收入接生箱，以备下次用。所以，几十年的打针还是接生工作，从来没出过纰漏，这个箱子也是从不让我们家人碰的。在我的心目中，妈妈是一个学习力、执行力很强，做人正直，做事认真负责的人。在3个月较短的时间学会了接生，而且自1964年36岁开始，一直做了17年，无一事故。几十年给人打针，直到1981年上级有精神，取消所有基层接生员的资格，也就是意味着再接生就是违规了。1973年起，她担任了10年的大队妇女主任，特别是计划生育工作经历了三胎到二胎、二胎到一胎的两个转型期，其艰难程度可想而知，但凭着她的一股倔强劲，在领导的支持下，硬是啃下了一个个堡垒，使这项工作在全公社一直也是走在前列。妈妈对自己的评价是“吃软不吃硬，是个迎难而上的主，越难越会啃”。其间小队里的事也需她顾问一下，有时还要兼一下妇女小队长职务……算来，从1951年23岁至2001年73岁，妈妈在小组长岗位待了50年。其间，还有一段时间由党组织派往没有党员的生产小队和没有女性参与生产劳动的生产小队去当小队长。……我爸爸原来是小镇上的人，从来没做过农活，一开始很不适应，但还是坚持下来了。由于爸爸有点文化，字也写得不错，而且早年在米行里干过，是吃“粮食”饭的。当时，在大队里、公社里，需要一些写写标语的人，粮站里也需要懂行的人员，因此我爸爸也经常做一些写写标语、收收粮的工作。实质上，农活也就不干了，有时候实在没有钱了，妈妈就背点米出去换一点钱，还是偷偷摸摸的，有时天没亮就起来，到自留地去摘点小青菜，蒙蒙亮时拿到街上卖了换点钱，来保证爸爸的香烟。还有，爸爸的衣着都是很得体的，市面上盛行什么，妈妈就要给爸爸至少在中上档次置办一身，妈妈的愿望就是保证他能穿着仍像干部一样的衣着，她是这样想的，也是这样做的，直到爸爸80岁去世。在妈妈身上，较好地诠释了“女子本弱，为母则刚"的那句话。

二、三代人半世纪的期盼

闲来无事，翻翻老照片，已然成了我的习惯。有一天当翻到1997年南湖大桥刚铺好桥面的照片时，往事又在脑海浮起，几代人期盼已久的梦想就在眼前实现，而且是在自己和家人的见证下，这座横跨一条铁路和两条大河的桥，已从无到有，从无形到高耸在空中，兴奋之心无法言表。那时我爸和我女儿几乎天天要到工地去"视察"一遍。因桥东埭延伸段就是我家门口，所以当桥面铺好的那天傍晚，太阳西落前，我正好带了相机，就与家人走上桥面直至桥顶，放眼望去，心旷神怡，眼前一览众山小的感觉油然而生，瞬间拉近了和城市的距离。近在咫尺，走下桥北就是城市，好像做梦一样，幸福来得是那么的快啊。

我老家是在嘉兴南门长生桥头（也叫船厂头），现南湖大桥东埭长生桥南埭，市政府北大门马路北面（南溪路北）的这片树林即是。从我们懂事起就听大人们说起，不久的时候我们就要做"街佬"（城镇）人的，因为我们的农业小组和所谓的街佬人就一座南北走向的长生桥之隔，桥南是乡下人，桥北是街佬人，到城里南门头步行一刻钟左右就到。我们生产小组的住户成员构成很杂，有农村（乡下人）的，有城里的，还有既不是城里也不是农村而叫农居户的，因为那时街佬人（包括农居户）家里每月有工资拿，每月有各类（吃穿用）的票子发，每天准时上下班，而我们在傍晚收工（出去劳作叫出工，劳作之后回家叫收工，不像城里人叫上班、下班）之后，还要背个草篰去撮（割的意思）羊草，关键那时还没有草撮，田头地里都干干

净净，哪像现在要雇佣人去除草，桥南根本没有草撮，一来每家每户都养羊，为了多积肥、多换工分、多赚钱才多养羊，因为干稻草（干柴）变成好肥需要猪羊不停地踩踏及排泄物混合以及时间的发酵才可，一个小队30多户人家150多头羊，365天的草量真是不少的啊，一来草来不及长，二来直接可当肥料，连垄沟里的水草连泥带水背回家丢进猪羊棚里，让干柴烂得更快，多积肥，多换工分，多赚钱。

好在桥北有个蔬菜班，当时靠日旸桥港河边（从现小曹王庙后铁路桥东100米处）到船厂头（现揽秀园处）有一条叫行街（其实是横街）直通铁路，小的时候到南门上街是必经之路，后才改走现鸳湖路停车场南边往西上铁路过杨家桥，街两旁有居民房，居住着街佬人，蔬菜班的区域即除了这些居民房之外，现在日旸桥港（原来梦桥港）以北、文星桥以西从南到北、小曹王庙后铁路桥自北与南湖最窄处隔一条路处止的铁路以东、南湖以西（除了当时的许家村居民居住地外）的这一片基本都是当时的蔬菜班，大片的蔬菜地，由于他们忙于蔬菜季节而来不及除草，这样还能提供一点给我们周边小组撮草人的空间余地，家有猪羊没有办法，必须得给它们吃饱，否则会叫的你不得安生。特别是夏天的冬瓜地和番茄地，野草生长的最茂盛，因此时有三四点钟就有人去偷草，虽然有扎实的篱笆墙，也未能阻挡撮草人被诱惑的心，千方百计破洞而进出。

为什么要这么早呢？原因之一就是我们要农忙了，尤其是"双抢"（抢收、抢种半个月，最好是在立秋前完成），其实应该叫三抢，即抢收、抢种、抢季节，要起早贪黑才能完成，但家有猪羊不

能饿着呀，所以需要更早时间。原因之二是蔬菜班里后来派人来看管了，等起早辰光他们也累要休息，主要原因是进去撮草的人不识相，撮草么就撮草，还要偷吃番茄，偷吃也就算了，还这个咬一口那个咬一口地糟蹋，所以干脆不让进，严管了，这样里面的草更茂盛了，更诱人了。其实按照现在的思路来说的话，只要当时双方负责人能坐下来协商一下，一方提出撮草要求，一方严格按执行要求撮草，问题就很好解决，蔬菜班不用费力除草，我们不用偷偷摸摸撮草，各取所需、光明正大、互补割草即可，大家节约成本，何乐而不为呢，堵不住就疏么，否则年年都是双方的心结，事实也是如此。所以当时大人小孩劳动和读书之后最愁的就是想到哪里去撮草，每当草箅一背，还不知要到哪里去撮呢，总是要到夜幕临了才不得不回家，回家的路必须通过横街上这些居民家门口再上长生桥，这时他们基本上都已吃了晚饭、洗好澡在竹椅乘凉了，而我们回家再烧饭、做家务等，整天是忙碌于无效劳动中，到年终也分不到几个铜钿，甚至还要倒挂。所以那时很向往做个城里人。

解放前我们村坊（长生桥或船厂头）的人家基本都是靠手艺度日，我家也是以手艺为生的，随季节包粽子、做团子、折元宝（一种祭品）、鞋底绣花、扎扫把、看坟茔，爸爸在粮店里做学徒、打零工等，一年到头忙忙碌碌也只能渡过只嘴巴，能吃饱穿暖已不错了，日子总是过得紧巴巴，根本没有积累，连老屋漏雨都没钱修，直至最后坍塌，理了一些可用材料临时在不远的老太庙边上搭了个棚棚度日，解放前后就一直靠租房住，更别提造房积累财富了，生活也一直在不稳定之中度过。因此刚解放时外婆和妈妈都信奉一条俗语——"衙门一蓬

烟、工商60年、农民万万年"，有土地做农民温饱有保障，有土地心里就踏实，于是毫不犹疑选择当农民，进互助组—合作社—高级社，坚决不做街佬人，哪成想几十年下来，做农民有这样的艰苦和艰难，这是妈妈之前所没有想到的，特别是20世纪60年代初为国家挑重担的下放潮，有家在农村优先的政策，使在嘉兴县工商联工作的爸爸（东栅镇上农居户，没接触过农活，标准的白脚杆）按政策就下放到我们生产队参加劳动挣工分了，后来妈妈一直觉得一辈子都欠爸爸的就是指这件事，直到80年代初期按政策给予一定的补贴，也算是得到些许安慰。

妈妈经常说起，穷人翻身得解放当家做主，听领导作的报告，很是入耳入脑，浑身有使不完的干劲，一切服从组织安排，且干一行爱一行，都是满腔热情去完成组织交给的每项工作任务。由于工作出色，1951年妈妈23岁就当上生产妇女队长，还外派到别组去组建队委会，1956年加入了中国共产党。靠着爸妈的勤俭持家，70年代初期从房东手里买下了两间平房，从此给了我们兄妹真正意义上的家。我们这里农民的苦，主要来自两方面。其一是有粮食任务的压力下种双季稻要做双抢，其艰苦程度只有做过的才体会得到，直到90年代中期才取消了任务，随之也解脱了双抢劳作之苦。其二是为了增加经济收入开辟了养蚕业。一年四季共有五季蚕，即春蚕（5月1—2日起，28—30天，这季是最多量）、二蚕（6月3日起24天左右，这季约占春季的10%）、夏蚕（7月15—16日起24天左右基本不看）、秋蚕（8月8—9日起28天，这季约占春季的60%）、冻煞（死）蚕（9月4日起30天，这季基本是不看的）。我们这里基本是看三

季蚕为主。小队里只要是空地包括我们房前屋后都种满了桑树，特别是我们小孩那时比没草撮还要愁，平添了起早贪黑、永远睡不醒的疲劳困苦。一旦到了八九岁，凌晨四五点就要被叫起来去采桑叶，因为有任务而且要新鲜，那不得要起早露水时嘛，且风雨无阻，把我们累得够呛。这还不算，主要还有一旦粘上毛毛虫，那就浑身都痒得不得了，更有刺毛虫，要是被刺牢一口，那就钻心的疼和难受，厉害的话淋巴都要肿的，现在想起还头皮发麻，苦不堪言。直到承包到户时都嫌麻烦，一下子都不养蚕，桑树也都砍掉了。这时乡镇企业刚起来，城市的单位也有了变化，拥有用工自主权，特别是靠近城市的我们，除了农业上的劳作之外，可以外出打工，出路与渠道都多了，收入也是多样化了，以农为主、以工为副的工作方式有了变化。到了1984年承包到户后，再随着乡办企业的蓬勃发展，我们这里的生产方式出现重大的转变，工作方式以工为主、以农为副，这一阶段的显著特点是勤劳致富得到充分体现，人们把所有的时间都充分利用到赚钱上了，虽仍起早贪黑，但所有的积极性都被激发出来，所以生活水平有了明显提高，家家户户都盖起了新楼房。

早年很多人是羡慕街佬人，很向往做个城镇人，梦里都想着做。多年来，大家都奔着这个信念埋头做好手头的每一件事，但"头颈丝瓜长"，也没等来这一天，后来才知道横亘在我们和城里人之间的天堑就是沪杭铁路，是它阻断了我们做城里人的梦想。嘉兴的第一次开发规划就是趋于西北方向的，没有跨越铁路向东南发展的思维。直到20世纪90年代中后期，南湖综合开发区的成立和发展规划蓝图的制定，随着中环南路的修筑及南湖大桥、嘉兴大桥的建造，特别是横跨两河——铁路南湖大桥的建造才给我们带来了新希望，带来了翻天覆地的新变化，梦想成真了。1999年随着我们小组的整体拆迁，这一带的农民身份终告结束。我们埋头苦干50年，我们父母辈总算重回了街佬人的身份，我们兄妹辈及下辈也成了名副其实的城里人了。而此时街佬人的优势、优越感绝大部分已消失，只有小孩读书还有点，但我的父母很是知足，首先是解脱了涉农劳作的劳累；其次是每月还有工资拿，特别是住房的改善，同时提升了生活质量，不再为担水而烦恼，也不再为没柴烧而忧愁，在家不出门都不影响全部生活所需。

三、"情有独钟是城南"

2010年8月，我刚搬到清华府邸居住的时候，碰到很多人都问我，你怎么搬出去又搬回来了？意思就是又搬回了城南？于是我经常跟他们解释道，那是深埋心中挥之不去的怀旧情怀。

20世纪80年代初，我到南湖乡政府任团委书记，一直到1999年初调离，在南湖乡学习、工作了14个春秋。工作期间，得到了上级领导和同事以及广大基层干部群众的无私帮助和大力支持，结下了深厚的友谊和友情。2012年，又作为区级人大代表在城南街道选区产生，从而又保持了与城南街道的密切联系，更加深了城南情怀。

情怀之一是工作。其中两件事情记忆尤为深：一是我在担任分管文卫的副乡长时，在积极探索合作医疗制度的推广方面取得较好的成效。从1983年开始实施农村包产到户，到政府体制改革政策落实，百姓的生产积极性被充分调动起来，社会一片生机勃勃。但到1987年，有一个现象越来越突显，那就是农村因病致贫的家庭越来越多，自己是乡里分管文卫工作的，更加感到有责任帮助群众解决困难。为此，在调研的基础上，在长桥村的支持下，在长桥村开展了"集资互助"工作的试点，当时提倡的是"少抽一包烟""今天支持别人，明天别人支持你"的口号，按户籍人口集资，每年集资一次。一开始每人3元，半年后就实行全面推广，后来是5元，再后来到10元，以村为单位一年一结账，每年用完。每到年底，罗列出全村因大病导致特困的且参加了互助活动的家庭名单，提交村委会集体讨论决定补助，虽然补助每家的经费不算多，但每个受助的家庭都非常感动，并由衷感谢党和政府，也得到大多数村民的认可和支持。试点过程中也发现因青壮年都在乡办企业中，留守的都是老人和孩子，没有青壮年的参与是达不到预期目标的，于是提交乡领导班子决定，筹资工作扩大到各乡办企业，在乡工业公司的大力支持下，各企业积极响应，受益面进一步扩大，支助力度也进一步加大。集资过程虽有小插曲，但不理解、不支持的只是极个别的。印象最深的是有一个家庭，前期工作人员反复上门，多次宣传员，不理不睬，筹资时不仅不交，说话还难听，但不久之后他的家人就有生病的，而且花了不少钱，但规定就是规定，互助里的经费是得不到了，后来民政线上给了一点，但肯定少得多，且手续也要繁杂得多，因此第二年就自觉地参与了进来。我们也坚信这是为群众办的一件实事，是需要时间证明的，坚持做到底就一定会有成效的，补助给病家的钱虽不多，但至少让她们感受到政府、组织和社会的关心与关怀，树立政府为人民服务的新形象，拉近干部和群众的干群关系，所以受到广大群众的支持，在全乡各村推广，后来南

湖乡率先以乡为单位实行合作医疗制度，建立完善了系列报销制度。21世纪初开始至今已是以区级、市级为单位，实行了四级五级联动，普惠了更多百姓，也提升档次叫医疗保险制度。2021年嘉兴市推出"大病无忧"的市民保险保障制度，是以个人出资、政府支持，范围更广、力度更大、享受更多的百姓生活保障制度。想想自己也曾为这个制度在萌芽期间做了积极探索工作，感到骄傲和自豪。

二是担任南湖乡书记期间，对修筑中环南路也是难以忘怀。那是1996年底和1997年初，根据当时南湖综合开发区发展规划，要在南湖乡梁林桥村姜家桥320国道至大桥镇十八里桥老07省道构筑一条14千米长、60米宽的嘉兴中环大道，涉及南湖、东栅、大桥3个乡镇，要求利用农村冬闲时间在1997年1月20日前完成，并以此作为党的基本路线教育主题，推进凝聚力工程进程。南湖乡涉及南湖、西南湖、真如、梁林桥4个村，根据指示乡党委决定放弃机械操作，而用人工挑筑方式，土方量是4.1万方，总长1900米，平均高度为40厘米高，主要集中在南湖村3组和5组段。于是一方面派出精兵强将组建一线指挥部及班子，在前期勘查的基础上做好复核工作，及时分配好20个村的分段包干任务，另一方面在全乡及时做好宣传发动工作，由于发动到位，全乡各村组织都积极行动起来，广大群众积极响应，义无反顾，准时准点进场。记得刚进场的那几天正好碰上天寒地冻的天气，进场指挥部的自来水管都冻成了冰棍，由于及时想办法排除，使得后期工作顺利展开。指挥部每天列出排行榜，开展"劳动竞赛"活动，真可用"一天一个样，三天大变样"来形容一点也不为过。仅仅两三天时间一条宽阔道路的轮廓就显现出来

了，最多的一天出动劳力近 3 000 人，20 个村中最快的村只用了 3 天的时间就完成了任务，最长的也只用了 7 天时间，按上级的要求提前 8 天拿下了挑筑任务，硬是在原来有房、有田、有坑洼、本没有路的地面上，挑筑出一条全市最宽的 60 米大道路基。中环南路的挑筑是我们南湖乡的骄傲，也是我们南湖乡人民的骄傲，更是我们全乡各级干部的骄傲，事实也证明了这一点。凡事参与过的人们只要一提起中环南路的建设，就会想起当年战严寒、赶进度、干劲十足、热火朝天的景象而激动万分。也正是由于中环南路的建设，由此也开启了 21 世纪欣欣向荣的城南及城南路时代。

情怀之二是割舍不了城南路。城南路对我来说，也是带有特殊感情的，可谓情有独钟。工作14 年，我家曾先后两次在城南路旁居住。第一次是城南路 63 号，三号桥以北，当年叫南湖乡工业公司宿舍，那里曾是南湖乡工业经济发展首个中心基地，城南街道经济发展到今天的规模，就是从这里开启的，也可以说是发源地。那里也是我女儿的出生地，婴儿时期的居住地。第二次是三号桥南城南路 725 号（今花语江南小区），住房就在城南路边上，窗外就是一条南北走向的城南路，站在阳台上北可看见三号桥，南可望见四号桥，这一段路也正好横穿我们整个乡工业经济的发展区，也就见证了这一段路的变化，特别是中环南路开通之后进行了第一次三号桥至四号桥路面拓宽工程，从混合一车道到双向单车道，看着城南路从小变大。第三次是城南路清华府邸小区。前两次的住宅都是组织上安排分配的，让我与城南路结下了深深的情缘，而这次是我自己的选择，一方面是那时的城南片房价还没有起来，清华府邸也是第一个落户城南的商品

房住宅小区，零的起点不容易；另一方面确实也是割舍不了的情愫，想来想去还是回到我曾经工作和生活过的地方。自 2010 年我们搬来，此后的这十几年，随着嘉兴经济开发区大本营南迁规划的落实，中环南路和城南路交集至南这段城南路，进行了彻底的改造，建成了目前具有现代气息的双向三车道，有了翻天覆地的变化，变化之大令人震撼，让我们真切感受到城南路越变越宽阔，越变越美丽，两旁建筑越变越高、越来越现代。时至今日，大家也有目共睹，并有共识，那就是城南已不再是当年拿不出手的破旧的嘉兴城南出口了，而是成为嘉兴的一张新名片了。

情怀之三是城南时代。清华府邸小区是一个背靠中环南路，东临第一医院西面的九里港，西边就是城南路，南面就是海上传奇二期和常睦公寓。20世纪 70 年代之前，这里是南湖公社真如大队项坟头（今南海渔村酒店处）嘉桐公路东（今城南路）片的一块作物地，作物地的前面是一片水田，特别是靠九里港边，由于地处偏僻，经常有野猫子出没，因此，此地也被称作为野猫洞口，那时靠公路边尚有祝姓、周姓等几户人家。到了 80 年代初，考虑到当时南湖乡粮食任务较重，区域较大，为方便乡东片（真如、西南湖、长桥、新联、南湖、珠庵、隆兴等村）村民交公粮，需要建立一个粮食收购站即粮站，由于这里的水路较宽畅，且水系发达，于是就选在了这个地方，因此也有个别称为野猫洞粮站，因为当时嘉兴属于浙北粮仓，南湖乡的粮食任务尤其重。后来随着改革开放的深入，乡镇企业的崛起，就在高地的前面这片水田里，建起了南湖乡真正意义上的第一个工业基地，成幢厂房拔地而起。20 世纪末，又开发了第二个（今精品汽

车城以北这一片），同时也根据嘉兴城市向东南扩建规划，大拆迁带来了大发展，随着粮食任务的大放开，粮站也随之迁建，这里逐步建成了集商贸住宅、商贸综合于一体的热闹的城市街道，特别是我家前面这一片乡镇企业随着城市的发展，都迁建到第三个工业开发基地（今城南大厦至东这一片）。2010年我家刚搬回来时，前面的一片企业还在，但到2011年下半年拆迁工作已基本结束，站在我家12楼的楼顶上能看到很远很远的地方，远处运行中的高铁列车尽收眼底，尤其是第一座城南街道大楼的开建，引起了我的关注，为了留点念想，也为了向新街道落成献上一份有特殊意义的贺礼，于是就有意跟踪拍了一些照片，直至建造结束，看着她从无到有，一点一点长高。印象最深的就是当造到一定高度的时候，远远望去特别像一艘即将启航出海的巨轮，预示着城南街道定将在不久的城南时代中，踏上新征程，开辟新业绩。与此同时，建造的还有紫御大厦和经开发展大楼群，随后依次就是紫园尚园小区、华府综合大楼（今华府八佰伴）、海上传奇小区（一、二期）、山东商会大楼、亿鸿大厦、澳洲商住大厦、基督教堂等建筑，使这一方土地呈现了翻天覆地的变化，美丽的住宅小区，高档的商贸综合楼，完善的生活配套设施，实现了原来经常说的"现在好好努力工作，将来好好享受美好生活"的一句话。每当夜幕降临，万家灯火，此时的城南更是美丽无比，时常有"猛然回首，那人（城南）却在，灯火阑珊处"的感叹，此生足矣。我爱城南，我更爱城南路。

四、记忆中乡村道路二三事

人骑车。那应该是1985年六七月份的某一天，那时我还是乡团委书记，为了解面上的工作，于是相约计生办负责人一起到南湖乡西面的几个村走一走。那时全乡到各村的主要机耕路都已挑筑成型，只是没有硬化，晴天骑自行车到各村相对方便多了，一旦下雨那就麻烦了。那一天我们俩从早上出发时，天气还是蛮好的，可是到了下午我们要回乡政府驻地时，却下起了一场大雨，等大雨过后，路面已是湿透了，有的老路基上还好，路面底下较硬，人来人往多了，就变成了薄薄的一层泥浆了，骑车而行是可以的，但碰到新挑出来时间不长的路，就要陷进去，自行车一碰到这样的路面就完了，车轮陷进不说，等泥巴塞满了车轮很是费劲，推都推不动。但必须回去呀，因此稍微好点的地方能骑就骑一下，不能骑的地方就下车推着走走，直到推不动就停下来拨一拨粘在车轮上的泥巴，弄好了再走，实在不能骑的地方就只能是让车骑我们了，就这样走走停停直到单位，费了好大的劲，苦不堪言，记忆深刻。

一双鞋。那是1988年冬天的某一天，记得那天天气很阴冷，说在乘堂桥靠运河塘边上的小组里有个计划外的大肚子（孕妇），乡计生站里工作人员、村里领导都已经上门做过多次工作都无效，由于男方是个赤脚医生，而我是分管计卫工作的，于是决定由我和卫生院分管同志一起出面再上门做做工作，因为一旦既成事实，不仅男方的工作会丢掉，还要受重处罚，对一个家庭来说太可惜了，同时对我们全乡和全村全年的所有工作也会进行一票否决，因为这是当时国家的基本国策，于情于理，于公于私，都得不偿失。由于工作职责使然，应该上门再努力努力。因此我们相约下午就到他们家去，去的时候天气很阴冷，但没有下雨，我就穿着前几天在中山东路嘉兴商业大厦刚开业时买的一双新棉皮鞋。工作肯定是很难的，也有思想准备，因此一直工作到深夜才勉强答应去医院做人流。但走出他们家一看不对了，其实在我们到了之后的一段时间里天气突变，又是刮风又是下雨，等到我们要回家的时候，雨是停了，但风不止，地上已开始结了一层薄薄的冰，那时村委住地到当事人家的路还没有硬化，一下雨路就变成了坑坑洼洼的泥泞道路，特别是会有很多的深脚印，这些脚印里会有一些水，冬日里一旦冷风一吹就会有一层冰在上面，而下面都是泥水，有时不小心一下子踩进去，会飙上一股泥浆水喷向自己一身或喷向身旁的人一身。还有深脚印里的薄冰，当踩在边上的泥土时，脚印里受到挤压的冰像一把把锋利的刀一样划向鞋子，或不小心踩进去，冰裂了就会有无数的尖刀刺向鞋子，由于是刚下过雨，路又滑又泥泞，这样深一脚浅一脚地走了近半小时才回到村委住地，而我的新皮鞋却遭殃了，割裂了一个大口子，还有好多小口子，就是皮鞋当套鞋（雨鞋）使用了，就这样好端端一双新皮鞋给废了，每当想起还历历在目。

村村路硬化。直到 20 世纪 90 年代初，全乡逐步才实现村村机耕路面完成了硬化，后来硬化到家家通，应该说在当时全区也算是早的。20 世纪 80 年代初下村只能一天跑一个村，后来是一天能跑一个片，路好了，效率也高了。那是 1992 年下半年的有一天，我正和挂职来的董副书记下村，一天跑下来已近下午 3 点，跑到最远的三乡桥村时，却收到乡办公室 3 点半要开会的通知，于是我们俩简短地了解一下村里情况，立马就返程了，两个人一路上像比赛一样，骑得飞快，原来要近 50 分钟的路程，硬是被我们用半个小时回到了乡机关，不过都是汗流浃背了，关键是正好那时这个时间段路上行人少，同时也全仗路面硬化功劳。这也是城市化带来的好处。

三十沧桑一纸间，两本档案看变革

戴妹甜

戴妹甜：女，嘉兴人，中共党员，1962年7月出生。主要经历：1984年1月至2006年4月，分别在塘汇乡、嘉北乡（嘉北街道）任职；2006年4月，调入嘉兴经济开发区任社发局副局长、局长；2011年12月调入城南街道工作，任党工委副书记、人大工委主任等职，直至退休。

档案是记载历史、传承文明、资鉴后人的原始凭证，通过一本档案可以更好地了解过去、把握现在。在我们街道的档案室里就有着这样两本记录着从当初的南湖公社（乡）人大到现在的城南街道人大工委议政会的30年历史沧桑变化的档案本，同时，也从我们从当初的乡镇人大到现在的街道人大工委，是改革开放30多年的嘉兴城市发展变迁、基层政权组织的不断演化发展的一个投射和缩影。

这两本档案一本是1984年当时的城区南湖公社（乡）选举办事处的档案案卷，里面的材料有的是铅印的、有的是油印的，还有手写的原稿在里面，纸张已经泛黄，但制订整体，一丝不苟。还有一本是崭新装订的街道2014年议政会的档案。细细对比了这两本同一单位相差30年的档案，发觉其中有一些很有意思，同时也反映当时的南湖公社、现在的城南街道的变化，可以说是"三十年弹指一挥间，半甲子巨变南湖边"。

最能看到变化的是一份当时的文件《南湖乡七届三次人大会议上的报告》中称谓和行政区划的变化，当时的名称是嘉兴市城区南湖公社，当时的工作报告不是以我们现在意义上的乡政府的名义进行

的，而是以南湖乡公社管委会作的报告，这是当时的特定历史时期特有的称谓。从报告中可以看出，当时正值1983年开展乡镇体制改革的后期，报告的第一句话就开宗明义地指出："这次大会，是在进行体制改革的新形势下召开的，也是为体制改革服务的。"当时的历史背景是1983年中央下发了［1983］35号文件，省委也紧接着下发了省委［1983］28号文件。根据上级的要求，1983年12月17日，在当时南湖公社拉开了社队两级体制改革工作的大幕，改革的主要目的是，通过改革改变党不管党、政不管政和政企不分的状况。正是在这样的背景下，召开了这次人大会议。在前期公社下属20个大队已经改为村，生产队改为村民小组的前提下，在这次大会上选举产生了南湖乡的人民政府，按照党的十二大和全国人大六届一次会议精神，实行了政社分设，开创了当时乡镇基层工作的新局面。现在十八届三中全会拉开了深化改革的大幕。至此之后，嘉兴市城区南湖乡的行政区划又几经调整，在2001年10月正式撤乡建街（道），但是当时的名称虽然由乡改为街道，但是仍有很大一部分农村土地仍未征用，其他仍有8个行政村建制未建立一个社区；到2002年7月，南湖区城南街

道委托开发区进行管理，从此开始了街道新一轮大调整、大发展的序幕。2011年，长水街道成立，城南街道的长水塘以东区域划给长水街道，南湖村、府南社区划出城南街道区域。

从这里可以看出从当时的南湖乡到现在的城南街道在行政区划上的变化，南湖乡当时隶属嘉兴市城区，虽然是属于城区，却是一个不可不扣的农业乡。从报告的第一段的文字来看，1983年初，当时的南湖公社（乡）刚刚实行家庭联产承包责任制不久，正如报告中所讲的，"这是一个最深刻的农村经济体制改革"。根据资料，当时的南湖公社实行联产承包的生产队有176个，占生产队总数的77.2%；承包的农户有3 980户，占农户总数的69.8%。正因为实行联产承包生产责任制，农民的生产积极性极大地被调动了起来，到1983年下半年，当时南湖乡243个生产队、5 138户农户全部实行了联产承包责任制，当年获得了农业的丰收，全社粮食总产量达到了5 183万斤，蚕茧总产量达到了5 500担，生猪饲养量达到了5万头。2013年底，城南街道正式向南湖区政府提交报告，撤销了最后一个村——八字桥村的建制，彻底完成了撤村建居工作，街道完全从涉农街道转型为城市型街道，农业乡已经成为历史。

同时，在报告中也可以看到南湖公社（乡）有了一定集体工业的底子，当时已经有社办企业14家，工人1 500名，1983年的工业生产总值是747万元，创利润106万元；队办企业生产总值是200万元，创利润20万元。此外，当时也有了从事运输、商业和饮食业的联合体和专业户7户。在农业和工业两项发展的带动下，1983年社员人均年收入达到392元。1987年，南湖乡成为当时的秀城

区第一个产值超亿元乡。再看看2013年街道办事处在街道民主议政会上作的报告，2013年街道完成工业总产值74.25亿元，其中街道规模以上工业完成总产值65.98亿元；主营业务收入完成149.75亿元；财政一般预算收入4.45亿元。虽然，两个报告中工业经济的数据不是在同一个数量级上，但是为后来较为雄厚的工业经济奠定了基础，用现在的话来讲，当时是挖到了"第一桶金"。

街道通过对城南路的"二次开发""退二进三"，正在努力打造"亿元税收平台"。这是街道针对土地资源日益紧缺的现状，围绕"一条街""一幢楼"，转型经济结构、突破发展瓶颈的两个重要抓手。"一条街"指的是城南汽车精品街区。经过3年来的培育，街区目前已有32个汽车品牌4S店。今年一季度，街区18家限额以上汽车贸易企业实现营业收入5.01亿元，其中3家销售额过亿元的企业，实现零售额4.09亿元。今年以来，上海别克、一汽马自达等新店开门营业；一汽大众、宝马MINI、林肯等一批中高端品牌也已于近期陆续签约。在去年税收超5 000万元的基础上，我们计划用3年时间实现街区税收到亿元。另外一个亿元平台是紫御大厦。大厦是街道自有、自营的物业，目前大厦已租赁5层，签约高端客户6家，这6家公司的税收都在300万元以上，且公司所处的行业都是经过我们的筛选，具有一定的发展前景的龙头公司。除紫御大厦外，街道还有14幢商务楼宇，楼宇经济的培育和发展壮大将成为街道经济发展的另一个增长点。再过不多的时日，街道内一条街、一幢楼的税收就可能达到亿元，这可能是当时谁也没有想到的。从南湖公社到南湖乡，再到城南街道，不仅是行政区域名称的变化，更是经济从农

业到工业再向三产服务业不断转化的过程。

30年间两个报告折射出改革开放30多年来的沧桑巨变；两个报告像是两本启示书，启示了我们从昨天到现在再到未来的时光转折，而嘉兴南湖乡也不过是国家版图上一个微小的点，却也能折射出人民当家作主60多年来，尤其是近30年来的翻天覆地的变化。我想伴随着经济一日千里的发展，我们民主体制和政权建设也在不断地前行，作为一名在基层的人大代表，作为一个经历了改革开放30年的风云变化的人大工作者，我感到骄傲和自豪，更需要纪念我们这30年来走过的历程，希望以这篇小文为我们走过的历程做一点小小的留念。

从长桥村到长新社区
（节选）

于建荣

口述者：于建荣（原长新村党支部书记、原长新社区党支部书记）

采访、整理者：马学强（上海社会科学院研究员）、李东鹏（上海音像资料馆副研究馆员）

采访时间：2022 年 10 月 30 日

采访地点：嘉兴市南湖区城南街道办事处

一、我的经历

我 1964 年 3 月出生在南湖乡长桥村。嘉兴南门外的长桥村是很有名的，早年叫长桥村，后来叫长新村、长新社区。

我父亲叫于文明，江苏丹阳人，从小打工，6 岁时就出来了，后来就到了南湖乡长桥村。这里有一户姓沈的人家，在沪杭线上发现的他，当时在南门的铁路边上，靠近小城隍庙，就把他捡来了，并收养了他，取名沈阿大。父亲在 20 世纪 40 年代初在嘉兴桥梁队当厨师。我爸妈是 60 年代初结婚的。我妈妈姓施，是高照乡（今属秀洲区）人。我有两个同母异父的哥哥，没有弟弟、妹妹。

1971—1976 年，我就读于长桥小学，五年制。1976—1978 年，我到了长桥联合中学，那是几个大队合办的学校，读了两年。1976 年，对我来说记忆很深刻，那个时候"四人帮"被粉碎，往来的火车上都贴了标语。

1978—1980 年，在南湖公社中学读高中，那时在六号桥。读了两年，到 1980 年毕业。这里要提一下，南湖公社中学在六号桥，八号桥的那个叫南湖公社八号桥中学。高中毕业后，我就回到长桥大队务农，没有考大学。1984 年，农村实行承包到户责任制，开始以家庭为单位。我是 1987 年到村办工厂的，到 1995 年，我一直在长桥服装厂做会计。长桥服装厂当时有 60 人左右，规模算是大的，是一个配套工厂，为嘉兴铁路边服装总厂做加工的，做出口生意，产值中等，全称"嘉兴秀城长桥服装厂"。

我于 1988 年结婚。1992 年 2 月，在长桥村里加入中国共产党。1995 年，村里改选，当时村里的会计当选为村长，从那一年起到 2001 年，我就到村民委员会做会计兼经济合作社委员。

2001 年 5 月，长桥村和新联村实行撤乡并村，成立长新村。❶ 选举我为长新村第一届村民委员会主任。我做了 5 年村委会主任，直到 2005 年 5 月。

---

❶ 2001 年 4—6 月间，新联村、长桥村合并，新组建长新村，村民委驻地原长桥村。中共嘉兴市秀城区南湖乡委员会文件，《关于（南湖乡）行政村区划调整工作的实施意见》，2001 年 4 月 29 日。嘉兴市南湖区档案馆藏，档号：012-01A-00560-025。

这 5 年，仍以农业生产为主，集体经济实现了村办企业转制。2005 年 5 月，我任长新村党支部书记。

2009 年 9 月，长新村改成长新社区。当时挂牌，挂的是长新社区，两块牌子，一套班子。❶ 因为那时拆迁还没拆完。

二、从长桥村到长新社区：见证城南的工业化、城市化

从长新村改成长新社区以后，我们这一带的工业化、城市化进程明显加快。我们社区的范围内，陆续新辟了长桥路、翠柳路、姚家荡路、城南路一段、长水路等十几条道路。

围绕长新街区的城市化，我整理了一下，重点要谈几点：

1. 征用的第一块土地。2006 年，我们征用了第一块土地，征地的时候叫民工公寓，就是现在的大树金港湾小区，有 50 多亩。民工公寓是嘉兴市的重点项目。

2. 第一次道路改建。我原来做村长的时候村里是欠钱的，公路都不通的，只有一条水泥路，从乡政府四号桥过去到马桥，只能骑自行车，不通汽车。2006 年，我们发动村民在水泥路边上挑了一条 4 米宽的路，这是我们的第一条路，叫长新公路，从长桥到新联，把由拳路接通了。当时的路是砂石的，2007 年浇了柏油。

3. 城南工业园区第二期建设。有部分用地是在我们村，2001 年左右开始，企业主要有城南街道袜厂等，是招商招过来的。

4. 开通第一条公交车路线。嘉兴公共交通公司的 31 路公交车（火车站—长新村）是第一辆开到村里的城市公交车。我们原来去嘉兴城要么是骑自行车，要么坐轮船。在我们村有两个码头，一个叫长水桥轮船码头，一个叫基部码头。

5. 嘉兴第一医院的迁建。这也是标志着嘉兴城市化的扩大。嘉兴第一医院搬到我们长新村来，征地 100 多亩，当时征了二十五组袁家圩，有 24 户人家，这些人家搬迁到长新公寓一期（10 幢房子，6 层，一户人家 3 套房子）。长新公寓现在已经到四期了，到长水路了，目前为止有 163 幢，不涉及商品房，都是周边居民拆迁，大都是我们长新的。

2007—2009 年，我们长新村民只有 2 000 人口，外来人口有 2 万多，当时是嘉兴市本级最大的城中村，拆迁时媒体报道"嘉兴最大的城中村拆迁了"。这批人住在我们这里也带来治安、环境卫生问题。企业都是在四号桥这边，女工晚上 12 点下班不敢回家，村里成立了护村队，24 小时巡逻保护女工。

三、"城中村"管理的做法、经验

我一直有记日记的习惯，现在给你们看的就是我的《民情日记》。我们也经常总结我们长新村的一些做法。这里也谈一下。

长新村地处城南街道东南方，东靠沪杭铁路，南靠南郊河，西邻乍嘉苏高速公路，北靠城南路、中环南路，属城郊接合部，面积约为 6 平方千米，有 25 个村民小组，689 户，常住人口 2 097 人，外来流动人口达 2 万余人。由于长新村地处城郊接合部，外来流动人口众多，出租房屋 500 多户、

---

❶ 据《城南街道大事记》：2009 年 10 月，长新社区正式成立。

12 500间，是市本级最大的城中村，各种情况复杂，村庄周边环境卫生、治安形势非常严峻，村子周围、河道内、田地间都是村民乱扔的垃圾，治安案件和抢劫、抢夺等严重刑事案件也时有发生，严重时女职工不敢上夜班，公交车驾驶员被打，出租车不敢开进来。针对这些情况，长新村在街道党工委、办事处的指导下，主要开展了以下几个方面的工作：

1. 建立创建平安村领导小组、综治领导小组、防范和处理邪教问题领导小组、外来流动人员管理领导小组，并相应成立了以村班子人员为主的村治保调解委员会，开展各项为村民和外来新居民的服务工作。

2. 投入150万元资金开展村庄整治，建起了保洁队伍，每天有保洁人员上门去村民家中收集生活垃圾进行统一处理，拆除几百个临时茅厕，建起了111座三格式水冲洗厕所，并配有专人保洁，开展河道清理，使整个村庄环境得到了很大的改善。同时配合上级卫生部门加强食品安全管理，经常开展食品安全大检查，防止食物中毒事故的发生，认真落实各类重大传染病的防治。

3. 投入资金10万元组建10名专职护村队员，在重要路口新建治安岗亭2座，实行每天24小时值班、巡逻设卡，配合村警务站开展外来人员登记，办理流动人员暂住证，保障了广大村民生命和财产的安全，治安效果也非常特出，各类案件明显下降。

近年来，我们长新社区获得了不少荣誉，如2012年获评"浙江省卫生先进单位"，2013年获评嘉兴市"文明社区"。我个人也获得了一些荣誉，2015年8月荣获嘉兴市村（社区）"先锋书记"，

还曾荣获浙江省"千名好支书"，被收入浙江省委组织部编《点赞千名好支书：浙江省优秀村（社区）党组织书记风采录》（红旗出版社出版）。

四、"753"的故事

再说一个"753"的故事。

"753"是一趟火车的车次，是由上海开往深圳的货运快速列车，主要是给当年的香港市场供应活牛、活猪、鸡鸭等鲜活货物，一路从上海出发，经嘉兴、杭州、金华、鹰潭、株洲、广州等地，终点站是深圳北站。1987年11月，我第一次去车上兼职做了一名生猪押运员。

当时753次列车一般是早上6点左右停靠嘉兴火车站，把已经在四站内前一天已装好生猪的车厢挂上车，在后面的一些大站都有各类活禽车厢挂上来开往深圳，虽然是货运快车，但当时由于铁路路况较差，衡广线又是单线，列车运行速度较慢，需要4天时间才能到达深圳北站，押运员工作主要是打扫猪舍，喂猪，到车站给水箱上水，碰到生猪发病，还要给猪打针吃药。火车停靠一些小站时，还要做好安全工作，确保货物安全到达目的地，顺利移交给对方。押运工作非常辛苦，但对当时已经干了几年农活的我还是觉得可以应对的，更是利用交完货物后的空隙时间，游玩了广州、深圳的很多地方。离开753次列车后，一到长假我就会坐上绿皮火车对以前753次列车沿途经过的几个城市——金华、南昌、宜春、萍乡、株洲及衡山等地方去看看，回忆当年列车经过的情形，听到那"哐当哐当"的声音，就像回到了当年在列车上工作的情形。窗外的城市、村庄也是发生了翻天覆地的变化。有些小站也随着铁路的提速而停止作业，有的

火车站也重建了，方便了大家出门的需求。这是一段难忘的岁月，每当回忆起在753次列车上的工作经历，心中总是有一阵难舍之意。为了纪念这段工作经历，我把自己的微信名字叫"753"，没有别的意思。

五、重视文化传承，关注历史遗迹

在经济快速发展、大规模的城市化过程中，我们更要保护好原有的历史文化，重视人文资源的挖掘。这里，我要介绍长水桥的历史、长桥（村）的由来，以及张百子桥的传说。这也是我多年来采集的，供参考。

1. 长水桥。长水桥，嘉兴南门外长水塘上第一桥，原址位于今由拳路长水塘上，据光绪《嘉兴府志》记载，嘉兴城区地图上就标注"长水桥"，是长桥村东片居民过河去嘉兴的唯一一座桥梁，有悠久的历史。日本人打进来时被国民党军队拆除，后来村里为了解决村民的过河需要，在这里设了一个摆渡口，让一个名叫马四明的五保老人用一条小船摆渡。塘的西岸建有一小房子，供摆渡人居住。20世纪六七十年代在这里建有轮船码头，嘉兴轮船码头至王店的客轮（王店班）每天来回二班在这里停靠，直至2009年在长水桥原址新建了由拳路长水塘桥。

2. 长桥（村）的由来。嘉兴南门外长水塘边的长桥村名气很大，当时城里人一说起长桥都说"晓得"的，那么是不是这个村真的有长桥这座桥呢？为此，我曾特地去拜访过原长桥村村民老陈，今年已80多岁。老陈一说起长桥，话匣子就打开了。据他讲：长桥这座桥位于储家漾北面的一条小河上，东西跨，约15米，三孔石桥，两块条石组成，

桥石上刻有"长寿桥"，是长桥村村民东西往来过河的唯一的一座石桥，何时建造已无从考证，村民在叫桥名时慢慢将中间的"寿"字给去掉了，直接叫成"长桥"了。下面是一条无名河港，后来地名普查时就命名为长桥港。东桥埭有一座观音庙，附近村民每月农历十五都会来这儿上香，庙前有一棵白果树，要几个人才能抱着围一圈。解放后庙堂改为识字班，有人又在此开了一家豆腐店，并且在这个庙的基础上新建了长桥小学，学生们下课后都会围着白果树玩。遇到夏季刮台风后，树下会有掉下来的白果。我小时候就经常去捡，回到家后在柴火灶上煨一下，真的是又香又好吃。后来农村集体农田实行机械化，当时的长桥大队在村里建设机耕路通到每一个生产小队，在长寿桥的北面新建了一座宽3米的机耕路桥，村民过桥也从原来的长寿桥改成新的机耕路桥上通行。进入20世纪80年代，长桥小学因为校舍老化，地址又偏，重新选址到北木桥大路边，新校址的土地和村民进行了交换。因为那株高大的白果树影响了下面土地作物的耕种，村里决定将那棵白果树砍掉了，荒废的长寿桥也同时拆除，两块中间刻有"长寿桥"的桥石也运到了北木桥的北边。可能本来想架在北木桥上，后来因为太窄，找了3块1.5米宽的水泥板架在了上面，两块老石桥的桥板就一直丢在那里，无人问津了。后来这儿推土造地，这两块石头就不知去向了。那座无名的机耕路桥也因日渐老化，在80年代后改建为水泥拱桥，并命名为"长桥"，直到现在。最近因边上新建了姚家荡中小学，长桥港也整平了，桥也拆了。

3. 张百子桥的传说。张百子桥，位于城南街道长新社区长水路的北面，长水塘与北木桥港交汇

处，南北向，横跨在北木桥港上，一直是村民南北来往的主要通道。该桥建于清朝同治年间。在建桥以前，河两边的村民要过河，需要用船摆渡。后来，村民在西边一点的河面上建了一座小木桥。有一年发大水，小木桥被大水冲走了，河两边的村民又只能用船来摆渡，很不方便。河港南有一张姓人家，张家是本地的大户人家，家中什么都有，可就是儿子结婚后一直没有小孩，所以对张家人来说，成了一块心病。有一天，有一位化缘的老和尚来到张家，闲聊时张家就对和尚说起了这件事情，和尚听后没有说话，站起来在张家房屋四周走了一下，回过来对张家人说，你家北面小河上的木桥让大水冲走好长时间了，你家就出些钱在这河上建一座石桥吧，桥的名字就叫"张百子桥"，保证你家会生儿子。第二天，张家人就请来桥工，在北木桥长水塘口建起了一座石拱桥，方便当地村民过河，而且又是石桥，再也不会轻易被大水冲走。桥建好后，果然，张家先后生下了 8 个儿子，而且个个聪明能干。因为当时村里面只有这样一座石拱桥，当地人就把它叫"环桥"。以后，一些刚成亲的夫妻，或者行将结婚的男女青年，都会在张百子桥上来走一走，希望早日生个大胖儿子，久而久之，也成了习俗。现在在桥的西面还有张家浜、张家地这些名字，张家地就是原来张家的住宅地，地上有砖、瓦这些东西，听老人们说张家后代有人考取了功名，就全家搬到了北方。如今，建成的长水塘绿道也从桥的边上经过。古桥迎来了她新的春天。

附录 4

图片目录索引

附录 5

主要参考文献

一、考古报告、论文、论著等

卫聚贤撰著、吴越史地研究会编辑：《吴越文化论丛》，江苏研究社 1937 年版。

王士伦：《浙江出土铜镜选集》，中国古典艺术出版社 1958 年版。

浙江文物管理委员会（执笔者姚仲源、梅福根）：《浙江嘉兴马家滨（浜）新石器时代遗址的发掘》，《考古》1961 年第 7 期。

夏鼐：《碳—14 测定年代和中国史前考古学》，《考古》1977 年第 4 期。

牟永抗、魏正瑾：《马家浜文化和良渚文化》，《文物集刊》第一辑，文物出版社 1980 年版。

姚仲源：《二论马家浜文化》，《中国考古学会第二次年会论文集　1980》，文物出版社 1982 年版。

陈晶：《马家浜文化两个类型的分析》，《中国考古学会第三次年会论文集　1981》，文物出版社 1984 年版。

耿曙生：《试论马家浜文化的分布和分期》，《苏州大学学报（哲学社会科学版）》1985 年第 2 期。

吴汝祚：《马家浜文化的社会生产问题的探讨》，《农业考古》1999 年第 3 期。

张照根：《关于马家浜文化的类型问题》，《农业考古》1999 年第 3 期。

姚仲源：《回忆·认识和建议——在纪念马家浜遗址发掘四十周年座谈会上的即席发言》，《农业考古》1999 年第 3 期。

陆耀华：《浅谈嘉兴地区史前文化——纪念马家浜遗址发掘四十周年》，《农业考古》1999 年第 3 期。

陈治国：《马家浜文化研究》，吉林大学硕士学位论文（论文起止年月：2001 年 3 月至 2002 年 4 月）。

嘉兴市文化局编：《马家浜文化》，浙江摄影出版社 2004 年版。

郑建明、陈淳：《马家浜文化研究的回顾与展望——纪念马家浜遗址发现 45 周年》，《东南文化》2005 年第 4 期。

浙江省文物考古研究所等编：《江南文化之源——纪念马家浜遗址发现五十周年图文集》，中国摄影出版社 2011 年版。

郑铎：《马家浜文化聚落形态研究》，《东南文化》2020 年第 5 期。

二、正史、典籍、方志、地图集等

撰人不详：《越绝书》，《丛书集成初编》，商务印书馆 1937 年版。

李步嘉校释：《越绝书校释》，中华书局 2013 年版。

（汉）司马迁：《史记》，商务印书馆 1932 年版。

（汉）班固：《汉书》，中华书局 1962 年版。

（梁）沈约：《宋书》，中华书局 1974 年版。

（梁）萧子显：《南齐书》，中华书局 1972 年版。

（唐）姚思廉：《梁书》，中华书局 1973 年版。

（唐）姚思廉：《陈书》，中华书局 1972 年版。

（唐）魏徵等：《隋书》，中华书局 1973 年版。

（宋）欧阳修、宋祁：《新唐书》，中华书局 1975 年版。

（元）脱脱等：《宋史》，中华书局 1977 年版。

（明）宋濂等：《元史》，中华书局 1976 年版。

（清）张廷玉等：《明史》，中华书局 1974 年版。

（清）嵇曾筠等修，沈翼机等纂：清雍正《浙江通志》，光绪二十五年（1899）刻本。

《浙江全省舆图并水陆道里记》，浙江舆图总局光绪二十年（1894）刻本。

《修订浙江全省舆图并水陆道里记》，民国四年（1915）杭州武林印书馆刊印。

（元）单庆修，徐硕纂：至元《嘉禾志》，清道光十九年（1839）据元至正八年（1348）刻本。

（明）赵瀛修，赵文华等纂：《嘉兴府图记》，（台北）成文出版社 1983 年影印本，据明嘉靖二十八年（1549）刻本。

（明）刘应钶修，沈尧中等纂：明万历《嘉兴府志》，《中国方志丛书（华中地方）》，（台北）成文出版社 1983 年影印本，据明万历二十八年（1600）刻本。

（明）罗炌修，黄承昊等纂：明崇祯《嘉兴县志》，《日本藏中国罕见地方志丛刊》第 17 册，书目文献出版社 1991 年影印本。

（清）王惟梅辑：《嘉兴府典故纂要》，清乾隆年间版，上海社会科学院历史研究所图书馆藏。

（清）司能任修，屠本仁纂：清嘉庆《嘉兴县志》，《故宫珍本丛刊》第 95 册，海南出版社 2001 年影印本。

（清）许瑶光修，吴仰贤等纂：清光绪《嘉兴府志》，光绪五年（1879）刻本。

（清）赵惟嵛修，石中玉纂：清光绪《嘉兴县志》，光绪三十四年（1908）刻本。

《嘉兴新志》编纂委员会编：《嘉兴新志》（上编），嘉兴建设委员会民国十八年（1929）铅印本。

建设委员会经济调查所统计课：《中国经济志》（浙江省嘉兴、平湖），正则印书馆 1935 年版。

实业部国际贸易局：《中国实业志（浙江省）》，1937 年版。

嘉兴市地名普查领导小组办公室编：《嘉兴市地名志》，嘉兴市地名普查领导小组办公室 1982 年印行。

浙江省社会科学研究所编：《浙江人物简志》（下），浙江人民出版社 1984 年版。

浙江人民出版社编辑：《浙江土特产简志》，浙江人民出版社 1987 年版。

嘉兴市粮食局粮食志编纂委员会编：《嘉兴粮食志》（第二稿），嘉兴市粮食局粮食志编纂办公室 1991 年印行。

嘉兴市农林局编：《嘉兴市蚕桑志》，嘉兴广播电视报社印刷厂 1991 年印。

嘉兴市志编纂委员会编：《嘉兴市志》，中国书籍出版社 1997 年版。

嘉兴市粮食局编：《嘉兴粮食志》，嘉兴市粮食局 1997 年印行。

嘉兴市水利志编纂委员会编：《嘉兴市水利志》，中华书局 2008 年版。

浙江省地方志编纂委员会办公室编：《浙江历史大事记》，浙江人民出版社 2010 年版。

浙江省通志馆编，浙江省地方志编纂委员会整理：《重修浙江通志稿》第 1 册，方志出版社 2010 年版。

嘉兴市城乡规划建设管理委员会、浙江省第一测绘院编制：《嘉兴城市地图集》，中国地图出版社、中华地图学社 2017 年版。

嘉兴市南湖区志编纂委员会编：《嘉兴市南湖区志》，方志出版社 2020 年版。

嘉兴城南街道编：《城南 20 年（城南街道 20 周年纪念画册）》，2021 年内部刊印。

三、档案、调查报告、资料集等

【嘉兴市南湖档案馆藏相关档案】

中共嘉兴市秀城区区委委员会文件，《关于将嘉禾毛纺厂委托南湖乡经营管理的决定》（1990 年 3 月）。嘉兴市南湖区档案馆藏，档号：012-01A-00081-021。

中共嘉兴市秀城区区委委员会文件，《关于对在嘉禾毛纺厂实行全权委托经营管理中作出特殊贡献的南湖乡予以嘉奖的通报》（1991 年 2 月）。嘉兴市南湖区档案馆藏，档号：012-01A-00136-007。

中共嘉兴市秀城区区委委员会文件，《关于表彰南湖乡委托经营管理嘉禾毛纺厂两年取得明显成效的通报》（1992 年 6 月）。嘉兴市南湖区档案馆藏，档号：006-01A-00646-023。

中共嘉兴市秀城区区委：《关于给予南湖乡等单位奖励的决定》（1994 年 2 月）。嘉兴市南湖区档案馆藏，档号：007-01A-00143-001。

嘉兴市秀城区政府：《关于全区乡街企业改革和发展工作的情况汇报》（1998 年 8 月）。嘉兴市南湖区档案馆藏，档号：034-01A-00089-003。

《南湖乡 2000 年工作总结》（2000 年 1 月）。嘉兴市南湖区档案馆藏，档号：033-01A-00038-010。

《南湖乡人口普查工作总结》（2000 年 12 月）。嘉兴市南湖区档案馆藏，档号：003-01A-02243-012。

嘉兴市秀城区发展计划与科学技术局文件，《关于同意南湖村建造村办公楼及综合服务设施的批复》（2001 年 1 月）。嘉兴市南湖区档案馆藏，档号：013-015-2001-永久-02283。

中共嘉兴市秀城区南湖乡委员会文件，《关于行政村区划调整工作的实施意见》（2001 年 4 月 29 日）。嘉兴市南湖区档案馆藏，档号：012-01A-00560-025。

嘉兴市计划委员会文件，《关于秀城区南湖乡人民政府拆迁安置用房项目初步设计的批复》（2001 年 7 月）。嘉兴市南湖区档案馆藏，档号：013-015-2001-长期-00709。

嘉兴市秀城区发展计划与科学技术局文件，《关于同意南湖乡真如村建造农贸市场的批复》（2001 年 8 月）。嘉兴市南湖区档案馆藏，档号：013-015-2001-永久-00459。

嘉兴市秀城区南湖乡人民政府文件，《关于马家浜文化遗址有关基础设施建设的报告》（2001 年 9 月）。嘉兴市南湖区档案馆藏，档号：012-01A-00560-020。

嘉兴市秀城区南湖乡人民政府文件，《关于要求对南湖乡行政区划进行调整的请示》（2001 年 10 月）。嘉兴市南湖区档案馆藏，档号：012-01A-00437-010。

嘉兴市秀城区人民政府文件，《关于转发嘉兴市人民政府〈关于秀城区七星乡和南湖乡土地利用总体规划的批复〉的通知》（2001 年 11 月）。嘉兴市南湖区档案馆藏，档号：012-01A-00440-011。

《（嘉兴）城南街道抗战时期直接人口伤亡统计表》

（2007年6月填表）。嘉兴市南湖区档案馆藏，档号：053-015-2007-永久-01916。

《抗战时期嘉兴市南湖区财产损失明细表》（涉及城南街道部分）（2007年填表）。嘉兴市南湖区档案馆藏，档号：053-015-2007-永久-01889。

嘉兴市南湖区人民政府文件，《关于同意撤销城南街道真如村建制的批复》（2011年5月）。嘉兴市南湖区档案馆藏，档号：012-015-2011-永久-00160。

【城南街道档案室藏部分档案】

《南湖人民公社粮饲加工厂财务公布》（自1958年办厂起至1967年4月止），1967年5月18日印。嘉兴城南街道档案室藏。

浙江省嘉兴县革命委员会办公室文件，《关于各公社大队更名核对的通知》，1981年3月26日。嘉兴城南街道档案室藏。

嘉兴市人民政府《关于批准209个大队更名和启用标准名称的通知》（涉及南湖公社部分），1981年4月。嘉兴城南街道档案室藏。

《南湖乡基本情况及八三年经济成果（统计）》，1983年。嘉兴城南街道档案室藏。

中共南湖乡党委、南湖乡政府等《关于启用新印章的通知》，1984年1月。嘉兴城南街道档案室藏。

嘉兴市城区社队企业管理局文件，《关于同意新建嘉兴市南湖五金厂的批复》，1984年2月24日。嘉兴城南街道档案室藏。

嘉兴市城区社队企业管理局文件，《关于同意成立"嘉兴市南湖工业供销公司"的批复》，1984年2月29日。嘉兴城南街道档案室藏。

嘉兴市城区社队企业管理局文件，《关于成立南湖等五个工业公司的通知》，1984年3月23日。嘉兴城南街道档案室藏。

嘉兴市城区社队企业管理局文件，《关于同意成立嘉兴市南湖地方工业公司、嘉兴市南湖商业公司的批复》，1984年4月21日。嘉兴城南街道档案室藏。

《关于四号桥设立公共汽车停靠站的联合报告》，1984年8月27日，嘉兴城南街道档案室藏。

南湖乡人民政府《关于要求迁移办公地点的报告》，1985年8月28日。嘉兴城南街道档案室藏。

嘉兴市民政局文件，《关于同意城区南湖乡人民政府驻地迁至四号桥西块的批复》，1985年9月18日。嘉兴城南街道档案室藏。

1985年度《南湖乡人口及其变动情况统计表》。嘉兴城南街道档案室藏。

《关于组建嘉兴市南湖湖羊生产服务合作社的计划（草稿）》，1986年3月24日。嘉兴城南街道档案室藏。

嘉兴市城区南湖乡人民政府文件，《南湖乡关于建立内贸畜禽商品生产基地试行办法的通知》，1986年6月10日。嘉兴城南街道档案室藏。

嘉兴市城区文化教育局文件，《关于在新建住宅区真如、百花新村建造小学校舍的报告》，1986年6月6日。嘉兴城南街道档案室藏。

《关于筹建南湖电子器材工业园的请示》，2000年5月22日。嘉兴城南街道档案室藏。

《关于同意建立南湖电子器材工业园的批复》，2000年6月30日。嘉兴城南街道档案室藏。

中共嘉兴市秀城区委文件，《中共秀城区委、秀城区人民政府关于实施乡镇（街道）行政区划调整工作的通知》，秀城委〔2001〕27号，2001年10月25日。嘉兴城南街道档案室提供。

中共嘉兴市委文件，中共嘉兴市委、嘉兴市人民政府：《关于秀城区城南街道和秀洲区嘉北塘汇街道委托嘉兴经济开发区管理的意见》，嘉委〔2002〕12号，2002年7月2日。嘉兴城南街道档案室藏。

《城南街道概况》，2023年12月。嘉兴城南街道档案室藏。

实业部国际贸易局编纂：《中国实业志·浙江省》，实业部国际贸易局1933年印行。

实业部国际贸易局编纂：《中国实业志（全国实业调查报告之二　浙江省）》，实业部国际贸易局1933年印行。

行政院农村复兴委员会编辑：《浙江省农村调查》，商务印书馆1934年版。

浙江省情展览会编纂：《浙江省情》，杭州正中书局1935年版。

陈一尘、钱公治编：《嘉区汇览》，嘉兴维业广告社出版部1935年印行。

冯紫岗编：《嘉兴县农村调查》，国立浙江大学、嘉兴县政府1936年印行。

中华全国道路建设协会编：《中国公路旅行指南》（第1集　苏浙皖闽赣京沪七省市之部），中华全国道路建设协会1936年印行。

董中生编：《嘉兴县编造丘地图册报告书》，嘉兴县政府1936年印行。

《嘉区民国日报》社编：《嘉区一瞥》上、下册，嘉区民国日报社1935、1936年印行。

嘉区民国日报社编：《嘉区文献》，嘉区民国日报社1937年印行。

浙江省银行经济研究室编：《浙江经济年鉴》，1948年印行。

东海文艺出版社编辑：《浙江大跃进民歌选》，东海文艺出版社1960年版。

太平天国历史博物馆编：《太平天国史料丛编简辑》，中华书局1963年版。

钱承泽：《嘉兴县之租佃制度》，萧铮主编：《民国二十年代中国大陆土地问题资料》第59册，（台北）成文出版社、（美国）中文资料中心1977年影印本。

钱承泽：《嘉兴实习调查日记》，萧铮主编：《民国二十年代中国大陆土地问题资料》第140册，（台北）成文出版社、（美国）中文资料中心1977年影印本。

浙江省社会科学院历史研究所、经济研究所，嘉兴市图书馆合编：《嘉兴府城镇经济史料类纂》，1985年刊印。

谭其骧主编：《清人文集地理类汇编》，浙江人民出版社1986年版。

浙江省档案馆、中共浙江省委党史研究室编：《日军侵略浙江实录（1937—1945）》，中共党史出版社1995年版。

前南京国民政府司法行政部编，胡旭晟等点校：《民事习惯调查报告录》，中国政法大学出版社2000年版。

嘉兴市文化广电新闻出版局编：《嘉兴历代碑刻集》，群言出版社2007年版。

嘉兴市档案局（馆）、嘉兴市档案学会编：《〈申报〉嘉兴史料集萃》，中共党史出版社2008年版。

中共嘉兴市委党史研究室编：《嘉兴市抗战时期人口伤亡和财产损失调研成果汇编》，中共党史出版社2009年版。

嘉兴市档案局（馆）、嘉兴市档案学会编：《古桥风韵》，中国档案出版社2009年版。

裘樟鑫、海嘉编：《农村地名诗歌》，浙江工商大学出版社2012年版。

嘉兴市图书馆编:《槜李诗文合集》,国家图书馆出版社 2020 年版。

岳钦韬主编:《嘉兴近现代丛书》(全三十五册),国家图书馆出版社 2020 年版。

四、报刊、杂志

【近代】

《申报》

《民报》

《民国日报》

《新闻报》

《中央日报》

《大公报》(上海版)

《东方杂志》

《浙江公报》

《农村建设》

《浙江省政府公报》

《经济统计月刊》

《京沪沪杭甬铁路日刊》

《沪宁沪杭甬铁路第三期旅行指南》

《嘉区一瞥画报》

【当代】

《人民日报》

《光明日报》

《文汇报》

《浙江日报》

《嘉兴日报》

部分报道选录(按发表时间顺序):

《淮剧团在嘉兴为农民演出》(曾赴南湖公社演出、

劳动),《文汇报》1959 年 7 月 6 日第 3 版。

《嘉兴县南湖公社打谷场上,丰收的早稻一片金黄,老社员笑逐颜开》,《人民日报》1959 年 8 月 26 日第 1 版。

《嘉兴春耕工具成套革新,积肥、上肥、运肥、施肥四道工序全部使用改良工具播种、插秧、耕作几个环节的新工具都配成了套》(提到南湖公社六号桥生产队),《人民日报》1960 年 2 月 5 日第 1 版。

《电动插秧机》(插图说明,南湖公社六号桥生产队试用这种机器插秧),《人民日报》1960 年 2 月 12 日第 2 版。

《浙江嘉兴县南湖公社用木桶从渠道运河泥,两个人一次可运四十担,省工省力,许多公社都有人前来学习》(《备耕新事》),《人民日报》1960 年 2 月 20 日第 3 版。

《为春耕备足又多又好的工具》(其中涉及嘉兴县南湖公社六号桥生产队),《人民日报》1960 年 2 月 22 日第 3 版。

《群力战胜病魔——记嘉兴消灭血吸虫病的群众运动》,《人民日报》1960 年 3 月 20 日第 7 版。

《辩通思想,规划措施落实,集中劳力,加强主攻战线:南湖公社领导交底发动群众订规划找办法大挖劳动潜力》,《浙江日报》1960 年 7 月 11 日第 1 版。

《(嘉兴县南湖公社)天带桥队检查备耕落实"三包"》,《浙江日报》1961 年 3 月 17 日第 1 版。

《既种好大田,又种好"十边":(嘉兴县南湖公社)六号桥大队总结一个生产队的经验,解除干部不敢领导大种十边的顾虑》,《浙江日报》1961 年 6 月 3 日第 1 版。

《嘉兴地区农工商等部门派干部下生产队调查备耕

情况，逐个解决问题》（提到嘉兴县南湖公社天带桥大队），《人民日报》1962年3月4日第2版。

《正确认识农副业互相依存互相促进的关系　切实解决农副业争地争肥和争劳力的矛盾　嘉兴粮食生产和多种经营大幅度增长》（赴南湖公社调查），《人民日报》1965年8月14日第1版。

《一把雨伞表深情》（涉及嘉兴县南湖公社红武大队第十二生产队），《人民日报》1969年2月5日第3版。

《"抓革命，促生产"方针的胜利》（有关于嘉兴县南湖公社的报道），《人民日报》1969年8月14日第3版。

《广大农村干部和社员群众积极支援国家社会主义建设，浙江陕西超额完成去年粮食征购任务》（提到嘉兴县南湖公社去年粮食增产六百多万斤），《人民日报》1973年1月17日第1版。

《正确处理国家、集体和个人三者之间的关系，认真落实党的政策，浙江陕西超额完成国家粮食征购任务》（嘉兴县南湖公社去年粮食增产六百多万斤），《光明日报》1973年1月17日第1版。

《浙江嘉兴县创办一所赤脚医生大学》，据新华社消息，《贵州日报》1976年2月11日第4版。

《八亿人民极其沉痛地悼念伟大领袖和导师毛主席　继承毛主席的遗志把无产阶级革命事业进行到底》（提到嘉兴县南湖公社派出五百多名贫下中农代表），《人民日报》1976年9月20日第1、2版。

浙江省嘉兴县南湖贫下中农：《南湖碧波映深情》，《人民日报》1976年9月29日第3版。

《加强经济分析，促进增产增收》，《光明日报》1979年6月30日第4版。

《嘉兴县新联大队实现高产低成本》，《人民日报》1980年11月8日第2版。

《走进南湖，共创辉煌——写在第五届南湖之春文化经贸活动举办之际》，《浙江日报》2007年5月25日第16版。

《新起点，新跨越——写在嘉兴经济开发区升级为国家级经济技术开发区之际》，《浙江日报》2010年4月27日第8版。

五、文集笔记、文史资料、口述回忆等

（唐）陆广微：《吴地记》，江苏古籍出版社1986年版。

（宋）朱长文：《吴郡图经续记》，江苏古籍出版社1986年版。

（宋）范成大：《吴郡志》，江苏古籍出版社1986年版。

（宋）朱敦儒：《樵歌》，文学古籍刊行社1958年版。

（明）归有光纂：《三吴水利录》，商务印书馆1936年发行。

（明）王士性：《广志绎》，中华书局1981年版。

（明）章潢：《图书编》，《景印文渊阁四库全书》子部第969册，台湾商务印书馆1986年版。

（明）屠隆：《栖真馆集》，《续修四库全书》集部第1360册，上海古籍出版社1995年版。

（明）项元淇：《少岳诗集》，《四库全书存目丛书》集部第143册，齐鲁书社1997年版。

（明）冯梦桢：《快雪堂集》，《四库全书存目丛书》集部第165册，齐鲁书社1997年版。

（明）支大纶：《支华平先生集》，《四库全书存目丛书》集部第162册，齐鲁书社1997年版。

（明）李日华：《紫桃轩杂缀》，《四库全书存目丛书》子部第108册，齐鲁书社1997年版。

（明）王世贞：《弇州史料后集》，《四库禁毁书丛刊》第 50 册，北京出版社 1998 年版。

（明）张岱：《陶庵梦忆》，浙江古籍出版社 2017 年版。

（明）李日华：《味水轩日记》，浙江人民美术出版社 2018 年版。

（清）顾祖禹辑著：《读史方舆纪要》，中华书局 1955 年版。

（清）顾炎武辑：《天下郡国利病书》，《四部丛刊三编史部》，上海涵芬楼影印。

（清）朱彝尊：《曝书亭集》，《景印文渊阁四库全书》集部第 1317 册，台湾商务印书馆 1986 年版。

（清）朱彝尊：《鸳鸯湖棹歌一百首》，《曝书亭全集》，《四部备要》，中华书局据原刻本。

（清）朱彝尊：《静志居诗话》，人民文学出版社 1990 年版。

（清）钱陈群：《香树斋文集》，清乾隆年间刻本。

（清）张廷济：《清仪阁日记》，上海图书馆藏稿本。

（清）项乃斌：《嘉禾项氏清芬录》，国家图书馆藏稿本。

（清）《嘉禾项氏宗谱》，乾隆间抄本。

（清）《嘉禾岳氏宗谱》，道光二十七年（1847）刻本。

（清）王凤生：《浙西水利备考》，光绪四年（1878）刻本。

（清）吴伟业：《梅村家藏稿》，《续修四库全书》集部第 1396 册，上海古籍出版社 1995 年版。

（清）阮元、杨秉初辑：《两浙𬨎轩录补遗》，《续修四库全书》集部第 1684 册，上海古籍出版社 1995 年版。

（清）沈粹芬辑：《国朝文汇》，《续修四库全书》集部第 1673 册，上海古籍出版社 1995 年版。

（清）徐钪：《南州草堂集》，《续修四库全书》集部第 1415 册，上海古籍出版社 1995 年版。

（清）沈叔埏：《颐彩堂诗钞》，《续修四库全书》集部第 1458 册，上海古籍出版社 1995 年版。

（清）翁心存：《知止斋诗集》，《续修四库全书》集部第 1519 册，上海古籍出版社 1995 年版。

（清）曹溶：《静惕堂诗集》，《四库全书存目丛书》集部第 198 册，齐鲁书社 1997 年版。

（清）秦松龄：《苍岘山人集》，《四库未收书辑刊》第 5 辑第 28 册，北京出版社 1998 年版。

（清）宋琬：《安雅堂未刻稿》，《四库全书存目丛书补编》第 2 册，齐鲁书社 2001 年版。

（清）黄媛贞、黄媛介著，赵青整理：《黄媛贞黄媛介合集》，浙江古籍出版社 2021 年版。

［朝鲜］崔溥：《漂海录》，社会科学文献出版社 1992 年版。

［韩国］金九著，宣德五、张明惠译：《白凡逸志：金九自叙传》，民主与建设出版社 1994 年版。

丰子恺著，丰陈宝、丰一吟编：《丰子恺文集 7·文学卷 3》，浙江文艺出版社、浙江教育出版社 1992 年版。

徐朔方：《晚明曲家年谱》（第 2 卷），浙江古籍出版社 1993 年版。

钱仲联编：《广清碑传集》，苏州大学出版社 1999 年版。

杨自强编：《南湖诗词选》，浙江人民出版社 2010 年版。

陶元镛：《鸳鸯湖小志》，浙江古籍出版社 2012 年版。

嘉兴市政协学习和文史资料工作委员会编：《嘉兴市文史资料通讯》1984 年第 2 期。

嘉兴市政协文史资料委员会编：《嘉兴市文史资料》

（第 1 辑　抗日战争史料专辑），1986 年印行。

嘉兴市政协文史资料委员会编：《嘉兴市文史资料》
（第 2 辑　嘉兴抗战八年记事），1988 年印行。

中共嘉兴市委党史资料征集研究委员会编：《中共
嘉兴党史纪事（1919—1949）》，浙江大学出版社
1991 年版。

浙江省政协文史资料委员会编：《浙江文史资料选
辑》（第 50 辑　肝胆常相照：浙江各民主党派工商
联史料），浙江人民出版社 1993 年版。

嘉兴市政协文史资料委员会编：《送瘟神——嘉兴地
区血防工作纪实》，中国科学技术出版社 1995 年版。

全国政协文史资料委员会：《文史资料存稿选
编·经济（下）》，中国文史出版社 2002 年版。

嘉兴市政协学习和文史资料委员会编：《嘉兴文史
汇编》，当代中国出版社 2011 年版。

《我当南湖乡乡长》，沈福观口述，马学强、张玥采
访整理，2022 年 10 月 30 日。

《我的回忆》，裘炳林口述，李东鹏、张玥采访整
理，2022 年 10 月 30 日。

《从长桥村到长新社区》，于建荣口述，马学强、李
东鹏采访整理，2022 年 1 月 30 日。

《见证城南的开发》，龚有爱口述，李东鹏、张玥采
访整理，2022 年 10 月 30 日。

《南湖儿女》，龚良初口述，2022 年 12 月 30 日，
城南街道提供。

《三十沧桑一纸间，两本档案看变革》，戴妹甜撰，
城南街道提供。

六、研究论著

缪启愉：《太湖塘浦圩田史研究》，农业出版社 1985
年版。

谭其骧：《长水集》，人民出版社 1987 年版。

樊树志：《明清江南市镇探微》，复旦大学出版社
1990 年版。

杨正泰：《明代驿站考》（附《一统路程图记》《士
商类要》），上海古籍出版社 1994 年版。

包伟民：《江南市镇及其近代命运（1840—1949）》，
知识出版社 1998 年版。

周晓虹：《传统与变迁——江浙农民的社会心理及
其近代以来的嬗变》，生活·读书·新知三联书店
1998 年版。

王社教：《苏皖浙赣地区明代农业地区研究》，陕西
师范大学出版社 1999 年版。

陆明：《嘉兴记忆》，上海辞书出版社 2002 年版。

尹玲玲：《明清长江中下游渔业经济研究》，齐鲁书
社 2004 年版。

金普森、陈剩勇主编：《浙江通史》，浙江人民出版
社 2005 年版。

丁贤勇：《新式交通与社会变迁——以民国浙江为
中心》，中国社会科学出版社 2007 年版。

冯贤亮：《太湖平原的环境刻画与城乡变迁
（1368—1912）》，上海人民出版社 2008 年版。

丁贤勇、陈浩编译：《1921 年浙江社会经济调查》，
北京图书馆出版社 2008 年版。

上海社会科学院中国城市史研究中心、浙江省嘉
兴市南湖区大桥镇人民政府合著：《浙北一座名镇
的兴起：嘉兴大桥镇社会变迁》，上海辞书出版社
2012 年版。

刘文、凌冬梅：《嘉兴蚕桑史》，浙江工商大学出版
社 2013 年版。

陈明明主编：《比较视野中的现代国家建设》，上海
人民出版社 2013 年版。

张占斌、谢振东等主编:《城镇化与优化行政区划设置研究》,河北人民出版社 2013 年版。

封治国:《与古同游:项元汴书画鉴藏研究》,中国美术学院出版社 2013 年版。

丰箫:《权力与制衡:浙江省嘉兴地区乡镇自治研究(1945—1949)》,商务印书馆 2014 年版。

马学强、龚峥主编:《上海的城南旧事》,上海社会科学院出版社 2015 年版。

安介生、周妮:《江南景观史》,江西教育出版社 2020 年版。

马学强、张秀莉等:《码头与源头:苏州河畔的北站街区》,上海社会科学院出版社 2022 年版。

后　记

2018 年 12 月，上海社会科学院历史研究所中国城市史研究团队与嘉兴城南街道合作，专门成立课题组，共同编写这部书。

我出生于嘉兴，1985 年考取大学，以后就离开了嘉兴，在外地学习、工作。这里，要提一下我的城南往事。说到嘉兴的城南，最重要的景点就是南湖，那是小时候经常要去的。我姑妈家住王店，那是广义上的"城南"。一到寒暑假，我就盼望着去那里。有时坐轮船，从嘉兴勤俭路的轮船码头出发，沿着城南的长水塘，中间要停靠好几个码头才到王店镇。有时乘火车，从嘉兴到王店，沿途会看到南湖。记得 1976 年毛泽东主席逝世，火车行驶到马王塘站，要停车鸣笛。相比较而言，我更喜欢坐火车，从远方而来的火车，往往会带给孩子们更多的新奇。至今，我还保留着几张旧的火车票。这也可以说是我童年的"城南"记忆。所以，这次主持"嘉兴城南"课题，倍觉亲切。

近几十年嘉兴城南的变化，令人惊喜。为了系统梳理城南的变迁，反映不同时期城南一带的经济结构与社会生活，一个重要的基础就是相关材料的获取。经过一段时间的努力，课题组完成编纂"嘉兴城南资料汇编"。在此，要对书稿所依据的史料作一点说明，主要分为几个部分：（一）考古报告、论文；（二）档案资料；（三）地方志书中的记载；（四）文集笔记；（五）报刊报道；（六）古今地图；（七）口述与回忆录。关于口述资料，就是通过对在城南一带生活、工作的老领导、老居民的采访，让这些历史的"亲历者""见证者"说话，娓娓道来，这是展现一个区域社会变迁与生活记忆的重要手段，其内容丰富而生动。

本书由文字、图片两部分组成。根据书的内容配图，采取以图带文，以文释图的形式，图文并茂。书中图片有几个来源：一为历史图片，从各种文献档案中选取，由鲍世望先生翻拍；二为近年来拍摄的现场照片，鲍先生不辞辛劳，从上海到嘉兴，多次前往城南街道，为课题组拍摄、保存了大量图片，我们从中选取了部分；三为相关部门提供的图片，在书中均予以注明。

　　书稿于 2024 年 5 月完成。撰稿人的具体分工如下：导读，马学强；第一章，马学强、叶舟；第二章，叶舟；第三章，胡端；第四章，李东鹏、马学强；第五章，马学强、刘米兰；第六章，马学强、何瑛、盛芳等；附录部分，马学强、龚浩、刘米兰、陈翔宇、曹祎等。最后，由马学强、叶舟等进行统稿、配图。本书主编为马学强、韩峻、何瑛。

　　在书稿撰写中，我们得到了国家图书馆、中国第二历史档案馆、上海图书馆、上海博物馆、浙江省档案馆、上海社会科学院图书馆、上海交通大学档案馆、嘉兴博物馆、嘉兴图书馆、嘉兴市测绘管理局、嘉兴市文物保护所、上海社会科学院历史研究所图书资料室、嘉兴市南湖区档案馆、城南街道档案室等的大力支持。嘉兴经济技术开发区、嘉兴市城南街道党工委、城南街道办事处、城南街道所辖各社区对课题组的工作也提供了多方面帮助。一些长期在南湖乡、城南街道生活、工作的领导、居民，或接受我们的采访，或热情提供线索、图片。中华书局的贾雪飞、阎海文等老师为本书的出版做了大量工作。在此一并表示最诚挚的谢意。

马学强

2024 年 6 月 28 日

于上海社会科学院